A letra da lei

Linda Colley

A letra da lei

Guerras, constituições e a formação do mundo moderno

Tradução:
Berilo Vargas

Copyright © 2021 by Linda Colley

*Grafia atualizada segundo o Acordo Ortográfico da Língua Portuguesa de 1990,
que entrou em vigor no Brasil em 2009.*

Título original
The Gun, the Ship and the Pen: War, Constitutions and the Making of the Modern World

Capa
Violaine Cadinot

Imagem de capa
The Tyrant of the Revolution Crushed by the Supporters of the Constitution of An III,
de Francois Maria Isidore Queverdo, 1795, gravura. Bibliotheque Nationale,
Paris, França. Reprodução de Bridgeman images/ Easypix Brasil

Preparação
Officina de Criação

Índice remissivo
Probo Poletti

Revisão
Angela das Neves
Nestor Turano Jr.

Dados Internacionais de Catalogação na Publicação (CIP)
(Câmara Brasileira do Livro, SP, Brasil)

Colley, Linda
    A letra da lei : Guerras, constituições e a formação do mundo moderno / Linda
Colley ; tradução Berilo Vargas. — 1ª ed. — Rio de Janeiro : Zahar, 2022.

    Título original: The Gun, the Ship and the Pen: War, Constitutions and the
Making of the Modern World.
    ISBN 978-65-5979-079-1

    1. História constitucional 2. Governo comparado 3. Política mundial – Século 18
4. Política mundial – Século 19 5. Política mundial – Século 20 I. Título.

22-115946   CDD: 320.3

Índice para catálogo sistemático:
1. Governo comparado : Ciência política   320.3

Cibele Maria Dias — Bibliotecária — CRB-8/9427

[2022]
Todos os direitos desta edição reservados à
EDITORA SCHWARCZ S.A.
Praça Floriano, 19, sala 3001 — Cinelândia
20031-050 — Rio de Janeiro — RJ
Telefone: (21) 3993-7510
www.companhiadasletras.com.br
www.blogdacompanhia.com.br
facebook.com/editorazahar
instagram.com/editorazahar
twitter.com/editorazahar

Em memória de meu pai, Roy Colley, e do pai dele,
Harry Colley — vidas moldadas pela guerra.

Sumário

Introdução 9

PARTE I **Dentro e fora da Europa** 23

1. As múltiplas trajetórias da guerra 25

2. Velha Europa, novas ideias 63

PARTE II **Saindo da guerra para as revoluções** 109

3. A força da palavra impressa 111

4. Exércitos de legisladores 155

5. Exceção e máquina 201

PARTE III **Novos mundos** 247

6. Os que não devem ganhar, os que não querem perder 249

7. A luz, a treva e os longos anos 1860 301

8. Eclosão 351

Epílogo 393

Agradecimentos 415

Notas 417

Lista de ilustrações 455

Índice remissivo 460

Introdução

Foi em Istambul que Kang Youwei viu ocorrer a transformação. Aos sessenta anos de idade, filósofo e reformista, estava exilado de sua China natal por razões políticas, e jamais sossegava. Atravessando para o interior do Império Otomano naquele verão de 1908, ele se viu no meio de uma comoção. Circulavam rumores de uma tomada da Macedônia, parte dos domínios do sultão Abdulamide II, por russos e britânicos. Vendo nisso mais uma prova da ineficiência do seu governo, setores do Exército otomano se rebelaram. Queriam um Parlamento. Mais ainda, queriam a restauração da primeira Constituição escrita do império, adotada em 1876, mas rapidamente revogada. Kang Youwei chegou a Istambul em 27 de julho, o dia em que os rebeldes do Exército conseguiram restaurar a Constituição. Abrindo caminho na multidão, isolado pelo idioma, mas não pela animação, ele viu "bandeiras com o Crescente serem penduradas, pessoas beberem, tocarem tambores, cantarem juntas e dançarem. Davam vivas, aquilo não parava dia e noite, ruas, parques, em todo lugar a mesma coisa — impressionante". Escrevendo mais tarde, anotou a essência do ultimato dos líderes rebeldes ao sultão: "Curvando-se respeitosamente, disseram-lhe [...] 'Todo país tem uma Constituição, só a Turquia declarou e revogou a sua, por isso as pessoas estão insatisfeitas. As ideias dos soldados mudaram'".[1]

Esse episódio fala dos temas que estão no centro deste livro. Há o papel destacado dos militares nessa crise constitucional. Há o fato de ela ser desencadeada por ameaças e temores de agressão estrangeira, e há o comportamento do próprio Kang Youwei. Apesar de querer uma mudança constitucional na China, ele achava imprescindível prestar bastante atenção também nas experiências e ideias políticas de outras partes do mundo. "Dezesseis anos na estrada", proclamava o selo pessoal favorito desse homem, "três voltas ao mundo, através de quatro continentes."[2] Como outros ativistas que aparecem nestas páginas, mas em grau extremo, Youwei acreditava que uma Constituição política viável não poderia ser criação introspectiva de um único regime político. Aprender com os outros e tomar emprestado dos outros era indispensável, atitude que no começo do século xx havia se tornado norma.

Mas é o seu relato dos argumentos usados por aqueles rebeldes militares para desafiar o sultão otomano que mais impressiona. Na versão de Youwei, aqueles homens insistiam em declarar que — mesmo entre os soldados comuns do império — "ideias" tinham "mudado". Fizeram uma declaração ainda mais sensacional: a de que, àquela altura — 1908 — "todo país tem uma Constituição". Num grau importante, essas afirmações eram substancialmente corretas. Desde meados do século xviii, novas Constituições escritas tinham se disseminado a uma velocidade cada vez maior por países e continentes. Esse fato contribuíra para forjar e refundir múltiplos sistemas políticos e jurídicos. Além disso, alterara e destruíra formas de pensar, práticas culturais e expectativas das multidões.

Coleções de regras de governo não eram novidade, claro, mas datavam de um passado remoto. Algumas cidades-Estados da Grécia antiga as puseram em prática no século vii a.C. Códigos de leis escritas surgiram em diferentes sociedades bem antes disso. Tábuas de pedra inscritas com o código de Hamurabi, governante da Mesopotâmia na região onde agora fica o Oriente Médio, datam de 1750 a.C. Mas os textos antigos eram, geralmente, obra deste ou daquele autor ou potentado. A maioria dizia respeito mais a conjuntos de regras de conduta para súditos, e aos terríveis castigos para quem os desafiasse, do que a estabelecer limites às autoridades, ou garantir direitos individuais. Além disso, códigos e coleções iniciais quase nunca eram produzidos em grande número, nem se destinavam a um público mais vasto. Mesmo quando códigos de leis e cartas começaram a ser registrados em pergaminho e papel, e níveis de publicação e alfabetização se estenderam em algumas regiões do mundo, claros limites de circulação persistiam. Em 1759, o jurista inglês William Blackstone queixou-se da

Introdução 11

contínua falta de uma "cópia integral e correta" da Magna Carta do rei João, embora a carta fosse um documento célebre e tivesse surgido cinco séculos antes.[3]

Apesar disso, como essa explosão de impaciência da parte de Blackstone sugere, àquela altura a situação estava mudando. A partir dos anos 1750, e em alguns países particularmente devastados pela guerra, como a Suécia mesmo antes disso, textos icônicos amplamente distribuídos e Constituições de um único documento destinadas a restringir governos, e prometendo uma série de direitos, tornaram-se mais numerosos e eminentes. Mais tarde, esses documentos proliferaram exponencialmente e em ondas conectadas, atravessando muitas fronteiras. O aumento dramático do número de Constituições surgidas depois da Primeira Guerra Mundial, e mais ainda depois da Segunda Guerra Mundial, ainda era coisa do futuro. No entanto, em 1914 dispositivos desse tipo estavam em vigor em partes de todos os continentes, à exceção da Antártica. Além disso, e como se vê no relato de Kang Youwei sobre a revolução dos Jovens Turcos em Istambul, uma Constituição escrita passara a ser amplamente vista como marca registrada de um Estado moderno e como um jeito de ser moderno. Este livro investiga essas transformações globais, e as conecta a padrões inconstantes de guerra e violência.

Não é assim que o avanço de Constituições escritas costuma ser entendido. Por serem examinadas geralmente através das lentes de sistemas jurídicos particulares, e por causa de reverências patrióticas, as Constituições normalmente são analisadas apenas em relação a países individuais. Quando são vistas como um gênero político contagioso que atravessa de maneira progressiva fronteiras terrestres e marítimas, isso costuma ser atribuído ao impacto de revoluções e não de guerras. Em particular, o surgimento de Constituições escritas é creditado ao êxito da Revolução Americana depois de 1776, e ao impacto das outras revoluções épicas que vieram em seguida: a Revolução Francesa de 1789, que assumiu a forma da Revolução Haitiana logo depois, e as revoltas que irromperam nos anos

1810 em antigas colônias espanholas e portuguesas na América Central e na América do Sul. Como seu início está fortemente ligado a essas famosas revoluções, a força motriz essencial dessas novas Constituições costuma ser vista de forma seletiva. Sua gênese e sua crescente popularidade são vistas como coincidentes com o surgimento do republicanismo e o declínio da monarquia, e associadas a um avanço implacável em todo o mundo dos Estados-nação, e ao progresso inexorável da democracia.[4]

Essas grandes revoluções atlânticas e os textos e ideias que elas produziram continuam a ser parte importante da interpretação que apresento aqui. Mas tratar as Constituições como se tivessem essencialmente a ver com certas grandes revoluções, e com republicanismo, desenvolvimento de nação e democracia é uma abordagem empobrecedora e induz a erros. Em 1914, Constituições escritas já se tornavam norma em todos os continentes. Apesar disso, fora das Américas, a maioria dos Estados nessa época ainda era constituída por monarquias (alguns dos mais liberais ainda são). Em 1914, poucos Estados, fosse onde fosse, incluindo as Américas, eram democracias plenas (muitos ainda hoje falham nesse quesito); e os protagonistas mais poderosos do globo às vésperas da Primeira Guerra Mundial não eram, a rigor, Estados-nação. Eram impérios terrestres ou marítimos, ou as duas coisas.

Examinar as Constituições quase que exclusivamente através das lentes de certas revoluções clássicas induz a erros noutro sentido também. Preferimos pensar que as revoluções são, por natureza, fenômenos mais atraentes e construtivos do que as guerras. Mas a linha divisória entre esses dois termos de violência humana coletiva — revolução de um lado, guerra de outro — quase sempre é instável, e tornou-se ainda mais instável depois de 1750. As revoluções americana e francesa, junto com suas sucessoras no Haiti e na América do Sul, foram todas alimentadas e deflagradas por passagens de guerra transcontinental. Foram adicionalmente transformadas no tocante a ideias, escala e consequências por outros surtos de guerra.[5] A guerra tornou-se, em si, revolução. Além disso, mesmo antes de 1776 e da Declaração de Independência dos Estados Unidos, guerra e criatividade constitucional já se tornavam vital e visivelmente mais interligadas. Por que isso?

Introdução 13

A primeira e mais persistente causa disso foi um aumento no âmbito geográfico, na frequência, na intensidade e nas demandas da guerra e da violência fronteiriça. Informações pormenorizadas sobre algumas regiões ainda deixam a desejar, mas as linhas gerais do que houve parecem claras. Em algumas partes do mundo, pode ter havido uma queda no número total de conflitos no início dos anos 1700. Mas, como Max Roser, Peter Brecke e outros mapearam de forma meticulosa, depois de 1700 a regularidade com que guerras em larga escala surgiram em todo o mundo aumentou acentuadamente. Esse padrão de maior regularidade das guerras de fato em larga escala prevaleceu até meados do século xx.[6]

O que passou a ser chamado de "guerras guarda-chuva" tornou-se mais frequente. Em outras palavras, houve um aumento na incidência de conflitos, como a Guerra dos Sete Anos (*c.* 1756-63), as Guerras Revolucionárias e as Guerras Napoleônicas francesas (*c.* 1792-1815) e a Primeira Guerra Mundial (1914-8), que foram não só imensamente dispendiosas em vidas e dinheiro, mas também se estenderam por água e por terra a diferentes regiões do mundo, incorporando e exacerbando múltiplas lutas locais, e tornando-se, portanto, ainda mais perigosas e truculentas.[7] As datas convencionais ocidentalizadas dessas "guerras guarda-chuva" — algumas das quais acabei de citar — são enganosas, porque, para muitos dos protagonistas envolvidos, os conflitos começaram antes ou duraram mais do que as datas canônicas sugerem, ou as duas coisas. O ritmo e a escala crescentes dos conflitos armados a partir dos anos 1700 também ajudaram a tornar progressivamente mais letais as tecnologias de guerra. No tocante à guerra marítima, isso já se tornara mais claro nos anos 1650. Depois de 1800, e mais ainda depois de 1850, a guerra terrestre também se tornou rapidamente mais mecanizada e mais letal em seus efeitos. A combinação de guerras em larga escala mais recorrentes e elásticas com métodos mais letais continuou até meados do século xx, quando ter ou desejar uma Constituição escrita já era norma praticamente em toda parte.

O impacto desses novos padrões de guerra na criação de Constituições foi, em certo nível, estrutural. Decidir envolver-se em conflitos, ou ser arrastado para eles — que agora, com mais frequência do que antes,

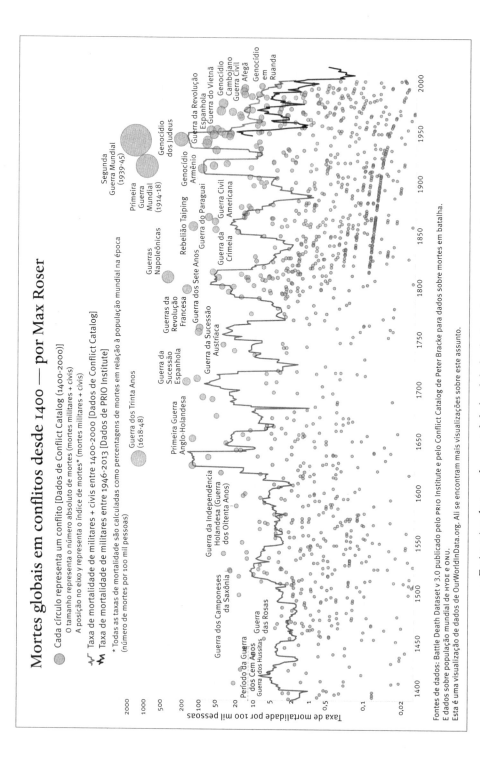

1. Estimativa de taxa de mortalidade global relacionada a guerras desde 1400. Note-se a crescente recorrência de altos níveis de baixas em combate depois de 1700.

Introdução

assumiam dimensões colossais —, quase sempre envolvia marinhas de guerra substanciais, assim como forças terrestres, muitas vezes espalhadas por continentes, e — mesmo para participantes menores e mais relutantes — isso podia ser terrivelmente dispendioso em vidas e dinheiro, além de submeter Estados a pressões severas, por vezes de maneira repetida. Como resultado, alguns regimes políticos ficavam seriamente enfraquecidos e desestabilizados. Outros se fragmentavam e detonavam guerras civis e revoluções. Novos regimes surgidos das crises geradas pela guerra aos poucos decidiam fazer experiências com Constituições escritas, como meio de reordenar o governo, delimitar e reivindicar fronteiras disputadas, e publicar e afirmar sua posição em âmbito interno e no cenário mundial.

Mas até os Estados e regimes mais bem-sucedidos do ponto de vista bélico, e que escapavam do colapso ou de séria ruptura, muitas vezes precisavam reordenar o governo nacional e melhorar seu desempenho. Como consequência, mesmo para os Estados mais resistentes — e não só no mundo ocidental —, o apelo de lançar um novo instrumento jurídico e político no papel tendia a aumentar. Redigir e publicar uma Constituição escrita dava aos governos um meio de legitimar novamente seus sistemas de governança. Tornava disponível um texto que permitia angariar apoio mais amplo e justificar demandas fiscais e de mão de obra cada vez maiores. Essa era parte vital desse apelo.

As novas Constituições, produzidas em quantidades cada vez maiores, funcionavam, na prática e em parte, como barganhas registradas em papel. Habitantes do sexo masculino de um Estado podiam adquirir certos direitos, incluindo o direito a alguns benefícios, como compensação por aceitar impostos mais altos e/ou recrutamento militar. Como reconheceu o grande sociólogo e jurista Max Weber, isso acontecia com frequência cada vez maior. Envolvido pessoalmente nos debates constitucionais de sua Alemanha depois da Primeira Guerra Mundial, Weber ensinaria a seus alunos que a necessidade de expandir a "disciplina militar" ao longo dos anos tinha produzido inapelavelmente "o triunfo da democracia". Sociedades diferentes, afirmava ele, "buscavam e [...] [eram] obrigadas a assegurar a cooperação das massas não aristocráticas, e com isso colocaram armas e, junto com as armas, poder político, em suas mãos".[8] Em troca da disposição para disparar uma arma ou servir num navio — coisas cada vez mais necessárias em todos os continentes a partir dos anos 1700 —, um homem podia conseguir o direito ao voto e muito mais; e esse acordo podia ser delineado, convertido em lei e divulgado por meio de uma Constituição escrita e impressa.

A brutal análise de Weber oferece algumas respostas. Explica por que — especialmente depois de 1850 — sistemas políticos em partes da Ásia e da África, assim como na Euro-América, promulgavam Constituições que ao mesmo tempo tornavam o serviço militar obrigatório e concediam o direito ao voto a toda a população adulta, ou a setores dela, desde que do sexo masculino. Porque isso foi mais um resultado das íntimas ligações entre os níveis mais acelerados de guerra de um lado e a proliferação de Constituições de outro. A suposta incapacidade feminina para a "disciplina militar" ajudou a assegurar que, no início da Primeira Guerra Mundial, a grande maioria desses textos ainda excluísse explicitamente as mulheres da cidadania ativa.

Há outro importante aspecto em que os níveis crescentes de violência influenciaram a disseminação e a qualidade das Constituições. Enquanto níveis e escalas de conflito aceleravam a partir dos anos 1700, o mesmo se dava com os índices de competição e conquista imperial. Todo continente — como a própria Europa — estava exposto a mais altos níveis e ameaças de invasão imperial. Tradicionalmente, as Constituições escritas são examinadas em relação ao crescimento do nacionalismo e da formação de países: e isso é parte da história. No entanto, o império também desempenhou, como era inevitável, papel essencial em seu projeto e proliferação. Das doze mais populosas jurisdições políticas existentes no mundo em 1913, onze não eram Estados-nação. Eram impérios: Grã-Bretanha, China, Rússia, França, Alemanha, Holanda, a monarquia Habsburgo, o Império Otomano, o Japão, a Itália e os Estados Unidos, este último com seu império continental terrestre combinado, a essa altura, com o controle sobre as Filipinas, no sudeste da Ásia.[9]

Todos esses impérios — sem excluir a Grã-Bretanha — fizeram experimentos com Constituições escritas e, como resultado disso e em interesse

Introdução 17

próprio, contribuíram para a sua disseminação e diversidade. Diferentes impérios usavam esses pedaços de papel oficial, produzidos em massa, para legitimar sua dominação e para controlar territórios capturados por seus exércitos e colonos. Alguns impérios utilizavam essas novas Constituições para prejudicar e discriminar povos que atrapalhavam sua expansão territorial, especialmente os que não fossem brancos. De vez em quando, também, atores imperiais promulgavam em territórios subjugados novas Constituições para experimentar projetos políticos e sociais que não se arriscariam a testar em seu próprio núcleo metropolitano. Enquanto isso, impérios na defensiva (como muitos Estados-nação sob pressão) eram cada vez mais induzidos, no século XIX e depois, a adotar uma nova Constituição como forma de se reinventar, na esperança — como Kang Youwei testemunhou na capital otomana em 1908 — de manter súditos e terras unidos e intactos num mundo hostil.

No entanto, sempre houve mais coisas envolvidas do que isso. Pela própria natureza, Constituições escritas são peças adaptáveis e instáveis de tecnologia política. Oferecem a sedutora promessa de que palavras e cláusulas contidas dentro delas produzirão uma nova, e mais perfeita, realidade. Novas Constituições oferecem, ou podem dar a impressão de oferecer, a perspectiva de transformações benignas e estimulantes. Consequentemente, depois de 1750, havia muito mais coisas em sua circulação e atração cada vez maiores do que as respostas dirigidas por políticos em dificuldades e por Estados e impérios ambiciosos. Outras forças e lobbies também foram fortemente atraídos para o gênero e se envolveram cada vez mais em sua formulação: e, outra vez, novos padrões de guerra e violência contribuíram para isso.

Em certo sentido, os mesmos fardos, rupturas e perigos causados por níveis cada vez maiores de conflito e agressão, que levavam elites políticas a pensar em novas Constituições, podiam também agitar e por vezes ativar os de baixo — os governados, os subalternos. A guerra recorrente consumia dinheiro ao mesmo tempo que exigia mais. Custava a vida de um número cada vez maior de soldados, marinheiros e civis, muitas vezes destruía meios de subsistência e repetidamente interrompia o comércio e o funcionamento normal das comunidades. Tudo isso fomentava um exame mais crítico e discussões sobre estruturas de poder e autoridade, e provocava raiva e ressentimento. Isso, por sua vez, podia incentivar, e incentivou, demandas das camadas inferiores por mais direitos embutidos em novas, ou renovadas, Constituições.

Pela mesma razão, a escala crescente da expansão imperial ocidental levou alguns fora do Ocidente, que corriam risco e estavam expostos a sua força, a tentar suas próprias Constituições defensivas. Essa tendência já era evidente em algumas regiões do mundo nos anos 1810, e não envolvia, necessariamente, uma imitação fiel de ideais políticos e jurídicos e panaceias ocidentais. Em vez disso, como veremos, adotar e adaptar Constituições escritas permitia a sistemas políticos e a povos indígenas que estavam fora do Ocidente, mas eram pressionados pelo crescente poderio ocidental, fazer ajustes e, de modo esperançoso, fortalecer seus sistemas de governo e de defesa. Dava-lhes a oportunidade de proclamar no papel, e divulgar para o mundo, que eram viáveis e modernos, e que, por isso mesmo, não deveriam ser alvo de conquistas imperiais. Também oferecia uma oportunidade de propor interpretações diferentes e distintas do que significava ser um Estado e um povo, e do que significava ser moderno.

A circulação cada vez maior de Constituições escritas depois de 1750 não deveria ser vista apenas como um simples caso de ideias e métodos liberais e nacionalistas se espalhando inexoravelmente pelo mundo atlântico. Para adaptar a interpretação que Sebastian Conrad faz do Iluminismo (também parte desta história), essa outra transformação — a disseminação global de Constituições — foi, sobretudo, "trabalho de muitos diferentes atores". Geralmente, esses atores eram pessoas "influenciadas pela geopolítica e pela distribuição desigual de poder". Suas ideias e ações eram também muitas vezes "alimentadas por grandes esperanças e promessas utópicas". Mas esses autores e defensores de Constituições eram quase sempre influenciados também, e em certo sentido, "por ameaça e [por] violência".[10]

Consequentemente, prestar rigorosa atenção às cláusulas e à redação de diferentes Constituições preparadas ao longo do tempo e em vários lu-

Introdução

gares é vital, porque só assim podemos descobrir, identificar e examinar os diferentes elementos das muitas e várias visões e ideias envolvidas. Como consequência, este livro baseia-se nos textos de múltiplas Constituições escritas originariamente em muitas línguas diferentes, e oriundas de seis continentes. Preocupei-me também em examinar as ideias, personalidades e ações de alguns dos autores e ativistas envolvidos, homens (e, antes de 1914, eram quase sempre, mas não só, homens) que, além de frequentemente preocupados com a violência, os canhões e os navios, também faziam uso calculado da pena.

Como a elaboração de Constituições estava muito ligada com a guerra e a violência, esses autores e pensadores não são necessariamente aqueles que se poderia imaginar. Monarcas, políticos, advogados e teóricos políticos aparecem regularmente neste livro, claro. Mas aparecem também oficiais militares, navais e imperiais, junto com antigos escravos, banqueiros, clérigos, médicos, intelectuais, jornalistas e figuras culturais de todos os tipos. Sendo minha intenção rastrear e analisar mudanças de atitude e de estratégia ao longo do tempo e de espaços geográficos, olho não apenas para autores oficiais e bem-sucedidos de Constituições, mas também para alguns dos muitos atores privados que tentaram documentos desse tipo, por ansiedade, na esperança de promover certos programas políticos, intelectuais e sociais, ou simplesmente por terem o vício de escrever ou da palavra escrita.

Ressalto esse ponto porque Constituições têm sido com frequência compartimentalizadas: tratadas como uma categoria separada e distinta de outros modos de literatura e criatividade. Apesar disso, muitos dos autores, pensadores e defensores de Constituições que aparecem neste livro estavam envolvidos também em outras atividades literárias e culturais, desde Catarina, a Grande, da Rússia, passando por Rammohan Roy, de Calcutá, Andrés Bello, da Venezuela e do Chile, Ito Hirobumi, do Japão, Pomare II, do Taiti, e Africanus Horton, de Serra Leoa. O próprio Kang Youwei, com quem começamos, era fascinado pela arte da caligrafia — e talentoso praticante — além de ser estudante e aspirante a autor de Constituições.[11]

Não foi por acaso que esse mesmo período pós-1750, que viu o avanço crítico na invenção e na adoção de Constituições escritas sob a alta pressão da guerra e da violência imperial, também assistiu a uma difusão acelerada em grandes partes do mundo de níveis de alfabetização, uma explosão da imprensa e sua transmissão, um aumento colossal no número e na localização de jornais, a invenção de inúmeras novas linguagens escritas, uma frequência maior no lançamento de traduções e o aumento da popularidade do romance. Afinal de contas, uma Constituição, como um romance, inventa e conta a história de um lugar e de um povo. Esses documentos eram — e são — sempre mais do que eles próprios, e mais também do que uma questão de direito e política. Precisam ser reavaliados e redescobertos, e lidos acima de todas as fronteiras.

Nenhum livro — e certamente nenhum autor — pode querer abarcar sozinho o extraordinário leque de criatividade, de debates e de resultados constitucionais ocorrido sobre fronteiras marítimas e terrestres do século XVII até a Primeira Guerra Mundial e que continua a influenciar fronteiras, políticas e sistemas de ideias ainda hoje. É possível escrever muitas histórias diferentes desses acontecimentos. Minha própria estratégia tem sido concentrar-me numa série de temas importantes e crises sinalizadoras que afetam o — e emergem do — repetido entrelaçamento de novas Constituições com variedades de guerra e violência. Cada um dos capítulos que seguem, organizados mais ou menos em ordem cronológica, gira em torno de um desses grandes temas e barris de pólvora. Cada um começa com a evocação de um lugar específico e um episódio particular de criação constitucional. Cada capítulo passa, em seguida, a explorar as ramificações mais gerais do tema em questão em outras partes do mundo.

Uma consideração final. Abordo este assunto como uma forasteira. Junto com a Nova Zelândia e Israel, o Reino Unido, onde nasci, é um dos pouquíssimos Estados que ainda restam no mundo sem uma Constituição codificada. Mudar-me no fim do século XX para viver e trabalhar nos Estados Unidos, país que transformou em culto suas próprias Constituições escritas, foi, portanto, uma experiência incrível do ponto de vista político, assim como em outros sentidos. Foi também um incentivo à curiosidade.

Introdução

Vinda de onde venho, esses documentos me pareciam profundamente exóticos. Eu não me sentia envolvida, mas ao mesmo tempo desejava compreender melhor. Perguntava-me por que não eram tratados por historiadores de modo mais ambicioso e variado, e em contextos globais. Este livro nasceu dessas primeiras curiosidades e interrogações.

Enquanto o escrevia, não só me converti a esses tipos de Constituição, mas também me tornei amiga honesta e franca. Todas elas são criações frágeis, de papel, de seres humanos falíveis. Onde quer que existam, só funcionam direito na medida em que políticos, tribunais e populações podem e estão dispostos a fazer um esforço sustentado para pensar nelas, revisá-las quando necessário e colocá-las em prática. Não se trata, nunca se tratou, e que se diga isso de modo enfático, de artefatos inocentes. Desde o início, como ficará claro, as Constituições escritas têm tanto a ver com possibilitar variedades de poder como com restringir poder.

Mas cheguei à conclusão de que, apesar de tudo, elas podem ter múltiplas e úteis serventias. Acredito também que, embora a maneira como as Constituições se desenvolvem e disseminam ainda continue a influenciar ideias e políticas no mundo inteiro, algumas das forças que em outros tempos ajudaram esses instrumentos a funcionar e a exigir atenção e apego estão enfraquecendo e sendo submetidas a pressões cada vez maiores. Mas cstc é assunto para o fim do livro. Por ora, para começar, precisamos voltar aos anos 1700 e ao mundo do Mediterrâneo.

PARTE I

Dentro e fora da Europa

2. Pasquale Paoli, de um artista holandês em 1768.

1. As múltiplas trajetórias da guerra

Córsega

Lugares pequenos por vezes geram acontecimentos de vasta importância histórica. O homem que desembarcou nessa ilha do Mediterrâneo em 16 de abril de 1755, Pasquale Paoli, logo será uma celebridade. Vai aparecer em livros, cartas, jornais, poesia, arte, panfletos e canções como uma combinação exemplar de "soldado e legislador" — a espada e a pena. Um jornalista britânico irá compará-lo a um "planeta de liberdade, aquecendo todas as almas em seu caminho". Admiradores dos dois lados do Atlântico vão compará-lo a Epaminondas, o lendário general que libertou a Tebas antiga do domínio de Esparta. Em 1768, *Um relato da Córsega*, livro de autoria de um escocês dissoluto, inteligente e ambicioso chamado James Boswell, será um best-seller com muitas traduções, ajudando a propagar mais ainda a noção de que Paoli é "um tanto acima" da humanidade média. Até mesmo uma representação nada lisonjeira de autoria de um artista holandês da época o mostra como uma figura monumental: alto e corpulento, com olhos alertas, mandíbula forte e covinha no queixo, e duas pistolas enfiadas firmemente na cintura. No entanto, o culto do herói que outrora cercou Pasquale Paoli obscurece não só a natureza do homem, mas também parte do significado mais amplo do que ele fez.[1]

Poucos meses antes de tomar o navio para a Córsega, lugar onde nasceu, Paoli tinha escrito sobre si mesmo em termos não de força, missão e certeza, mas de fraqueza e dúvida. Estava doente demais para o combate armado, disse numa carta, e despreparado para "o serviço mais ínfimo nessa qualidade", apesar de ter treinamento militar e antecedentes familiares na luta armada. Em 1728, seu pai, Giacinto Paoli, participou de uma rebelião armada na Córsega contra sua velha potência imperial, já então em declínio — a república de Gênova —, antes de tornar-se finalmente um dos líderes rebeldes. Como resultado, em 1739 foi obrigado a exilar-se no reino de Nápoles, no sul da Itália, levando junto o filho de catorze anos, Pasquale. Como muitos jovens corsos que ali buscavam refúgio, o menino encontrou emprego no Exército napolitano. Mas o serviço em sombrias guarnições militares e o tempo passado na academia de artilharia parecem ter interessado Paoli menos do que a maçonaria, as leituras ávidas e as tentativas erráticas de adquirir mais educação na universidade da cidade de Nápoles.[2]

Sua decisão de correr riscos retornando à Córsega tinha múltiplos motivos, um dos quais, sem dúvida, era ambição frustrada. Em 1755, Paoli completara trinta anos, mas não vislumbrava nenhuma promoção militar em Nápoles nos anos seguintes. Já sua ilha natal, ao contrário, oferecia perspectivas. Ali o nome de família servia para alguma coisa. Além disso, por razões que iam bem além da própria Córsega, a resistência ao domínio genovês estava renascendo. Paoli não se achava bem equipado para a guerra, fosse temperamental ou fisicamente. Mas tinha aptidões militares e conhecimentos de artilharia, e uma cabeça parcialmente disciplinada e inteligente. Outra coisa o convenceu a deixar de lado as dúvidas e voltar: havia concebido um "plano governamental" que gostaria de estabelecer.[3]

Em julho de 1755, Paoli conseguira eleger-se *capo generale politico e economico* da Córsega, para todos os efeitos seu comandante-chefe rebelde e chefe do executivo. Quatro meses depois, em Corte, cidade fortificada no alto coração de granito da ilha, usou seu domínio do italiano para redigir uma Constituição de dez páginas, termo (*costituzione*) que ele empregava de modo explícito. Parece que não havia nenhuma máquina impressora na Córsega antes de 1760, e por isso ele não teve condição de publicar seu texto. Em Corte não havia nem sequer papelaria. Para conseguir folhas em branco nas quais registrar seu rascunho de cláusulas, Paoli teve que reutilizar páginas de cartas velhas, com a ajuda de uma navalha para raspar as palavras escritas à tinta. Como resultado, esse documento original e frágil

As múltiplas trajetórias da guerra   27

desapareceu com o tempo. Apenas algumas cópias iniciais, imperfeitas, escritas à mão sobrevivem para nos dar uma ideia da audácia dos seus planos.

O preâmbulo da Constituição de Paoli dizia:

A Dieta Geral do Povo da Córsega, senhores legítimos de si mesmos, convocada de acordo com a forma [estabelecida pelo] General [Paoli] na cidade de Corte, nos dias 16, 17 e 18 de novembro de 1755. Tendo reconquistado a liberdade, desejando dar uma forma durável e permanente a seu governo transformando-o numa Constituição destinada a garantir o bem-estar da nação [a Dieta] ordenou e decreta...[4]

Contidas nessas palavras hesitantes e cheias de erros estavam algumas transformações e aspirações políticas radicais. Em lugar das costumeiras e esporádicas *consulte* (assembleias), a Córsega teria agora uma espécie de Parlamento, a Dieta Geral. Esse organismo, decretava o texto de Paoli, deveria reunir-se anualmente, como de fato fez até 1769. A ilha deveria desfazer-se da secular subordinação a Gênova e recuperar sua independência. Como escreveu Paoli, os corsos tinham "reconquistado" sua liberdade. Deveriam, insistia ele, recuperar — não simplesmente reivindicar — seus direitos naturais, tornando-se novamente "senhores legítimos de si mesmos". Essa nova ordem, além disso, deveria ser ancorada e celebrada num texto escrito, uma Constituição.

Ela dava a Pasquale Paoli muito poder. Confirmado como general vitalício da ilha, tornou-se, além disso, líder do seu conselho de Estado, que deveria consistir de três câmaras responsáveis, respectivamente, por assuntos políticos, militares e econômicos. Só Paoli poderia decidir quando e onde a Dieta corsa se reuniria a cada ano. Toda petição a ela endereçada e ao conselho de Estado deveria, de início, passar por ele. A direção dos assuntos externos também era dele, junto com a responsabilidade final pela guerra e pela paz. A Constituição não dava a Paoli, no entanto, uma cadeira na Dieta. Tanto quanto se pode dizer, e pelo menos no frágil papel, o Executivo da Córsega estava isolado do Legislativo. Além disso, todos os anos — e como todos os funcionários corsos importantes — Paoli deveria apresentar um "relato preciso" de suas ações aos membros do Parlamento. Então, como ordenava a Constituição, ele deveria "aguardar com submissão o julgamento do povo".

Além de ser responsável pela tributação e pela legislação, essa Dieta corsa deveria ser amplamente representativa. A Constituição de Paoli pouco dispunha sobre arranjos eleitorais. Na prática, porém, e a partir de 1766, todos os habitantes do sexo masculino com mais de 25 anos pareciam ter o direito de disputar a eleição para a Dieta e de votar para escolher seus membros.[5] Potencialmente, isso deveria dar à Córsega um nível de democracia mais amplo do que em qualquer outra parte do mundo em meados do século XVIII. Até mesmo nas colônias americanas da Grã-Bretanha, onde a abundância de terra barata tornava fácil para os colonos a qualificação para o voto, apenas cerca de 70% dos homens brancos adultos podiam votar nessa época, e o número dos que se dignavam a exercer esse direito era ainda menor. No entanto, o que significava o fato de essas novas iniciativas e transformações em tecnologia política terem ocorrido numa pequena ilha do Mediterrâneo ocidental? Por que a Córsega? E por que naquele momento?

Os motivos mais amplos

As respostas a essas perguntas com frequência se concentravam no próprio Pasquale Paoli: no inegável carisma do homem, em seus talentos de liderança e em suas ideias políticas — embora as provas disso sejam fragmentárias e confusas. Certamente, ele chegou à idade adulta em Nápoles durante um período em que a velha universidade era um grande celeiro de pensamento político, econômico e jurídico iluminista. No entanto, não se sabe ao certo quanto tempo esse oficial do Exército itinerante e mal pago conseguia dedicar aos estudos acadêmicos e às permutas intelectuais. Não se sabe ao certo também, apesar das múltiplas análises do assunto, qual era o tamanho da dívida de Paoli para com o filósofo político francês Montesquieu e sua obra-prima *O espírito das leis* (1748).

As múltiplas trajetórias da guerra

Sim, sabe-se que Paoli encomendou um exemplar do livro em março de 1755, mas isso aconteceu seis meses depois de ele conceber seu primeiro plano de governo para a Córsega.

No que diz respeito ao interesse desenvolvido por Paoli pelas Constituições políticas, parece que a maior influência veio de sua precoce exposição aos clássicos gregos e romanos. Sabe-se que, incentivado pelo pai, Giacinto Paoli, ele leu obras de Lívio, Plutarco, Horácio e Políbio, bem como volumes de história antiga, os quais alimentaram sua própria ambição de ser legislador.[6] Em 1735, vinte anos antes de o filho redigir sua primeira Constituição, Giacinto tinha trabalhado com um advogado, Sébastien Costa, na formulação de um conjunto de propostas constitucionais para a Córsega. Elas jamais foram postas em prática. Mas esses projetos iniciais de autoria do pai de Paoli foram significativos pela ênfase dada à importância de militares e valores militares, e pela insistência na virtude e na utilidade supremas das palavras registradas em papel.[7]

Costa e Giacinto queriam que um gabinete de guerra reformista fosse estabelecido na Córsega, composto por seis dos "mais corajosos soldados do reino". Propuseram também a nomeação de um "capitão-geral dos Exércitos", junto com a eleição, em cada província da ilha, de um tenente-general responsável pela seleção de oficiais da milícia local. Além disso, Paoli pai e Costa imaginaram uma fogueira literal de todos os escritos políticos e leis não nacionais existentes na ilha. Para que sua governança fosse reformulada com êxito, afirmavam eles, velhas palavras de poder oriundas das demandas de Gênova contra a Córsega desde o século XIII deveriam ser sistemática e ritualmente destruídas, e substituídas por novos textos:

> Que todas as leis e todos os estatutos feitos pelos genoveses [...] sejam abolidos, e que se ordene, pela publicação de um decreto, que todos os habitantes da Córsega levem os exemplares das leis e dos estatutos que tiverem em casa para a Secretaria de Estado, a fim de que uma fogueira pública seja feita com essas leis e esses estatutos, como sinal da eterna separação entre corsos e genoveses e entre a Córsega e Gênova.[8]

Como bem ilustram essas propostas abortadas, a Constituição de 1755 de Paoli teve precedentes. O pai, Giacinto, esboçou planos para uma Córsega independente, reorganizada, quando o próprio Pasquale ainda era menino; e houve outros planos destinados a mudar as formas de governo da ilha. O que motivava a produção desses projetos em série no papel, e os tornava mais prementes, era não apenas a contínua submissão da Córsega a Gênova, mas também a vulnerabilidade da ilha a outras pressões externas ainda mais severas.

A Córsega era um lugar pobre. Tinha poucos recursos minerais e as terras aráveis eram limitadas, e nos anos 1750 sua população, basicamente analfabeta, não passava de 120 mil habitantes. Atravessada por montanhas vertiginosas, a ilha era dividida em centenas de comunas semiautônomas e afligida por jurisdições rivais e por guerras entre clãs. Essas divisões internas explicam um pouco por que a maior parte da Constituição de 1755 de Paoli é dedicada a garantir um controle mais centralizado e a melhorar a ordem interna. Golpear alguém na cabeça com um pedaço de pau, estipulou Paoli com rigidez, levaria a parte culpada a passar pelo menos quinze dias na cadeia. No caso de cometer homicídio durante uma longa rixa entre famílias, o culpado seria "não só declarado culpado de homicídio doloso, mas no local da sua casa, que será imediatamente destruída, erguer-se-á uma coluna de infâmia na qual o nome do culpado e o crime serão indicados".[9]

Em parte para eliminar essas desordens, e seguindo o exemplo do pai, Paoli dispôs sobre múltiplas camadas de autoridade firme, essencialmente militarizada. Sua Constituição de 1755 ordenava que cada comuna corsa tivesse um comissário militar, e cada freguesia um capitão e um tenente de serviço. "Patriotas zelosos", esses oficiais deveriam reagir a qualquer surto de agitação interna e desafio armado convocando os homens locais ("a desobediência acarreta multa de 20 soldi"), organizando-os em colunas e esmagando a oposição "com força armada". Paoli não via contradição entre essas cláusulas e o apoio de sua Constituição ao envolvimento político em massa dos homens — muito pelo contrário. O raciocínio que ele apresenta é revelador. "Todo corso deve ter alguns direitos políticos", afirmava, pois, caso contrário, "se o voto do qual ele tem tanto ciúme for, no fim das contas, apenas uma ficção risível, *que interesse teria em defender o país?*"[10] A guerra, a persistente ameaça de violência armada e as cláusulas escritas dispondo sobre democracia mais ampla para os homens estavam necessariamente interligadas.

Esse empenho em forjar cidadãos armados devia-se em parte ao amor de Paoli pelos clássicos antigos. Mas era também uma resposta aos perigos específicos que ameaçavam a Córsega, não apenas internamente, mas também vindos de fora. Mesmo no auge do poder de Paoli na Córsega, forças militares e navais genovesas continuavam distribuídas em torno da costa da ilha. E havia outros desafios estrangeiros ainda maiores. Pequena e vulnerável, a Córsega era também desejável do ponto de vista estratégico. Situada no Mediterrâneo ocidental, onde a concorrência naval entre as principais potências europeias era intensa, a ilha ficava a apenas cem milhas marítimas da França. Como notou James Boswell ao visitar a ilha em 1765, em busca de uma matéria jornalística, a Córsega dispunha de vários portos úteis. Mas, como ele também registrou, carecia de recursos econômicos e da mão de obra qualificada necessária para construir uma Marinha eficiente capaz de rechaçar ataques pelo mar.[11]

Num grau importante, portanto, a determinação de Pasquale Paoli em 1755 de reconstruir o governo da Córsega numa "forma durável e permanente" veio do fato de que a ilha corria duplo perigo. Era internamente desordenada e sujeita a Gênova, e enfrentava a ameaça potencial externa de invasões navais por qualquer grande potência. Não por acaso, essa primeira tentativa de redigir uma Constituição corsa da parte de Paoli (ele voltaria a tentar em 1793) surgiu nas primeiras fases do conflito que viria a ser conhecido como Guerra dos Sete Anos (os americanos o chamam de Guerra Franco-Indígena).

Esse conflito imenso e vasto de meados do século XVIII ajudou a manter em foco a mente de Paoli. Durante algum tempo, a escala da luta também lhe deu uma vantagem.[12] Embora a resistência ao governo de Gênova viesse crescendo na Córsega desde os anos 1720, essas lutas locais haviam regularmente sucumbido a intervenções militares francesas. A França preferia que uma república italiana em declínio exercesse o controle nominal da ilha a vê-la tomada por outra potência estrangeira mais temível. Em 1739, foi um Exército francês chefiado pelo marquês de Maillebois que esmagou rebeldes corsos em questão de semanas, forçando Giacinto Paoli e seu jovem filho a partirem para o exílio. Forças francesas intervieram novamente na Córsega nos anos 1740. A França, porém, não atuou em 1755 para impedir que Pasquale Paoli desembarcasse e renovasse a campanha independentista. Soldados franceses que chegaram à ilha no ano seguinte se limitaram a montar guarda na costa, permanecendo, no geral, longe das revoluções políticas que se conflagravam no interior.

As razões desse inusitado nível de comedimento francês são claras. A partir dos anos 1750, os governantes da França tiveram que concentrar toda a sua atenção, bem como suas forças terrestres e marítimas, na questão da luta e do monitoramento da Grã-Bretanha e seus aliados, não só na Europa continental mas também em partes da Ásia, na costa ocidental da África, no Caribe e na América do Norte. Foi esse alto nível de distração francesa, devido à Guerra dos Sete Anos — "a primeira guerra mundial", como a designou, apropriadamente, Winston Churchill —, que deu a Pasquale Paoli essa oportunidade favorável, seus poucos anos de tempo político exploratório e fundamental.[13]

Para Paoli e para a Córsega — como posteriormente seria o caso para muitos povos em muitos lugares —, em grande parte a ameaça e a eclosão da guerra possibilitaram, impuseram e influenciaram o constitucionalismo escrito inovador. O fato de que a eclosão e o temor de conflitos armados viessem a ser cada vez mais decisivos nesse sentido está relacionado às mudanças que ocorriam na natureza e nas demandas da guerra. Precisamos entender por quê.

Uma guerra mais espaçosa e dispendiosa

A guerra sempre contribuiu de maneira significativa para a construção de Estados e impérios, e para sua trajetória. Como disse o sociólogo americano Charles Tilly num comentário célebre, os Estados fazem a guerra, e a guerra, por sua vez, ajuda a fazer e a fortalecer (e também a desfazer) Estados. Mas, em meados do século XVIII, o impacto da guerra em muitas regiões do mundo sofria mudanças e se intensificava. Essas mudanças tinham pouco a ver com a introdução de novas tecnologias, sobretudo em relação aos conflitos terrestres. Armamentos a pólvora negra já tinham, havia tempos, alterado a qualidade da violência em larga escala, não só na Euro-América mas também na China, na Coreia, no Japão, no Vietnã, em Java, no subcontinente indiano, no Império Otomano e no oeste da África.[14] Apesar de o número de homens armados aumentar consideravelmente em algumas partes do mundo, as mudanças no jeito de guerrear que se tornaram mais evidentes em meados dos anos 1700 diziam respeito sobretudo ao tamanho dos exércitos. A mudança mais crucial na qualidade da guerra naquele momento foi de outra espécie. O âmbito geográfico de muitos conflitos importantes — e consequentemente as demandas que impunham em termos de homens, dinheiro e máquinas — se expandia mais drástica e rapidamente do que nunca.

A disputa que permitiu o breve experimento constitucional de Pasquale Paoli na Córsega foi um exemplo extremo. A Guerra dos Sete Anos envolveu níveis letais de luta dentro da própria Europa continental. Entre 1756 e 1763, o poderoso Estado germânico da Prússia perdeu cerca de 500 mil soldados e civis numa população que antes da guerra somava 4,5 milhões de habitantes. Contudo, bem antes de os próprios europeus começarem a sofrer sérios níveis de destruição, mortalidade e danos ecológicos por causa desse conflito, combates violentos relacionados a uma das suas principais dinâmicas — a rivalidade entre a Grã-Bretanha e a França — afetavam partes da Ásia e da América do Norte. Já em 1754, áreas do que hoje é Tâmil Nadu, no sudeste da Índia, eram "havia muito tempo sítio de guerra" entre tropas britânicas e francesas e seus respectivos aliados sul-asiáticos. Dizia-se que "praticamente não resta uma árvore em pé em muitos quilômetros".[15]

Como seu alcance transcontinental deixa claro, a Guerra dos Sete Anos não foi travada majoritariamente em terra. Em contraste com a maioria das disputas épicas envolvendo múltiplas potências ao longo do século

XVII — a Guerra dos Trinta Anos, por exemplo —, os combates nesse megaconflito abrangeram diversos mares e oceanos. Três dos maiores combates navais da Guerra dos Sete Anos ocorreram não em águas europeias, mas no oceano Índico. Além disso, nessa guerra guarda-chuva dezenas de milhares de soldados europeus foram despachados onerosamente para o Atlântico — um número muito maior do que em conflitos anteriores. As ações desses homens, junto com as dos colonos americanos e guerreiros indígenas, alteraram fronteiras políticas na América do Norte, do Alto Canadá à Flórida atual. Além dessas transformações norte-americanas, e do seu impacto no subcontinente indiano, a Guerra dos Sete Anos também atingiu diferentes partes do Caribe e a costa da América do Sul; afetou o Senegal no oeste da África; e, em seus estágios finais, chegou a Manila, nas Filipinas, entre o mar do Sul da China e o oceano Pacífico.[16]

A ampliação da geografia e os níveis de danos da guerra que se tornaram cada vez mais evidentes nas décadas da metade do século XVII não foram resultado apenas, deve-se ressaltar, de agressões e ambições ocidentais. Guerras de longo alcance eram praticadas nessa época também, conspicuamente, por algumas potências da Grande Ásia. A partir do fim dos anos 1720, o governante persa Nadir Shah Afshar, que originalmente foi pastor, apesar de pertencer a uma família reconhecida, rapidamente se tornou um brilhante recrutador de homens e um tático implacável. Envolveu-se numa série de assaltos ferozes na região do Cáucaso e na Mesopotâmia e onde hoje é a Turquia, além do Afeganistão e do norte da Índia. Nadir foi assassinado em 1747, quando se preparava para penetrar mais fundo na Ásia oriental, mas um dos seus antigos generais, Ahmad Shah Durrani, deu continuidade ao ataque. Em 1757, já tinha anexado o Punjab, a Caxemira e o Lahore, saqueando cidades santas em seu caminho e promovendo assassinatos em massa numa escala assombrosa. O número de mortos resultante dos ataques dos seus exércitos era tão grande que, segundo consta, barreiras formadas por corpos humanos em decomposição impediam o fluxo do rio Yamuna, afluente do Ganges.[17] E havia outra potência asiática, infinitamente mais estabelecida e poderosa, que também avançava, ambiciosa, naquela época.

Desde que conquistou a China nos anos 1640, a dinastia Qing buscou fortalecer suas fronteiras na Ásia Central e avançar contra o estado Dzungar, na Mongólia ocidental, um império nômade informal que reivindicava o controle da região hoje formada por Xinjiang, Mongólia Interior e Mongólia Exterior e partes do Tibete e do Cazaquistão. Por muito tempo, como o historiador Peter Perdue descreve, governantes Qing foram contidos pelas dificuldades logísticas envolvidas no suprimento adequado dos seus enormes exércitos em campanhas prolongadas através de distâncias terrestres tão vastas. Mas em meados do século XVIII, sob o sexto membro da dinastia Qing, o imperador Qianlong, houve um avanço importante.[18]

Patrono de diferentes estilos de arte, autor de poesias e ensaios políticos, inteligente e atencioso, Qianlong era também um eficiente instigador de guerras em série. Ordenou a construção de uma nova rota de suprimento até Xinjiang e construiu uma rede de paióis militares. Como resultado desses preparativos, nos anos 1760 ele pôde despachar três exércitos, cada um com 50 mil soldados, para o território de Dzungar, e mantê-los lá para uma campanha prolongada. Cobrindo distâncias terrestres maiores do que os exércitos de Napoleão cobririam em sua marcha para Moscou em 1812, as forças Qing derrotaram as de Dzungar. Eliminaram praticamente todos os meninos e homens válidos. As mulheres foram levadas como butim ou mortas, e o Império Dzungar-Mongol foi varrido do mapa. Deixou de existir, proclamou Qianlong em dezembro de 1759.

Em relação ao aumento da agressão longe de casa, é possível, então, identificar uma espécie de "grande convergência" ocorrendo em meados do século XVIII.[19] Incursões violentas ao norte da Índia, da parte de algumas potências do sudeste e do centro da Ásia, cresceram em crueldade e alcance nesse período; e, enquanto as grandes potências ocidentais travavam guerras mais longe do que nunca nos anos 1750, o Império Qing fazia o mesmo.

No entanto, apesar dessas convergências em agressões de longa distância entre potências ocidentais e potências asiáticas, havia também divergências significativas. A maioria das grandes potências ocidentais notadamente ativas nessa época travava variações de guerra híbrida. Hoje esse termo — guerra híbrida — normalmente se refere ao emprego sincronizado, num conflito, de múltiplos instrumentos de poder e destruição: forças irregulares ao lado de exércitos regulares, junto com terrorismo, guerra cibernética, campanhas de desinformação etc.[20] Neste livro, porém, uso o termo "guerra híbrida" para me referir, com mais rigor, a um amálgama deliberado de combates no mar e de combates em terra. Nos anos 1700, essa forma de guerra híbrida tornara-se, gradualmente, o estilo preferido de agressão de muitas grandes potências ocidentais. Em contraste com isso, a maioria das potências não ocidentais ainda combatia, desproporcionalmente, em terra. Nem sempre tinha sido assim, de forma alguma. No século XV, o alcance e os investimentos marítimos da dinastia Ming, da China, haviam ultrapassado os de qualquer potência ocidental; e as marinhas da dinastia Qing ainda ganhavam batalhas marítimas no fim do século XVII.

Mas, enquanto Qianlong continuava montando guarda em sua própria costa e buscava o comércio no além-mar em certas direções, seu poder baseava-se, acima de tudo, no controle de vastos territórios agrícolas, e em exércitos gigantescos e unidades de cavalaria que só combatiam e conquis-

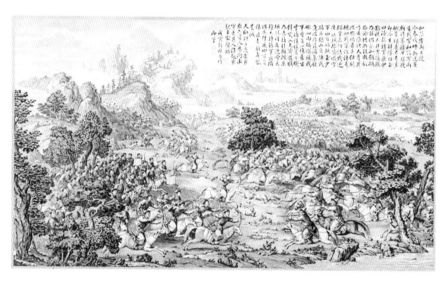

3. Conquista por terra: unidades de cavalaria de Qianlong em combate na Ásia central nos anos 1750.

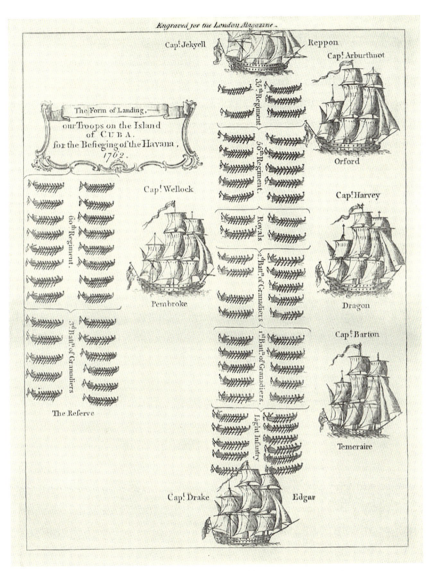

4. Guerra híbrida em ação: soldados britânicos e americanos protegidos e transportados por navios de guerra invadem a Havana controlada pelos espanhóis em 1762.

tavam em terra. Em 1800, como alguns eruditos chineses sugeriram, até mesmo a lembrança do poderio marítimo de Ming e seu funcionamento talvez tivesse desaparecido dos arquivos governamentais da dinastia e do conhecimento dos burocratas mais graduados.[21] A guerra ali — no Império Qing — tornara-se, quase totalmente, uma questão de homens armados, milhões de cavalos e terra.

O fato de que, em contrapartida, a maioria das potências europeias substanciais no século XVIII combatia, cada vez mais, tanto no mar como na terra, teve consequências amplas, prolongadas, mas também paradoxais. Foram os custos, os desafios e os imperativos envolvidos nessa forma mais híbrida de guerra — combater em larga escala, através de longas distâncias, na água tanto quanto em terra — que, de múltiplas maneiras, ajudaram a desencadear, impor e definir novas tentativas de mudança e invenção política e constitucional.

Os custos financeiros de dar-se ao luxo de travar repetidas experiências em guerra híbrida eram uma das razões para que assim fosse. Em 1650, navios construídos especificamente para a guerra e financiados pelo Estado, em contraste com navios mercantes adaptados, já tinham se tornado a norma em boa parte da Europa ocidental e oriental. Contudo, no transcurso do longo século XVIII, os navios de guerra foram ficando cada vez maiores, mais numerosos, mais elaborados e muito mais caros. Em 1670, ter trinta canhões era suficiente para que uma embarcação se qualificasse como "navio de linha", o mais temível e prestigioso tipo de navio de guerra nas marinhas europeias. Na época da Guerra dos Sete Anos, no entanto, sessenta canhões já eram comuns em navios dessa categoria, e algumas embarcações levavam mais que isso.[22] A ordem para construir o *Victory*, o navio de primeiríssima linha que Horatio Nelson usou como capitânia na batalha de Trafalgar em 1805, foi dada no meio da Guerra dos Sete Anos. A embarcação foi projetada para carregar pelo menos cem canhões.

Construir, equipar e manter esses gigantes marítimos era absurdamente dispendioso. Para construir um navio de guerra com 74 canhões — ou seja, nem sequer o navio mais letal disponível — um estaleiro consumia quase 3 mil árvores de carvalho adultas; e madeira de alta qualidade era apenas uma das matérias-primas necessárias. Além disso, um navio grande como esse absorvia facilmente mais de trinta quilômetros de corda de linho e cânhamo, hectares de lona para velas, imensas quantidades de ferro para pregos e canhões, metros de folhas de cobre para cascos e — uma vez terminado — um suprimento infinito de provisões de boca. Para começar, estaleiros especializados e artesãos hábeis eram também necessários para construir a embarcação, além de centenas de homens para operá-la no mar e de bases navais para mantê-la. Apesar disso, nos anos 1780 a França construiu quase cinquenta desses monstruosos e monstruosamente caros navios de guerra de 74 canhões.[23]

Como a dimensão desse investimento francês sugere, megamarinhas nunca foram monopólio de um único Estado. Certamente, na maior parte dos anos 1700 e até a segunda metade do século XIX, o acesso a esse nível de potência de fogo marítimo ficou confinado a uma pequena panelinha de potências localizadas sobretudo na Europa. Durante o mesmo período, era mais ou menos consenso que a Marinha Real da Grã-Bretanha nunca seria superada em tamanho por qualquer outra potência. Mas, com a rápida ampliação do alcance geográfico da guerra, todos os Estados com acesso ao mar sofriam crescente pressão para formar algum tipo de marinha. Não necessariamente para travar batalhas navais convencionais, mas para defender a costa e proteger frotas mercantes. Houve, de fato, períodos em que a escala da expansão naval da parte dos concorrentes ultrapassou o ritmo de crescimento do poderio marítimo da Grã-Bretanha. Em 1790, por exemplo, a Marinha da Grã-Bretanha ainda era confortavelmente maior do que a dos rivais, mas tinha apenas 21 navios a mais do que em 1750. Em comparação, no mesmo período — 1750-90 — tanto a França como a Espanha quase dobraram o tamanho de suas respectivas frotas, ao mesmo tempo que mantinham imensos exércitos.[24]

O poderio marítimo, no entanto, nunca foi tudo. Como a ênfase agora era dada, cada vez mais, à guerra híbrida — maior número de navios no mar e mais tropas em terra —, os britânicos não podiam confiar apenas em ter uma Marinha dominante. Também precisavam dar mais músculos a seus exércitos, e assim o fizeram. Durante a Guerra da Sucessão Austríaca de 1740-8, cerca de 62 mil soldados serviam anualmente no Exército britânico. Durante a Guerra dos Sete Anos, esse número saltou para 93 mil. Na época da Guerra Revolucionária Americana de 1775-83, além de operar mais de 220 navios de linha, o Estado britânico precisou empregar anualmente mais de 108 mil soldados.[25]

Em termos gerais, portanto, não é que a "guerra naval mudasse muito menos do que a guerra terrestre durante esse período". Também não é que a guerra no mar passasse a subordinar a guerra terrestre em significado.[26] O essencial aqui é que, nos anos 1750, potências ocidentais ambiciosas — e, em última análise, algumas fora do Ocidente — chegaram à conclusão, mais forte e ativamente do que antes, de que precisavam de exércitos substanciais e de marinhas substanciais, em conjunto.

As consequências globais desses avanços foram sísmicas e severas. Foram também, como costumo dizer, paradoxais. Num sentido — e como é amplamente reconhecido — o acúmulo da parte de algumas potências europeias de muito mais soldados em terra e muito mais navios de guerra no mar tornou esses Estados mais perigosos que nunca para aquelas partes do mundo sem meios ou disposição para reagir à altura. "Posso derrotá-las em terra", teria comentado Haidar Ali, o governante de Mysore no sul da Índia, nos anos 1770, sobre as forças britânicas que chegavam; e ele fez exatamente isso algumas vezes. Os exércitos bem armados e bem financiados de Haidar, que teriam, segundo estimativas, de 100 mil a 200 mil homens, obrigaram a invasora Companhia Britânica das Índias Orientais a propor a paz no fim dos anos 1760, e mais tarde infligiram derrota humilhante às legiões da Companhia na batalha de Pollilur em 1780. Haidar, junto com seu poderoso e brilhante filho e sucessor em Mysore, Tipu Sultan, também tentou construir uma frota naval. Mas, como outros governantes indianos daquela época, esses soberanos careciam da organização fiscal e dos recursos e das plantas de processamento necessários para travar uma guerra híbrida total e sustentada. Como o próprio Haidar reconheceu, apesar de sua temível potência militar em terra, ele não podia "engolir o mar".[27]

Fazer essas observações, porém, não significa apresentar mais uma versão da tese da "ascensão do Ocidente". Sem dúvida, a combinação de marinhas imensas, patrocinadas pelo Estado, e exércitos inchados, patrocinados pelo Estado, permitiu — por um tempo, pelo menos — que um pequeno número de países ocidentais projetasse poder, pessoas, informações e produtos por terra e por mar com insolência e numa escala crescente e terrível. Mas nisso havia outro lado, por vezes despercebido. Travar e sustentar guerras híbridas em larga escala — não apenas guerras, mas novas qualidades de guerra —, dar-se repetidamente ao luxo de travar esse tipo de conflito e providenciar o grande número de homens e máquinas necessariamente envolvidos submetiam as potências ocidentais mais profundamente dedicadas a esses modos de guerra a níveis extremos de pressão.[28] Essas tensões múltiplas, mais evidentes a partir de meados do século XVIII, desempenharam um papel substancial e recorrente no fomento de novas ideias políticas, e na produção de uma série de importantes choques e reconfigurações políticos e constitucionais.

Guerras híbridas e revoluções

De maneira mais drástica, as pressões e inconveniências de níveis crescentes de guerra híbrida ajudaram a produzir uma série de conflitos revolucionários canônicos, cada um dos quais ampliou o projeto e a disseminação de Constituições escritas e as ideias nelas implícitas. Os três principais praticantes mundiais da guerra híbrida nos anos 1700 e no começo dos anos 1800 — Grã-Bretanha, França e Espanha — foram mutilados por esses conflitos revolucionários seriais, mas de maneiras diferentes. No tocante à Grã-Bretanha, a maior crise ocorreu não dentro do território nacional, mas num dos seus mais antigos e mais sensíveis postos avançados de fronteira, a América do Norte continental.

Com alguma razão, historiadores da Grã-Bretanha tendem a se envaidecer com a crescente capacidade do país, a partir de meados do século XVII, de aumentar impostos, financiar sua dívida nacional e utilizar o Parlamento em Westminster para legitimar essas cobranças. No entanto, o mergulho em guerras híbridas cada vez maiores e mais abrangentes continuava tendo graves efeitos. Durante a Guerra da Sucessão Austríaca, as despesas anuais da Grã-Bretanha já eram dois terços maiores do que na década anterior, relativamente pacífica. Mais de 40% do escoamento de fundos iam para a Marinha Real. O restante, porém, ia para o Exército. Tradicionalmente, esta era a menos favorecida das Forças Armadas da Grã-Bretanha, mas começou a inchar em tamanho para atender às exigências da guerra híbrida. A Guerra dos Sete Anos foi ainda mais dispendiosa, não só por causa dos níveis inéditos de combates transcontinentais envolvidos mas também da escala das vitórias britânicas.

Antes da Guerra dos Sete Anos, o Estado britânico quase não sentira necessidade de manter bases militares permanentes em suas colônias no ultramar (a Irlanda, como de hábito, era exceção à regra). Mas depois de despachar o número inédito de 120 mil soldados à América do Norte para lutar durante essa guerra, Londres tomou a fatídica decisão em seu término formal, em 1763, de providenciar a distribuição de 10 mil soldados por seu império atlântico como força de manutenção da paz. Desses, cerca de 7500 foram mandados para a América britânica, que então se estendia da baía do Hudson às ilhas Keys na Flórida, e da costa atlântica ao rio Mississipi.[29]

Essa força decididamente modesta mostrou-se insuficiente diante da variedade de tarefas e da vasta geografia de que se incumbiria. Para começar, esperava-se que seus homens monitorassem os recém-conquistados e quase sempre nem um pouco impressionados súditos francófonos em Quebec. Além disso, havia necessidade de tropas para tomar conta das populosas cidades do litoral leste da América e reprimir o contrabando e os surtos cada vez mais frequentes do que Londres via como sedição. Essas dispersas unidades do Exército britânico deveriam também regular o crescente número de colonos e especuladores que disputavam um lugar ao sol nas fronteiras ocidentais da América do Norte, além de pacificar e proteger os furiosos povos indígenas cujas terras os recém-chegados invadiam. Como era de prever, os assoberbados casacas-vermelhas fracassaram substancialmente nas três frentes. "O que a Grã-Bretanha ganhou com a guerra mais gloriosa e mais bem-sucedida que jamais travou", disse um ex-governador colonial britânico ao refletir sobre o que ocorreu na América do Norte na esteira da Guerra dos Sete Anos, "a não ser uma porção de império que fomos [...] incapazes de manter, defender ou governar?"[30]

Como bibliotecas inteiras têm se dedicado a documentar, a soldadesca britânica na América do Norte (alguns soldados haviam, de fato, nascido nos Estados Unidos) era, apesar de tudo, altamente competente como agente de educação política e divisão imperial. Muitos colonos civis viam esses soldados, com alguma razão, como representantes de um estilo mais confiante e invasivo de autoridade imperial britânica. A oposição a isso, e aos impostos cobrados por Londres para ajudar a pagar esses homens, forjou laços de simpatia e cooperação entre diferentes colônias americanas, que até então costumavam seguir caminhos próprios e separados.

A nova soldadesca imperial fomentou a oposição também de outras maneiras. Durante a Guerra dos Sete Anos, colonos americanos puderam como nunca observar casacas-vermelhas britânicos em suas localidades. Depois da guerra, alguns colonos encontraram ainda mais homens de uniforme vermelho, e nem sempre gostavam do que viam. Em março de 1770, o Massacre de Boston, como os polemistas americanos denominaram imediata e astutamente o incidente, envolveu a morte de apenas cinco manifestantes coloniais nesse importante assentamento da Costa Leste, no qual viviam cerca de 16 mil pessoas. A questão crucial, entretanto, é que influentes colonos americanos em Boston (como britânicos instruídos do outro lado do Atlântico) foram condicionados por suas leituras de história e pensamento político a associar soldados que agiam de maneira agressiva em espaços civis a tirania — e os que fizeram os disparos nessa ocasião usavam uniformes do Exército britânico.[31]

Por sua vez, a crescente resistência americana à tributação e questões a respeito da muito limitada presença armada britânica oficial em seu meio provocavam rumores de ingratidão colonial do outro lado do Atlântico. Manter aqueles regimentos nas colônias americanas custava à Grã-Bretanha cerca de 400 mil libras esterlinas por ano, quase 4% do orçamento nacional. Somada ao pagamento de uma pesada dívida pós-Guerra dos Sete Anos, essa carga tributária extra ajuda a explicar por que o movimento por mudança política — e o interesse cada vez maior por questões constitucionais — também se manifestou na Londres dos anos 1760 e em outras cidades britânicas menores e maiores, e por que políticos em Westminster insistiam tão teimosamente em tentar arrancar mais dinheiro dos colonos americanos para cobrir pelo menos parte dos seus custos.[32]

Se as colônias americanas contam com "nossas frotas" para sua proteção, trovejou o ministro britânico Charles Townshend em 1765 — deixando claro mais uma vez o fardo de combinar níveis inéditos de poderio naval com enormes exércitos terrestres — elas "precisam ajudar nossa receita".[33] A bem dizer, pressões financeiras resultantes da Guerra dos Sete Anos forçaram cortes no tamanho e nos níveis de reparo da Marinha Real, o que pode ter atrapalhado o desempenho inicial da Grã-Bretanha quando a guerra transcontinental voltou a eclodir depois de 1775, dessa vez com a maioria de suas colônias continentais americanas. Antes do fim dessa disputa, em 1783, doze das antigas colônias americanas tinham adotado suas próprias Constituições estaduais escritas. A vitória final americana nessa guerra também resultou, claro, na redação de uma Constituição pioneira para todo o território dos novos Estados Unidos em 1787.[34]

Também para a França a participação na Guerra dos Sete Anos mostrou-se um ponto decisivo, embora por outras razões. Como aconteceu com seus pares em Londres, os políticos em Paris e Versalhes tiveram que encarar a quase falência depois de 1763. Mas, enquanto a Grã-Bretanha, além disso, enfrentava o desafio de aprender a governar, de ajustar-se a e de pagar por uma superabundância de novas conquistas territoriais, a França teve que lidar depois da guerra com o choque e a vergonha de uma derrota em larga escala e da perda da maioria de suas colônias além-mar. A Coroa francesa tinha investido duas vezes mais dinheiro nesse conflito do que na Guerra da Sucessão Austríaca. Consequentemente, nos anos 1760 o pagamento das dívidas passou a absorver mais da metade da receita anual do rei Luís xv. Apesar disso, a determinação de restaurar o prestígio nacional francês levou a uma série de novos e dispendiosos projetos militares e de reformas onerosas.[35]

Apropriações coloniais foram realizadas pela França tanto fora como dentro da Europa. Em 1768, 25 mil soldados franceses desembarcaram na Córsega, suprimindo pela força sua frágil autonomia e o experimento político de Pasquale Paoli, e anexando a ilha. A máquina de guerra híbrida francesa foi também dispendiosamente atualizada depois de 1763. Ao longo de vinte anos, a França mais que dobrou o número de seus navios de guerra de primeira linha. Milhares de oficiais do Exército tidos como cúmplices nos fracassos da Guerra dos Sete Anos foram dispensados, e novos oficiais treinados para substituí-los. Dinheiro foi despejado numa nova nobreza militar e numa série de novas academias de treinamento.[36] Uma delas foi uma escola militar em Brienne, na região francesa de Champagne. Ali, em 1779, um jovem corso taciturno e magricela, que ainda se chamava Napoleone di Bonaparte, chegou para aprender a arte da guerra.

Esses investimentos na maquinaria e no pessoal da guerra híbrida poderiam ter funcionado a favor da França quando ela se aliou abertamente às forças revolucionárias americanas em 1778. Mas, embora essa intervenção militar em larga escala tenha assegurado a independência dos Estados Unidos, precondição essencial para o êxito do seu redesenho constitucional, os custos para a própria França desse novo turno de guerra híbrida foram enormes — mais de 1 bilhão de livres. Quase todo o dinheiro foi levantado mediante empréstimos de curto prazo. Devido à reputação francesa de deixar de pagar parcialmente suas dívidas, as taxas de juros cobradas eram exorbitantes, e em 1787 o regime entrou em colapso financeiro e político. O resumo feito pela historiadora Lynn Hunt do que aconteceu em seguida é certeiro:

> A ameaça de bancarrota obrigou a Coroa [francesa] a buscar novas fontes de receita, e não a tendo conseguido de uma Assembleia de Notáveis especialmente convocada ou do Parlement de Paris, aceitou, com relutância, convocar os Estados Gerais para examinar nova tributação. Como os Estados Gerais não se reuniam havia 175 anos, sua convocação em maio de 1789 abriu as portas para uma revolução constitucional e social.[37]

As subsequentes e violentas mudanças de regime na França entre 1789 e 1815 seriam acompanhadas por nove tentativas oficiais de dar ao país uma nova Constituição, por escrito. Além disso, governos pós-revolucionários franceses e seus Exércitos esforçaram-se para exportar essa forma de tecnologia política — uma Constituição escrita — para outras partes da Europa continental, com isso alterando ideias, expectativas, fronteiras, práticas jurídicas e sistemas de governo.

O último dos três principais expoentes da guerra híbrida no século XVIII, a Espanha, costuma ser visto como o mais fraco. Mas se a Espanha tivesse juntado sua Marinha substancial à frota naval da França no início da Guerra dos Sete Anos, os resultados desse conflito e, é de supor, o subsequente curso da história mundial, poderiam ter sido diferentes. Uma aliança franco-hispânica nesse estágio inicial poderia ter saído vitoriosa, ou pelo menos forçado os britânicos e outros adversários a uma trégua rápida. Nesse caso, a França poderia ter segurado suas colônias norte-americanas por mais tempo. E isso, por sua vez, teria mantido as colônias americanas da Grã-Bretanha mais dependentes da proteção de Londres por mais tempo, e a erupção da oposição armada que sobreveio poderia ter atrasado substancialmente. Mas a Espanha só entrou na Guerra dos Sete Anos do lado da França em 1761 — decisão tardia sem grande proveito estratégico, que acabou sendo um desastre oneroso no tocante à sua própria situação.

Apesar disso, as respostas da Espanha depois da guerra foram mais eficazes, em certo sentido, do que as de seus rivais, Grã-Bretanha e França. Como os monarcas e ministros da França, Carlos III da Espanha esforçou-se muito depois do conflito para renovar a máquina de guerra híbrida do país. Por ocasião de sua morte em 1788, e em consonância com o apelido de Rei Sargento, seu Exército totalizava, no papel, 50 mil homens — mais do que as forças terrestres da Grã-Bretanha naquela época. Os recursos que Carlos direcionou para a Marinha da Espanha foram ainda maiores. Com duzentos navios em 1800, "ela recebeu", resmungou um dos principais ministros espanhóis, "tudo que o tesouro podia dar".[38]

Boa parte do dinheiro veio das colônias americanas da Espanha. Para salvaguardar esse fluxo de receita e preservar sua influência global, a Espanha, como a Grã-Bretanha — mas, nesse caso também, com maior êxito a curto prazo — pôs em vigor depois de 1763 uma política imperial mais

As múltiplas trajetórias da guerra

sistemática e ativa. Novos postos avançados fortificados foram construídos na América espanhola. Houve projetos cartográficos e fiscais, mais soldados e procônsules imperiais, e mais tratados com povos indígenas. Houve também outra expansão territorial, novos assentamentos na costa do Pacífico, de San Diego a São Francisco, e uma presença mais forte, também, na costa noroeste do Pacífico.

Como ocorreu com os britânicos em relação a suas colônias americanas, essa política imperial mais rigorosa da parte da Espanha provocou resistência. Tanto a revolta de Quito em 1765, onde hoje é o Equador, como a Revolta dos Comuneros em Nova Granada em 1781 foram fomentadas por aumentos de impostos e outras "reformas" oriundas de Madri. E também — embora apenas em parte — a mais perigosa insurreição de Túpac Amaru, em 1780-3, que por um momento ameaçou o controle espanhol em todo o vice-reino do Peru e em partes do vice-reino do Rio da Prata.[39]

Apesar disso, no início a monarquia espanhola conseguiu manter sob controle essas erupções coloniais e continuar solvente. Isso correu, em parte, porque contava com imensas remessas de prata americana, sobretudo do México. Esse fluxo de prata para a Espanha, no valor estimado de 250 milhões de pesos fuertes entre 1760 e 1810, servia para custear a administração colonial da Nova Espanha. A prata mexicana também financiou em Havana os estaleiros responsáveis por boa parte da renovação da Marinha espanhola. Além disso, a prata mexicana entrava como garantia nos empréstimos concedidos por bancos holandeses, os quais, por sua vez, ajudaram a financiar sucessivas guerras imperiais da Espanha. Só quando outro surto colossal de guerra híbrida eclodiu, depois de 1792, a posição da monarquia espanhola foi seriamente contestada dentro da península Ibérica, e a adesão a ela decididamente minada na América do Sul.[40]

Nesse novo e longo período de conflito, cada peça da máquina de guerra da Espanha, reformada de modo bastante dispendioso, acabou se mostrando inadequada para a tarefa. A Marinha, apesar de ampliada, não era páreo para o poderio naval britânico, como ficou claro, da maneira mais terrível, na batalha de Trafalgar em 1805, e o Exército inflado da Espanha foi incapaz de impedir que as legiões de Napoleão Bonaparte invadissem e ocupassem grande parte da península Ibérica três anos depois. Como nos Estados Unidos a partir de 1776, e na França a partir de 1789 — e na Córsega em 1755 —, um dos resultados dessas crises relacionadas às guerras foi uma guinada inovadora para a pena e para a tinta. Em 1812, legisladores de oposição reunidos em Cádiz, porto importante da costa sudoeste da Espanha, produziram uma das Constituições políticas mais ambiciosas e amplamente influentes do século xix. Mesmo antes disso, colonos espanhóis na Argentina, na Guatemala, na Venezuela e na Colômbia já se aventuravam em suas próprias guerras, redigindo suas próprias Constituições.

Haiti: A exceção que quebrou e comprovou regras

Níveis crescentes de guerra híbrida representavam desafios severos, mas diferentes, para as três potências que nela investiam mais dispendiosa e substancialmente — Grã-Bretanha, França e Espanha. Para as três, os custos, ajustes e desafios envolvidos nesses modos cambiantes de guerras longe de casa funcionavam como estímulo para mudanças políticas e ideológicas. As pressões da guerra híbrida ajudaram a provocar erupções de violência extrema, fosse no solo desses sistemas políticos, fosse em territórios a eles ligados, fosse nos dois lugares. Com isso, a legitimidade das ordens de governo habituais foi questionada e minada, novas configurações políticas surgiram e influentes Constituições escritas foram produzidas e promulgadas.

Afirmações desse tipo podem parecer problemáticas. Para alguns, dar especial atenção ao impacto da guerra transcontinental — ou a qualquer outro conjunto de mudanças em larga escala e de amplo alcance — traz o risco de minimizar diferenças importantes e essenciais, e de desvalorizar papéis e contribuições específicos de determinados países, agrupamentos culturais e indivíduos. Como assinala o antropólogo Arjun Appadurai, pode haver o receio de que abordar a larga escala venha a "marginalizar o já marginal" e leve a negligenciar "pequenos agentes e vidas locais".[41] Mas

As múltiplas trajetórias da guerra 49

não há necessidade, eu diria, de nos prendermos a argumentos do tipo o ovo ou a galinha. Chamar atenção para o grande e o vasto e para conexões não significa — e não deveria significar — ignorar e eliminar o específico, o local, a pequena escala e os detalhes individuais minuciosamente pesquisados. A última das quatro explosões revolucionárias mais conhecidas e ligadas à guerra ocorridas entre meados do século XVIII e as primeiras décadas do século XIX também deixa isso claro.

O conflito que ficou conhecido como Revolução Haitiana costuma ser visto sob a perspectiva de sua singularidade, e há boas razões para isso. Situada no úmido e montanhoso setor ocidental da ilha de Hispaniola, nas Grandes Antilhas (a Espanha ocupava a outra parte), Saint-Domingue, nome que lhe deram os invasores franceses nos anos 1650, tornou-se em um século o maior produtor mundial de café. Suas plantations exportavam tanto açúcar quanto Jamaica, Cuba e Brasil juntos. De longe a mais rica das colônias francesas do ultramar, ela aprisionava dentro das suas fronteiras quase meio milhão de escravos negros, dos quais talvez sete em cada dez adultos tinham nascido na África. Mas quando as pressões do uso abusivo da guerra híbrida enfim deflagraram uma crise política na França em 1789, os efeitos também alcançaram uma Saint-Domingue já destroçada.

Nas últimas décadas, a narrativa básica do que aconteceu em seguida tem sido repetida e investigada muitas vezes.[42] De início, alguns dos cerca de 30 mil colonos brancos, animados pelos primeiros estágios da Revolução Francesa, iniciaram uma campanha por sua fatia na mudança política. Então, alguns dos negros livres relativamente prósperos de Saint-Domingue organizaram uma rebelião em pequena escala exigindo concessões de Paris, direitos civis e representação política. Mas foi uma rebelião muito maior partida de cerca de 100 mil escravos nas planícies do norte da colônia em agosto de 1791 que de fato teve impacto nos acontecimentos. "Princípios destrutivos para nossas propriedades", lamentou o presidente francês da Assembleia Geral de Saint-Domingue em Cap Français, "acenderam uma chama entre nós, e puseram armas nas mãos dos nossos próprios escravos."[43]

Levantes de escravos eram fenômenos recorrentes no Caribe e nas Américas, mas a maioria tinha pequenas dimensões e era logo extinta. A rebelião dos escravos de 1791 em Saint-Domingue não foi nada disso. Logo todos

5. Alegoria de Toussaint Louverture proclamando a primeira Constituição de um futuro Haiti em maio de 1801.

os cambiantes agrupamentos envolvidos na luta estavam mobilizando um grande número de soldados negros escravos. Sob pressão e numa tentativa de acalmar os ânimos, a França aboliu a escravidão em todos os seus domínios em 1794. Só que em Saint-Domingue nada se acalmou.

Dez anos depois, quando ondas sucessivas de extrema violência e fome tinham destruído metade da população negra, e intervenções de forças navais e militares britânicas, espanholas e francesas haviam sofrido fracassos e derrotas, e uma primeira Constituição escrita em 1801 proclamara que a escravidão estava "abolida para sempre", Saint-Domingue conseguiu se livrar de exércitos dominados por europeus e de agentes controladores. Em 1º de janeiro de 1804, seus triunfantes líderes negros e mestiços divulgaram uma Declaração de Independência e inauguraram o regime soberano do que eles de início chamaram Hayti. Até 1820, mais cinco Constituições oficiais seriam produzidas.[44]

Não só a violência dessas mudanças mas também sua originalidade foram amplamente reconhecidas na época. Como um abolicionista europeu comentou em 1804, num tom de surpresa que em si mesmo já era revelador: "Um povo africano, não subordinado a quaisquer habitantes europeus no mesmo território, e independente de qualquer governo exterior, está [agora] plantado no centro das Antilhas".[45] O Haiti tornou-se o primeiro e único sistema soberano negro equipado com uma Constituição a existir no mundo caribenho até a descolonização acelerar o passo nessa região nos anos 1960. O que aconteceu no Haiti depois de 1790 teve um significado político ainda mais profundo. Serviu para demonstrar que, tendo se espalhado a partir de áreas da Europa e evoluído no caminho, as novas Constituições podiam ser adotadas e adaptadas por militantes e em populações de maioria negra.

Foi esse ponto — a redação de textos políticos por homens que em alguns casos pareciam ver a si mesmos como africanos, inteiramente ou em parte — que um observador simpatizante da política haitiana preferiu ressaltar em 1816. "Todos os documentos públicos", disse ele, "são escritos por aqueles cujos nomes neles aparecem, e [...] são todos homens negros, ou homens de cor." O preâmbulo da Constituição redigida em 1805 pelo primeiro líder pós-independência do Haiti, Jean-Jacques Dessalines, soldado implacável e inteligente, ex-escravo, apresentava o mesmo argumento fundamental em linguagem mais grandiloquente:

Na presença do Ser Supremo, diante de quem toda a humanidade é igual,, e que espalhou tantas espécies de criaturas na superfície da Terra com o fim de manifestar sua glória e seu poder pela diversidade de suas obras, na presença de toda a natureza por quem fomos tão injustamente e por tanto tempo considerados filhos proscritos.[46]

Direitos agora deviam ser formulados, escritos, impressos, distribuídos e reivindicados por aqueles que antes disso eram destituídos de qualquer direito.

Foi notável. No entanto, o que aconteceu em Saint-Domingue/Haiti também confirma a importância de tendências e avanços evidentes em outras regiões do mundo. Para começar, o que houve ali ilustrou ainda mais a crescente importância, nos anos 1700, do território e dos recursos marítimos. Com a diferença de que, nesse caso, não foram navios de guerra que desempenharam o papel mais importante, mas outro componente da tecnologia marítima europeia: os navios negreiros de longo alcance.

Na prática, existiam consideráveis superposições entre esses dois violentos tipos de embarcação oceânica. Como os navios de guerra, a maioria dos navios negreiros era equipada com armas. Mesmo um negreiro francês relativamente compacto, o *Diligent*, operando a partir do porto de Nantes, na Bretanha, nos anos 1730 e 1740, transportava "oito canhões de quatro libras, 55 mosquetes, dezoito pistolas, vinte espadas e dois canhões giratórios, todos em excelentes condições".[47] Os donos e capitães de navios negreiros, buscando tripulações capazes de manejar essas armas, costumavam recrutar homens com experiência em marinhas de guerra.

Consequentemente, há vínculos estreitos — e ainda explorados de modo insuficiente — entre a inédita expansão de algumas marinhas europeias nessa época e o aumento do comércio europeu de escravos. A França é um bom exemplo disso. No primeiro quarto do século XVIII, navios franceses transportaram da África, segundo estimativas, 100 mil seres humanos cativos. Mas, à medida que a Marinha francesa aumentava de tamanho depois de 1750, a escravização francesa também aumentou de volume. No último quarto do século XVIII, navios negreiros da França transportaram 400 mil africanos. Cerca de 70% dessas pessoas, quase todas do sexo masculino, vinham de fornecedores da costa de Angola e das regiões costeiras da Baixa Guiné (Benim, Togo e o que é hoje a Nigéria). Um número desproporcional dos cativos que conseguiam sobreviver à travessia de 5 mil milhas para o Caribe foi parar nas costas norte, oeste e sul de Saint-Domingue.[48]

O que houve em Saint-Domingue/Haiti também confirma o impacto político e o potencial de perturbação dos níveis crescentes de guerra nos anos 1700. Além disso, salienta que esse fenômeno não era exclusividade ocidental. Em grande parte do oeste da África, as décadas da metade do século XVIII também testemunharam uma pluralidade mais intensa de conflitos. Veja-se o caso do Daomé, formidável reino da região onde hoje é o Benim, com seu próprio exército e suas armas de pólvora. Em 1724, seus soldados invadiram o outrora poderoso reino costeiro de Aladá, fazendo 8 mil cativos. O próprio Daomé foi invadido sete vezes entre os anos 1720 e 1740 pelos exércitos do império iorubá de Oió. Sua base ficava onde hoje é a Nigéria, e chegava a contar com exércitos de mais de 50 mil homens. Houve outros conflitos nessa imensa região. No reino em declínio do Congo, entidade política que se estendia por partes da Angola, do Gabão e das duas repúblicas do Congo de hoje, uma prolongada guerra civil atingiu níveis ainda mais agudos de violência entre os anos 1760 e 1780.[49]

Como a terra no oeste da África era abundante, e a população muito esparsa, os governantes dessa vasta região preferiam fazer cativos humanos como butim de guerra em vez de aproveitar suas vitórias para angariar mais território. Às vezes também vendiam esses prisioneiros para negreiros europeus em troca de produtos importados, armas, tecidos asiáticos, conchas de cauri etc. É possível, portanto, que os níveis crescentes de guerra evidentes em partes da África ocidental em meados do século XVIII tivessem também o efeito de trazer cada vez mais remessas de cativos negros para mercados de escravos em sua costa atlântica justamente quando a atividade dos negreiros franceses também se intensificava.

Como resultado, argumentam africanistas, "muitos dos escravos" despachados por negreiros franceses para Saint-Domingue no fim dos anos

1700 talvez fossem, na verdade, militares veteranos, homens que tinham "servido em exércitos africanos antes de serem escravizados" e tomados como cativos por exércitos africanos rivais, até chegarem às mãos de negreiros europeus. A presença em Saint-Domingue desses antigos soldados africanos treinados, sugere o historiador John Thornton, pode ter sido "o elemento-chave do êxito inicial" de sua rebelião nos anos 1790 contra a escravatura, que possibilitou aos insurgentes negros resistir e revidar quando foram "ameaçados por exércitos reforçados da Europa".[50]

Uma vez que a grande maioria dos negros que lutaram em Saint-Domingue nos anos 1790 e 1800 não deixou registro de que tenhamos conhecimento, nunca saberemos qual foi seu grau de envolvimento em campanhas militares no oeste da África, nem a influência que sobre eles exerceram histórias e tradições de guerra africana. Está muito claro, porém, que os níveis crescentes de guerra híbrida que provocaram convulsões em tantas partes do mundo depois de 1750 também alimentaram essa crise histórica no Haiti.

Em consequência das demandas por mão de obra e dos custos financeiros causados por sua participação na Guerra Revolucionária Americana, a França teve que reduzir o tamanho das guarnições do seu exército em Saint-Domingue. Essa redução no número de soldados regulares brancos necessários para manter a economia das plantations e a paz entre os escravos em Saint-Domingue significava que uma parte maior do fardo de manter a ordem nessa colônia foi transferida para as milícias locais. Esses agrupamentos incluíam numerosos negros livres: exatamente o tipo de homem que em muitos casos preferiu aderir à rebelião no começo dos anos 1790.[51]

A pressão militar e financeira sobre a França resultante de níveis crescentes de guerra híbrida teve impacto em acontecimentos no Haiti noutro sentido, mais decisivo. De 1792 a 1801, e novamente depois de 1802, sucessivos regimes franceses foram incapazes de concentrar suas energias e seus recursos na supressão da resistência negra em Saint-Domingue porque seus exércitos e suas marinhas travavam guerras em larga escala contra potências importantes em múltiplos continentes, países e oceanos. O aumento sistemático e gradual de níveis de guerra europeia também contribuiu para os acontecimentos no Haiti num nível mais individual. Além de qualquer coisa que possam ter aprendido com a experiência nas guerras do oeste africano, e a lembrança das lendas dessas guerras, alguns dos mais destacados comandantes negros do Haiti adquiriram experiência e habilidades militares servindo nos exércitos de um ou mais dos principais expoentes europeus da guerra híbrida.

Toussaint Louverture, o mais conhecido e mais carismático líder da guerra revolucionária no Haiti, que conseguiu libertar-se da escravidão em 1776 e foi o criador da primeira Constituição do país em 1801, passou um tempo, por exemplo, em regimentos do Exército espanhol, além de trabalhar e lutar ao lado de soldados franceses. Levou uma bala "no quadril direito que ainda está lá", diria Toussaint mais tarde, e foi atingido na cabeça com "uma bala de canhão que me destruiu a maior parte dos dentes".[52]

O principal lugar-tenente de Toussaint e, no fim das contas, seu adversário, Jean-Jacques Dessalines, também aprendeu com as legiões europeias que, no devido tempo, se tornariam suas inimigas. Possivelmente nascido na África, e certamente ex-escravo, Dessalines serviu durante oito anos, antes de 1802, como oficial do Exército republicano francês.[53] Já Henry Christophe, negro liberto provavelmente de origem granadina, e que assinou a Declaração de Independência do Haiti — e subsequentemente assumiu o controle do setor norte do país —, parece ter atuado como uma engrenagem da máquina de guerra híbrida francesa bem antes disso, combatendo em 1779 ao lado de forças militares francesas na Guerra Revolucionária Americana.

Henry Christophe jamais alcançou a elevada reputação de outros grandes líderes da independência haitiana. Parece menos nobre e menos trágico do que Toussaint, que morreu em 1803 nas masmorras de um forte francês nas montanhas do Jura. Nem foi um arquiteto da independência haitiana da mesma importância de Dessalines, que acabou assassinado. Mas a relativa marginalização de Henry Christophe, que ainda não conta com uma biografia respeitável e dedicada, deve-se, basicamente, ao tipo de governo que ele, em última análise, tentou construir. Apesar disso, como grande parte do que se passou em Saint-Domingue/Haiti, os projetos e a carreira desse homem são importantes, tendo um significado mais do que simplesmente local.

Diante das dificuldades de governar uma população emancipada havia pouco tempo e que era muito pobre, quase toda analfabeta, preparada para a violência de maneira substancial, sem dispor de instituições civis bem estabelecidas, sob a ameaça de uma nova invasão francesa e uma volta à escravidão pairando sobre ela até os anos 1820, os primeiros líderes haitianos foram, inescapavelmente, homens duros, dependentes da força militar. Assim como a Constituição de Pasquale Paoli para uma Córsega terrivelmente ameaçada em 1755, as primeiras Constituições do Haiti estão repletas de cláusulas relativas à organização militar e a um governo forte.

Pelo disposto no primeiro desses documentos, de 1801, Toussaint Louverture tornou-se "general-chefe [...] pelo resto de sua vida gloriosa". A Constituição promulgada por Dessalines em 1805, por sua vez, deixava claro que "nenhuma pessoa" (quer dizer, nenhum homem) era "digno de ser haitiano se não fosse um [...] bom soldado". Essa mesma Constituição estipulava que o Haiti teria seis divisões militares, cada uma delas comandada por um general do Exército. Até os anos 1820, os presidentes do Haiti usavam papel timbrado oficial com canhões gravados no cabeçalho.[54]

Nesse sentido, a própria versão de rijo autoritarismo de Henry Christophe era bem o que se poderia esperar. A Constituição criada sob sua direção em 1807 para o secessionista Estado do Haiti afirmava os "direitos inalienáveis do homem" e a liberdade "em pleno direito" de todos os residentes do Haiti. Mas também o tornava general-chefe, com o direito de escolher o próprio sucessor — se bem que apenas, como ressaltava o documento, "entre os generais". Por meio de outra Constituição, no entanto, promulgada em abril de 1811 e lida em voz alta em "todos os lugares públicos" ao "som de música de guerra", Henry Christophe foi mais longe ainda, e numa direção diferente.[55] Declarou-se monarca, com o nome de rei Henry I do Haiti.

A Constituição presidida por Dessalines em 1805 já tinha anunciado que o Haiti seria um império. Mas aquele texto estipulava que a coroa imperial do país seria "eletiva e não hereditária". Já Henry Christophe, ao contrário, desejava um governo plenamente hereditário. "Para dar uma ideia da supremacia de poder", proclamava sua Constituição de 1811, a sucessão deveria "ser conferida somente [...] [a] filhos legítimos do sexo masculino (com a exclusão perpétua das mulheres) numa família ilustre constantemente dedicada à glória e à felicidade do país": ou seja, a família do próprio Henry. Sua esposa, Marie-Louise, seria rainha do Haiti. Os filhos seriam príncipes e as filhas princesas; e seu herdeiro presuntivo, Victor, receberia o título de príncipe real. Contaria com o apoio total de uma aristocracia de duques, condes e barões, "nomeados e escolhidos por Sua Majestade" entre cada classe nessa recém-criada nobreza haitiana, adotando trajes especialmente desenhados. Haveria uma corte real à qual se aplicaria uma indumentária formal e novas ordens de cavalaria. Haveria também, estipulava essa Constituição de 1811, palácios construídos por todo o norte do Haiti, onde quer que o rei Henry julgasse "apropriado determinar". Na prática, houve nove deles, mais uma generosa distribuição de "châteaux" com nomes como Victoire e Bellevue-le-Roi.[56]

É difícil resistir à tentação de ver nisso tudo apenas megalomania, ou pelo menos um exercício particularmente descarado de inventar tradições. Mas ceder a essa tentação seria deixar passar muita coisa. Henry Christophe não foi, de forma alguma, o único general cruel dessa época a declarar-se governante já pensando em botar uma coroa na cabeça e conquistar a perpetuidade. Esse novo monarca haitiano tinha perfeita consciência de que Napoleão Bonaparte, seu contemporâneo quase exato, havia se coroado imperador da França em 1804, declarando-se, subsequentemente, rei da Itália. Como Napoleão, Henry Christophe via o fato de tornar-se monarca hereditário não apenas como uma ego trip, mas também como uma forma de angariar mais reconhecimento e aceitação internacionais. Usava isso também como parte de uma estratégia para restaurar a ordem e a estabilidade num território por muito tempo arrasado pela guerra e ainda ameaçado de invasão estrangeira, "esse abismo no qual seus inimigos mais inveterados o extinguiriam", conforme alertava a nova Constituição.[57] Como Napoleão, e muitos outros governantes posteriores, Henry não via contradição em assumir uma coroa de um lado e promulgar Constituições por escrito de outro.

Para que ninguém deixasse de perceber as semelhanças com Napoleão, um dos assessores de Christophe fez questão de afirmar em letra de fôrma que o monarca haitiano era, na verdade, "um parente próximo de Bonaparte".[58] Mas, apesar de deliberadamente tomar de empréstimo língua, ritual, métodos e técnicas de legitimação da França napoleônica, esse novo rei autoproclamado era também prudente e eclético em suas alianças, assim como sempre foi revolucionário. Estreitava laços não só com a França mas também com seu principal inimigo, a Grã-Bretanha, correspondendo-se com políticos e abolicionistas em Londres e consultando seu Colégio de Armas, a autoridade oficial da Grã-Bretanha em heráldica, sobre o design das ordens cavalheirescas e brasões do Haiti.

Além disso, Henry encomendou um grandioso retrato oficial de si mesmo ao artista Richard Evans, que tinha sido aluno e assistente de Thomas Lawrence e era na época o mais importante pintor de membros da família real e da aristocracia britânicas. O retrato de Evans mostra Henry trajando casaca militar verde-escura trespassada, com a medalha da recém-fundada ordem militar de Saint Henry pendurada na altura do coração e a recém-fabricada coroa numa mesa ao lado. Ele se destaca contra um pano de fundo de nuvens ameaçadoras, um rei-soldado bravamente empenhado em defender um reino cuja própria independência havia sido conquistada por uma guerra de negros.[59]

Investimentos deliberados como esse em sua imagem real têm dado a Henry má reputação, não de todo injustificada. Essas iniciativas e extravagâncias eram financiadas com recursos do trabalho ainda compulsório da massa de homens e mulheres empobrecidos nas plantations haitianas. Mais questionável, porém, é a noção quase sempre implícita, mas por vezes explícita, de que os experimentos monárquicos de Henry eram, de alguma forma, atos intrinsecamente contrarrevolucionários, e, por isso mesmo, essencialmente incompatíveis com o constitucionalismo escrito. Nenhuma dessas interpretações resiste à análise.

Há poucos indícios de que a massa de homens e mulheres escravizados e libertos que se levantaram e lutaram no Haiti depois de 1790 fosse resolutamente republicana; teria sido estranho se assim fosse. A maior parte do mundo naquela época, incluindo quase todo o continente africano, ainda era governada por indivíduos que se consideravam reis ou equivalentes.

As múltiplas trajetórias da guerra

6. *Rei Henry Christophe*, de Richard Evans, c. 1816.

Na maioria dos países e impérios fora das Américas — e a despeito de toda a onda de Constituições escritas transformadoras — a monarquia seria o sistema padrão de liderança estatal até a Primeira Guerra Mundial, e em algumas regiões por mais tempo ainda.

Além disso, num determinado sentido, ao querer transformar-se de maneira tão criativa e elaborada num monarca e criador da própria dinastia, Henry Christophe agiu não como expoente da contrarrevolução, mas, pelo contrário, como profundamente revolucionário. Napoleão Bonaparte, outro monarca arrivista, podia ao menos reivindicar antecedentes de pequena nobreza e treinamento formal como oficial do Exército. Mas para Henry Christophe, artesão negro sem instrução, que se tornou menino baterista do Exército, depois taberneiro, depois açougueiro, tornar-se general e por fim proclamar-se monarca hereditário foi um ato sensacionalmente audacioso — e reconhecido como tal por muitos contemporâneos seus. Henry declarou que queria ser "o primeiro monarca coroado do Novo Mundo" e o "Destruidor da Tirania, Regenerador e Benfeitor da nação haitiana".[60]

Essa é uma das razões pelas quais a carreira de Henry merece mais atenção. Suas ideias e seus atos confirmam que aquela época de crescimento da guerra híbrida, que fomentou tão drasticamente uma série de violentas explosões revolucionárias, não era necessariamente incompatível com novos experimentos monárquicos, pelo menos não mais do que a própria monarquia era necessariamente incompatível com a redação e a adoção de novas e importantes Constituições escritas. O experimento de governo monárquico de Henry Christophe no norte do Haiti logo arrefeceu. Em outubro de 1820, enfermo e ciente de estar perdendo autoridade, ele suicidou-se com um tiro no coração. Seu filho e herdeiro de dezesseis anos, o príncipe Victor, que também tinha sido retratado em pinturas a óleo de estilo grandioso por Richard Evans, foi imediatamente morto a golpes de baioneta, e o corpo atirado num monte de estrume.

No entanto, nada disso tira o mérito de Henry Christophe como um inovador que reconheceu as Constituições escritas como instrumentos utilizáveis de maneira aventurosa e lucrativa por alguém com aspirações a monarca hereditário. Uma aceitação cada vez maior de que esse era o caso — de que as Constituições escritas poderiam ser conciliadas com formas de monarquia, e não apenas com o republicanismo — seria crucial para o êxito dessa nova tecnologia política.

O que aconteceu no Haiti, apesar das peculiaridades, confirma o que vimos em outras crises militares e políticas discutidas neste capítulo, na

Córsega, na Grã-Bretanha e em suas colônias americanas, na França e na Espanha e em seu império atlântico. Em grande parte do mundo depois de 1750, a guerra, sobretudo os choques e as ramificações da guerra híbrida, se tornou sistêmica, cada vez mais difícil de evitar, e fonte e intensificadora de revoluções e mudanças de regime de diferentes tipos.[61] É contra esse pano de fundo de instabilidade e de violência crescente em terra e no mar que o interesse por escrever, utilizar e propagar textos constitucionais deve ser em parte compreendido.

Apesar disso, perguntas importantes ainda persistem. A guerra generalizada e as mudanças na natureza e na escala das guerras ajudaram a precipitar grandes perturbações políticas e territoriais e mudanças de ideias e práticas. Mas por que as respostas a esses distúrbios e mudanças relacionados à guerra assumem, cada vez mais, a forma de textos escritos? Para começar a chegar a um acordo sobre as respostas a essa pergunta, precisamos recuar no tempo e examinar outras regiões do mundo.

7. Gravura satírica britânica de 1821 mostrando o falecido rei haitiano como tirano e associando-o a monarcas europeus impopulares.

8. Catarina II trabalhando no *Nakaz*.

2. Velha Europa, novas ideias

São Petersburgo

Em comparação com a maioria das pinturas exibidas nas galerias do Museu Hermitage, esta à primeira vista parece insignificante. Emoldurada em metal, e com menos de dez por vinte centímetros de tamanho, é amadorística em estilo e rococó. Vemos um apartamento real bagunçado, com colunas, cortinas escarlate e um trono estofado de veludo; e há um busto de Pedro, o Grande, o mais titânico dos czares russos, um reformista e provocador de guerras. O busto está posicionado de tal maneira que os olhos pétreos parecem observar com aprovação a mulher sentada no centro do quadro, trabalhando numa escrivaninha com enfeites dourados. Ela, enquanto isso, desvia os olhos dos papéis e olha firmemente para fora do quadro. Catarina II, da Rússia, tinha quase quarenta anos quando essa pintura foi feita, e o artista anônimo mostra-a com excesso de ruge, já ligeiramente acima do peso e com o queixo flácido. Mas seu olhar azul-escuro, o nariz romano e os lábios finos, charmosos, são arrebatadores. Tanto que é fácil desviar nossa atenção das mãos. Retratos de mulheres da realeza europeia naquela época muitas vezes as mostram acenando para emblemas de poder. Mas eles costumam ficar a certa distância física. Aqui, porém, Catarina não faz gesto algum. Ela segura. Em uma imponente mão há uma pena. A outra segura o manuscrito da mais importante de suas muitas obras escritas, o *Nakaz*, ou Grande Instrução.

A partir de 1765, terceiro ano do seu reinado, Catarina trabalhou quase todas as manhãs nesse texto ao longo de dezoito meses, levantando-se entre as quatro e as cinco da madrugada, e, segundo consta, sentindo dores de cabeça e fadiga visual em decorrência do esforço. Depois de distribuir um rascunho inicial entre seus conselheiros, ela mandou uma versão revisada para o prelo em julho de 1767, acrescentando duas seções na primavera seguinte. Ao todo, o *Nakaz* completo tinha 22 capítulos e 655 cláusulas; e, embora trabalhasse com um secretário, foi a própria Catarina que selecionou e organizou o material e escreveu a versão final. A intenção explícita de investir tanto tempo e empenho nesse documento era oferecer um guia e um programa para a comissão legislativa que ela convocara em Moscou para trabalhar na modernização e na sistematização das leis do Império russo. Portanto, apesar de todas as suas limitações estéticas, essa imagem do Hermitage é importante e notável. É uma das poucas representações, antes do século XX, de uma mulher ativamente envolvida na redação de um importante texto jurídico e político.[1]

O fato de Catarina ser mulher e o seu estilo de vida ajudam a explicar por que o significado mais amplo do Nakaz é pouco explorado. O lugar onde surgiu também contribuiu nesse sentido. Obras de história universal costumam marginalizar o Império russo, tratando-o como um conjunto de territórios singular, até mesmo exótico. O risco de isso acontecer é ainda maior quando questões de inovação e modernização política estão envolvidas. Quando Catarina tomou o trono em 1762, e por muito tempo depois, o Império russo era "uma monarquia absoluta, situada no extremo despótico do espectro".[2] Não existiam restrições constitucionais ao poder dos seus governantes, e a iniciativa legislativa cabia inteiramente a eles. Não havia sequer advogados formados localmente trabalhando na Rússia durante o reinado de Catarina. O fato de um texto constitucional inovador surgir nesse ambiente, e de ter qualquer impacto além das fronteiras territoriais do Império russo, pode parecer, portanto, caracteristicamente improvável. No entanto, apesar de não ser uma Constituição escrita, o Nakaz é um texto importante que lança luz sobre a evolução e a proliferação desse gênero político.

Níveis de guerra mais intensos e amplos contribuíram progressivamente, depois de 1750, para deflagrar uma série de revoluções políticas influentes e criativas. No entanto, se nos concentrarmos apenas naquelas primeiras erupções revolucionárias na Córsega, nas Américas, na França, no Haiti e em outros lugares corremos o risco de minimizar a história de como novas iniciativas e novos textos constitucionais se espalharam para compor uma narrativa de apenas alguns grandes momentos em determinados locais privilegiados de ação. Perceber que os crescentes níveis de guerra também fomentaram modos mais imaginativos de atividade constitucional em outras partes do mundo contribui para formar um quadro mais preciso, matizado e abrangente. Uma vez adotada essa lente mais ampla e aprofundada, a Rússia passa a exigir atenção rigorosa, junto com muitos outros lugares. Na esteira da Guerra dos Sete Anos, a russa foi uma de várias monarquias europeias em que "um documento escrito, uma coisa objetiva duradoura", nas palavras da filósofa Hannah Arendt, ganhou destaque e impulso.[3] Como se deu isso?

Guerra, papel e Iluminismos

Para compreender a voga crescente de textos constitucionais mais ambiciosos em meados do século XVIII, ajuda muito situá-los no contexto de outras peças da nova papelada oficial produzida pelo aumento dos níveis de guerra e pela competição cada vez mais acirrada entre os Estados. Na esteira da Guerra dos Sete Anos houve uma corrida frenética entre as potências vitoriosas para acumular informações sobre territórios recém-adquiridos e publicar planos para reorganizá-los à imagem e semelhança dos conquistadores.

Assim sendo, no rastro da conquista britânica do que viria a ser o Canadá, Joseph Des Barres, agrimensor militar nascido na Suíça, contando com a colaboração de um jovem, aventureiro e promissor oficial da Marinha Real chamado James Cook, iniciou um projeto para mapear a costa entre Terra Nova e a colônia de Nova York. O trabalho deles resultou em *The Atlantic Neptune*, de 1777: quatro volumes monumentais de gráficos, mapas e vistas destinados a ajudar o braço marítimo e imperial da Grã-Bretanha, e que continuam sendo obras de arte pelo requinte dos detalhes, pela beleza e pela precisão.[4]

Houve também numerosos planos nos anos 1760, entre perdedores e vencedores da época da guerra, visando aumentar receitas e reativar governos no contexto das dívidas originadas por conflitos violentos e muito onerosos. Depois de chegar ao extremo norte do vice-reino hispano-americano de Nova Espanha em 1765, por exemplo, José de Gálvez, ex-pastor e advogado convertido em burocrata imperial, elaborou um plano para substituir o que ele e seus patrões consideravam funcionários coloniais corruptos por servidores civis nomeados diretamente por Madri. Códigos jurídicos também foram lançados na esteira da Guerra dos Sete Anos, incluindo as *Leis e Constituições* de 1770 do rei Carlos Emanuel III da Sardenha.[5] Era o equivalente, no papel, dos esforços simultâneos do rei para construir suas fortalezas e seus exércitos; tratava-se também de outra maneira, no entendimento do monarca, de fortalecer e reconfigurar seu Estado diante dos crescentes níveis de guerra e de pressões externas.

Como as condições progressivas dos conflitos atingiram múltiplos continentes naquela época, parte dessa enxurrada de novo papelório foi gerada por regimes fora da Europa. Depois de levar à sua sinistra conclusão as campanhas genocidas do Império Qing contra os Zunghar nos anos 1750, o imperador Qianlong encomendou o que veio a ser conhecido como *Tratados abrangentes da nossa augusta dinastia*. Cerca de 150 eruditos e funcionários sediados em Beijing trabalharam nesse compêndio durante dezoito anos. Juntos, pesquisaram e redigiram mais de 120 capítulos sobre geografia, sistemas jurídicos, práticas administrativas, recursos naturais e idiomas do reino chinês, então muito mais amplo. A intenção era oferecer uma fonte de informações para o governo imperial Qing, em especial com relação a territórios recém-conquistados na Ásia central.[6] Como fizeram os expansionistas britânicos nos anos 1760 com Bengala e América do Norte, Qianlong queria tornar suas novas conquistas centro-asiáticas legíveis, para que pudessem ser governadas e conhecidas de maneira adequada.

Assim como muita papelada oficial de pós-guerra naquela época, os *Tratados abrangentes* também tinham uma função de propaganda e celebração. A ideia nesse caso era proclamar o firme comando de Qianlong sobre seus ampliadíssimos domínios. A obra completa, com 2 mil páginas —

Velha Europa, novas ideias   67

que merece tratamento mais aprofundado e mais comparativo —, foi finalmente impressa em 1787, o mesmo ano em que a Constituição dos Estados
Unidos foi redigida na Filadélfia.

Essa gigantesca produção Qing demonstra que o apetite mais aguçado
e quase insaciável dessa época por acumular, sistematizar e publicar informações não se limitava à Europa e suas colônias. Tendências semelhantes
podem ser encontradas em outras partes do mundo, sobretudo em lugares que padeciam os efeitos da guerra. O que havia de mais peculiar no
aumento da papelada oficial euro-americana nas décadas que se seguiram
a 1750 era a frequência com que isso por vezes ganhava um viés explicitamente constitucional. Importante também era a influência exercida sobre
esse papelório por homens associados ao Iluminismo com I maiúsculo.

O *Nakaz* de Catarina II é um exemplo radical. Para sua compilação, a
imperatriz selecionou e editou meticulosamente empréstimos tomados de
outros autores, ajustando-os a suas prioridades. Ainda assim, a escala do
que ela furtou do Iluminismo é extraordinária. Mais de 290 das cláusulas do
Nakaz — quase metade do total — devem alguma coisa ao *Espírito das leis*,
o best-seller de Montesquieu do qual Pasquale Paoli comprara tardiamente
um exemplar. Outras cem cláusulas, mais ou menos, do *Nakaz* são afanadas
da obra fundamental *Dos delitos e das penas* (1764), do jurista italiano Cesare
Beccaria, que Catarina, como é sabido, leu em francês um ano depois da
publicação. A imperatriz também tomou ideias e frases da *Encyclopédie*,
compilação em múltiplos volumes publicada entre 1751 e 1772, cujos principais promotores queriam que servisse tanto como obra de referência quanto
como uma "máquina de guerra" (frase sugestiva) para promover reformas
iluministas. A pilhagem dessa obra por Catarina foi extensa. A insistência
com que repete ao longo do *Nakaz* que as leis devem ser escritas com clareza
e facilmente acessíveis, por exemplo, faz eco ao conselho dado na *Encyclopédie*: "A melhor legislação que existe é a mais simples".[7]

Como bem demonstra a natureza do plágio de Catarina, muitos autores que exerceram óbvia influência sobre mentes oficiais naquela época
eram franceses, ou indivíduos que publicavam suas obras em francês. Isso
se explica, um pouco, pelo fato de que o francês ainda era o principal

idioma da diplomacia e da cultura sofisticada em grande parte da Euro-
-América, bem como em regiões do mundo otomano. Mas apesar de o
francesismo ser importante, o âmbito geográfico também o era na prática. As figuras e os textos do Iluminismo que exerceram mais influência
nos monarcas e nos protagonistas políticos de alto nível na Euro-América
depois de 1750 costumavam ser aqueles que tratavam de acontecimentos
transcontinentais e demonstravam interesse pela latitude cada vez maior
dos conflitos e suas consequências. "Gastamos todos os nossos homens e
todo o nosso dinheiro", escreveu Voltaire em 1751, "para nos destruir uns
aos outros nos rincões mais distantes da Ásia e da América."[8]

O espaço e as análises que os luminares do Iluminismo dedicavam à
latitude e ao perigo cada vez maiores da guerra são reveladores. Reforçam
o argumento de que essas mudanças violentas eram reconhecidas como
importantes naquela época. "Ergo os olhos para enxergar longe," escreveu
o filósofo e romancista de origem genebrina Jean-Jacques Rousseau em
1755-6, em meio à aceleração do conflito que ficaria conhecido como Guerra
dos Sete Anos:

> Vejo incêndios e chamas, campos desertos, cidades saqueadas. Homens
> cruéis, para onde arrastais esses infelizes? Ouço um barulho terrível, um
> tumulto, uma gritaria, chego perto e vejo uma cena de assassinato, dezenas
> de milhares de homens trucidados, os mortos empilhados, os moribundos
> sob as patas dos cavalos, por toda parte a imagem da morte e da agonia.[9]

Dez anos depois de invocar essa visão de guerra desenfreada, Rousseau
— que alimentava a fantasia de tornar-se marechal da França — compi-
lou um manuscrito, "Plano de uma Constituição para a Córsega". Infeliz-
mente, como se veria, o que ele expôs ali foram suas ideias sobre como
a ilha poderia continuar independente e segura numa época de conflitos
incessantes e cada vez mais numerosos.[10]

A sofisticação de tantas figuras estelares do Iluminismo, a atenção que
dedicavam a diferentes partes do globo e à operação do poder e da violência militar eram aspectos vitais do apelo que tinham para os ocupantes de

altos cargos. Numa época de guerra híbrida contagiosa, com governantes e políticos enfrentando a necessidade recorrente de repensar e reestruturar a governança, algumas dessas obras publicadas eram vistas como capazes de oferecer análises e soluções passíveis de uso prático. Essa era, basicamente, a intenção daqueles autores. Como disse um historiador, muitos dos principais proponentes do Iluminismo deliberadamente "buscaram um ponto de equilíbrio entre ousadia intelectual e convenções mundanas para forjar uma aliança com as elites e os governantes instruídos", esperando com isso incentivá-los a aperfeiçoar o governo, o direito e a sociedade.[11]

Nesse sentido, foi de grande utilidade o fato de que esses homens (e os luminares francófonos do Iluminismo eram na maioria esmagadora homens) tinham experiência pessoal direta do serviço do Estado e/ou de assuntos militares. O jurista suíço Emer de Vattel é um bom exemplo. Durante toda a Guerra da Sucessão Austríaca e toda a Guerra dos Sete Anos, ele trabalhou como diplomata na Saxônia, um eleitorado alemão lutando contra os exércitos e as ambições do estado vizinho da Prússia.[12] O notável *O direito das gentes*, de Vattel, livro que George Washington tomou emprestado na biblioteca de Nova York em 1786 e ainda tinha em seu poder quando morreu, dez anos depois, foi publicado originalmente em 1758. Nessa obra, Vattel discorre sobre a inevitabilidade do conflito armado. Discute também como conter a ferocidade da guerra, acalmando seus potenciais leitores da elite ao sugerir (falsamente) que os exércitos europeus conduziam a guerra de maneira mais humana do que seus equivalentes em outras partes do mundo: "Nunca se peca por excesso ao elogiar a humanidade com que a maioria dos países da Europa conduz as guerras no momento", disse Vatell. Além disso, e crucialmente, ele dedica um dos primeiros capítulos à "Constituição do Estado". É óbvio, escreve ele, "[que] o país tem todo o direito de formar sua própria Constituição, de manter, aperfeiçoar e regular à vontade tudo que diz respeito ao governo, sem que ninguém seja capaz, com justiça, de impedir". Uma Constituição política não era um legado rígido, uma coisa passada adiante através das eras e tida como inquestionável. Estava sujeita a mudanças e reformas da parte dos que viviam dentro da sociedade envolvida.[13]

Charles-Louis de Secondat, barão de Montesquieu, também era um homem marcado pela guerra e suas demandas. Rebento de uma família nobre do sudoeste da França, estudou direito na Universidade de Bordeaux. Montesquieu era também, no entanto, filho de um oficial do Exército, e acabou escolhendo para esposa a filha de outro militar. Seu livro *O espírito das leis*, publicado anonimamente em 1748 e saudado por Catarina II da Rússia como "o livro de orações de todos os monarcas que tenham algum bom senso", é entremeado de alusões à qualidade sistêmica do conflito contemporâneo. "Uma nova doença se disseminou pela Europa", observa ele, "infectando nossos príncipes e induzindo-os a manter um número exorbitante de soldados." Acima de tudo, como reconhece Montesquieu, o efeito disso

> torna-se necessariamente contagioso. Pois quando um príncipe aumenta o que chama de suas tropas, os demais, claro, fazem o mesmo; de forma que nada se ganha com isso além da ruína pública. Cada monarca mantém tantos exércitos de prontidão como se seu povo corresse o risco de ser exterminado [...]. A consequência dessa situação é o aumento perpétuo de tributos.

Assim, adverte ele aos leitores, "logo seremos todos soldados".[14]

Montesquieu também percebeu que níveis mais violentos de agitação militar aumentavam fora da Euro-América. "Grandes revoluções ocorreram na Ásia", observa, e seu livro está salpicado de referências à China e ao Japão, cada qual merecendo um capítulo à parte, bem como à Índia, ao Império Otomano e ao que hoje é a Indonésia. Havia uma sensação, escreveu seu colaborador esporádico Jean-Baptiste le Rond d'Alambert (filho ilegítimo de um oficial de artilharia), de que Montesquieu supunha inquestionável que em toda parte os homens, "a partir do momento em que entram na sociedade", eram motivados pelo "desejo mútuo e pela esperança de conquista". Daí a necessidade vital de novas leis e instituições que pudessem operar como "correntes [...] para suspender ou conter seus golpes".[15]

Essa era a promessa com que muitas figuras de destaque do Iluminismo acenavam aos soberanos europeus e aos que desejavam conseguir

Velha Europa, novas ideias

mais da política e reformá-la de modo mais amplo: que numa época de violência militar descontrolada, onerosa e perturbadora em terra e no mar, legisladores inovadores e esclarecidos interviessem para enfaixar as feridas da sociedade, restabelecer a ordem, remodelar seus respectivos Estados e, com isso, polir suas reputações. "Se eu fosse príncipe ou legislador", disse Rousseau, "não perderia meu tempo dizendo o que precisa ser feito; eu o faria."[16]

Era costume sugerir que governantes reformistas e ambiciosos poderiam ganhar muita coisa se tomassem por modelo a figura de Moisés. Divulgador e registrador de leis, líder do seu povo através dos perigos da guerra, figura carismática que aparece no Antigo Testamento e no Alcorão, Moisés recebe menção positiva quase 650 vezes nos volumes da *Encyclopédie* francesa. O costume de festejar Moisés, além de outros legisladores monárquicos e lendários como Licurgo, o quase mítico legislador da antiga Esparta, Carlos Magno, Maomé, Confúcio e o rei anglo-saxão Alfredo ganhou expressão mais forte a partir de meados do século XVIII não só em escritos políticos, filosóficos e acadêmicos, mas também na arte e no desenho arquitetônico e na escultura.[17] O culto crescente dos legisladores messiânicos naquela época aparece até em romances — na história de uma utopia que se tornou best-seller em 1770 *L'An 2440*, de Louis-Sébastien Mercier, por exemplo.

Mercier tinha ligações pessoais com a violência armada. Era filho de um artesão parisiense que conseguiu dinheiro para a educação do filho inteligente polindo lâminas de espada. Em seu romance, ele imagina um México do século XXI que foi purificado da violência colonial por um "vingador [negro] do Novo Mundo". O herói trava sucessivas batalhas contra predadores europeus, mas Mercier conta que "esse grande homem, esse legislador de renome, esse negro, em quem a natureza tinha exercido toda a sua força", posteriormente "depõe a espada" e resolve "mostrar às nações o código sagrado das leis", concebendo uma Constituição federal e tornando-se, com isso, modelo para outros governantes.[18]

Mas evocar legisladores heroicos do passado e imaginá-los num futuro distante não bastava, claro. A única maneira de garantir reforma real e

9. *Moisés recebendo as tábuas da lei*, de William Blake, *c.* 1780.

racional no presente, afirmavam os porta-vozes do Iluminismo, era haver uma ação enérgica e esclarecida da parte dos indivíduos que de fato detinham poder. "Como a humanidade seria feliz", disse Beccaria em *Dos delitos e das penas*, "se as leis fossem dadas agora pela primeira vez; agora que vemos nos tronos da Europa monarcas benevolentes [...] pais do povo, cidadãos coroados; cujo aumento de autoridade aumenta a felicidade dos seus súditos."[19]

Os governantes que se mostravam mais receptivos a esse culto renovado do legislador, e que se esforçavam para promover textos jurídicos e constitucionais inovadores de sua própria autoria, tinham alguns traços em comum. Eram, de hábito, indivíduos orgulhosos de sua própria cultura iluminista, quase sempre também escritores, e interessados nos usos e nos mecanismos da linguagem. Muitas vezes tinham, pelo menos em parte, formação protestante. Quase invariavelmente, também governavam territórios que haviam sido varridos nas guerras de meados do século, e que, consequentemente, se tornaram contestados e transtornados. E isso nos leva de volta a Catarina II, da Rússia.

Uma mulher escreve

Todas essas coisas — interesse profundo pelas ideias do Iluminismo, gosto pela linguagem e pela escrita, formação protestante, reconhecimento da necessidade de responder aos choques e às provações dos níveis crescentes de guerra — caracterizavam essa mulher, além de muitos outros atributos. A guerra de fato cercou Catarina a vida inteira, influenciando quase todas as fases decisivas de sua carreira. Nasceu princesa Sofia de Anhalt-Zerbst em 1729, em Sterrin, onde hoje é Estetino, na Polônia. Na época, como agora, tratava-se de uma guarnição militar, bem como de um importante porto do Báltico, lugar de fortificações, desfiles e soldados fortemente armados. Era também parte do butim de guerra que a Prússia arrancou da Suécia no fim da Grande Guerra do Norte de 1700-21; e o príncipe de pequeno principado, pai de Sofia, protestante luterano, era um alto oficial do Exército prussiano encarregado de um regimento na cidade.[20]

Tudo começou a mudar para ela em 1744. A imperatriz Isabel da Rússia, que não tinha filhos, escolheu Sofia, então com catorze anos, como noiva potencial do sobrinho e herdeiro, Pedro. A menina foi levada para São Petersburgo, converteu-se oficialmente à Igreja ortodoxa, adotou o nome de Catarina Alekseievna e aprendeu a falar russo com competência. O casamento realizou-se em 1765. Foi um desastre para o jovem esposo e um escândalo para os dois. Quando a imperatriz Isabel morreu e o marido de Catarina subiu ao trono russo como Pedro III, em janeiro de 1762, Catarina já tinha gerado pelo menos dois filhos ilegítimos, ao que tudo indica de pais diferentes. Tinha forjado também suas próprias redes e projetos políticos.

Aos seis meses do novo reinado, ela acompanhou mais de 12 mil soldados e artilheiros até a residência do marido em Peterhof, um complexo de palácios e jardins nos arredores de São Petersburgo. Uma pintura encomendada logo depois por Catarina para comemorar esse golpe mostra-a de cabelos escuros soltos, num cavalo branco, deliberadamente escanchada na sela. Ela aponta a espada para cima e está vestida para a ocasião com a jaqueta e as calças verde-escuras do uniforme da guarda de elite Preobrazhensky.[21] Além de obrigar Pedro III a abdicar com essa intervenção armada, Catarina talvez tenha sido cúmplice da morte dele, por estrangulamento, logo depois. Naquele ponto, como muitos poderosos apoiadores esperavam, ela poderia ter se contentado com o papel de regente, governando em nome do filho mais velho, Paulo, provavelmente legítimo, até que ele completasse dezessete anos. Mas em vez disso apoderou-se do trono russo.

Compreensivelmente, esses acontecimentos contribuíram para a reputação de excepcionalidade de Catarina. Apesar disso, parte do seu comportamento era mais amplamente representativo. Como muitos indivíduos que desempenharam papel preponderante na redação de textos políticos e jurídicos significativos, Catarina atuava sob fortes pressões e à sombra da guerra e do perigo. Seu profundo empenho em produzir o *Nakaz* vinha, sem dúvida, dos seus talentos e inclinações pessoais, em especial a leitura

10. Retrato equestre de Catarina, de autoria de Vigilius Eriksen, 1764.

voraz de certos autores do Iluminismo e o gosto pela escrita. Mas essas não eram as raízes fundamentais de suas ações. Ela evidentemente investiu muita reflexão e muito tempo nesse projeto porque queria e precisava fortalecer e reinventar tanto o império como sua própria posição.

Algumas ameaças que Catarina precisou enfrentar eram pessoais. Seu golpe de 1762, e o que veio em seguida, foram amplamente divulgados, não só na Europa, mas também nas Américas, no mundo otomano e mesmo na China. Como resultado disso, e a despeito do culto celebrativo que ela mesma orquestrava à sua volta, havia desde o início vertentes mais negativas de comentários, visuais e também escritos. Fora da Rússia, a imperatriz aparecia em centenas de gravuras satíricas, muitas delas mordazes, ressaltando o fato de ela ser mulher. Diplomatas estrangeiros por vezes inseriam grosseiras caricaturas dela na correspondência oficial. Na Rússia, ela era tema de imagens gráficas obscenas, obra, em alguns casos, dos seus próprios cortesãos.[22] O fato de Catarina ser uma governante mulher, e nominalmente solteira depois da morte de Pedro III mas muito conhecida pela atividade sexual, sem dúvida contribuía para essa atenção obsessiva e lhe dava um colorido especial. Décadas depois do evento, um general russo foi incapaz de resistir à tentação de registrar que, quando Catarina jazia em seu leito de morte em 1796, ele conseguiu vislumbrar a "bunda nua da imperatriz".[23] É também deprimente e significativo que, apesar de Catarina — como outros poderosos líderes de sua época — gostar de retratar-se montada num cavalo, apenas sobre ela corriam boatos de ter tido relações sexuais com o animal. Até hoje historiadores às vezes deixam de examinar devidamente seu intelecto e seus projetos porque se deixam levar por especulações sobre o que ela fazia com seu corpo.

Mas era a situação de Catarina como nascida no estrangeiro, usurpadora violenta sem qualquer direito, por sangue, de reivindicar o trono russo que potencialmente representava sua fonte mais intensa de vulnerabilidade pessoal e política. Catarina era uma "Mata-Tsar", acusou um crítico estrangeiro, uma mulher culpada de assassinar o marido, cuja conspiração provocara uma "revolução russa".[24] Durante todo o seu reinado, em especial nos estágios iniciais, houve o risco de um nove golpe, a possibilidade de outro usurpador querer substituí-la no trono russo, a perspectiva de um assassino à espreita.

Além disso, e como muitos governantes contemporâneos seus, Catarina enfrentava desafios em escala macro por causa da guerra. Com menos de vinte navios em sua Marinha nessa época, muitos deles velhos, a Rússia não tinha condições, nos anos 1750 e no começo dos anos 1760, de envolver-se em guerras híbridas. Suas forças terrestres, porém, estavam

11. Uma Catarina com seios à mostra e muito agressiva faz seus colegas monarcas (do sexo masculino) parecerem minúsculos, mas ainda assim eles tentam espiar por baixo de sua saia. Sátira francesa de 1792.

profundamente envolvidas na Europa continental, e a custos altíssimos. Quando Catarina tomou o trono em 1762, as perspectivas de quaisquer futuras campanhas militares e expansionistas bem-sucedidas da parte dela eram muito reduzidas. Os soldos dos seus exércitos estavam meses atrasados. A densidade populacional da Rússia era a menor dos Estados europeus, o que criava dificuldades óbvias para o recrutamento de homens e para o aumento de impostos, enquanto a receita de Catarina era, inicialmente, apenas um quinto da do rei da França, que governava um território bem menor. Em 1771, quando ela, a despeito de tudo, embarcou numa nova guerra — dessa vez contra o Império Otomano — a distância entre sua receita e suas despesas aumentou para 8 milhões de rublos.[25]

Tanto Catarina como a Rússia se caracterizavam, então, por uma mistura de vulnerabilidade e ambição extrema. Ela era aguerrida, trabalhadora, dura e muito capaz. Mas era também uma usurpadora cuja posição e cujo comportamento eram questionáveis, enquanto o império de que se apropriara era colossal mas insuficientemente abastecido, "poderoso, mas pobre", nas palavras de um poeta russo.[26] Essas circunstâncias influenciaram a produção e o conteúdo do *Nakaz*. Não sendo uma Constituição escrita, compartilhava, a despeito disso, características e técnicas de textos posteriores que eram Constituições. Igualmente importante, ele foi composto à sombra de perigo extremo e na esperança de forjar mais apoio e coesão interna e de difundir publicidade positiva no exterior.

Assim sendo, o *Nakaz* começa com um preâmbulo destinado tanto a impressionar como a dirimir dúvidas e oposição. A Rússia é uma "Potência Europeia", declara Catarina, exatamente na tradição de Pedro, o Grande, o tsar russo a quem ela se referia constantemente, como se ele fosse, de fato, um antepassado de sangue. Mas, embora a Rússia seja indubitavelmente europeia, a vastidão de suas dimensões geográficas significa que ela só pode ser compreendida em relação ao mundo em geral. Contém "32 graus de latitude e 165 de longitude no globo terrestre", gabava-se ela. Essa imensa extensão territorial, dizia Catarina, determinava a forma de governo da Rússia: "O soberano é absoluto, pois nenhum poder que não seja absoluto conferido a uma pessoa pode ser apropriado ao tamanho de um império tão vasto".[27]

O objetivo desse governo absolutista não visava, porém, a privar o povo da Rússia de sua "liberdade natural". Ao contrário, sua intenção primordial era a "felicidade" desse povo, e "a glória dos Cidadãos, do Estado, e do Soberano" (e a ordem na qual Catarina relaciona essas entidades, com "cidadãos" em primeiro lugar, é certamente deliberada). No fim do segundo capítulo do *Nakaz*, as referências ao absolutismo, mais ainda ao despotismo, foram abandonadas. É da competência do "governo *monárquico*" forjar na Rússia "um senso de liberdade" sobre o qual ela resolve se estender.[28]

No âmago dessa liberdade está uma espécie de igualdade: "A igualdade dos cidadãos consiste em estarem todos eles sujeitos às mesmas leis". Segue-

Velha Europa, novas ideias

-se, portanto, que as leis da Rússia precisam ser reescritas "numa linguagem simples e fácil" para que todos entendam. Um futuro código jurídico deve ser acessível e barato, afirma ela, disponível em letra de fôrma "por um preço baixo, como um alfabeto". Defensora — pelo menos em tese — da educação em massa, Catarina recomendava que um exemplar do *Nakaz*, e do código jurídico que ela pretendia desenvolver a partir dele, fosse colocado em todas as salas de aula russas. (Essa ideia de que textos sobre o governo e o direito pudessem adquirir status quase sagrado, por serem examinados e festejados junto com a Bíblia e outros livros religiosos fundamentais, seria defendida por muitos constitucionalistas que vieram depois.) Segue-se também, afirma Catarina no *Nakaz*, que é forçoso haver uma ampliação de benefícios para as massas em toda a Rússia, uma vez que um Estado é mais do que uma extensão de território. Em vez disso, insiste ela, um Estado é propriamente uma "comunidade". "O político", propõe a imperatriz, "abrange a totalidade do povo." É uma afirmação notável da parte dela.[29]

Não será suficiente para o povo da Rússia, portanto, dispor de um conjunto uniforme de leis. Outros projetos associados também devem ser explorados. Níveis melhores de tolerância religiosa eram essenciais, escreve Catarina, para "um império cujos domínios abrangem uma variedade tão grande de povos". Quaisquer atos futuros de censura, insiste ela, têm que ser adotados apenas com moderação, para não "destruir os dons da mente humana e anestesiar a propensão para escrever". Há inclusive uma aprovação implícita de uma espécie de sistema de proteção social. Mais de um quarto de século antes de os autores da Constituição francesa de 1793 proclamarem que o bem-estar social era uma "dívida sagrada" e que a sociedade era devedora da "manutenção de cidadãos desfavorecidos", Catarina inseriu esta receita para resolver desigualdades socioeconômicas em seu *Nakaz*: "Dar esmolas aos pobres nas ruas não pode ser visto como cumprimento dos deveres do governo, que precisa garantir a todos os cidadãos sustento seguro, alimento, roupas apropriadas e um estilo de vida que não seja prejudicial à saúde do homem".[30]

Todas essas reformas, insiste ela, servirão para tornar a Rússia mais forte e melhor. Mas esse objetivo subentende mais mudanças. Os impostos, "o tributo que cada cidadão paga para a preservação do próprio bem-estar", têm que aumentar. Isso exigirá uma expansão sistemática da indústria e do comércio, uma vez que essas empresas alimentam as receitas do Estado: "Onde há comércio, há alfândegas". A população, também, precisa aumentar. Nenhuma máquina deveria jamais ser introduzida na Rússia, insiste Catarina, que resultasse numa redução do "número de pessoas trabalhando". Desenvolver a agricultura, portanto, seria essencial, uma vez que homens e mulheres bem alimentados — pelo menos era o que ela pensava — produziriam famílias mais numerosas. "Há Povos", escreve Catarina, "que tendo conquistado outras partes [de território], casam com o povo conquistado; com isso, atingem dois grandes objetivos, o de assegurar para si mesmos o povo conquistado e o de aumentar a si mesmos." Ampliar o estoque de recursos humanos da Rússia, seus futuros trabalhadores e contribuintes — e seus futuros soldados — seria parte da sua justificativa para mais tarde anexar a Crimeia e para invadir, e aos poucos repartir, a Polônia depois de 1772, adquirindo assim mais 7 milhões, mais ou menos, de súditos.[31]

Como isso sugere, havia limitações cruéis no Iluminismo de Catarina. Como resultado, comentaristas sempre discordaram sobre a importância e o significado do *Nakaz*, e sobre onde situar a imperatriz dentro do espectro político. Para um diplomata estrangeiro baseado em São Petersburgo em 1767, sua iniciativa representava nada menos do que "uma voluntária transferência de autoridade [...] por um príncipe absoluto em favor do povo".[32] É uma avaliação absurdamente generosa. Mas aqueles que, na época e desde então, rejeitam o *Nakaz* como nada mais do que a exibição, por uma autocrata vaidosa, de suas pretensões ao Iluminismo, tampouco entenderam nem souberam interpretar o seu significado.

Mais relevante foi a objeção levantada por Denis Diderot, um dos mais radicais expoentes do Iluminismo francês e, por um tempo, amigo e correspondente da imperatriz. "A primeira linha de um código bem-feito deveria comprometer o soberano", escreveu ele em sua crítica do *Nakaz*.[33] Isso o documento enfática e deliberadamente não faz. Ao redigi-lo e publicá-lo, Catarina não teve intenção de criar uma monarquia constitucional.

Na melhor das hipóteses, quis apresentar ideias para uma monarquia legal a partir das quais ela, a soberana, assiduamente redigiria leis benevolentes para diferentes categorias de súditos, talvez ela mesma obedecendo-as, mas também se garantindo livre para alterá-las.

No entanto, apesar de todas as suas limitações, o *Nakaz* continua sendo um texto notável, revelador de muita coisa além da Rússia. Foi inovador e influente, não apenas nas técnicas criadas por Catarina para desenvolvê-lo e promovê-lo. A Comissão Legislativa que se reuniu em Moscou em agosto de 1767 para discutir o *Nakaz* era diferente de assembleias posteriores e fundamentais na elaboração de Constituições, mas, em certo sentido, também a elas se antecipou e até mesmo superou. Como a convenção que se reuniu na Filadélfia em 1787 para redigir a Constituição dos Estados Unidos, a comissão de Moscou juntou delegados de todo um império terrestre em

12. Catarina, junto com os monarcas da Prússia e da Áustria, intervém para completar a colonização e a partição da Polônia. Gravura de 1792.

rápida expansão. Sem dúvida os 564 delegados russos eleitos para formar esse órgão tinham muito menos poder e iniciativa do que os Pais Fundadores dos Estados Unidos; e, no fim das contas, conseguiram muito menos. Mas os deputados de Moscou também eram mais diversificados do ponto de vista das origens sociais, econômicas, religiosas e étnicas do que os homens da Filadélfia.[34] Cerca de 30% eram nobres, mas alguns vieram de camadas bastante inferiores da hierarquia social. Para se eleger representante de uma das cidades russas registradas, por exemplo, tudo de que um homem precisava como candidato era ter uma casa ou um comércio. As mulheres também foram de alguma forma reconhecidas nessa comissão moscovita, o que não aconteceu nos Estados Unidos revolucionários, nem no Haiti revolucionário, nem na América espanhola revolucionária. Entre os que selecionavam os membros da comissão em 1767 havia proprietárias de terras que podiam votar por procuração.

Assim como os homens da Filadélfia em 1787 fizeram muito pouco pelos cerca de 700 mil habitantes escravizados dos novos Estados Unidos, os deputados reunidos em Moscou em 1767 nada fizeram pela própria população russa escravizada, aqueles 50%, aproximadamente, do campesinato composto de servos. Catarina de início planejara usar o *Nakaz* para aliviar as condições dessas pessoas e prepará-las para uma emancipação gradual, e com isso convertê-las em "novos cidadãos". Mas esses projetos emancipatórios foram afetados pelas objeções da classe dos proprietários de terras e por seus próprios receios de alienar a nobreza.[35]

Os chamados "camponeses do Estado" da Rússia, entretanto, foram representados na comissão legislativa, elegendo mais de 10% dos deputados. Além disso, em nítido contraste com os homens da Filadélfia em 1787, nem todos os deputados de Moscou eram brancos, e nem todos eram cristãos. Os povos não russos do império, muitos deles muçulmanos, tinham sido amplamente convocados para o serviço militar durante a Guerra dos Sete Anos. Eles obtiveram alguma recompensa na Comissão Legislativa, onde ficaram com 54 deputados. "Ortodoxos sentam ao lado de hereges e muçulmanos", escreveu Catarina, satisfeita, em dezembro de 1767 sobre as reuniões da comissão, "e os três escutam com calma um pagão; e os quatro muitas vezes negociam para que suas opiniões sejam aceitáveis para todos."[36]

Vale repetir que a comissão era um órgão consultivo, não — e nunca se pretendeu que fosse — uma convenção constitucional. Mas se tratava de uma assembleia eleita, formada explicitamente por membros de uma comunidade multiétnica, e convocada para discutir um único e icônico texto. Formalmente, ao menos, todos os deputados estavam em pé de igualdade. Fosse qual fosse sua posição social, sua religião, sua etnia ou sua região de origem, cada um era tratado como "senhor deputado" e recebia salário, em reconhecimento tácito de que alguns daqueles homens não eram nem de longe ricos. Como os membros dos Estados Gerais no início da Revolução Francesa em 1789, cada deputado russo em 1767 foi instruído a apresentar por escrito um relato das reclamações e das demandas particulares de sua localidade. E como os autores da Constituição americana em 1787, os deputados de Moscou eram incentivados a ver suas deliberações como dignas da admiração do mundo inteiro e da posteridade. Um registro diário de suas atividades era mantido para que "o futuro possa dispor de um relato verdadeiro deste importante acontecimento e julgar a mentalidade deste século". Quanto ao próprio *Nakaz*, o documento foi tratado exatamente como muitos documentos posteriores, que eram Constituições, seriam tratados: ou seja, como uma coisa sagrada a ser amada e venerada. Por instrução de Catarina, um exemplar original foi colocado numa riza de prata, uma espécie de elaborada capa de metal usada para proteger e preservar ícones religiosos da Igreja ortodoxa russa.[37]

No fim das contas, a Comissão Legislativa e sua obra perderam importância. Suas atividades foram postas à margem pela eclosão de uma guerra russo-turca em 1768, embora alguns subcomitês continuassem se reunindo até a década seguinte. A essa altura, no entanto, o impacto do *Nakaz* tinha se espalhado para além das fronteiras do Império russo — e para além das intenções e dos cálculos iniciais da própria Catarina.

Desde o começo, a imperatriz teve o cuidado de enviar cópias da obra para outros monarcas e para um número seleto de intelectuais e jornalistas estrangeiros. Em 1770, mais uma vez sob pressão da guerra, ela deu início a uma campanha sistemática com o objetivo de divulgar o fato e o conteúdo do *Nakaz* para além das fronteiras territoriais. Naquele ano, Catarina encomendou uma nova edição que combinava versões em russo e em alemão — ou seja, sua língua aprendida e sua língua de berço — com traduções em latim e em francês, as línguas oficiais da erudição e da diplomacia euro-americanas. Houve também edições do *Nakaz* em parte comerciais e em parte patrocinadas. Em 1768, um adido da embaixada russa em Londres chamado Michael Tatischeff fez uma tradução em inglês, que foi resenhada em revistas britânicas e teve trechos reproduzidos em jornais coloniais americanos. Houve também outras traduções em russo e em francês, bem como versões em grego, italiano, letão, romeno, suíço e holandês. Ao todo, em 1800, o *Nakaz* tivera pelo menos 26 edições em dez línguas diferentes e fora citado de maneira generosa em jornais e revistas em vários países.[38]

Além de divulgar a iniciativa de Catarina fora de suas fronteiras, algumas dessas traduções criaram uma impressão exagerada do grau de radicalismo envolvido. O *Nakaz* não era um projeto para ampliação de direitos políticos individuais. Nem propunha, a sério, restringir o Poder Executivo. Mas assim o texto, em tradução, às vezes parecia e era lido — o que ajuda a explicar por que uma das versões francesas iniciais foi oficialmente proibida. Voltaire, o mais obsequioso admirador de Catarina entre os filósofos franceses, enviou-lhe um relato cuidadosamente redigido sobre o que aconteceu:

> Eis os fatos: um editor holandês lançou essa *Instrução* [o *Nakaz*], que deveria pertencer a todos os reis e a todos os tribunais do mundo; despachou uma remessa de dois mil exemplares para Paris. O livro foi submetido ao exame de um patife mal-educado de um censor literário [...] ele informou à chancelaria que se tratava de um livro perigoso, um livro avançado; foi enviado de volta para a Holanda sem ser submetido a novo exame.

Ser censurado como um livro perigoso e progressista na França, o principal Estado absolutista da Europa, fez maravilhas, em alguns setores, para promover a reputação do *Nakaz* como um manifesto a favor de drásticas mudanças políticas. "A verdadeira razão de a venda desse livro ter sido suprimida em Paris", informou um jornalista britânico, com previsível fúria chauvinista, "parece ter sido o temor de que o verdadeiro espírito de liberdade que nele palpita com tanta força contamine o ar da França."[39]

O fato de versões e interpretações do *Nakaz* mudarem à medida que o texto passava por diferentes línguas e fronteiras geográficas devia-se, em parte, aos atritos e à fluidez inerentes ao negócio da tradução, mas que nesse caso eram particularmente intensos. Tradutores que utilizavam a edição russa original tinham que lidar com a imprecisão do idioma na época e com a falta de dicionários adequados. Mas, além disso, alguns aproveitavam a oportunidade para inserir em suas versões fragmentos de suas próprias ideias e aspirações políticas. Eugenios Voulgaris, por exemplo, que produziu a primeira edição em grego em 1771, era um sacerdote celibatário profundamente erudito. Mas era também um importante personagem do Iluminismo que traduziu obras de John Locke, e isso teve reflexos no seu tratamento do texto.[40] Tatischeff, conhecido do jovem e já cético reformador político e jurídico Jeremy Bentham, também fez alterações generosas, certamente deliberadas, em sua tradução inglesa. Veja-se o uso que ele faz da palavra "Constituição". O termo russo equivalente é "Konstitutsya". Essa palavra só surgiu no começo do século XIX, e seu uso ainda despertava controvérsias entre conservadores russos nos anos 1860. Mas na tradução inglesa do *Nakaz* feita por Tatischeff, Catarina usa a palavra "Constituição" e faz isso para afirmar coisas que ela própria aparentemente jamais quis. "Um Estado pode mudar de duas maneiras diferentes", proclamou ela, segundo Tatischeff. "Ou porque sua Constituição corrige, ou porque a mesma Constituição corrompe."[41]

A força com que o *Nakaz* de Catarina atravessou fronteiras geográficas e barreiras linguísticas, e as mutações e reinterpretações que sofreu no caminho foram, também, antecipações do que o futuro reservava. Uma das razões de as Constituições escritas produzirem ao longo do tempo um impacto político e cultural cada vez mais amplo era o fato de raramente serem lidas e disseminadas apenas em seu lugar de origem. Apresentados em palavras, e sendo portanto feitos sob medida para a reprodução impressa, esses textos constitucionais se espalhavam facilmente por outras geografias e línguas. À medida que avançavam por limites territoriais e linguísticos, a maneira de os leitores e os atores políticos os entenderem e utilizarem se alterava e evoluía de modo persistente.

Monarcas homens e inovação

Em certas partes do mundo, portanto, níveis crescentes de guerra depois de 1750 fomentaram não crises revolucionárias extremas, mas, em vez disso, tentativas de reconfigurar e re-representar o governo de Estados, muitas vezes a partir da publicação de um texto novo e significativo. Essas iniciativas não devem ser classificadas apenas como exercícios de despotismo esclarecido. Como o *Nakaz* de Catarina bem o demonstra, podiam envolver discussões de direitos e experimentos com novas formas de comunicação política. "Como regra geral", raciocinara Montesquieu em *O espírito das leis*, "é possível aumentar impostos em proporção à liberdade dos súditos."[42] Esse argumento — de que disponibilizar e anunciar mais direitos dentro de um Estado pode ajudar a elevar a receita e com isso fortalecer os tendões da guerra — foi devidamente registrado por alguns detentores do poder. Numa época de guerras cada vez mais exigentes, lançar mão de textos oficiais inovadores para melhor envolver as massas e garantir o serviço militar e os impostos dos súditos, e oferecer em troca algumas garantias de liberdade e de assistência, parecia, para alguns monarcas europeus, um gesto prudente — e um risco que valia a pena correr.

Com frequência governantes parecidos com Catarina II em certo sentido — indivíduos de origem protestante, que se sentiam atraídos pelas ideias do Iluminismo e, simultaneamente, eram predadores e vulneráveis — mostravam-se mais aventurosos em produzir ambicioso papelório político e jurídico desse tipo. Frederico II, da Prússia, é um bom exemplo. Em 1740 herdou o trono desse reino alemão nortista em expansão, junto com um Exército altamente disciplinado de 80 mil homens, formado pelo

Velha Europa, novas ideias   87

pai incansável e implacável, Frederico Guilherme I. A marcha do próprio Frederico II naquele ano para a Silésia, região da Europa Central hoje dividida entre a Polônia, a República Tcheca e a Alemanha, desencadeou a Guerra da Sucessão Austríaca. Não contente com isso, ele também invadiu a Saxônia em 1766, aumentando assim os níveis de combate no teatro europeu da Guerra dos Sete Anos.[43]

Essa agressividade explícita foi despertada, entretanto, por uma consciência, da parte de Frederico, da fraqueza potencial dos seus próprios domínios. A Prússia era composta de territórios diferentes, não contíguos, havendo sempre o risco de que suas múltiplas, divididas fronteiras fossem violentamente atacadas por rivais aguerridos — de que a Rússia, a Suécia, a Áustria, a Polônia, a Saxônia, ou uma aliança de todos, entrassem e dividissem o país de alguma maneira. "Estou na situação de um viajante", escreveu o príncipe no início da Guerra dos Sete Anos, "cercado por um bando de vilões que planejam matar-me e dividir os espólios entre eles."[44]

Exatamente como no caso de Catarina da Rússia, essa mistura de agressividade e insegurança levou Frederico a explorar diferentes iniciativas que pudessem reforçar a união e um senso de comunidade política e de prontidão dentro dos domínios prussianos, sobretudo entre homens, a futura soldadesca e os contribuintes mais destacados. De novo como no caso de Catarina, a procura de Frederico por novas modalidades de comunicação política combinava-se com acentuadas inclinações iluministas da sua parte, e com uma queda pela palavra escrita. "Ele escreve tão bem quanto luta", comentou Catarina, com inveja.[45] Não era verdade. Mas o rei, além de liderar seus exércitos em vinte batalhas diferentes, escrevia poesia, tratados filosóficos, ensaios sobre governo e obras de história, incluindo em 1763 um relato seletivo da Guerra dos Sete Anos. Além disso, deu início a algum papelório experimental.

Na primeira década do seu reinado, Frederico incumbiu um jurista e alto funcionário chamado Samuel von Cocceji de projetar reformas que tornassem as leis da Prússia mais eficientes e acessíveis, e que pudessem conduzir a um novo código jurídico alemão. Um plano para este último foi publicado em 1751 e, como Catarina faria com o *Nakaz*, Frederico ordenou que o texto fosse traduzido para várias línguas. Jamais implementado de maneira adequada, esse plano serviu, no entanto, de base para uma codificação subsequente de leis prussianas, que, por sua vez, veio a tornar-se uma espécie de Constituição escrita. Mas o Código Frederiquiano, como se tornou conhecido, não dizia respeito apenas aos mecanismos das leis; e, como o *Nakaz*, porções dele permitiam múltiplas interpretações. "O primeiro estado que o homem adquire por natureza é o estado de liberdade; pois, naturalmente, todos os homens são livres", começa a tradução inglesa do Código, que foi publicada em Edimburgo em 1761 e rápida e entusiasticamente adquirida por Thomas Jefferson para sua biblioteca em Monticello. "O segundo estado de uma pessoa", prossegue a tradução, "é o de cidadão."[46]

Mas é o monarca Gustavo III da Suécia que oferece, talvez, o exemplo mais notável de que, antes da Guerra Revolucionária Americana, governantes europeus já faziam criativos experimentos com novos textos e técnicas na política. Em certo sentido, ele agiu como seria de esperar. Como Catarina da Rússia e Frederico da Prússia, Gustavo tinha antecedentes luteranos. Como eles, participava ativamente da cultura iluminista, fundando a Academia Sueca em 1786, tendo antes visitado Paris e seus saraus intelectuais e conhecido Rousseau, Helvétius e outros filósofos. O antigo tutor de Gustavo e assíduo colaborador político, Carl Fredrik Scheffer, era também um iluminista convicto. Versado nos escritos de Montesquieu, correspondia-se com uma série de reformistas franceses, incluindo o fisiocrata Pierre Samuel du Pont de Nemours, ancestral da dinastia que fundou a empresa DuPont nos Estados Unidos e futuro presidente da Assembleia Nacional Constituinte da França. Como o próprio Gustavo, ele também se parecia com Catarina e Frederico por ser agressivo, ambicioso e cônscio de estar diante de desafios severos, como o acarretado pelos crescentes níveis de guerra. No caso da Suécia e de Gustavo, porém, os desafios da guerra assumiram uma forma particularmente prolongada e insidiosa.[47]

Vista hoje, de maneira justificada, como nação de características pacíficas e civilizadas, a Suécia tinha reputação bem diferente no começo da era moderna. A partir dos anos 1550, seus governantes participaram de uma série de grandes conflitos. Inicialmente, essas lutas armadas em sequência permitiram à Suécia tornar-se um dos principais impérios terrestres da Europa, com um alcance que se estendia pela maior parte da região báltica e com colônias e assentamentos no oeste da África e nas Américas. Mas ao longo da Grande Guerra do Norte de 1700-21, na qual a Suécia lutou contra Rússia, Polônia, Dinamarca/Noruega, alguns Estados germânicos e, às vezes, contra o Império Otomano, o país sofreu índices debilitantes de baixas, de endividamento e de derrotas. Foi forçado a entregar partes substanciais de território. Também perdeu o rei, Carlos XII, morto em 1718 por uma bala inimiga — ou possivelmente por um tiro disparado por um dos seus próprios soldados exaustos — e sem deixar herdeiro.[48]

Essa situação de emergência obrigou a monarquia sueca a fazer concessões políticas substanciais. Como bem disse um cronista da época: "Os suecos, cansados, e com os cofres quase exauridos por guerras contínuas [...] resolveram se livrar de uma vez do jugo do poder soberano absoluto".[49] A Suécia, portanto, exemplifica precocemente a tendência crescente da guerra extrema no século XVIII a fomentar e colocar em vigor níveis mais intensos de mudança política. Em 1719, e de novo em 1720, sua monarquia foi obrigada a aceitar os termos dispostos em novos Instrumentos de Governo, documentos que na verdade eram Constituições escritas. Eles desmontaram boa parte da máquina do absolutismo que vinha aumentando na Suécia desde os anos 1680. Esses Instrumentos de Governo também exigiam que os monarcas do país partilhassem poder, como haviam feito no começo do século XVII, com o Conselho do Reino e com a Dieta sueca, ou Riksdag.

Foi uma mudança considerável e importante, em particular porque o Riksdag era formado por quatro diferentes estados. Havia os estados da nobreza, do clero e da burguesia. Além disso, e só nos parlamentos de grandes sistemas políticos europeus, havia o estado do campesinato. Quando decisões eram tomadas no Riksdag, cada um dos quatro estados tinha um voto, e prevalecia o princípio da maioria simples. Isso significava que se os três estados eleitos não aristocráticos — os do campesinato, do clero e da burguesia — somassem forças, a nobreza da Suécia poderia perder no voto. Isso ajuda a explicar por que alguns observadores estrangeiros em meados do século xviii viam o "amor à democracia" como uma "doença epidêmica" nesse país, sobretudo quando níveis crescentes de instrução e de material impresso disponível tornavam os estados não aristocráticos do Riksdag e a população geral da Suécia cada vez mais esclarecidos e exigentes politicamente.[50] Foi por isso que Gustavo iii se dispôs a fazer uma mudança.

Gustavo era um homem difícil de entender. Pertencia a uma geração mais nova do que os outros monarcas que examinamos até agora. Em 1771, quando começou seu reinado, ainda tinha vinte e poucos anos, ao passo que Frederico da Prússia (seu tio) se aproximava dos sessenta, e Catarina ii da Rússia (sua prima) tinha quarenta e poucos. Genuinamente inteligente, pessoalmente elegante e instável, Gustavo era também ambíguo ao falar e escrever, e por vezes no modo de agir. Vivendo um casamento infeliz com uma princesa dinamarquesa, e acusado por adversários políticos de homossexualidade, ele talvez fosse, acima de tudo, assexuado: menos interessado em qualquer tipo de contato humano mais íntimo do que em conceber novos projetos políticos e culturais, e em causar boa impressão e explorar novas ideias. Sua reação descontraída e zombeteira ao receber a notícia da Declaração de Independência dos Estados Unidos em 1776 foi típica. "Que drama mais interessante", teria comentado, "ver um país criar a si mesmo."[51] A ênfase em teatro e atuação é sugestiva. Politicamente, Gustavo também gostava de produzir e dar espetáculo.

Sua tentativa, em agosto de 1772, de reafirmar a autoridade da monarquia na Suécia foi uma espécie de golpe militar. Mas suas ações envolveram pouca violência, e parecem ter sido bastante populares na época. Vieram também acompanhadas de linguagem e de iniciativas radicais, até mesmo democráticas. Gustavo usou o golpe para introduzir uma nova Constituição, a Forma de Governo, que ele mesmo redigiu às pressas com a ajuda de Carl Fredrik Scheffer. Esse texto preservava parte da linguagem e das cláusulas dos Instrumentos de Governo de 1719 e 1720, mas fazia a balança do poder pender um pouco mais na direção da iniciativa real. O Riksdag ficaria com quase todos os poderes de tributação, e leis só podiam ser elaboradas pela Dieta e pelo rei em conjunto. Mas a aplicação das leis passou a ser atribuição apenas de Gustavo, governando com a ajuda do Conselho do Reino. Além disso, cabia exclusivamente ao monarca designar os membros do conselho, que não poderiam tomar decisões contra a vontade dele, exceto se concordassem, por unanimidade, em contestá-lo em questões relativas a tratados e alianças.[52]

Como sugere esta última cláusula, a Forma de Governo de 1772 deu atenção especial às relações exteriores e à guerra. Era proposital. A justificativa dada publicamente por Gustavo para o golpe foi que ele queria resgatar a Suécia das garras de uma nobreza velha e corrupta que prejudicara o país internamente, e que também falhara na Guerra dos Sete Anos.

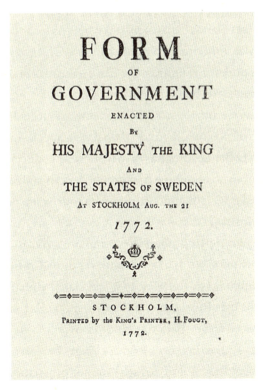

13. Capa da Constituição sueca de 1772 de
Gustavo III, numa de suas traduções publicadas.

O envolvimento da Suécia naquele conflito tinha custado 30 mil homens e acumulado novas despesas equivalentes, em tamanho, à dívida nacional. Esses fracassos militares e financeiros, somados a experiências anteriores da Suécia em guerras catastróficas em grande escala, ajudam a explicar por que a promessa de Gustavo de um novo começo político e nacional teve, inicialmente, forte apelo.[53]

Apesar disso, em conversas privadas, Gustavo ansiava por mais guerra, só que dessa vez uma guerra híbrida bem-sucedida. Quis construir a Marinha sueca, tarefa que conseguiu concluir no início dos anos 1780. Também queria reverter a contração territorial da Suécia: entrar na Noruega e na Rússia, onde, até o fim do reinado, planejava capturar São Petersburgo. A cidade tinha sido construída em parte no começo dos anos 1700 por cerca de 25 mil suecos tomados como prisioneiros ao longo da Grande Guerra do Norte, e parecia, portanto, alvo ideal para um ataque vingativo.

Nenhum desses planos expansionistas e bélicos foi abordado na Constituição de 1772. Mas, embora com muita cautela, Gustavo inseriu cláusulas ressaltando seus poderes militares. Manteve cláusulas de Instrumentos de Governo anteriores proibindo o monarca de recrutar homens e levantar fundos sem "o livre-arbítrio e o consentimento" do Riksdag. Apesar disso, inseriu um novo dispositivo segundo o qual, se a Suécia fosse atacada, "Sua Majestade tem o poder de tomar as providências que estejam em conformidade com a segurança do reino e o interesse de seus súditos". Acrescentou uma nova cláusula. "O comando supremo de todo o seu poder militar, em terra e no mar", insistiu Gustavo, era exclusividade sua, "como foi costume em tempos antigos e felizes, quando o reino era mais glorioso."[54]

Algumas das inovações mais espetaculares dessa Constituição, todavia, estavam na sua linguagem. Referências a "cidadãos" vinham com facilidade à pena de Catarina II da Rússia, apesar de parecer que ela usava o termo mais para efeitos retóricos do que para sugerir direitos políticos e jurídicos. Frederico, o Grande, da Prússia, às vezes foi mais longe. Em seus escritos pessoais, estava sempre pronto a se referir aos seus súditos prussianos como "concidadãos". Mas, pertencendo a uma geração mais nova, Gustavo foi ainda mais longe, usando a nova Constituição para se declarar cidadão abertamente, e

Velha Europa, novas ideias

em letra de fôrma. Sua "maior glória", como acrescentou no texto, era "ser *o primeiro cidadão* de um povo verdadeiramente livre" — e fez questão de que essa declaração fosse amplamente divulgada.[55]

Logo depois do seu golpe de 21 de agosto de 1772, Gustavo se dirigiu aos membros do Riksdag no Salão de Estado do palácio real em Estocolmo, gabando-se de ter "salvado minha pátria e a mim mesmo, sem que um único cidadão fosse ferido [...]. Prometi governar um povo livre". Cópias desse discurso foram impressas em tipos góticos, a tipografia usada em livros didáticos suecos do ensino fundamental e em publicações religiosas, o que significava que era bastante conhecida da maioria da população amplamente alfabetizada do país. Em mais um esforço para assegurar que as massas se conscientizassem das suas palavras, o rei ordenou que cópias do discurso fossem afixadas e lidas em voz alta nas igrejas da Suécia, onde o comparecimento aos cultos públicos era obrigatório. Depois disso, Gustavo adquiriu o hábito de referir a si mesmo em seus discursos "como rei, como cidadão", ligando deliberadamente os dois termos — rei e cidadão. Essa ênfase, ou o gosto de invocar igualdade e liberdade ("o mais nobre dos direitos do homem", como dizia sua Constituição), não eram simplesmente política de gestos da parte do rei.[56]

O texto da Forma de Governo de 1772 estipulava que ela deveria ser vista como "uma lei fundamental sagrada e fixa", uma "lei inalterável", no original sueco. Todos os adultos do sexo masculino teriam que fazer um juramento de fidelidade a essa Constituição escrita e impressa, bem como ao rei, como coisa distinta de jurar lealdade apenas ao rei. Importantíssimo também era que o próprio Gustavo deveria jurar lealdade à nova Constituição. Ela deveria ser, declarou ele em seu discurso no palácio real em 21 de agosto, "uma lei tão compulsória para mim como para os senhores". A Constituição também deixava claro que o mesmo se aplicava aos funcionários do rei e aos seus descendentes no trono:

Por intermédio disto, nós agora declaramos e estabelecemos esta Forma de Governo como lei fundamental sagrada e fixa; que Nós, em nosso nome e no da nossa posteridade, nascida e ainda não nascida, nos comprometemos a cumprir, e a seguir seu conteúdo literal, e a ver como inimigos do nosso país aquele ou aqueles que tentarem nos afastar dela.[57]

Potencialmente, essas cláusulas representavam um significativo salto político e jurídico. Foi nos anos 1776-87, e nos novos Estados Unidos, afirma-se, que a noção de uma Constituição escrita como "lei fundamental suprema [...] simultaneamente dando poderes e impondo limites às instituições de governo que ela estabelece" começou a ser enunciada.[58] Na verdade, ideias desse tipo circularam e foram experimentadas bem antes disso, e dentro de certas monarquias europeias. O que aconteceu na Suécia em 1772 é um bom exemplo.

Essas iniciativas escritas da parte de alguns monarcas europeus na esteira da Guerra dos Sete Anos ajudam a explicar por que usos e entendimentos da palavra "Constituição" já sofriam mudanças antes da Revolução Americana. Em várias línguas europeias, a palavra "Constituição" e seus equivalentes tinham sido usados tradicionalmente tanto para a organização e para o governo de um Estado como para descrever a composição intrínseca de alguma coisa, incluindo o corpo humano. No fim dos anos 1760, porém, esse tipo de uso já era sujeito a críticas, não apenas em textos eruditos destinados a poucos mas também em escritos mais populares. Em 1771, até mesmo um jornalista inglês prosaico se sentiu qualificado para rejeitar analogias "entre uma estrutura política e o sistema do corpo humano", como um lugar-comum surrado e obsoleto que, claramente, não tinha sentido. O "corpo humano [...] consiste da mesma matéria vital do nascimento à dissolução", raciocinava esse escritor. Em contraste, "uma forma de governo está sujeita a mudanças súbitas e totais". Comunidades políticas, decidiu o jornalista anônimo, não eram "estabelecidas pela natureza, mas pela arte humana". Podiam, portanto, ser criadas e recriadas.[59]

O papelório real pós-Guerra dos Sete Anos era profundamente significativo, portanto. Suas limitações, porém, também são importantes. Nem Frederico da Prússia, nem Catarina da Rússia jamais produziram uma Constituição escrita, apesar de esses dois monarcas — especialmente Catarina — terem desenvolvido técnicas de comunicação e publicidade políticas que mais tarde expoentes do constitucionalismo escrito pegariam de empréstimo como base de seus trabalhos. Além disso, atores monárquicos nesse estágio pré-1776 raramente se interessavam em conceber e publicar textos que pudessem restringir seriamente sua própria autoridade. Como observou Diderot a propósito de Catarina, a Grande, e seu *Nakaz*: "Você depara com frases [no texto] nas quais, sem que se desse conta, ela pegava de novo o cetro que tinha posto de lado no começo".[60]

A Forma de Governo de Gustavo III, ao estipular que tanto o rei como o povo estavam "sujeitos à lei, e nós ambos conectados e protegidos pela lei", chegou perto de impor restrições ao Poder Executivo. Mas, apesar da linguagem e de algumas ações desse rei sueco serem radicais e até quase democráticas, sua Constituição de 1772 não o impediu, na prática, de assumir mais poderes nos últimos estágios do seu reinado. Isso ajuda a explicar por que, vinte anos depois da promulgação da sua Constituição, em 1792, Gustavo foi mortalmente ferido num baile de máscaras na Casa de Ópera Real de Estocolmo. Os assassinos, que atiraram nele usando uma mistura de balas e pregos dobrados, eram, na maioria, nobres suecos e militares do Exército furiosos com a guerra dele contra a Rússia, mas havia também alguns incomodados com suas manipulações constitucionais. "Bom dia, bom mascarado", disseram antes de atacar.[61]

Mesmo deixando de lado suas outras limitações, esses projetos reais — apesar de importantes — eram também iniciativas impostas de cima para baixo. No entanto, nos dois lados do Atlântico, depois de 1750 o crescente interesse por explorar novas formas de documentação política também ocorria entre agrupamentos sociais mais amplos — o que era compreensível. Níveis crescentes de guerra, junto com ideias do Iluminismo, tentavam e obrigavam governantes europeus e seus funcionários a conceber e publicar novos textos escritos para reordenar seus Estados e envolver suas respectivas populações. Além disso, porém, guerras mais sistêmicas também fomentavam um aumento das críticas e reivindicações de baixo para cima e uma conscientização política mais ampla.

Os que pagavam impostos para financiar guerras cada vez mais caras, os que viam sua vida, seu trabalho, suas propriedades serem perturbados por conflitos armados mais recorrentes, os que eram obrigados a lutar, ou a mandar membros da família lutar sabendo que talvez jamais retornassem; esses homens e mulheres, também, podiam sentir-se atraídos pela perspectiva de novas leis e novos textos políticos que pudessem de alguma forma dar-lhes mais poder de barganha e impor restrições a seus líderes políticos. Para um exemplo dramático desse tipo de ativismo constitucional mais demótico, antes da Guerra Revolucionária Americana, voltemo-nos para outro Estado protestante europeu que logo foi impactado por ideias iluministas e estava pesadamente envolvido em guerras: a Grã-Bretanha.

Entra o homem das cartas, entra Tom Paine

Ele era totalmente diferente dos indivíduos que examinamos até agora, em muitos sentidos: cada vez mais alienado do tipo de sistema político e de hierarquia social que os poderosos personificavam e representavam. No entanto, embora eles, e ele, talvez ficassem furiosos com a sugestão, havia pontos em comum entre esses homens coroados e Thomas Paine. A guerra obrigou alguns monarcas europeus em meados do século XVIII à escrita política mais criativa. Níveis acelerados de guerra híbrida também influenciaram o curso da vida e da carreira desse personagem muito diferente — e o que ele fez e veio a escrever e discutir.

É importante ter firmes na mente as estreitas ligações de Tom Paine com a guerra, porque ele sempre representou desafios para os biógrafos.[62] Nascido em 1737 na cidade mercantil inglesa de Therford, em Norfolk, veio de uma família modesta, provinciana e dividida. Era filho de um casamento misto entre um arrendatário rural quacre e fabricante de talas (as estruturas de osso de baleia de espartilhos femininos) e uma mulher anglicana de condição social um pouco mais alta. O próprio Paine foi tirado da escola aos doze anos, e não se sabe ao certo nem a natureza nem a extensão de suas subsequentes leituras e das influências intelectuais que teve. Além disso, o homem estava sempre indo embora, de trabalhos, de mulheres, de cidades e países, de antigos aliados com quem se desentendia e que se tornavam inimigos. No caminho, muitos dos seus documentos pessoais e de família se perderam, especialmente os das primeiras fases da vida. Como resultado, os anos que passou em seu país natal são facilmente reduzidos a relativa irrelevância. No entanto, quando Paine embarcou para os Estados Unidos, em outubro de 1774, tinha 37 anos. Mais de metade da vida já ficara para trás, e alguma das suas reações, percepções e obsessões vitais já haviam sido forjadas: forjadas em parte, e essencialmente, pelo envolvimento crescente da Grã-Bretanha em guerras híbridas.[63]

14. Thomas Paine. Gravura baseada num retrato perdido de 1779.

A primeira ausência física temporária de Paine das praias do país natal, "uma espécie de emigração", como ele mais tarde a descreveria, foi como marinheiro combatente. Nos primeiros estágios da Guerra dos Sete Anos, ele tinha ingressado num navio corsário, o *King of Prussia* (batizado em homenagem a Frederico, o Grande, aliado dos britânicos), atormentando navios mercantes franceses. Mas seus contatos diretos com os custos e as consequências da guerra perduraram por muito mais tempo. Seu emprego remunerado de mais longa duração foi o de coletor de impostos seletivos, cargo que ocupou de 1761 a 1774. Os impostos seletivos eram uma das principais fontes fiscais com que o Estado britânico contava para financiar sucessivos conflitos. Incidiam sobre artigos comuns de consumo — sabão, sal, cerveja, papel, carvão, couro, velas e coisas do gênero — e eram cobrados por um exército cada vez maior de coletores. Em 1690, havia cerca de 1200 coletores. Em 1770, quando Paine trabalhava como um deles na cidade mercantil fortemente protestante de Lewes, em Sussex, a incidência, o âmbito geográfico e os custos cada vez maiores da guerra híbrida tinham impulsionado o número desses coletores de impostos para mais de 4 mil.[64]

Ter que ganhar a vida aplicando um imposto que "atingia o bolso da maioria dos consumidores, e não só a carteira dos prósperos" foi essencial na definição e na evolução política de Paine. A experiência fomentou e concentrou um argumento que apareceria na maioria dos seus escritos importantes: o de que as monarquias tinham o vício congênito de provocar guerras, enquanto quem pagava os custos era a grande massa de homens e mulheres comuns. Como nos casos de Montesquieu e Vattel, mas num nível diferente e muito mais modesto, as circunstâncias da vida e da carreira de Paine ajudaram-no a compreender mais depressa por que a guerra estava se tornando endêmica: "A Europa é por demais povoada de reinos para ter paz por muito tempo", queixava-se ele.[65]

Tendo sido ele próprio um marinheiro combatente, Paine também entendeu que a concorrência cada vez maior entre os principais Estados europeus, operando em conjunto com níveis mais intensos de conflito terrestre, era a grande responsável por ampliar tanto o âmbito geográfico do conflito como seus custos. "As Marinhas que existem agora" deveriam ser reduzidas a um décimo, propôs ele nos anos 1790:

> Se os homens se permitirem pensar, como seres racionais devem pensar, nada parecerá mais ridículo e absurdo, reflexões morais à parte, do que custear a construção de marinhas, enchê-las de homens, depois arrastá-las para o oceano, para ver qual delas afunda a outra mais rápido.

Os únicos beneficiários desse "sistema perpétuo de guerras e de gastos", acreditava Paine, eram os monarcas e seus cúmplices políticos e sociais. No entanto, apesar de tudo, ele aos poucos reconheceu que os fardos representados pelos níveis crescentes de guerra híbrida podiam se tornar boa fonte de perturbação e mudança, incitando raiva saudável e ativismo político e intensificando ideias radicais. "O enorme gasto do governo tem levado as pessoas a pensar, ao fazê-las sentir", escreveria ele, "e quando o véu começa a rasgar não aceita reparo."[66]

A crítica de Paine à guerra por vezes tem sido vinculada à influência do pai quacre. Mas ele parece ter se enfurecido menos com a agressão armada em geral do que com as guerras provocadas pelas monarquias hereditárias europeias em particular. "Monarquia e sucessão", declarou, "têm lançado (não só este ou aquele reino) mas o mundo em sangue e cinzas."[67] Mais especialmente, desde cedo desprezou o guerreiro Estado britânico, que lhe pagava pouco e lhe dava reduzidas folgas enquanto o obrigou durante anos a mourejar como um modesto coletorzinho, lidando com comerciantes furiosos e contribuintes relutantes, por vezes empobrecidos.

No tocante à evolução política de Paine, talvez tenha sido menos o pai quacre e mais a mãe, Frances, quem exerceu mais influência. Os antecedentes dela eram significativos, sendo ela filha de certo Thomas Cocke, advogado que trabalhava como secretário municipal de Thetford. Nessa condição, um dos seus deveres era administrar as diversas cartas da cidade, muitas delas remontando aos tempos medievais: cartas organizando o governo local e os limites do lugar, e cartas relacionadas a escolas, igrejas, instituições de caridade, direito à terra etc. Assim sendo, desde a infância

Paine foi criado reconhecendo a utilidade de documentos políticos, nesse caso, cartas.

"Um estatuto", escreveria mais tarde, "deve ser entendido como um vínculo de solene obrigação no qual o todo entra para apoiar o direito de cada parte separada." Esses mesmos antecedentes familiares relativos a cartas é que mais tarde ajudaram a desenvolver o profundo interesse de Paine pelas Constituições escritas e por sua defesa. Ao escrever, na Parte I do seu grande e polêmico *Os direitos do homem* (1791), que "uma Constituição não é uma coisa que exista só no nome, mas de fato", que essa entidade tem "uma existência não ideal, mas real; e onde não puder ser produzida numa forma visível não existe", Paine se inspirou em parte em sua experiência direta com as Constituições revolucionárias americanas, e em parte no entusiasmo que sentia pelo que estava acontecendo na França revolucionária. Mas sua insistência em que Constituições exigiam uma forma real, visível e tangível vinha também da familiaridade com cartas. Esses documentos lhe conferiram um senso, quase desde o início, da necessária materialidade dos instrumentos de governo.[68]

Esse interesse por cartas, por delineamentos de poder, direitos e lei em papel e pergaminho, também define Paine como um homem do seu tempo — e do país onde nasceu. Cada vez mais alienado da Grã-Bretanha, ele foi, apesar disso, influenciado por ideias políticas que ali se desenvolveram durante sua juventude e o começo da idade adulta. Na Grã-Bretanha, como em outras monarquias europeias, as demandas cada vez maiores da guerra alimentaram e renovaram o interesse por textos icônicos de identidade e direitos. Mas os monarcas britânicos não dispunham das aptidões absolutistas e da liberdade de manobra de muitos homólogos europeus. Não havia simplesmente nenhuma possibilidade de um Jorge II, que governou a Grã-Bretanha de 1727 a 1760, ou de seu jovem sucessor Jorge III, gerar e publicar um notável texto político e jurídico à maneira de Catarina II, da Rússia, com seu *Nakaz,* ou de Gustavo III, da Suécia, com sua Constituição de 1772. Na verdade, o crescente interesse em papelório icônico na Grã-Bretanha costumava se limitar a um documento havia muito tempo existente, a saber, a Magna Carta, redigida originalmente em 1215.

Velha Europa, novas ideias

A renovação do culto desse texto de liberdade (como muitos achavam que fosse) era menos uma celebração do constitucionalismo antigo, no entanto, do que uma coisa mais nova e inconsistente. Uma expressão dessa redescoberta e reinterpretação da Magna Carta é visível nos primeiros anos do Museu Britânico, que foi fundado em Londres em 1753. A maior parte dos manuscritos históricos do museu era guardada em armários trancados. Mas, durante a Guerra dos Sete Anos, uma das versões originais da Magna Carta ficava ostentosamente exposta. Foi providenciada uma caixa de vidro especial com o rótulo de "O Baluarte das Nossas Liberdades". O significado desses atos é ainda mais claro quando se lembra que os fundadores do Museu Britânico queriam que ele funcionasse como uma espécie de universidade nacional, um lugar aberto — pelo menos em tese — para qualquer britânico em busca de aperfeiçoamento pessoal que quisesse ver e aprender.[69]

William Blackstone, jurista da Universidade de Oxford, naquela época ainda fazendo seu nome, também contribuiu para esse renascimento do interesse pela Magna Carta. Seu livro *The Great Charter* [A grande carta], publicado em 1759, no auge da Guerra dos Sete Anos, era uma investigação rigorosa das várias versões manuscritas do texto. Mas Blackstone preferiu escrever seu livro num estilo que talvez o tornasse atraente e acessível não só para antiquários e outros acadêmicos. No fim da primeira edição, seu editor inseriu uma gravura que mostrava uma paisagem rural britânica descansando em segurança debaixo de uma cópia celestialmente colocada da Magna Carta. Não há nessa imagem nenhuma referência ao Parlamento em Westminster, ou à Coroa britânica. O que há é apenas a celebração do papelório, de um texto constitucional vital e que a tudo abrange.[70]

Em outras palavras, nos anos 1750 ressurgia na Grã-Bretanha o argumento de que a Magna Carta era mais do que uma relíquia histórica e parte de um "cânone de grandes documentos" do passado distante. Na verdade, era representado, cada vez mais, como o grande documento, o texto fundacional que sustentava a Constituição da Grã-Bretanha e com ela coincidia. Essas alegações por vezes eram explícitas. O frontispício de um tratado anônimo, *Relato da Constituição e do estado atual da Grã-Breta-*

15. Gravura comemorativa de Arthur Beardmore, radical londrino, instruindo o filho sobre a Magna Carta antes de ser preso por libelo difamatório em 1764.

nha, publicado em Londres em 1759, o mesmo ano de *The Great Charter*, de Blackstone, mostra a figura de Britânia dando conselhos a algumas atentas "pessoas jovens". Posicionado diante dela, informa-se ao leitor, está um "altar da liberdade, sobre o qual se acha a Magna Carta, *significando a Constituição Britânica*".[71]

Na Grã-Bretanha, portanto, como na Rússia, na Prússia, na Suécia e em outros Estados europeus, a experiência e a tensão de níveis de guerra cres-

16. A Magna Carta representada como Constituição britânica em 1759.

centes vinham acompanhadas de um interesse cada vez maior por textos constitucionais e jurídicos. Mas havia uma diferença importante. Na Europa continental, o novo culto dos documentos escritos às vezes implicava novas iniciativas da parte dos monarcas responsáveis. Na Grã-Bretanha, o aumento do interesse pelos textos constitucionais era evidente também depois de 1750. Mas ali, por causa das limitações do poder monárquico, essa evolução se dava menos de cima para baixo e de forma mais diversa.

Sem dúvida Jorge III e alguns aristocratas colegas seus passaram a encomendar nos anos 1760 retratos nos quais aparecem perto de exemplares da Magna Carta, reivindicando-a, portanto, como apoio da ordem política e social existente. Mas, naquela mesma década, e depois, a Magna Carta também foi amplamente citada por radicais e reformistas britânicos e irlandeses desejosos de legitimar e promover demandas por mudança, tendência reconhecida na época. Em 1776, um conservador escocês queixou-se de que a "temeridade daqueles que se aventuram a afirmar que o que está contido nessa grande carta, seja lá o que for, é de natureza tão sagrada e fundamental que não pode ser revogado nem mesmo pelo Parlamento". Na opinião desse homem, a Magna Carta estava sendo reconfigurada em alguns setores como uma lei fundamental: como um texto que pudesse funcionar até mesmo como um freio para decisões tomadas pelo Parlamento em Westminster. A "gente comum" da Grã-Bretanha, resmungava o escocês, estava sendo incentivada a "descobrir na Magna Carta [...] liberdades com as quais aqueles patriotas antigos jamais sonharam".[72]

Dessa maneira, além de herdar um interesse por cartas graças à família da mãe, Paine também foi levado nessa direção pela mudança na natureza do debate político na Grã-Bretanha onde foi criado. Sabemos que nos anos 1760 e no começo dos anos 1770 ele participou ativa e ruidosamente de clubes políticos radicais e de debates em Londres e Lewes, onde havia um eleitorado grande e arruaceiro. Isso ajuda a explicar por que a atitude de Paine com relação a cartas era tão progressista. "Não gosto de citar esses vestígios de uma antiga arrogância", escreveria em 1780 a respeito das cartas coloniais do estado da Virgínia, "mas [...] precisamos começar em algum lugar [...] e qualquer regra sobre a qual possa haver um acordo é

Velha Europa, novas ideias 105

melhor do que nenhuma."[73] Arqueologia e documentos bolorentos não eram, em si, do gosto de Paine. Mas desde cedo ele achava que a partir de textos antigos sobre liberdade talvez se pudesse desenvolver ideias para garantir às reformas um novo e melhor futuro.

A evolução dessas perspectivas, os argumentos relacionados às cartas e sua importância dariam forma ao primeiro e imenso best-seller de Paine, *Senso comum*. Publicado na Filadélfia em 10 de janeiro de 1776, menos de dezoito meses depois de sua chegada aos Estados Unidos, logo teve múltiplas edições, vendendo talvez 75 mil exemplares só nos futuros Estados Unidos, e possivelmente bem mais. Como se sabe, *Senso comum* sugeria aos colonos americanos que rompessem de imediato com a Grã-Bretanha e seu rei, Jorge III, e buscassem a independência como república. O panfleto também argumentava a favor de uma Constituição escrita. Ou, mais exata e previsivelmente, Paine recomendava que um Congresso de 26 membros, dois para cada uma das Treze Colônias, passasse a trabalhar imediatamente na preparação de uma nova "carta de governo".

> Os membros debatedores, uma vez reunidos, que tratem de formular uma CARTA CONTINENTAL, ou Carta das Colônias Unidas; (em resposta ao que é chamado de Magna Carta da Inglaterra) estabelecendo o número e a maneira de escolher membros do Congresso, membros da Assembleia, com suas datas de sessão, e traçando a linha de atribuições e jurisdição entre eles.[74]

Desse lado do Atlântico não deveria haver nenhuma figura única, tipo monarca, ditando leis e modos de governo de cima para baixo. Em vez disso, previu Paine, americanos (brancos) forjariam juntos modos e regras próprios de governo. Embora o número de leitores e o impacto de *Senso comum* no curto prazo fossem questionados, estava claro que seu otimismo audacioso e pujante, somado à sua linguagem elegante, simples e lúcida, sua argumentação brilhante e sua raiva intensa e evidente ajudaram a dissolver a lealdade imperial e monarquista de muitos leitores americanos. Isso era exatamente o que Paine, e seus aliados na Filadélfia, como Benjamin Rush, desejavam.

No entanto, e apesar de tudo isso, havia limites nessa fase iconoclasta de Paine. A folha de rosto das primeiras edições de *Senso comum* — publicadas anonimamente — deixava claro que a polêmica foi "escrita por um INGLÊS". Essa inserção era mais do que uma simples jogada tática. Em certo sentido, Tom Paine ainda pensava e reagia como inglês quando escreveu o panfleto. Mas pensava como um inglês ativamente envolvido nas teias da Guerra dos Sete Anos e seus custos, da política radical do pós-guerra e do problema de estudar e reimaginar cartas antigas. Um panfleto anônimo publicado mais tarde no mesmo ano, que também parece ter sido obra de Paine, ilustra essa obsessão contínua da sua parte. A palavra "Constituição" era com frequência "mencionada" mas raramente definida, reclamava o autor desse texto. Apesar disso, insistia ele, o significado é suficientemente claro e simples. Uma Constituição, escreveu, precisa ser vista essencialmente como uma "carta escrita".[75]

Nessa altura de sua carreira, em 1776, Tom Paine ainda era o Homem das Cartas, e exatamente por isso foi incluído neste capítulo. Era um dos muitos europeus de meados do século XVIII, de diferentes níveis da sociedade, levados a examinar com mais rigor, urgência e criatividade documentos políticos e jurídicos, em parte por causa das pressões e penalidades de níveis inéditos de guerra. Transitando entre continentes, Paine levou ideias e tecnologias políticas de um lado para outro do Atlântico. Encantado e emancipado por ter ido para os Estados Unidos, ele, apesar disso, utilizava e reciclava argumentos e posições de sua época na Grã-Bretanha.

Algumas ideias e técnicas constantes de documentos gerados no pós--guerra por monarcas europeus também atravessaram o oceano. Catarina II, da Rússia, foi implacável e inventiva ao garantir que seu *Nakaz* fosse lido em múltiplos países e idiomas, esperando com isso fortalecer a posição do seu controvertido regime. Benjamin Franklin, o filho de Massachusetts que fez de si mesmo um dos Pais Fundadores dos Estados Unidos, era um ser humano bem diferente de Catarina, que fez de si mesma imperatriz da Rússia. Mas, como Catarina, ele era uma criatura do Iluminismo que tinha o vício da palavra impressa e, como ela, também era versado em publicidade e compreendia o seu valor político.

Velha Europa, novas ideias

Durante a Guerra Revolucionária, Franklin seria criativo ao providenciar a tradução dos documentos constitucionais americanos em diferentes línguas e sua distribuição através de fronteiras, para que — como no caso de Catarina e seu *Nakaz* — aqueles textos pudessem conquistar apoio estrangeiro e respeito por uma entidade política ainda controvertida. Outros revolucionários americanos adaptaram linguagem e imagens usadas antes para descrever monarcas europeus reformistas. Como alguns desses monarcas, George Washington seria comparado por admiradores e jornalistas a Moisés, um líder do seu povo na guerra, um homem que o libertou da escravidão e um criador de leis notáveis.[76]

As opiniões mais radicais de Thomas Paine sobre política e documentação política também tiveram longo alcance. Mas, não sendo um monarca vinculado a um único território e à tarefa de governar, Paine tinha a liberdade de migrar e comunicar diretamente suas ideias. Foi em 30 de novembro de 1774 que ele desembarcou na Filadélfia, a maior e mais rica cidade da América britânica. Seis meses depois, outro sangrento período de guerra híbrida teve início, dessa vez entre a Grã-Bretanha e a maioria de suas colônias na América continental. Feliz com a notícia, Paine logo reconheceu a sua importância. "Ao remeter o assunto da discussão para as armas", aplaudiu ele, "uma nova era para a política é iniciada; um novo método de pensar surgiu."[77] Em termos constitucionais, essa "nova era", na verdade, não seria inteiramente nova. Mas introduziria drásticas mudanças no que já tinha acontecido.

PARTE II

Saindo da guerra para as revoluções

The Pennſylvania Packet, *and Daily Advertiſer.*

[Price Four-Pence.] WEDNESDAY, September 19, 1787. [No. 2690.]

WE, the People of the United States, in order to form a more perfect Union, eſtabliſh Juſtice, inſure domeſtic Tranquility, provide for the common Defence, promote the General Welfare, and ſecure the Bleſſings of Liberty to Ourſelves and our Poſterity, do ordain and eſtabliſh this Conſtitution for the United States of America.

17. A primeira publicação em jornal do rascunho da Constituição dos Estados Unidos, 19 de setembro de 1787.

3. A força da palavra impressa

Filadélfia

Tendo alcançado quórum em 25 de maio de 1787, eles partiram para a reclusão. Guardas armados cercavam o lugar da reunião, o prédio de tijolos vermelhos do Capitólio estadual da Pensilvânia, na rua Chestnut. Aquele verão foi tipicamente úmido; e a maioria dos delegados usava uniformes apertados do Exército, com várias camadas, ou roupas formais. Apesar disso, as janelas do Capitólio foram cobertas do lado de dentro por pesadas cortinas. Quanto à sala verde de reuniões, com suas muitas mesas de frente para um palco não muito alto, nenhum espectador tinha permissão para entrar, e nenhum jornalista estava autorizado a dar notícias regulares do que ali se passava. Os próprios delegados, um grupo inconstante de 55 homens, tinham instruções para não repassar informações a ninguém de fora. "Nada que seja dito na casa", dizia a ordem, deveria ser "impresso ou publicado ou comunicado de qualquer outra forma sem licença." Até anotações pessoais eram malvistas. James Madison, muito inteligente, com menos de 1,65 metro de altura, teve que recorrer a palavras abreviadas para registrar as atividades e os discursos de cada dia. Seu relato da Convenção Constitucional da Filadélfia, severamente revisado, só foi publicado em 1840, quatro anos depois da sua morte.[1]

Esse sigilo extremo e calculado permitiu aos delegados da Filadélfia ir além das instruções originais. Incumbidos de emendar os artigos da Confederação, o documento formal que dispunha sobre a cooperação entre os treze estados americanos durante e após a Guerra Revolucionária, eles foram bem mais longe, e noutra direção. Mas só depois de intensos e prolongados debates, em 8 de setembro de 1787, estavam prontos para encaminhar um texto acabado do trabalho para o "comitê de estilo" (o nome já proclamava que essa convenção tinha essencialmente a ver com arranjar palavras no papel). Nove dias depois, em 17 de setembro de 1787, o texto completo de uma Constituição com cerca de 4,5 mil palavras para os Estados Unidos estava formalmente inscrito em tinta vermelha e preta em quatro folhas de pergaminho, cada qual medindo aproximadamente sessenta centímetros de largura por sessenta centímetros de altura.

Quase sempre escondido em algum lugar antes da Segunda Guerra Mundial, e muitas vezes extraviado, esse manuscrito viria a tornar-se, tardiamente, um ícone.[2] O sacrário onde está exposto, sob a cúpula do Museu dos Arquivos Nacionais em Washington, DC, agora atrai milhões de visitantes todos os anos. Apesar disso, em relação tanto ao impacto interno imediato dessa Constituição quanto da sua influência fora dos Estados Unidos, coisa mais decisiva ocorreu na Filadélfia em 17 de setembro de 1787 do que sua transferência formal para o pergaminho. Naquele mesmo dia, uma cópia do rascunho da Constituição foi entregue a dois impressores, John Dunlap, nascido na Irlanda, e David C. Claypoole, natural da própria cidade.

Ambos veteranos do Exército revolucionário, esses homens eram proprietários do primeiro diário americano bem-sucedido, o *Pennsylvania Packet, and Daily Advertiser*. Na quarta-feira 19 de setembro, tendo farejado sua aparição antecipadamente, Dunlap e Claypoole publicaram o rascunho da Constituição, na íntegra, na primeira página do seu jornal. Pelo menos duzentas edições diferentes apareceram até o fim do ano.[3] Bem antes disso, trechos dessa Constituição também tinham sido divulgados em papel barato, panfletos, livros, revistas e jornais sérios em países e colônias bem longe dos Estados Unidos.

Esses acontecimentos na Filadélfia, e seus efeitos, estão entre os mais conhecidos episódios ligados ao surgimento das novas Constituições. Mas estabelecer o significado mais amplo desses mesmos acontecimentos é um desafio. E não é só por causa da quantidade imensa de análises e interpretações a que a Constituição americana deu origem, mas também porque ela está incrustada nas narrativas de distinção e excepcionalidade nacionais.

A criação, o conteúdo e a influência dessa Carta tornaram-se parte essencial da história de como os Estados Unidos foram "úteis", como o já idoso James Madison disse nos anos 1830, "ao provar coisas até então tidas como impossíveis", parte de uma história de consumada diferença americana.[4]

Importantes diferenças locais sem dúvida havia, desde o início. Bem antes de 1775, a autonomia e as aspirações políticas de colonos americanos tinham sido incentivadas pelo fato de eles viverem a uma distância de 4,5 mil quilômetros, ou mais, do seu monarca titular na Grã-Bretanha. Elas foram fomentadas também pela crescente assertividade das assembleias coloniais, e pela inusitadamente ampla distribuição entre aquelas pessoas tanto do direito ao voto como da alfabetização. Apesar disso, a Constituição redigida na Filadélfia foi produto mais do que único de um conjunto de acontecimentos e características puramente internos.

Para começar, o pensamento e as respostas constitucionais ali tinham por base uma tradição pré-independência de cartas britânicas delineando as divisas das colônias americanas e estabelecendo os elementos fundamentais de seu governo. A maioria dessas cartas coloniais era baixada em nome do monarca de plantão, embora algumas, como a Carta de Delaware de 1701 e do Quadro de Governo [Frame of Government] da Pensilvânia de 1682, tenham sido de iniciativa de britânicos que chegavam, nesses dois casos pelo colonialista quacre anglo-holandês William Penn. Mas todas as cartas coloniais americanas eram impressas e serviam de persistente lembrete das conexões e influências transatlânticas. Também serviam de lembrete e exemplo de como sistemas e princípios de governo podiam scr convenientemente registrados por escrito num só documento. Como assinalou um historiador muito tempo atrás: "Não custou [aos americanos] nenhum grande esforço mental, nenhum salto audacioso" partir dessas cartas coloniais para "o conceito de uma Constituição fixa, escrita, limitando as ações ordinárias de governo".[5]

Na verdade, assim como os radicais na Grã-Bretanha tinham trabalhado para reimaginar e transformar em arma a Magna Carta nos anos 1760, alguns dissidentes americanos já se empenhavam, nessa mesma década, em reequipar cartas coloniais para que servissem a seus objetivos

18. Samuel Adams e a carta de Massachusetts, por John Singleton Copley.

oposicionistas. O retrato pintado por John Singleton Copley de Samuel Adams, filho de um cervejeiro de Boston convertido em ativista político, bem o demonstra. Com o ardor intransigente que transparece no traje de lã sem adornos e na expressão séria, Adams, tal como retratado por Copley, aponta com o indicador para a carta de Massachusetts. Esse documento foi concedido e selado em 1691 pela dupla de monarcas britânicos Guilherme

III e a rainha Mary II. Mas a pintura de Copley não é um tributo a um velho pedaço de pergaminho. Seu objetivo é comemorar o uso dessa carta colonial por Adams para promover uma ideia nova e dissidente: servir de base à sua exigência de que soldados de outro monarca britânico, Jorge III, fossem expulsos de Boston no rescaldo do "massacre" de manifestantes locais por tropas britânicas em 1770.

Como ilustrado por essas novas guinadas em velhas cartas nos anos 1760 nos dois lados do Atlântico, as mudanças constitucionais nos Estados Unidos às vezes refletiam acontecimentos na Europa, e não só na Europa anglófona. A Constituição redigida na Filadélfia em 1787 não foi a primeira a formalizar uma nova entidade política e estabelecer uma república na esteira de uma campanha militar contra uma potência colonizadora. Como já vimos, Pasquale Paoli tinha feito tentativa parecida na Córsega em 1755, rebelando-se contra o governo de Gênova e redigindo o que chamou explicitamente de Constituição. Depois de 1776, como escreve o historiador Gordon S. Wood, os americanos fizeram "uso inédito de convenções constitucionais".[6] Mas algumas técnicas empregadas nessas convenções americanas, e algumas funções delas, já tinham sido ensaiadas por Catarina, a Grande, em sua Comissão de Moscou em 1767-8, convocada para promover outro texto icônico, o *Nakaz*. Pela mesma razão, a ideia de uma Constituição escrita como lei fundamental suprema, restringindo e dando poderes a governos, não foi invenção de uns Estados Unidos inventando a si mesmos. Gustavo III, da Suécia, havia feito experimentos com essas noções em sua Constituição escrita, a Forma de Governo de 1772.

Não estou dizendo que essas iniciativas europeias pós-1750 influenciaram diretamente projetos constitucionais americanos (embora de fato houvesse amplo conhecimento nas colônias das ações de Paoli na Córsega). O argumento vital é que em termos constitucionais — como em muitos outros sentidos — o Atlântico, na prática, nunca foi assim tão largo. Dos dois lados desse oceano, experimentos e escritos políticos cresceram em número e criatividade a partir de meados do século XVIII, porque de cada lado havia estímulos e desafios bastante parecidos. Nos Estados Unidos, como em boa parte da Europa, intelectuais e ativistas foram atraídos pelas noções iluministas de sistematizar e reformar governos, leis e direitos; e nos Estados Unidos, como em boa parte da Europa, colocar essas ideias em prática tornou-se muito mais urgente devido aos crescentes efeitos e demandas da guerra.

Como é o caso em praticamente todos os conflitos revolucionários, a guerra que explodiu nas antigas Treze Colônias depois de 1775 foi, em parte, uma guerra civil, com separatistas locais enfrentando legalistas. Essa guerra revolucionária em particular também envolvia rebeliões de escravizados, com dezenas de milhares de escravos negros fugindo dos seus senhores, e em alguns casos aderindo aos britânicos. Além disso, essa foi uma guerra de império sob variados disfarces, com a Grã-Bretanha tentando subjugar seus antigos colonos e tropas revolucionárias americanas invadindo o Canadá com o objetivo de incorporá-lo à força à sua própria república. Essa mesma guerra também envolvia lutas frequentes e cruéis entre múltiplos povos indígenas, além de exércitos encabeçados por brancos e saqueadores.[7]

Mais importante ainda no que diz respeito ao resultado imediato, esse conflito americano foi a maior explosão de guerra híbrida até então na história do mundo, no sentido de haver combates no mar e em terra. A força expedicionária britânica que desembarcou em Nova York em julho de 1776 acabou envolvendo metade da Marinha Real e dois terços do Exército britânico. Quando os britânicos foram definitivamente derrotados em Yorktown, em 1781, isso se deu novamente por meio de guerra híbrida, com os esforços combinados de um Exército terrestre franco-americano de 16 mil membros e uma frota francesa tripulada por 19 mil marujos.

Desde o início, essa guerra americana tecida de múltiplos fios teve notáveis repercussões constitucionais. A Declaração de Independência de 1776 funcionou, em parte, como uma declaração de guerra, e deliberadamente. A intenção dos autores era mostrar que, como outras "potências da terra", os americanos agora tinham o direito de dar ultimatos desse tipo. Em seu texto, o rei Jorge III torna-se um expoente particularmente maligno da guerra híbrida. Segundo diziam, ele havia "saqueado nossos mares, assolado nossa costa, incendiado nossas cidades e destruído a vida

A força da palavra impressa

do nosso povo. Está, neste momento, transportando grandes exércitos de mercenários estrangeiros para completar as tarefas da morte".[8]

As novas Constituições estaduais americanas que surgiram a partir de 1776 estavam, também, intimamente vinculadas à guerra. No caso dos estados particularmente destruídos pelos combates, isso às vezes era dito de maneira explícita. A linguagem da Constituição de Nova York de 1777, por exemplo, geme sob o peso de sombrias alusões às pressões e incertezas do conflito: "Logo que possível depois do término da guerra atual"; "durante a continuação da guerra atual" e assim por diante.[9]

Mas a guerra também influenciou as Constituições estaduais americanas num sentido mais profundo. Os limites que esses textos impunham aos poderes dos governadores estaduais, junto com a ênfase de muitos deles nas cartas de direitos, no voto secreto e em menos propriedades para qualificar alguém como eleitor nasceram de ideias e diferentes circunstâncias locais. No entanto, essas ampliações da vida política americana a partir de 1776 sempre se destinavam a atrair e a consolidar apoio popular local para o projeto revolucionário diante das extremas pressões militares e ideológicas de fora.

Constituições estaduais eram também usadas para promover e divulgar a causa revolucionária fora dos Estados Unidos. Depois de 1776, e como a Declaração de Independência, esses textos eram regularmente reeditados e circulavam além-mar,[10] em especial na França, de cuja assistência financeira e armada os novos Estados Unidos precisavam desesperadamente se quisessem ter alguma possibilidade de aguentar uma guerra híbrida prolongada da parte dos britânicos.

A centralidade do texto impresso nessa luta americana faz dele uma lente de valor inestimável para examinarmos mais detidamente a Constituição redigida na Filadélfia em 1787, e, a rigor, as Constituições que vieram depois. Atentar para a contínua exploração da máquina de imprimir pelos delegados da Filadélfia em 1787-8 nos ajuda a entender que muitos desses homens julgavam seu trabalho bastante arriscado. Examinar suas estreitas ligações com a máquina de imprimir também ajuda a explicar por que, diferente de textos análogos naqueles períodos iniciais, essa Constituição americana conseguiu criar raízes e perdurar. Examinar com atenção e de modo amplo a operação da imprensa é revelador num sentido mais de longo prazo. Lança luz sobre a influência desse texto político em outras regiões do mundo. Também ilumina alguns limites desse impacto.

Armas, homens e a palavra impressa

A ferocidade e a escala da Guerra Revolucionária Americana influenciaram os debates na Convenção da Filadélfia em 1787 e ajudam a entender por que as primeiras reações ao seu trabalho foram divididas e incertas. Num nível, havia orgulho evidente, convicção ideológica e exultação entre os apoiadores dos Estados Unidos pelo que se tentava fazer ali e pelas futuras perspectivas que se abriam. Mas havia também apreensão e uma profundidade de incerteza que explicam o extremo sigilo adotado pelos homens que participavam dessa Convenção.

Veja-se o caso dos famosos 77 ensaios iniciais escritos em apoio à ratificação da Constituição por dois dos seus delegados mais notáveis, James Madison e Alexander Hamilton (este nascido no Caribe), junto com o diplomata americano John Jay, mais tarde primeiro presidente da Suprema Corte dos Estados Unidos. Publicados sob o pseudônimo coletivo de "Publius" na imprensa nova-iorquina entre outubro de 1787 e maio de 1788, e só retrospectivamente reunidos a outros sob o título de *O Federalista*, esses ensaios são provavelmente mais conhecidos agora pela eufórica fanfarronada inicial de Hamilton:

> Parece ter sido reservado ao povo deste país [os Estados Unidos] decidir a importante questão de saber se as sociedades dos homens são, de fato, capazes ou não de estabelecer o bom governo pela reflexão e pela escolha ou se estão para sempre destinadas a depender para suas Constituições políticas do acaso e da força.[11]

Afirmações desse tipo se mostravam bastante atraentes, irresistíveis, e não só nos Estados Unidos. Sozinha na perigosa Paris dos anos 1790, a não ser por seu pouco confiável amante americano Gilbert Imlay, a radical feminista inglesa Mary Wollstonecraft se animava ao pensar na nova política constitucional dos Estados Unidos. Esse país tinha demonstrado, disse ela com alegria, que "Constituições formadas por acaso e continuamente remendadas" não eram uma fatalidade. Os americanos haviam mostrado que sistemas de governo podiam, pelo contrário, ser forjados a partir do zero "com base na razão".[12]

Apesar de toda essa ênfase celebratória em novos começos e escolhas políticas livres, no entanto, nove dos primeiros dez ensaios do *Federalista* de autoria de Hamilton e seus aliados concentram-se, na verdade, nas ameaças e limitações representadas pela força armada. Quatro dos primeiros ensaios são intitulados "Os perigos da força e da influência estrangeiras". Três tratam dos "Perigos das disputas entre os Estados"; e dois outros lidam com o problema da "facção e insurreição internas". Temores e inseguranças semelhantes reaparecem mais adiante. A preocupação dos ensaios 21-36, por exemplo, é saber como os Estados Unidos teriam condições de possuir Exército e Marinha necessários para se proteger de futuras explosões de guerra híbrida, agora que "progressos na arte da navegação tornaram [...] países distantes, em grande medida, vizinhos".[13]

Hamilton e seus colaboradores escreveram nesse tom um pouco por tática. Queriam amedrontar os leitores americanos e com isso levá-los a pressionar seus delegados locais para que ratificassem a Constituição. Mas havia mais do que isso. Mesmo em sua correspondência privada naquela época, Hamilton costumava admitir um profundo nervosismo, o "hábito de considerar a situação desse país cheia de dificuldades e cercada de perigos".[14] Não era o único a sentir-se dessa maneira entre os delegados da Filadélfia.

Quando os Estados Unidos e sua Constituição já pareciam seguramente enraizados, os homens de 1787 puderam ser reinventados como uma "assembleia de semideuses", nas palavras de Thomas Jefferson; como uma reunião de homens esclarecidos, com experiência jurídica, tomando decisões calmas, sábias, exemplares, para uma privilegiada posteridade americana e para um mundo atento. Muitos delegados presentes na Filadélfia em 1787 eram, de fato, apegados a ideias do Iluminismo, e muitos também tinham alguma prática jurídica. Igualmente relevante, porém, era o fato de que uma proporção ainda mais alta fora treinada para a guerra e/ou tinha experiência em preparar-se para a guerra.[15]

Na média, aqueles homens estavam na faixa dos quarenta anos. Isso significava que tinham passado pela Guerra dos Sete Anos (alguns até combateram nela) antes de pegar em armas para lutar pela independência na Guerra Revolucionária. Trinta dos delegados da Filadélfia haviam servido ativamente nas Forças Armadas nesse último conflito, incluindo Alexander Hamilton, que foi tenente-coronel na artilharia. Esse contato com armamento militar e combates perigosos pode ajudar a explicar por que — mesmo antes do seu último e fatal encontro com o rival político Aaron Burr em 1804 — Hamilton envolveu-se em vários duelos.[16]

Hamilton era um dos cinco delegados da Filadélfia que serviram como ajudantes de ordens de George Washington. Alguns delegados menos conhecidos, que participaram da convenção com mais regularidade do que ele, estavam ainda mais abertamente enredados na guerra e na cultura da guerra. O influente representante pró-escravidão da Carolina do Sul Charles Cotesworth Pinckney e o inglês de nascimento William Richardson Davie, da Carolina do Norte, por exemplo, encomendaram retratos de si mesmos não como legisladores solenes, mas trajando orgulhosos e elaborados uniformes militares.

Mesmo os delegados que permaneceram na vida civil depois de 1776 costumavam ter familiaridade administrativa com questões militares e finanças de guerra, fosse no nível estadual, fosse como antigos membros do Congresso Continental, ou as duas coisas. Era o caso do temível, e essencialmente autodidata, Roger Sherman, representante de Connecticut, e do rico, astuto e libidinoso comerciante e advogado de Nova York Gouverneur Morris, que serviu como um dos delegados da Pensilvânia. E todos os delegados de 1787 na Filadélfia eram presididos por um general do Exército, *o* general do Exército. De início, George Washington relutou em tomar parte na convenção, e não só por causa das demandas da sua propriedade em Mount Vernon, Virgínia. Tinha anteriormente assumido um compromisso com a Sociedade de Cincinnati, organização de elite para oficiais que haviam servido pelo menos três anos no Exército Continental americano ou na Marinha.

O altíssimo nível de experiência militar influenciava as prioridades e as percepções dos delegados da Filadélfia. Determinava seu jeito de pensar e agir. Também tinha impacto no que escreviam e publicavam. A guerra, afinal de contas, talvez não tivesse acabado. Ostensivamente agora um país independente e coeso, os Estados Unidos continuavam sendo uma confederação de estados quase autônomos e muitas vezes pouco cooperativos. Isso explica as mesas separadas dispostas no salão verde do prédio do Legislativo na Filadélfia: era para dar aos delegados dos diferentes estados americanos lugares particulares onde pudessem tramar e trocar opiniões. Essas persistentes fraturas internas tornavam a perspectiva de futuros ataques de uma potência estrangeira ainda mais sinistra. Parecia muito possível, em 1787, e por muito tempo depois, que um Estado europeu expansionista — a Grã-Bretanha, obviamente, com sua base no Canadá Superior e no Canadá Inferior, ou a Espanha, com sua presença na Flórida e na Louisiana, ou mesmo a Rússia, movendo-se para o sul a partir dos seus assentamentos no Alasca — lançasse uma futura invasão aos Estados Unidos, separando ou desestabilizando inquietos estados americanos pelo caminho.

Apesar do entusiasmo com a possibilidade de construir seu próprio império republicano terrestre, alguns delegados da Filadélfia também tinham a preocupação — assim como os imperialistas britânicos haviam feito antes de 1776 — de regular e conter as comunidades de colonos que se disseminavam depressa pelo oeste transapalaciano. "Formam-se assentamentos a oeste de nós", alertou Gouverneur Morris de modo sombrio, "cujos habitantes não reconhecem autoridade alguma além da sua, e, consequentemente, árbitro algum além da espada."[17] E se essa gente inquieta das fronteiras, que reivindicava terras no mapa correspondentes a metade do território dos Estados Unidos, resolvesse, no futuro, forjar nações separadas?

Até certo ponto, portanto, aqueles homens da Filadélfia enfrentavam desafios parecidos com os que muitos regimes europeus e asiáticos enfren-

19. General do Exército e legislador: modelo de Antonio Canova para uma estátua de George Washington em 1818.

A força da palavra impressa 123

tavam em meados do século xvɪɪɪ. Como esses últimos, os delegados da Filadélfia e seus seguidores precisavam elaborar planos para se recuperar das tensões e dos danos da guerra em larga escala. Simultaneamente, tinham que descobrir um meio de angariar níveis suficientes de solidariedade cidadã e de prontidão fiscal-militar para o caso de conflitos armados que talvez não desejassem, mas que poderiam acontecer de qualquer maneira. "Os países em geral", advertiu John Jay, "irão à guerra sempre que houver uma possibilidade de conseguir alguma coisa com ela." Que "frotas poderiam esperar algum dia obter", disse ele com preocupação, reconhecendo a crescente popularidade da guerra híbrida nos oceanos do mundo, se os Estados Unidos continuassem fraturados e, internamente, em conflito? E como adquirir essas coisas?[18]

Logo depois da Guerra Revolucionária, nos termos dos artigos da Confederação, o Congresso não tinha o poder de cobrar impostos para liquidar empréstimos de guerra ou garantir novos empréstimos. Em vez disso, recorria à tributação imposta individualmente pelos estados. O sistema se mostrou lamentavelmente inadequado. Em 1785, os Estados Unidos tiveram que parar de pagar juros sobre um empréstimo da França e suspenderam o pagamento da dívida. No ano seguinte, 1786, seus líderes foram incapazes de obter fundos suficientes dos estados para financiar devidamente as tropas incumbidas de sufocar revoltas contra impostos e pela secessão em Massachusetts e Vermont. Os Estados Unidos estavam "fazendo um experimento sem uma força militar de verdade", alertou um antigo general do Exército revolucionário convertido em delegado da Filadélfia em 1787. Corriam o risco, pensava ele, de "descambar rapidamente para a anarquia".[19]

Como sustentam historiadores, essas pressões e apreensões significavam que a Constituição redigida na Filadélfia por homens marcados pela guerra era com frequência vista na época menos como um "plano para uma sociedade liberal democrática" e um exercício confiante de construção nacional do que como um plano sinistramente necessário para uma união mais eficiente e defensável. "Os objetivos da União, ele pensava que eram poucos", declarou com franqueza Roger Sherman a seus colegas delegados em junho de 1787:

1 Defesa contra perigo externo. 2 [Defesa] contra disputas internas & uso da força. 3 Tratados com nações estrangeiras. 4 Regulamentação do comércio externo & obtenção de receita dele [...]. Apenas esses objetivos & talvez alguns outros, menores, é que tornam necessária uma confederação dos Estados.[20]

Apesar disso, como a maioria dos atores políticos da época, a maioria daqueles homens da Filadélfia combinava iniciativas cautelosas e ansiedades latentes com uma dose de esperança e de idealismo. Isso explica as mudanças de última hora no preâmbulo do rascunho da Constituição americana, basicamente, ao que parece, pelo nova-iorquino Gouverneur Morris, que, aos 25 anos, era um dos delegados mais jovens da convenção. De início, a Constituição deveria começar assim: "Nós, o povo dos estados de New Hampshire, Massachusetts, Rhode Island..." e assim por diante, com cada estado americano, sem exceção, listado pela ordem na costa atlântica. No último minuto, porém, Morris alterou, claro, para: "Nós, o Povo dos Estados Unidos", em parte por razões de aspiração, mas também de tática, e radicadas na ansiedade.

Em vez de chamar atenção para os estados separados, e desarmônicos, essa mudança de redação trazia à mente uma nação americana unida, que a rigor ainda não existia. Como quase sempre ocorre com a redação das Constituições políticas, essa dava uma sedutora e triunfante impressão de unanimidade e ordem. A alteração de Morris também servia para trazer equilíbrio ao caráter do preâmbulo, em tudo o mais pragmático. Ajudava a compensar a grave ênfase na necessidade de formar "uma união mais perfeita, estabelecer justiça, assegurar a tranquilidade interna [e] prover a defesa comum": prioridades mencionadas sugestivamente antes do desejo de "garantir os benefícios da liberdade".[21]

E, crucialmente, a nova e inspirada redação de Morris desviava a atenção para longe dos sigilosos delegados da Filadélfia. Em vez disso, "Nós, o Povo" passou para o primeiro plano, representado por essa poderosa e ajustada ficção como o dono essencial, até mesmo o instigador da Constituição americana. Ao publicarem o projeto de texto na primeira página do *Pennsylvania Packet*, John Dunlap e David Claypoole conscientemente incentivaram essa interpretação, escrevendo o N de "Nós" com letras imensas em negrito, e com isso chamando a atenção dos leitores para a afirmação e a promessa espetaculares da abertura.

Como essa artimanha tipográfica ilustra, num grau maior do que qualquer Constituição escrita anterior, a impressão, e as técnicas e possibilidades da impressão, serviram nesse caso não apenas para registrar e comunicar o que se passava, mas também como agente e locomotiva do que se passava. Sem dúvida explorar a palavra impressa para fomentar uma iniciativa constitucional não era novidade. Nos anos 1760, Catarina, a Grande, tinha compreendido perfeitamente o poder e as vantagens da palavra impressa quando encomendou múltiplas edições e traduções do seu *Nakaz*. Mas não havia jornais nem máquinas de imprimir nas províncias da Rússia daquela época para ajudá-la, e a imperatriz, de qualquer maneira, tinha que lidar com uma população cujos índices de alfabetização eram menores que 10%.

Comparativamente, a maioria dos brancos e alguns negros libertos nos Estados Unidos já tinham familiaridade com uma ampla variedade de material impresso. Os jornais americanos dobraram de número entre 1760 e 1775, e dobrariam novamente até 1790. Além disso, a essa altura do século XVIII, 80% dos homens brancos adultos americanos sabiam ler — nível de alfabetização mais alto do que em qualquer outro grande território do mundo, à exceção, talvez, de partes da Escandinávia.[22] O fato de os delegados da Filadélfia e seus apoiadores poderem contar com altos níveis de alfabetização e de capacidade de impressão determinou as estratégias que adotaram. Talvez esse fato tenha influenciado até mesmo a forma da própria Constituição.

Uma das razões para que o romance ocidental ultrapassasse o muito mais antigo romance chinês em popularidade e impacto transcontinental, como sugeriu o especialista em literatura Franco Moretti, é que nos anos 1700 o romance ocidental tendia a ser muito mais curto, e, portanto, mais apropriado para fácil reprodução impressa e para um consumo relativamente amplo.[23] Verdade ou não, parece provável que a surpreendente concisão da Constituição americana — que em sua forma final contém apenas sete artigos — foi tanto um ingrediente do seu sucesso e de sua vasta distribuição como um produto da familiaridade dos seus autores com o material impresso comercial. Os homens da Filadélfia usavam bastante a impressão de várias maneiras. Mas muitos pensavam de fato em publicação impressa e estavam bem cientes de suas possibilidades para diferentes formas de comunicação.

Nesse sentido, foram fiéis a precedentes revolucionários americanos. A Declaração de Independência tinha sido também um documento notavelmente breve, de apenas 1337 palavras. Isso facilitava a sua reprodução em papel barato para ser afixada em muros e casas, lojas e tavernas; e permitia que o texto fosse impresso em apenas um lado de uma página de jornal. A concisão da declaração também possibilitava que fosse lida na íntegra para uma plateia, sem grande esforço, como foi, algumas vezes, para os soldados de George Washington, enfileirados especialmente para ouvir nas "praças vazias de seus respectivos desfiles".[24]

E, para os delegados da Filadélfia, assim como para os autores da Declaração, voltar-se para a impressão foi um ato não só instintivo, mas indispensável. O último artigo da versão final da Constituição, em setembro de 1787, estipulava que, para entrar em vigor, o texto precisava da aprovação de pelo menos nove dos treze estados americanos, todos eles realizando, para esse fim, convenções de ratificação. O desafio de ratificar um projeto controvertido e secreto pela maioria dos estados foi bastante facilitado pela geografia da indústria gráfica dos Estados Unidos. A maioria da população branca trabalhadora do país era composta de agricultores que viviam em áreas rurais, com acesso limitado a informações. Mas seus jornais ficavam concentrados nas cidades, onde convenientemente as convenções de ratificação seriam realizadas. Além disso, a maioria dos dirigentes de jornais, agências dos correios e gráficas naquela época, como Dunlap e Claypoole na Filadélfia, aparentemente apoiava a Constituição proposta, agindo e se articulando nesse sentido. Ainda assim, como agora se sabe com segurança, a ratificação foi uma disputa apertada.[25]

Em Massachusetts, em muitos sentidos o reduto ideológico de resistência ao Império britânico, a convenção local de retificação aprovou o projeto por apenas 187 votos contra 168. Virgínia e Nova York, dois estados gran-

A força da palavra impressa 127

des, ricos e essenciais, ratificaram-no com margens ainda mais estreitas. A prolongada incerteza sobre o resultado — a Constituição só foi, terminantemente, ratificada em setembro de 1788 — significava que durante meses ativistas e defensores precisaram investir energia, pensamento e dinheiro na circulação de cópias do projeto constitucional e na criação de polêmicas sobre sua validade e seus significados. O impacto disso foi muito além dos Estados Unidos, como aliás sempre foi a intenção.

Vale repetir que, durante a Guerra Revolucionária, os documentos políticos mais importantes da nova república tinham circulado fora do país. Essas cuidadosas distribuições de exemplares e traduções impressos da Declaração da Independência, das Constituições estaduais e de outros documentos exploratórios e ambiciosos destinavam-se a convencer governos europeus da seriedade dessa emergente entidade política americana, da sofisticação dos seus experimentos políticos, da sua determinação de resistir aos britânicos e consequentemente do seu desejo de ser levada a sério no que dizia respeito a empréstimos, comércio e ajuda militar. A partir de 1787, estratégias gráficas semelhantes foram postas em prática para divulgar a Constituição dos Estados Unidos no exterior.[26]

Diplomatas e cônsules americanos, chegando a capitais estrangeiras, distribuíam exemplares para governantes locais e outras figuras importantes. Muitos comerciantes e viajantes americanos patrióticos no além-mar faziam o mesmo. John Paul Jones, o escocês que havia sido proprietário de escravos e se tornou corsário revolucionário de sucesso, por exemplo, fez questão de dar um exemplar a Catarina, a Grande, em 1788, ao fazer-lhe a corte em São Petersburgo em busca de emprego. Exemplares do texto eram enfiados na correspondência diplomática americana. Escrevendo para informar o soberano sultão do Marrocos, Sidi Muhammad, da ratificação final da Constituição, George Washington teve o cuidado de acrescentar: "Da qual tenho a honra de, juntamente, incluir um exemplar".[27]

O pensamento oficial por trás desses esforços era que participantes poderosos e ricos em seletos espaços estrangeiros ficariam impressionados ao mesmo tempo com a linguagem e com as ideias da nova Constituição, e convencidos, por suas cláusulas, de que os Estados Unidos agora tinham um governo central muito mais eficiente do que antes. Esperava-se que a divulgação desse fato ajudasse a deter invasões armadas de fora, além de tranquilizar e seduzir comerciantes e potenciais investidores de além-mar. Essa distribuição oficial e quase oficial da Constituição americana fora do país foi ajudada — e inundada em volume — pela cobertura mais informal da mídia impressa baseada no exterior.

Nesse sentido, os Estados Unidos se beneficiaram do mesmo império que tinham tão violentamente rechaçado. Havia, naturalmente, velhos e estreitos laços entre gráficos e editores americanos e seus colegas na Irlanda e na Grã-Bretanha. Devido a essas relações comerciais e profissionais longamente estabelecidas — e aos pontos em comum na língua —, folhetos, panfletos e livros publicados nos Estados Unidos atravessavam regularmente o Atlântico. O texto do projeto da Constituição americana foi publicado nos jornais de Londres meras cinco semanas depois de ter aparecido pela primeira vez no *Pennsylvania Packet*. Além disso, por ser Londres o maior porto do mundo, com a maior Marinha mercante, parte desse material que chegava dos Estados Unidos era prontamente encaminhada não apenas para outras regiões da Europa mas também para o sul e para o leste da Ásia, o oeste da África, a América do Sul, o Caribe e, finalmente, para partes do Pacífico. Até os canadenses aparentemente souberam dos detalhes da nova Constituição dos Estados Unidos menos por meio das comunicações terrestres e mais pelos relatos publicados em Londres e enviados de volta pelo Atlântico.[28]

Mas o que dizer das "vítimas" dessa implacável chuva de textos impressos? Quais eram os efeitos sobre homens e mulheres, em diferentes regiões do mundo, da exposição a tanto material sobre o constitucionalismo americano?

Ler e tomar emprestado

Em certos níveis, e em certos lugares, os efeitos foram substanciais, rápidos e formativos. Entre alguns radicais e reformistas, em múltiplos continentes, o que aconteceu nos Estados Unidos, sua revolução, as ideias dos pro-

A força da palavra impressa 129

tagonistas, a vitória contra um império ganancioso e as inovações políticas e jurídicas que vieram em seguida por escrito — além, essencialmente, do fato de que essa entidade política duramente conquistada tivesse sobrevivido — despertou um emocionante senso de possibilidades.

Os novos textos políticos americanos também confirmaram e aceleraram as mudanças no entendimento do termo "Constituição" que já emergiam antes de 1776. Tornou-se comum afirmar que Constituições políticas podiam — talvez devessem — ser registradas num documento único e fácil de imprimir. Um sinal dessa mudança é a resposta dos oponentes. A partir dos anos 1780, conservadores em algumas das dessemelhantes terras alemãs e na Grã-Bretanha puseram-se a falar de modo zombeteiro, mas sugestivo, de "Constituições de papel". O papel, claro, sendo o combustível essencial de uma impressora.[29]

O uso ativo da máquina de imprimir pelos americanos para promover e fixar suas Constituições tornou-se também uma tática que outros estavam ansiosos para explorar. Isso ajuda a explicar por que provisões para uma disponibilidade maior de impressoras aparece com tanto destaque em Constituições elaboradas no fim do século XVIII e depois disso. Uma análise das que foram promulgadas no mundo entre 1776 e 1850 ajuda a deixar isso claro:

DIREITOS MENCIONADOS EM CONSTITUIÇÕES ENTRE 1776 E 1850[30]

Liberdade de imprensa 560	Liberdade de expressão 196
Liberdade religiosa 534	Liberdade de reunião 172
Habeas Corpus 492	Liberdade de comércio 169
Soberania popular 477	Direito de ir e vir 68
Direito de petição 408	

Nas muitas centenas de textos constitucionais elaborados em diferentes países e continentes entre a Declaração de Independência americana em 1776 e meados do século XIX, cláusulas relativas à impressão foram, portanto, mais numerosas do que as cláusulas relativas à liberdade religiosa ou à soberania popular. Facilmente superaram também o número de cláusulas relativas a liberdade de expressão e de reunião. Com base nos textos promulgados, os autores de Constituições nessa época julgavam o acesso às impressoras mais imediatamente decisivo do que quase todos os demais direitos. Não era assim só porque alguns desses atores acreditavam com devoção no valor intrínseco de uma cidadania bem instruída. A impressão era vista como indispensável para que essa nova tecnologia política funcionasse com eficácia e fizesse o seu trabalho, tanto dentro como fora do país.

Toussaint Louverture, o principal combatente responsável por um futuro Haiti governado por negros, parece ter valorizado instintivamente esse aspecto. No fim de 1799, Napoleão Bonaparte promulgou uma nova Constituição para a França (que foi, claro, impressa), estipulando que as colônias a partir de então seriam governadas por "leis especiais". Isso foi interpretado no Caribe como uma ameaça da volta da escravidão nas colônias francesas da região, como ocorreu na Martinica e em Guadalupe. Mas no que ainda era oficialmente Saint-Domingue [hoje Haiti], Toussaint respondeu promulgando sua própria Constituição em 1801. Ignorando conselheiros franceses, ele também, deliberadamente, mandou imprimir o texto. Ao promulgar uma Constituição, e além disso imprimi-la, especificou publicamente que todos os ex-escravizados negros de Saint-Domingue eram agora cidadãos e, consequentemente, por definição, permaneceriam livres. Foi essa ação da sua parte que convenceu Napoleão a lançar um grande e violento ataque da Marinha e do Exército contra Saint-Domingue, com isso destruindo Toussaint, mas também, no fim das contas, acelerando a demolição da influência francesa na região e o surgimento de um Haiti independente.[31]

Os sucessores políticos de Toussaint no Haiti também entenderam o valor da palavra impressa. Recorreram a outros dispositivos utilizados pelos revolucionários americanos, emitindo sua própria Declaração de Independência, por exemplo, em 1º de janeiro de 1804.[32] Esses empréstimos não foram, entretanto, combinados com uma profunda concorrência política e institucional com os Estados Unidos. O novo Haiti era, como já vimos, um Estado muito autoritário e militarizado. A imitação consciente

A força da palavra impressa

e explícita tanto de técnicas americanas para promover Constituições como de elementos do próprio sistema político dos Estados Unidos era mais evidente em partes da América do Sul — e por boas razões.

Depois das guerras revolucionárias nesse continente nos anos 1810 e 1820, considerações de proximidade geográfica levaram alguns sul-americanos a ver os Estados Unidos como o melhor e mais óbvio modelo político. Outros fatores também influenciaram. Fora o Brasil, que continuou sendo uma monarquia até 1889, todos os dez Estados independentes que acabaram surgindo na América do Sul preferiram — com alguns reveses pelo caminho — tornar-se repúblicas, como os Estados Unidos. E, como os Estados Unidos, essas emergentes entidades políticas sul-americanas foram produto de sucessivas guerras revolucionárias contra impérios europeus, e eram criações nervosamente recentes. Assim, enquanto o autor da Constituição francesa de 1789 estremecia diante da ideia de que seu próprio "povo antigo" imitasse de alguma forma o projeto político dos Estados Unidos, "um novo povo recém-nascido para o universo", essa mesma novidade, para alguns sul-americanos, servia para aumentar o apelo dos projetos políticos gerados por seus vizinhos do norte.[33]

Como resultado, alguns Estados sul-americanos tomaram alegremente de empréstimo cláusulas e métodos da Constituição americana de 1787. Dela pegaram ideias sobre sistemas presidenciais. Acima de tudo, copiaram o federalismo americano. A Gran Colombia, por exemplo, que por um momento depois de 1819 abrangia grande parte da Colômbia atual, mais Panamá, Venezuela e Equador, prontamente se declarou república federativa. Até o Brasil copiou o federalismo americano quando finalmente descartou a monarquia e promulgou uma nova Constituição em 1891.

Os estados sul-americanos também tomaram de empréstimo algumas técnicas de impressão e publicidade que os americanos empregaram com tanta eficácia. Os autores da primeira Constituição provisória do Chile em 1818 logo se deram ao trabalho de ratificar o documento, estipulando: "Uma vez impresso, o rascunho será publicado de acordo com instruções em todas as cidades grandes e pequenas e em todos os vilarejos do Estado".[34] Outros ativistas sul-americanos se apropriaram da tática empregada com eficiência depois de 1776 por Benjamin Franklin. Compilaram pastas de documentos constitucionais e despacharam esses compêndios para o exterior, a fim de influenciar e seduzir a opinião estrangeira e atrair futuros investimentos, alianças e empréstimos.

Foi o que a Venezuela fez em 1811, quando se tornou o primeiro Estado sul-americano a declarar-se independente da Espanha. Junto com outros textos revolucionários, uma cópia da nova Constituição venezuelana redigida na capital, Caracas, foi rapidamente despachada para Londres. Dali, em 1812, saíram edições encadernadas com versões em espanhol e inglês em páginas alternadas, prontas para distribuição em múltiplos locais além-mar.[35]

Substancial e às vezes até comovente, esse texto venezuelano ainda é digno de exame pelo tanto que revela. Mostra, para começar, quanto os revolucionários venezuelanos, trabalhando sob imensas pressões militares e políticas, tomaram emprestado dos Estados Unidos. Depois de invocar Deus, sua Constituição começa assim: "Nós, o povo dos estados da Venezuela". Em seguida decreta uma república federativa, cuidadosamente designada Províncias Unidas da Venezuela. Também dispõe sobre uma câmara de representantes e um senado, cujos membros — como nos Estados Unidos — deveriam ter mais de 25 e trinta anos, respectivamente. Esse dossiê venezuelano inclui mais um tributo ao exemplo dos Estados Unidos, uma Declaração de Independência. Mas, enquanto a declaração americana se concentrava persistentemente nas falhas reais e supostas de Jorge III, a versão venezuelana insiste no número 300 para fortalecer sua argumentação anti-imperial: "300 anos de cativeiro, dificuldades e injustiças", por obra e graça dos espanhóis; "300 anos de submissão e sacrifício", e assim por diante.[36]

Como os legisladores e políticos dos Estados Unidos, os compiladores do dossiê venezuelano compreenderam que os textos constitucionais poderiam fazer mais do que servir de instrumento para o direito e para o governo internos. Por meio da máquina de imprimir, esses documentos essenciais poderiam ser usados para comunicar a outros Estados informações sobre uma nova entidade política e sobre a natureza de suas ordens e ideias governantes, através de fronteiras territoriais e marítimas. Uma

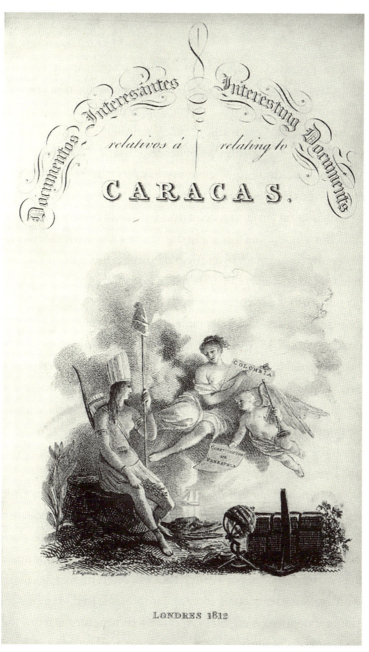

20. Dossiê constitucional da Venezuela,
impresso em espanhol e inglês em 1812.

Constituição escrita e impressa poderia ser o veículo ideal para que um Estado ou regime político recém-estabelecido se promovesse e se definisse diante do mundo.

Como os próprios compiladores do dossiê declararam, sem a exportação impressa de sua Constituição, os venezuelanos "não poderiam ter declarado solenemente [sua] [...] intenção perante o mundo".[37] E, embora se desculpassem pelos erros tipográficos atribuídos à "pressa da publicação", está claro que os autores na verdade pensaram com muito cuidado na aparência física do volume e no efeito que poderia ter sobre futuros leitores estrangeiros. Distribuídas entre as páginas há gravuras de escudos, elmos e lanças, para lembrar a quem as visse que a nova Venezuela estava galantemente vindo à luz por meio de guerra e de sacrifício. No livro há também recorrentes imagens gráficas de um grande galeão com todas as velas desfraldadas, alertas visuais destinados a um público estrangeiro sobre as oportunidades comerciais que se abririam quando a Venezuela alcançasse plenamente sua independência.

Apesar desse esforço e dessa criatividade, em meados de 1812 a primeira república venezuelana sucumbiu às Forças Armadas espanholas e à guerra civil. Seu suntuoso dossiê de textos constitucionais perdurou, no entanto, passando a fazer parte de um arquivo impresso, em rápida expansão, de planos e projetos constitucionais de diferentes países. A existência impressa de um estoque em constante expansão de Constituições de múltiplas partes do mundo serve para enfatizar uma declaração importante. A escala e a eficiência das iniciativas constitucionais e gráficas dos Estados Unidos fomentaram a imitação de algumas de suas ideias e de seus métodos políticos em outras partes; disso não há dúvida. Igualmente importante, porém, foi quanto esse empreendimento da parte dos americanos também ajudou a dar à luz outros sistemas, por vezes rivais, em diferentes partes do mundo, e outros textos constitucionais escritos e impressos. Redigir Constituições, imprimi-las e depois divulgá-las em outros continentes era um jogo que muitos — embora nem todos — podiam jogar.

Revisar a escrita nos continentes

Não há dúvida, portanto, de que a Guerra Revolucionária Americana e as Constituições escritas dela resultantes desempenharam importante e duradouro papel na alteração e na formulação de ideias e no fomento dessa nova tecnologia política que já vinha emergindo em algumas localidades europeias antes de 1776. Não só pelo conteúdo e pelas circunstâncias, mas também pela propagação impressa, a Constituição dos Estados Unidos, sobretudo, exerceu ampla influência durante o longo século XIX, influência muito mais ampla do que a Declaração de Independência do país. Este último texto certamente foi muito lido e reeditado em algumas regiões do mundo, mas, antes da Primeira Guerra Mundial, jamais teve grau e profundidade de impacto comparáveis à Constituição americana.

Apesar da verve ideológica, a Declaração era um documento que ocupava um nicho específico. Depois de 1776, exercia atração principalmente para os habitantes de territórios onde havia o desejo e a capacidade de escapar do domínio de outro Estado ou império. Antes de 1914, essas situações de ruptura ainda eram esparsas. Por certo, as repúblicas sul-americanas que saíram do domínio espanhol nos anos 1810 e 1820, junto com o Haiti, acharam útil essa ferramenta — uma declaração de independência — e a copiaram. Fora das Américas, porém, a questão era diferente. Ali, parece que apenas dez países, entre 1790 e 1914, decidiram emitir sua própria declaração de independência.[38]

Como poderia ser de outra forma? A maioria dos impérios e das monarquias compostas do mundo permaneceu intacta em todo esse periodo. Só depois da Primeira Guerra Mundial — e, mais ainda, depois de 1945 e do colapso dos impérios marítimos europeus remanescentes, seguido pela queda da União Soviética — é que esse tipo de texto constitucional, a declaração de independência, pôde adquirir mais poder de sedução e adesão.

Comparativamente, as Constituições americanas exerceram apelo mais amplo bem antes disso. *Da democracia na América* (1835-40), de Alexis de Tocqueville, provavelmente a mais lida das análises estrangeiras dos Estados Unidos produzidas no século xix, significativamente não faz menção à Declaração de Independência. Mas Tocqueville dedica um longo capítulo, e muitas referências, à Constituição de 1787.[39] Essa alocação de espaço era compreensível, levando em conta seus próprios interesses e prioridades, e os de muitos dos seus leitores. Durante o século xix — e, cada vez mais, depois disso — ativistas políticos de todos os tipos se sentiram atraídos pela ideia de fazer experimentos com Constituições: não só em repúblicas, mas também em monarquias; em países antigos e em países novos; em alguns impérios e em nações aspirantes em rebelião contra impérios. Para a maioria dos povos fora dos Estados Unidos, sua Constituição é que parecia o texto mais pertinente e sensacional, aquele que merecia mais atenção.

No entanto, uma ressalva aqui é oportuna. Apesar do interesse cada vez mais amplo que despertava, a Constituição redigida na Filadélfia em 1787 jamais foi a única influência exercida sobre ativistas e entusiastas estrangeiros que buscavam conceber um documento próprio equivalente. Na verdade, quanto mais países adotavam Constituições escritas, e quanto mais textos desse tipo eram impressos e divulgados através das fronteiras, mais homens e mulheres interessados nessa forma de tecnologia política podiam escolher. Não só podiam estudar e saquear os muito reproduzidos e traduzidos textos dos próprios Estados Unidos; cada vez mais também tinham condições de se informar sobre — e ler e saquear — as Constituições de outros lugares.

Já nos anos 1790, editores astutos reconheciam essa tendência, e começaram a tirar proveito dela. Em vez de apenas publicar as Constituições desse ou daquele país separadamente, começaram a lançar coleções de Cartas produzidas em diferentes países.[40] Dessa maneira, leitores curiosos — e aspirantes a criadores de Constituições — podiam comparar e contratar modelos rivais de como organizar um Estado no papel, além de acumular ideias sobre como formular direitos e regras. No começo do século xx, na verdade, alguns Estados e regimes recém-criados já patrocinavam e publicavam essas coletâneas de múltiplas Constituições.

Foi o que aconteceu em 1922 no novo Estado Livre Irlandês, precariamente estabelecido depois de seis anos de guerra civil contra os britânicos.

A força da palavra impressa   137

O governo do Estado Livre em Dublin encomendou e lançou um robusto volume intitulado *Select Constitutions of the World* [Antologia das Constituições do mundo]. Com o texto da nova Constituição irlandesa impresso com destaque em primeiro lugar, o livro também trazia os textos de Constituições de dezoito países. Como a ativa promoção pelos Estados Unidos de seus textos constitucionais no exterior depois de 1776, essa iniciativa gráfica de políticos em Dublin foi um ato de deliberado cálculo oficial. Ao incluir sua nova e ainda incerta Constituição nesse livro, ao lado de Cartas mais estabelecidas de outros países, e em seguida distribuir exemplares desse grosso volume para múltiplas capitais estrangeiras, os políticos do Estado Livre Irlandês proclamavam que sua recém-fundada república deveria ser vista em pé de igualdade com outros países independentes do mundo.[41]

Essas publicações patrocinadas pelo Estado, reunindo múltiplos exemplos de Constituições de diferentes partes do mundo para leitores internacionais, ainda eram coisa do futuro. Mas as raízes desses compêndios oficiais impressos foram lançadas bem antes. Uma nova forma de montagem e distribuição de conhecimentos surgiu com intensidade cada vez maior depois de 1787 — embora tenha sido prefigurada em partes da Europa antes disso. Graças às novas tecnologias de impressão que rapidamente se multiplicavam, as novas Constituições eram postas em ampla circulação de um modo até então inimaginável. Isso, por sua vez, resultou em novas políticas de extração, apropriação, comparação e seleção. Políticos, advogados, intelectuais e soldados envolvidos na redação de novas Cartas, bem como indivíduos desejosos de imaginar Constituições de sua autoria, podiam, cada vez mais, colher e misturar. Podiam estudar e selecionar ideias, instituições e leis estabelecidas num crescente conjunto gráfico de Constituições de diferentes países. Podiam, em seguida, fundir e combinar os empréstimos de sua escolha com suas próprias ideias, aspirações e convenções jurídicas e políticas.

Vemos esse tipo de mistura de influências locais e estrangeiras atuando na elaboração da Constituição da Noruega em 1814.[42] Depois da Constituição dos Estados Unidos, é o mais antigo desses documentos ainda em vigor; e, mais uma vez, trata-se de uma Carta deflagrada e influenciada por conflito militar. Em 1814, a velha união da Noruega com a Dinamarca tinha sido rompida por lutas e pressões ligadas às Guerras Napoleônicas. Isso levou o rei dinamarquês a ceder seus direitos na Noruega ao rei da Suécia. Os 112 homens que se reuniram em abril de 1814 numa sala do segundo andar da Mansão Eidsvoll, elegante construção neoclássica a cerca de cinquenta quilômetros de Oslo, tiveram, portanto, que trabalhar em ritmo acelerado. No desespero de elaborar algumas garantias de soberania nacional antes que o país fosse tomado pela Suécia, eles terminaram a tarefa de redigir uma nova Constituição norueguesa em cinco semanas, cercados por "montanhas de jornais", muitas delas noticiando as marchas de tropas suecas e a probabilidade de uma invasão.

Essa ameaça de iminente ocupação estrangeira — forças suecas chegaram à Noruega naquele mês de julho — não impediu os delegados reu-

21. Pintura do fim do século XIX, de autoria de Oscar Wergeland, mostrando os pais fundadores da Constituição norueguesa de 1814. Atualmente está pendurada no Parlamento da Noruega.

A força da palavra impressa

nidos em Eidsvoll de examinar múltiplos textos estrangeiros em busca de ajuda para construir sua própria Constituição. Na verdade, esses delegados tornaram-se ainda mais empenhados. Como comentou o historiador William McNeill, é mais fácil tomar emprestado do que inventar; e, sob intensa pressão, os homens de Eidsvoll tomaram emprestado furiosamente.[43] Discordando uns dos outros, e com suas próprias ideias conflitantes, estavam decididos, apesar de tudo, a produzir um texto viável e pronto para imprimir antes que alterações no governo pudessem ser impostas de fora para dentro. Por isso trabalharam com afinco. Leram de maneira onívora e promíscua, selecionando e às vezes copiando.

Tradicionalmente, a Noruega recebia boa parte de suas informações políticas do estrangeiro por intermédio da capital dinamarquesa, Copenhague, importante centro gráfico e universitário, estreitamente ligado a Paris. A maioria dos noruegueses parece ter tomado conhecimento da Constituição americana de 1787, por exemplo, através dessa rota terrestre. Além disso, a Noruega recebia suprimentos regulares de notícias e material impresso de fora pelo mar, sobretudo de comerciantes costeiros ingleses, escoceses, irlandeses, holandeses, suecos e alemães. Esses sistemas mistos de informações ajudam a explicar por que a Constituição norueguesa redigida em 1814 ostenta uma diversidade tão grande de parentescos.

Esse aspecto foi reconhecido bem cedo. O texto redigido em 1814 foi penosa e meticulosamente investigado por um erudito vitoriano, o jurista sueco Nils Höjer. Apesar de trabalhar sem as análises de computador que hoje ajudam investigadores como ele, Höjer conseguiu descobrir e identificar influências presentes na Constituição norueguesa:

> E em alguns casos traduções palavra por palavra — das Constituições revolucionárias francesas de 1791, 1793 e 1795, da Constituição Federal e de várias Constituições estaduais americanas, da Constituição polonesa de 1791, da batava [quer dizer, da Constituição holandesa] de 1798, da sueca de 1809 e da espanhola de 1812.[44]

Além de extrair material dessas diferentes fontes impressas estrangeiras, e de artigos de posicionamento preparados por intelectuais noruegueses, clérigos e funcionários reais, os delegados de Eidsvoll também recorreram a escritos políticos britânicos à procura de ideias sobre como construir uma monarquia constitucional em seu próprio país.

Em outras palavras, o que esses homens estoicamente forjaram, enquanto aguardavam a chegada das Forças Armadas suecas em seu país, foi, enfaticamente, uma invenção que não era nem pura nem norueguesa. Mas também não era, no geral, um filhote da Constituição dos Estados Unidos (uma das palavras mais repetidas no texto norueguês é "rei"), nem de qualquer outra fonte estrangeira isolada. Na verdade, como a maioria das Cartas, a Constituição norueguesa de 1814 mais parecia uma colcha de retalhos. Em sua forma final, era um produto novo, mas tinha sido montada, em parte, com uma multitude de materiais diferentes, mais antigos, oriundos de outras partes do mundo.

Como a maioria dos criadores de Constituições, os proponentes do texto norueguês fizeram uso generoso da palavra impressa. Fizeram-no de maneiras que demonstram que as possibilidades de usar a máquina de imprimir se ampliavam junto com os avanços nas comunicações em geral. Aproveitando-se do próspero sistema postal do país, exemplares impressos da nova Constituição foram postos à venda em 1814 nas 25 principais agências postais da Noruega e em quase cem subagências. Homens e mulheres que iam despachar ou buscar cartas ou pacotes podiam examinar um exemplar enquanto aguardavam a vez, ou comprá-lo, ou enviá-lo para parentes e amigos que viviam em regiões mais remotas do país. Os noruegueses eram também incentivados a colar páginas dessas versões impressas da Constituição nas paredes internas de casa, com isso — literalmente — domesticando a nova política do país e tornando-a parte de sua vida diária. Além disso, quando investiu em barcos a vapor para entregar correspondência em escalas ao longo da imensa e contorcida costa do país, o serviço postal norueguês deu a um desses barcos o nome de *Constituição*. Enquanto as pessoas esperavam em terra para receber a correspondência, viam a palavra inscrita na lateral do navio e se lembravam da Constituição.[45]

Além de servir a criadores oficiais de Constituições em diferentes partes do mundo, o crescente arquivo impresso de textos e comentários

A força da palavra impressa 141

constitucionais também se prestava ao estudo e à exploração por parte de grupos dissidentes e de oposição, em particular pelos que enfrentavam invasões imperiais. Veja-se como o *Plan de Iguala* do México foi disseminado e reaproveitado por diferentes grupos em luta contra modos de império e exclusão.

Esse plano foi lançado originariamente em fevereiro de 1821 pelo então chefe militar e futuro imperador, coronel Agustín de Iturbide, e pretendia-se que servisse de projeto para o governo de um México independente, embora talvez ainda monarquista. No entanto, a cláusula 12 do plano, em especial, mostrou-se atraente para quem buscava diferentes causas políticas em outras regiões do mundo: "Todos os habitantes da Nova Espanha, *sem qualquer distinção entre europeus, africanos ou indianos*, são cidadãos desta monarquia, e têm acesso a todos os empregos segundo seus méritos e suas virtudes".[46] Depois de traduzida e disparada através das fronteiras por via impressa, essa passagem do *Plan de Iguala* veio a ser interpretada, muitas vezes, como um exemplo de que direitos políticos generosos podiam, num futuro reformado, ser concedidos a todos os homens, independentemente de religião, cor da pele ou etnia. (As mulheres ainda eram outro assunto.)

No outono de 1821, uma versão em inglês do *Plan de Iguala* já circulava nos Estados Unidos. No fim do ano, essa versão tinha chegado à Irlanda, onde as interpretações e os usos dela logo mudaram. Foi publicada no *Connaught Journal*, um jornal católico liberal que apresentou uma interpretação das lições do plano para a própria Irlanda. Embora o país tivesse sido formalmente absorvido pelo Reino Unido em 1801, por meio do Tratado da União parlamentar, a maior parte da população majoritariamente católica continuava sem representação direta no Parlamento sediado em Londres. Só uma minoria de católicos irlandeses podia votar àquela altura; e até 1829 nenhum deles, nos termos da legislação que desqualificava homens da religião católica, podia candidatar-se à eleição para o Parlamento em Westminster.

Isso explica em parte o fascínio do *Plan de Iguala* do México para os proprietários do *Connaught Journal* e seus leitores, na maioria católicos. "Que moral proveitosa nosso país poderia extrair do exemplo de um país recém-saído da escravidão abjeta e da quase irremediável barbárie!", declarou o editor do jornal, ao mesmo tempo reformista e xenófobo:

> A Irlanda não apresentaria agora um cenário de miséria e desespero — de rixas mortais e assassinatos noturnos — se esse espírito conciliatório que ditou o artigo décimo segundo da Constituição mexicana impregnasse os conselhos dos nossos estadistas e legisladores.[47]

Em 1882, esse tipo de interpretação do significado mais amplo e das implicações do *Plan de Iguala* — o senso de que o texto constitucional mexicano oferecia um modelo para melhor reconhecimento e fortalecimento político dos indivíduos do sexo masculino em diferentes culturas, classes e raças — tinha alcançado a Índia e a grande cidade portuária de Calcutá.

Ali era a sede da Companhia Britânica das Índias Orientais, que, a essa altura, reivindicava hegemonia sobre grande parte do subcontinente indiano. Calcutá era também uma cidade muito misturada. Belas e brancas mansões erguiam-se em ruas de terra. A maioria da população de mais ou menos 1,5 milhão de habitantes era muito pobre, embora houvesse uma minoria — e isso transcendendo barreiras raciais — de agiotas, especuladores e comerciantes ricos. Apenas cerca de 2 mil residentes podiam ser considerados "ingleses", e a maioria se misturava — ou não se misturava — com outros europeus e semieuropeus. No entanto, havia um fato mais importante: Calcutá já era um dos centros mundiais de produção de material impresso, uma base para gráficas de propriedade de indianos e britânicos que, juntas, publicavam mais do que muitas capitais europeias.[48]

Talvez um terço da produção gráfica de Calcutá estivesse ligado, de alguma forma, à Companhia Britânica das Índias Orientais e sua máquina de governo. Mas os recursos gráficos da cidade também eram utilizados por europeus insatisfeitos, assim como por ativistas indianos, para criticar a Companhia e suas imposições e fazer campanha por mudanças políticas, religiosas, econômicas e sociais. Um dos melhores exemplos dessa resistência impressa foi o *Calcutta Journal*, o primeiro jornal diário do subcontinente. Florescendo erraticamente de 1818 até ser suprimido em 1823, foi obra conjunta de dois transgressores de fronteiras, um inglês chamado

James Silk Buckingham, que às vezes demonstrava predileção por trajes árabes e indianos, e Rammohan Roy, um brâmane Kulin de elevado status que adorava usar sapatos europeus.

Diferentes em origem, riqueza, classe social e nível de instrução, ambos eram homens notáveis. Buckingham fez-se inteiramente por conta própria, e era um viajante com gosto pela aventura, familiarizado — como ele mesmo costumava se gabar — com partes "da Europa, da Ásia e da África e [...] do Mediterrâneo, do Atlântico, do mar Vermelho, do golfo Pérsico e do oceano Índico".[49] Em diferentes ocasiões, trabalhou como pregador, marujo, jornalista, escritor e, claro, impressor. Além disso, Buckingham era um indivíduo mais ético do que às vezes deixava transparecer, adversário veemente da barreira racial e fervoroso militante da luta contra a escravidão, que forjou laços estreitos com destacados abolicionistas nos Estados Unidos.

Rammohan Roy era uma figura muito mais instruída, rica e intelectualmente proeminente, que vinha atraindo cada vez mais atenção nos últimos anos. Com 1,80 metro de altura, tinha cabelo notavelmente negro — fonte, como suas origens de casta elevada e seu apelo para as mulheres, de considerável vaidade pessoal. Homem controvertido tanto naquela época como agora por seus esforços para "reformar" o hinduísmo, Roy era também crítico da Companhia das Índias Orientais, apesar de vez por outra trabalhar para ela e investir em suas ações. Nosso entendimento da evolução de suas ideias é prejudicado pelo desaparecimento da maioria dos seus documentos em persa e bengali, mas não há dúvida de que era fascinado pelos mecanismos e pela diversidade dos idiomas. Linguista talentoso e fluente em persa, sânscrito e árabe, bem como em várias línguas europeias, Roy publicou, além de muitas outras obras, um livro sobre gramática inglesa e bengali.[50]

Ele e Buckingham se conheceram em 1818, e por um tempo se encontravam quase todos os dias, às vezes viajando lentamente numa carruagem ao entardecer no recém-concluído Anel Viário (Circular Road) para discutir projetos políticos e jornalísticos em caráter privado; às vezes se encontrando em prolongados cafés da manhã de trabalho (que Roy, por razões de casta, não comia) com uma mescla de intelectuais e escritores indianos e europeus. Os dois homens também trocavam material impresso. Roy colaborava com textos em inglês para o *Calcutta Journal* e dava conselhos sobre formatos e campanhas, enquanto Buckingham produzia materiais esporádicos para tradução e publicação em jornais persas e bengalis dirigidos por seu amigo e aliado.[51]

Ambos se interessavam pelo progresso e pela política das novas Constituições, embora em graus diferentes. Mesmo depois de tornar-se membro do Parlamento em Westminster na meia-idade, Buckingham continuou convencido dos méritos superiores do constitucionalismo escrito. "Não tendo uma Constituição escrita como guia", escreveu ele, com precisão, sobre a Grã-Bretanha em 1841, "[...] não há nada fixo ou tangível que possamos usar como referência."[52] Quanto a Roy, além de buscar ideias no além-mar, também aos poucos desenvolveu suas teorias sobre o antigo constitucionalismo da própria Índia, afirmando com insistência que no passado tinha havido variantes nativas de cartas e direitos políticos.

A intenção de Roy, com esses argumentos, era refutar alegações de que o domínio da Companhia das Índias Orientais é que resgatara a Índia de seu despotismo ancestral. Mas graças à sua condição de intelectual esclarecido e aristocrata liberal, e dos movimentos da palavra impressa, algumas de suas ideias sobre o antigo, primitivo constitucionalismo indiano acabaram chegando à própria Grã-Bretanha. É notável sua influência em algumas das primeiras edições vitorianas do clássico de William Blackstone *Comentários sobre as leis da Inglaterra*, publicadas, originariamente, entre 1765 e 1770. Em meados do século XIX, leitores desses volumes eram informados de que o nome do lendário Parlamento anglo-saxônico, Witenagemot, na verdade repercutia palavras existentes em línguas do norte da Índia. Isso dava a entender que antigas liberdades inglesas poderiam muito bem ter antigos equivalentes indianos.[53]

Buckingham e Roy tinham admiração pelas conquistas políticas dos Estados Unidos. Buckingham esteve no país, e Roy ainda esperava fazer o mesmo quando morreu durante uma visita à Inglaterra em 1833. Mas, apesar disso e de toda sua entusiástica adesão a essa "época de criação, alteração [e] remodelação de [...] Constituições", os dois aliados reservavam pouco espaço para o constitucionalismo norte-americano nas páginas do *Calcutta Journal*. Em vez disso, o jornal dava preferência a mudanças políticas na península

22. James Silk Buckingham e sua esposa em Bagdá, em 1816.

Ibérica e na América do Sul. Assim, em 1822, Roy e Buckingham publicaram uma tradução do primeiro projeto de Constituição de um Peru independente. Também publicaram parte da Constituição fundadora da Gran Colombia. E, claro, publicaram o texto do *Plan de Iguala* mexicano de 1821, incluindo uma versão da cláusula que jornalistas católicos irlandeses tinham achado tão fascinante: "Todos os habitantes da Nova Espanha, sem distinção entre europeus, africanos *ou indígenas*, são cidadãos desta monarquia, e qualificados para todos os cargos, segundo seus méritos e suas virtudes".[54]

A palavra "indígenas" naturalmente tinha significados bem diferentes em Calcutá e no México; e essa era a questão essencial. Tanto Buckingham como Roy queriam garantir mais liberdades e direitos jurídicos para as populações nativas da Índia. Nesse sentido, o constitucionalismo escrito dos Estados Unidos — apesar de todas as outras qualidades — tinha aplicação cada vez mais limitada. Nos anos 1810-20, um número cada vez maior de estados americanos promulgou novas Constituições que explicitamente excluíam homens não brancos do exercício de direitos políticos.

Comparativamente, os constitucionalistas sul-americanos prestavam grande atenção à Constituição de Cádiz de 1812, de importância vital. Reeditada na Espanha em 1820, e dedicada, nessa versão, a Rammohan Roy, ela oferecia, como veremos, certo grau de emancipação política e de esperança, transcendendo barreiras raciais. Como o *Plan de Iguala* — embora

23. Desenho de Rammohan Roy em 1826, possivelmente concluído na Índia.

não no mesmo grau —, essa Constituição podia ser vista como relativamente aberta, meritocrática e isenta de preconceitos raciais. Esses textos hispânicos, na América do Sul e na própria Espanha, tinham, portanto, apelo para Roy e Buckingham como modelos para o que esperavam conseguir dentro do subcontinente indiano: não o fim do domínio da Companhia Britânica das Índias Orientais, uma vez que, para a maioria dos radicais asiáticos e europeus do começo do século XIX, isso parecia além de qualquer possibilidade, mas reformas no governo e nas práticas jurídicas da Companhia, e um Império britânico alterado no qual, "sem qualquer distinção entre europeus [...] ou indianos", todos os grupos pudessem ser tratados "segundo seus méritos e suas virtudes".

O poder e os limtes da palavra impressa

Esses acontecimentos em Calcutá ajudam a explicar por que, nos anos 1820, alguns observadores otimistas já se animavam a imaginar um mundo em que Constituições escritas e reformistas fossem regra universal. "As revoluções têm sido solitárias", escreveu um radical europeu no começo da década, "mas agora parece que um sentimento impregna todos os países. Veremos os Estados asiáticos exigirem um sistema representativo dentro de poucos anos — sim, e os africanos também."[55] O vigor com que a defesa de novas Constituições àquela altura atravessava fronteiras e oceanos era, de fato, notável. Mas embora a palavra impressa fosse, como sempre seria, vital para a sua disseminação, questões relativas à palavra impressa e à linguagem também contribuíram para firar o desenvolvimento de Constituições em algumas partes do mundo.

Os limites da difusão das Constituições escritas nesse estágio inicial não foram impostos, basicamente, pelo analfabetismo generalizado que ainda atingia a maior parte das regiões do mundo. Como os revolucionários americanos tinham compreendido com relação à sua própria Declaração de Independência em 1776, não era preciso saber ler para adquirir alguma noção do que estava contido num texto constitucional. Homens e mulheres analfabetos que viviam numa sociedade em que houvesse alfabetização geralmente podiam contar com alguém que sabia ler — um padre, um advogado, um político, um militar ou simplesmente um vizinho mais instruído — para lhes explicar em linhas gerais o conteúdo e o significado de uma nova Constituição. Mas a crescente voga desse tipo de Constituição política tendia a trabalhar contra os interesses de povos sem língua escrita. Às vezes representava um desafio também para regiões do mundo onde havia longas e ilustres tradições de escrita burocrática, religiosa e acadêmica, mas onde máquinas impressoras e uma fácil disseminação comercial de seus produtos se desenvolveram lenta e irregularmente. Era o caso, por exemplo, de partes do Império Otomano e de regiões da Ásia Central e do Oriente Médio.

Nesses lugares, a relativa escassez de material escrito e de máquinas de imprimir no começo dos anos 1800 de forma alguma impediu o surgimento de novos códigos jurídicos escritos. Também não impediu a troca de ideias e a introdução de importantes textos políticos reformistas.[56] Mas, nas sociedades em que não havia uma maquinaria de imprimir de longo alcance, já era difícil difundir informações sobre mudanças políticas internas. Podia ser ainda mais difícil difundir quantidades abundantes de informações sobre essas mudanças para estados estrangeiros.

Benegal Shiva Rao, nacionalista indiano e um dos principais protagonistas da elaboração da Constituição da independência do seu país, descobriu isso numa visita a Londres em 1933. Quando estava lá deparou com um exemplar da *Antologia das Constituições do mundo* produzida em Dublin em 1922, e imediatamente reconheceu que uma versão do compêndio poderia ser útil "para aqueles que estão ativamente interessados nas mudanças constitucionais que ocorrem na Índia". Rao logo obteve autorização do Estado Livre Irlandês para lançar uma edição indiana da obra. Como ele mesmo comentaria depois, de início esperava compensar o viés ocidental da versão dublinense original do compêndio incluindo também a Constituição persa de 1906 e a afegã de 1923. Mas Rao descobriu que não era fácil encontrar exemplares desses textos em Londres. Consequentemente, quando surgiu em Madras em 1934, sua nova edição da *Antologia das Constituições do mundo* era de fato muito seleta, dela não constando nenhum exemplo desse tipo de texto oriundo de Estados predominantemente islâmicos.[57]

A força da palavra impressa   149

Apesar disso, tanto em regiões não ocidentais como em regiões ocidentais do mundo, o acesso à máquina de imprimir não era, de forma alguma, o fator decisivo para a disseminação de Constituições. Mais do que qualquer outra coisa, as estruturas de poder existentes — e as atitudes dos poderosos — é que costumavam impor os limites mais críticos.

Note-se o que acontecia no Japão e na China, onde a imprensa estava, desde longa data, amplamente disponível. Mesmo antes das importantes mudanças na cultura impressa surgidas no fim do século XIX, a tradicional tecnologia de impressão com blocos de madeira na China permitia que material impresso de baixo custo chegasse até faixas mais prósperas do campesinato. Nessa vasta região do mundo, portanto, não havia barreiras intransponíveis, fosse de tecnologia, fosse de habilidade, para a introdução de Constituições escritas e impressas. Um comerciante americano de Macau apresentou justamente esse argumento em 1831: "Oficinas de Constituição" trabalhavam a todo vapor na Espanha e em Portugal e até mesmo em "Estados menores" como Hanover e Saxônia, escreveu ele com bastante precisão num artigo publicado no *Canton Miscellany* naquele ano. Como as "fábricas de papel na China" eram "sem dúvida iguais" às lojas europeias, acrescentou ele, por que Constituições escritas e impressas não eram produzidas no Império Qing?[58]

Como esse escritor certamente sabia, essas perguntas eram provocações fantasiosas, nada mais. Não haveria tentativas sustentadas entre governantes, políticos ou burocratas chineses de realizar sérias reconstruções políticas até o último terço do século XIX. Isso era assim em parte porque, até aquele ponto, as perturbações causadas por guerras importantes naquela região do mundo foram mantidas mais ou menos sob controle.

Alguns burocratas e intelectuais chineses com certeza demonstraram interesse pela disseminação mais ampla do constitucionalismo na esteira da Primeira Guerra do Ópio de 1839-42, conflito durante o qual a Marinha Real da Grã-Bretanha arrasou as defesas marítimas do Império Qing e forçou a cessão de Hong Kong. Mas até que as autoridades chinesas sofressem uma pressão bélica mais sustentada, primeiro pela Rebelião Taiping nos anos 1850 e começo dos anos 1860, e depois — ainda mais — pelas derrotas na Guerra Sino-Francesa de 1884-5, e pela Guerra Sino-Japonesa de 1894-5, e até que reconhecessem a sério a necessidade de elevar impostos e reorganizar seu Estado para atender às demandas da moderna guerra híbrida, os apelos por mudanças constitucionais, e a resposta oficial a esses apelos, continuaram limitados.[59]

Pelo mesmo motivo, houve um mínimo de discussões de alto nível sobre constitucionalismo escrito no Japão sobrecarregado de material impresso até depois das convulsões políticas e militares de 1868. Isso não ocorria essencialmente devido a obstáculos em tecnologia de impressão e de níveis de alfabetização, mas devido ao limitado interesse da parte das ordens governantes do Japão pela nova tecnologia política e pelo que ela talvez pudesse alcançar. A impressão, em outras palavras, desempenhou papel vital em todos os continentes no fomento e na formulação das novas Constituições. Mas em si mesma jamais foi suficiente.

Razões de poder às vezes prejudicavam a capacidade da palavra impressa de promover iniciativas constitucionais até mesmo dentro dos Estados Unidos, como bem ilustra uma sequência de acontecimentos, em última análise brutal, nos anos 1820 e 1830. Nessa altura, os treze estados americanos originais que os homens da Filadélfia usaram como ponto de partida haviam se expandido para 24 e, no mesmo período — 1787 aos anos 1820 —, a população americana registrada triplicara. Excluídos desse recenseamento oficial dos Estados Unidos, no entanto, foram os nativos americanos, ou índios, como eram chamados. Não sendo a maior parte sujeitos a taxação, esses povos não eram incluídos entre os cidadãos dos Estados Unidos. Também não eram, na maioria, escravizados. O que eram, então? Em 1827, os mais ativistas dos cerca de 15 mil cherokees, baseados em sua maioria no estado emergente da Geórgia, resolveram deixar claro que eram uma nação independente, e consequentemente exigiram uma Constituição escrita.

Do ponto de vista desses homens, as precondições existiam. Naquela altura, a terra e o número de cherokees haviam sido gravemente reduzidos por invasores brancos. Mas uma parcela cada vez maior desses nativos era em parte alfabetizada, e muitos trabalhavam na lavoura. Além disso, e muito importante, tinham acesso à reprodução gráfica. Um deles, de nome Sequoyah — de cujas origens e ideias ainda não sabemos quase nada — havia inventado um sistema de escrita que permitia transpor a língua cherokee para o papel, imprimir e ler.[60] Um resultado disso foi o *Cherokee Phoenix*, o primeiro jornal nos Estados Unidos de propriedade de indígenas e editado

A força da palavra impressa 151

por eles. Outro resultado da obra de Sequoyah foi que, quando alguns líderes cherokees realizaram uma convenção em 1827, e adotaram "uma Constituição para seu [futuro] governo", esse texto teve uma versão impressa, com cláusulas em cherokee e inglês em colunas paralelas a cada página.

Como outros criadores de Constituições, esses legisladores cherokees recortaram e colaram, replicando, de caso pensado, partes da Carta dos Estados Unidos. Sua Constituição começa assim: "Nós, os representantes do povo da Nação Cherokee, em Convenção reunida". Mas além disso aqueles homens estabeleceram, com rigorosos pormenores territoriais, "as fronteiras desta nação", que "de agora em diante [devem] permanecer inalteravelmente as mesmas":

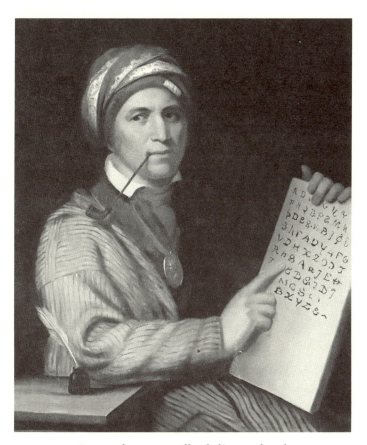

24. Sequoyah e sua cartilha da língua cherokee.

Partindo da margem norte do rio Tennessee na parte superior dos velhos campos chickasaw: depois seguindo o canal principal desse rio, incluindo todas as ilhas ali, até a foz do rio Hiwassee, depois subindo o canal principal desse rio incluindo as ilhas, até o primeiro morro que se aproxima desse rio, cerca de duas milhas [3,2 quilômetros] acima da cidade velha de Hiwassee [...].[61]

Mas nem essa visão particular da terra nem a reivindicação dos cherokees de serem "uma nação livre e distinta" com o direito de governar a si mesma foram reconhecidas. O governo federal americano em Washington, junto com o Legislativo da Geórgia, formado só por brancos, rejeitaram a legalidade dessa Constituição e a validade às aspirações nacionais cherokees. Nos anos 1830, a maioria desses nativos foi expulsa de suas terras na Geórgia e obrigada a migrar para o que é hoje o Oklahoma; cerca de 4 mil morreram em trânsito. Isso costuma ser representado como uma tragédia de fronteira caracteristicamente americana. Mas é mais que isso.

Em certo sentido, esse episódio mostra mais uma vez o quanto o acesso à máquina de imprimir pode ser estreitamente relacionado ao envolvimento ativo na elaboração de Constituições. Noutro sentido, essa mesma sequência de acontecimentos na Geórgia nos anos 1820-30 confirma que as oportunidades e as ideias possibilitadas pela imprensa podem ser postas de lado pelos que dispõem de níveis superiores de poder. Depois de 1776, os brancos americanos foram tecendo aos poucos uma rede de Constituições escritas e impressas para ajudar a forjar, unir, legitimar e divulgar para o mundo um vasto império transcontinental. Tentativas semelhantes de recorrer a esses dispositivos para levar adiante projetos legislativos e nacionais separados dentro do território dos Estados Unidos não eram permitidas, sendo, quase sempre, reprimidas com brutalidade.

Apesar de tudo, essa iniciativa cherokee de 1827, que outros agrupamentos de nativos americanos subsequentemente imitaram, é um lembrete de que as Constituições — como a própria imprensa — eram em sua essência instáveis, e que ninguém poderia se julgar dono absoluto delas.[62] Mais tarde no século XIX, outros povos ameaçados por avanços imperiais do Ocidente também se esforçariam para usar Constituições escritas e impressas como meio de afirmar suas identidades políticas separadas e autônomas, às vezes com mais êxito do que os cherokees.

Há um sentido final em que os esforços daqueles povos nos anos 1820, e a eliminação desses esforços, servem como declaração mais ampla sobre Constituições escritas em geral. Quase sempre vistos apenas como auxiliares essenciais na construção de nações, na prática esses textos também podiam funcionar como ajudantes na construção e na legitimação de impérios. Bem antes do esmagamento dos cherokees pelo expansionismo americano, outras potências, em outras regiões do mundo, tinham percebido essa realidade.

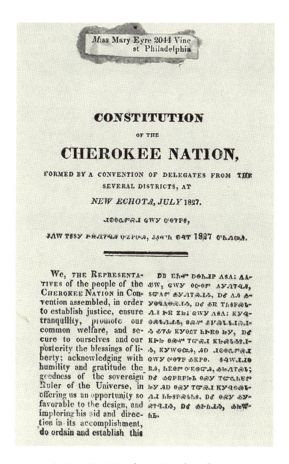

25. A Constituição da nação cherokee, 1827, impressa em cherokee e inglês.

26. James Gillray, *O triunvirato consular francês estabelecendo a nova Constituição*, 1800.

4. Exércitos de legisladores

Paris

Apenas um ano depois de finalizar o projeto de Constituição dos Estados Unidos, Gouverneur Morris voltou a ter contato com essa nova tecnologia política, mas não em Nova York, e sim em outro lugar. Em dezembro de 1788, ele tinha atravessado o Atlântico na esperança de recrutar investidores europeus em terra e tabaco americanos. Mas chegou a Paris poucos dias depois da convocação formal dos Estados Gerais em 24 de janeiro de 1789. Tratava-se da longamente adormecida assembleia consultiva da França, e esperava-se que seu renascimento resolvesse a crise financeira provocada pelo envolvimento abusivo do país em guerras híbridas e estimulasse a obra de reconstrução dos seus sistemas administrativo e tributário. Rico, inteligente, agradável, falando bom francês e acima de tudo homem confiante, Morris logo se envolveu nesses eventos. Conseguiu fácil acesso à corte francesa e a alguns dos salões políticos da cidade, e assistiu à reunião de abertura dos Estados Gerais em maio de 1789, anotando os discursos dos delegados. Ligou se aos acontecimentos de outras maneiras. Descaradamente promíscuo ("Sei que é errado, mas não consigo evitar"), envolveu-se com prostitutas que passavam adiante boatos que circulavam nas ruas. Também fez a corte a mulheres mais ricas. Entre outras coisas, algumas lhe deram fofocas políticas e confidências ouvidas dos maridos.[1]

De início, Morris foi ao mesmo tempo otimista e possessivo, achando que a França começava a imitar os progressos políticos dos seus Estados Unidos. "Vejo neste lado do Atlântico forte semelhança com o que deixei do outro lado", escreveu. "Formas existentes" tinham sido "abaladas até os alicerces", e uma "nova ordem de coisas" rapidamente surgia. Essa euforia inicial era generalizada entre reformistas distintos no mundo Atlântico. Se, no caso de Morris, ela desapareceu com inusitada rapidez, foi porque, em parte — diferente de muitos ex-delegados da convenção da Filadélfia —, ele tinha pouca experiência direta da violência física extrema. Testemunhá-la nas ruas de Paris — os assassinatos banais, os tumultos e as crueldades aleatórias — deixou-o desorientado e amedrontado.[2] Perturbava-o também a velocidade com que projetos constitucionais franceses se afastavam de suas próprias normas anglo-americanas.

Até a terminologia era outra. Membros dos Estados Gerais e da entidade que os sucedeu, a Assembleia Nacional, falavam não em escrever ou redigir, mas em consertar uma Constituição.[3] Em 1787, os homens da Filadélfia tinham preferido omitir uma carta de direitos em seu projeto de Constituição, mantendo distância de qualquer coisa parecida com revolução social. O próprio Morris tinha proposto que um novo Senado americano fosse ocupado "por homens de propriedades grandes e estabelecidas — uma aristocracia" que desfrutaria de suas cadeiras pelo resto da vida. Mas a Declaração dos Direitos do Homem e do Cidadão adotada pela Assembleia Nacional em agosto de 1789 proclamava que, na nova França, "distinções sociais" seriam baseadas "apenas na utilidade comum".[4]

Outras diferenças o deixaram alarmado. A Constituição dos Estados Unidos tinha previsto um legislativo bicameral, assim como a maioria das primeiras Constituições estaduais americanas. Mas a primeira Carta da França, publicada em setembro de 1791, adotou um modelo mais radical, e unicameral. Ao mesmo tempo, esvaziou o poder Executivo, atando as mãos do monarca, Luís XVI — a apenas dezesseis meses do seu encontro com a guilhotina —, e criando uma assembleia legislativa nacional de mais de 740 membros, na maioria jovens sem experiência política. Crente convicto num Executivo robusto, Morris sentiu horror e desdém. "O próprio Todo-Poderoso", denunciou ele, teria grande dificuldade para fazer funcionar esse sistema proposto de governo francês "sem ter que criar uma nova espécie de homem."[5]

Exércitos de legisladores 157

Mas sua epifania mais significativa ocorreu pouco depois, em 8 de dezembro de 1791. Convencido, a essa altura, de que os franceses estavam "mergulhando de cabeça na destruição", mas ainda decidido a "detê-los, se eu pudesse", Morris passou aquele dia em seus alojamentos na Rue de Richelieu, então uma das ruas mais elegantes da região central de Paris. Resolveu aproveitar a própria experiência e redigir "a fórmula de uma Constituição para este país", coisa que certamente seria um aprimoramento dos esforços da Assembleia Nacional. Mal começou a trabalhar quando um estranho entrou na sala. O intruso era francês e, como ele mesmo admitiu ansiosamente, jamais visitara os Estados Unidos. No entanto, assegurou ao espantado Morris, tinha certeza de entender o país "perfeitamente bem". Tanto assim que, havendo estudado "esses assuntos [...] por mais de cinquenta anos", recentemente tinha elaborado "a fórmula de uma Constituição para os Estados Unidos" e despachado a obra para a atenção imediata de George Washington.[6]

Morris botou o homem (cujo nome nunca descobriu) para fora dos seus alojamentos o mais rápido que pôde, mas não antes de reconhecer que havia semelhanças entre o ardor ingênuo e presunçoso do intruso e o seu próprio. "Não tive como não ficar impressionado", confidenciou com pesar em seu diário, "com a semelhança de um francês que faz Constituições para os Estados Unidos e um americano que presta os mesmos bons serviços para a França."[7]

Morris permaneceu em Paris até 1794, cada vez mais alarmado e desiludido. Mas esse talvez tenha sido o seu insight mais penetrante durante o tempo que lá passou. Os comentários que rabiscou no dia em que foi interrompido pelo desconhecido, e os acontecimentos que levaram a esse encontro, muito revelam sobre dois aspectos do desenvolvimento das novas Constituições. A experiência de Morris é um exemplo, acima de tudo, de como o trabalho de imaginar e escrever esses dispositivos àquela altura atraía não só os protagonistas oficiais mas também amadores e praticantes informais. Hoje tendemos a pensar na elaboração de Constituições como atribuição de advogados, políticos e funcionários públicos. Mas, como os esforços do próprio Morris e desse desconhecido visitante francês bem o demonstram, no fim do século XVIII — e por muito tempo depois — redigir Constituições era também um esforço privado, um modo de criatividade literária e cultural semelhante a escrever um poema, uma peça, um artigo de jornal ou, na verdade, um romance.

À semelhança de escrever um romance, tentar formular uma Constituição era, afinal de contas, coisa que podia ser feita praticamente em qualquer lugar. Jane Austen, que morreu um ano depois de Morris, em 1817, escreveu partes dos seus grandes romances em Chawton Cottage, um vilarejo perto de Winchester, em Hampshire, num pequeno espaço que servia também de corredor e que tinha uma porta que rangia para alertá-la da iminente chegada de intrusos. Da mesma forma, indivíduos dispostos a tentar a mão redigindo uma Constituição política não precisavam investir muito em dinheiro ou espaço. Qualquer pessoa alfabetizada que dispusesse de tempo, papel em branco, entusiasmo e confiança podia sentar em casa ou — como Morris — em seus alojamentos, numa taverna ou num café, ou até mesmo no convés de um navio, para planejar e redigir uma Constituição.

Isso era cada vez mais frequente. À medida que circulavam mais e mais informações sobre esses dispositivos, e que o ritmo das mudanças políticas se acelerava, o apelo para que indivíduos fizessem suas próprias tentativas nesse gênero aumentava. Nos anos 1790, um jornal de Estrasburgo, celeiro de militância e violência revolucionárias francesas, chegou a imprimir um molde para escrever Constituições do tipo faça-você-mesmo, sugerindo títulos apropriados e deixando lacunas para que os mais afoitos preenchessem com suas ideias reformistas.[8]

O encontro parisiense de Gouverneur Morris ilustra outra coisa também. Os que tentavam redigir Constituições — em caráter oficial ou particular — nem sempre se limitavam a redesenhar o governo da sua pátria. Como Morris, e como o intruso francês, alguns escreviam e planejavam para territórios e pessoas que não eram os seus.

Mas escrever para outros, nesse caso, implicava severos desafios. Se você quisesse tentar uma Constituição política para um país estrangeiro, e tivesse a chance de conquistar ampla publicidade para seus esforços, ajudava muito se pudesse apresentar alguma prova de experiência direta com o país em questão. Apesar disso, em especial antes da disseminação das estradas de ferro e do barco a vapor, as viagens de longa distância — a não ser quando ditadas por razões de trabalho, comércio, religião ou emergências de família — eram caras e árduas demais para que a maioria dos indivíduos as enfrentasse. O idoso francês que interrompeu Gouverneur Morris em seus alojamentos em dezembro de 1791 era sem dúvida obcecado pelos Estados Unidos, e ansiava por deixar sua marca no governo americano. Mas Paris ficava a mais de 5,6 mil quilômetros e a um oceano de distância, e por isso aquele homem, fosse ele quem fosse, provavelmente jamais teria condições de ver esse país, a não ser na imaginação.

Um empecilho ainda mais fundamental, porém, era a falta de cacife. Como poderia um indivíduo comum esperar influenciar os mecanismos políticos de um país estrangeiro? Gouverneur Morris era rico, sofisticado e inteligente. Gozava da reputação transatlântica de ser responsável, nas palavras de Madison, pelo "acabamento dado ao estilo e ao arranjo" da Constituição americana. Apesar disso, uma vez na França, esses impecáveis antecedentes legislativos nos Estados Unidos tinham pouco valor. Morris conseguiu submeter algumas de suas ideias a vários políticos revolucionários e ao próprio Luís XVI, mas de nada adiantou. "Talvez ele tenha tido mesmo a vã insolência de colocar sua obra sob os olhos do rei", escarneceu um jornalista parisiense. "Mas seria absurdo", prosseguiu o homem, imaginar que os planos de Morris "recebessem mais atenção do que centenas de outros da mesma natureza que outros indivíduos publicaram privadamente": um comentário que também ressalta o quanto a elaboração de planos constitucionais da parte de amadores entusiastas era àquela altura uma moda prolífica.[9]

Mas, para uma vasta categoria de homens, esses obstáculos à escrita de Constituições para espaços estrangeiros — os custos da viagem e a falta de influência — eram menos formidáveis e até podiam, vez por outra, ser superados. Antes de 1850, só um número restrito de seres humanos em qualquer lugar do mundo tinha condição de viajar para lugares distantes. Para soldados e marinheiros, no entanto, o caso às vezes era bem diferente.

Na maioria esmagadora jovens e relativamente em boa forma física, esses homens faziam frequentes viagens transnacionais e transcontinentais como parte do seu trabalho. Além disso, para os indivíduos de farda, as despesas inerentes às viagens de longa distância eram pagas por outros; pagas com o dinheiro dos impostos, ou financiadas em trânsito por saques e confiscos.

Comandantes de Forças Armadas podem ter vantagens ainda maiores. Tanto em casa como no exterior, podem ter condições de usar a força militar para remover regimes políticos. Podem, então, usar mais força ainda, ou ameaça de força, para impor uma ordem constitucional alterada. Estabelecer novas Constituições por meio do poderio armado foi e continua sendo um fenômeno duradouro. Desde 1958, por exemplo, o governo e a Constituição do Paquistão têm sido repetidamente alterados por intervenções da parte dos militares, e esse país está longe de ser um caso isolado.[10] Não menos notável tem sido o fato de as invasões armadas da parte de um único país, ou de um conjunto de países — quase sempre do Ocidente — contribuírem para impor suas versões constitucionais a outras nações. Dessa maneira, soldados, advogados e funcionários aliados usaram a vitória na Segunda Guerra Mundial para criar novas Constituições numa Alemanha e num Japão derrotados. Os Estados Unidos e seus aliados tentaram, com muito menos eficácia, fazer o mesmo no Iraque depois de invadi-lo em 2003.

O uso do poderio e da agressão militares para impor novas Constituições em espaços internos — e às vezes externos — é fator recorrente na disseminação desses dispositivos. A tendência ficou mais clara a partir dos anos 1790. Empregar a força militar para forçar e moldar Constituições escritas tornou-se patente nessa época por causa de mudanças, mas também de continuidades, na guerra, nas estruturas de poder e nas ideias. Usar a força para implementar novas Constituições também ganhou destaque na esteira da Revolução Francesa devido à ascensão implacável do homem que tinha começado a chamar-se de Napoleão Bonaparte.

Guerra híbrida repetida e ampliada

Até que ponto e com que velocidade o âmbito geográfico e a escala da nova tecnologia constitucional mudaram nas três décadas anteriores a 1790 é fácil demonstrar:

NOVAS CONSTITUIÇÕES, 1776-1820[11]

	Estados Unidos	Europa	América do Sul e Haiti	África
1776-91	20	2	–	–
1792-1800	7	20	–	–
1801-10	2	59	5	–
1811-5	1	38	16	–
1816-20	7	24	7	1 (Libéria)
Totais	37	143	28	1

Como a maior parte dos conjuntos de números, esses não contam a história toda. Ficaram fora da tabela muitas emendas a Constituições existentes feitas durante esse período. Algumas delas — notadamente a Carta de Direitos americana de 1791 — tiveram importância histórica. Além disso, os totais dados acima para Constituições europeias e sul-americanas incluem muitas que duraram pouco. Inversamente, porém, esses totais europeus e sul-americanos seriam muito mais altos se todas as Constituições redigidas nessas regiões — mas não implementadas — fossem incluídas. Em 1808, um prolongado levante armado na Sérvia levou a uma enxurrada de tentativas de Constituições escritas, as primeiras a surgir nos Bálcãs, que nunca entraram em vigor, tendo logo sido destruídas pelo poderio otomano e pelo poderio russo.[12]

Ainda assim, o padrão geral revelado por esses números é incontestável e dramático. Antes de 1776, alguns líderes europeus haviam reagido aos níveis acelerados de guerra e a estímulos de ideias iluministas promulgando textos constitucionais inovadores. Mas, depois disso, os Estados Unidos é que fizeram experimentos constitucionais mais arrojados e bem-sucedidos.

O fato de esse padrão ter mudado logo em seguida não se deveu apenas à eclosão da Revolução Francesa. O subsequente e prolongado período da guerra e suas repercussões foi a principal causa da rápida disseminação de novas Constituições para outras regiões do mundo. O ano de 1791 viu tanto a implementação da primeira Carta escrita da França — o documento que deixou tão exasperado aquele americano em Paris, Gouverneur Morris — como a decisão da Assembleia Nacional de sujeitar membros da Guarda Nacional ao serviço militar. Só em junho daquele ano, isso levou ao recrutamento de mais 100 mil soldados para o Exército francês. Com a queda da monarquia francesa em 1792, e o início do conflito entre o novo regime revolucionário e uma série de potências europeias — Áustria, Prússia, Espanha, Grã-Bretanha, Holanda e outras —, a disseminação desses textos pela Europa continental começou a ganhar velocidade.

Essa tendência salientou-se com a ascensão de Napoleão Bonaparte. Na península Itálica, houvera alguns poucos experimentos constitucionais, que, no entanto, nunca foram além dos planos preliminares no papel. Já as primeiras campanhas militares de Napoleão na Itália em 1796-7, quando ele ainda era general da República Francesa, resultaram na promulgação de quatro Constituições lá, e em duas declarações de direitos. Uma vez estabelecido como governante da França, níveis de agressão militar e de ativismo constitucional transregional se aceleraram ainda mais; e as rupturas resultantes nas ordens dominantes tradicionais não ficaram confinadas à Europa. Nem, como mostra a tabela, foram os efeitos de tudo isso cancelados pela destruição final de Napoleão na batalha de Waterloo em 1815. A imunidade à nova tecnologia constitucional jamais se recuperou da Revolução Francesa e das guerras napoleônicas. Assumindo formas diferentes, a tecnologia continuou a espalhar-se por mais e mais lugares a um ritmo ainda mais rápido.

Por que o impacto político e constitucional dessas guerras foi tão grande, e que espécie de guerras eram elas? As respostas a essas perguntas dependem muito de onde se olha e do que se prefere olhar. Se nos concentrarmos em conflitos terrestres, e na França revolucionária, e nas lutas acirradas que começaram em 1792, pode parecer que se trata de um

Exército de legisladores

novo tipo de guerra: novo do ponto de vista do fervor ideológico e do extremismo geralmente envolvidos, e novo no sentido de missão por vezes exibido — sobretudo nos estágios iniciais desses conflitos — até mesmo pelos soldados franceses mais ordinários.[13]

A soldadesca comum do Antigo Regime da Europa (e de outros lugares) raramente era formada pelos autômatos subjugados da lenda. Muitos eram atores leais e motivados, não meras vítimas de coerção deprimidas e mutiladas. Apesar disso, está claro que alguns soldados da França revolucionária eram politizados num nível bem diferente, em parte porque Constituições escritas e impressas amplamente distribuídas agora existiam para servir como roteiros instrutivos e inspiradores. Veja-se o caso de Joseph-Louis-Gabriel Noël, agricultor, sossegado homem de família do vilarejo ainda mais sossegado de Ubexy, no nordeste da França. Quando se alistou na infantaria, num batalhão local de voluntários em agosto de 1791, logo passou a identificar-se, mesmo na privacidade das cartas para a família, como "soldado da Constituição", um predestinado. "Precisamos ser postos à prova", escreveu, comprometido. O que ele leu, viu, ouviu e soube por seus oficiais o convenceu, no entanto, de que o triunfo estava garantido, e não só para a França. "Somos nós", disse com alegria, "que precisamos atacar para provocar arrepios nos tiranos e libertar povos escravizados."[14]

Graças ao estímulo que esse tipo de fervor muitas vezes dava aos voluntários, mas muito mais por causa da introdução do recrutamento na França e em outros países, essas guerras atraíam um número e uma mistura de homens sem precedentes. Durante o seu longo reinado, Catarina, a Grande, levantou 1 milhão de soldados. Mas seu neto, Alexandre 1, que subiu ao trono russo em 1801, precisaria de 2 milhões de homens só para derrotar os franceses e seus aliados. Seu maior desafio veio, claro, em 1812. O exército que Napoleão soltou na Rússia no verão daquele ano consistia de cerca de 680 mil homens, sendo que mais da metade deles não eram franceses de nascimento.[15]

Poucos soldados estrangeiros que lutavam em nome de uma França transfigurada viajaram tão longe quanto um certo Abdel-Talut. Originariamente capturado na Etiópia e vendido como escravo no Cairo, foi tirado do cativeiro pela soldadesca invasora de Napoleão e depois exposto a diferentes formas de sofrimento e coerção, tomando parte em várias campanhas militares francesas antes de morrer em congelada agonia na retirada de Moscou.[16] Mas embora a natureza do progresso militar pessoal de Abdel-Talut fosse excepcional, o cruzamento de fronteiras que ele foi obrigado a fazer em seu percurso era uma experiência mais generalizada. Como a luta nessas guerras revolucionárias e napoleônicas se prolongou por tanto tempo — de 1792 a 1815 — e como esses conflitos alcançaram tantas partes do planeta, números imensos de soldados eram repetidamente despachados através de mares, países e continentes. Esses altos e prolongados níveis de mobilidade militar tiveram consequências políticas significativas.

No entanto — como deixa claro o grau em que as guerras revolucionárias e napoleônicas foram travadas numa escala transcontinental —, vistos em sua inteireza, esses conflitos não representavam, de fato, uma forma de guerra completamente nova. Na verdade, assinalavam uma continuação, numa escala notavelmente maior, da luta combinada em terra e no mar que vinha aumentando de custos e âmbito desde o começo dos anos 1700. Mais uma vez, esse foi um caso de guerra híbrida em grande escala — e Napoleão não era particularmente bom nisso.

Esse ponto é facilmente obscurecido pela deslumbrante e grotesca pluralidade das vitórias desse homem em terra. Foram cerca de cinquenta, que compreensivelmente exerceram um efeito hipnótico em admiradores e historiadores (às vezes há uma sobreposição desses grupos). No entanto, apesar das trombetas e dos tambores em terra, o que aconteceu nos mares foi na verdade crucial para determinar o curso e a direção geral desse longo e vasto conflito. O pronunciado componente marítimo das Guerras Napoleônicas também ajuda a explicar o recurso crescente, a partir dos anos 1790, a novas Constituições escritas.

Consta que Napoleão, de início, queria ser um marujo combatente, e alguns dos episódios mais decisivos de sua carreira bélica envolveram não só exércitos, mas também marinhas.[17] Quando invadiu o Egito em 1798, foi com 330 navios de guerra e de transporte, e mais de 50 mil soldados, cientistas e trabalhadores: um contingente de homens e máquinas ma-

Exércitos de legisladores

rítimas que facilmente eclipsava em número o investimento francês na Guerra Revolucionária americana. O objetivo da invasão era assegurar para a França uma posição estratégica permanente na junção da África e da Ásia. Esperava-se que isso compensasse as perdas de colônias para os britânicos, e possivelmente oferecesse uma porta de acesso à Índia. Essas ambições estratégicas de longo prazo, e a própria expedição, fracassaram. Mas relatos cuidadosamente manipulados de Napoleão desembarcando no Egito, tomando Alexandria e o Cairo, combatendo à sombra das pirâmides e marchando para a Síria permitiram que ele voltasse a Paris em outubro de 1799 mais herói público do que nunca.[18] Isso facilitou consideravelmente o golpe que daria logo depois.

Houve outras significativas aventuras marítimas e navais de longa distância da parte de Napoleão. Em 1800, ele aprovou uma expedição encabeçada por um oficial da Marinha, naturalista e ex-homem da Companhia Francesa das Índias Orientais, chamado Nicolas Baudin, para mapear a costa do que viria a chamar-se Austrália. Baudin e seus tripulantes chegaram ao que hoje é a Tasmânia dois anos depois, e os sobreviventes da expedição acabaram voltando para a França com cerca de 200 mil objetos raros e roubados, incluindo plantas para os jardins da imperatriz Josefina. Além disso, Baudin despachou para a metrópole relatórios e cartas visando facilitar um futuro ataque naval francês em Nova Gales do Sul, o primeiro assentamento britânico a ser estabelecido nesse vasto território no Pacífico.[19] Mais uma vez, esses projetos de além-mar não deram em nada, e a próxima aventura transoceânica de Napoleão foi um fracasso muito mais abrangente e danoso.

Em dezembro de 1801, Napoleão despachou mais de cinquenta navios e 22 mil homens para o Caribe com a intenção de restaurar o domínio francês sobre sua antiga colônia agrícola, Saint-Domingue, reforçando mais tarde esse contingente com 55 mil soldados. As ambições de Napoleão nessa expedição iam além da recuperação de Saint-Domingue. Ele via sua reconquista, junto com o vasto Território da Louisiana, que lhe fora cedido pela Espanha em 1800, como armas capazes de abrir espaço para uma revigorada presença imperial francesa na América do Norte e no Caribe. "Com um Exército de 25 mil a 30 mil negros" recrutados em Saint-Domingue, matutava Napoleão já no fim da vida, "o que eu não [teria feito] contra a Jamaica, as Antilhas, o Canadá, mesmo os Estados Unidos." Animava-o, também, a possibilidade de garantir acesso ao Mississippi. Suprimentos regulares de madeira descendo por esse majestoso rio, pensava ele, seriam de valor inestimável para a construção de uma renovada frota francesa de combate.[20]

Mais uma vez esses projetos fracassaram, com repercussões de longo prazo, notadamente no tocante à disseminação de Constituições. A rendição final da força invasora francesa em Saint-Domingue, em 1803, permitiu a criação de um Haiti livre, governado por negros. Nos cinquenta anos seguintes, cinco Constituições importantes surgiram ali. A derrota francesa no Haiti e o colapso dos planos de Napoleão na América do Norte e no Caribe (embora até 1810 ele ainda pensasse num retorno) desencadearam novas transformações.[21] Ele resolveu vender o ainda não mapeado território da Louisiana para os Estados Unidos por 15 milhões de dólares, uma gigantesca transferência de terra que teve resultados profundos e duradouros.

Como se viu, adquirir o controle desse território vasto e não mapeado serviu para dobrar o tamanho dos Estados Unidos, estendendo suas fronteiras do rio Mississippi até as Montanhas Rochosas, uma transformação em escala geográfica e em recursos naturais que elevou o país — e seus modos de governo — a uma posição muito mais destacada no mundo inteiro. A Compra da Louisiana, como o episódio ficou conhecido, também permitiu que colonos e soldados invadissem depressa e em grande número terras onde diversos povos indígenas até então tinham vivido intactos e em relativa segurança. Com o tempo, esse fluxo de colonos e de soldados americanos faria surgir os novos estados americanos, cada qual equipado com sua própria Constituição escrita.

Napoleão tinha planejado usar os lucros da venda do território da Louisiana aos Estados Unidos para financiar uma enorme frota invasora contra a Grã-Bretanha. Com a batalha de Trafalgar no fim de 1805, que destruiu dezenove navios grandes, imensamente caros, de um total de 33

Exércitos de legisladores

da frota conjunta franco-espanhola, esse novo projeto marítimo também malogrou. Não costumamos pensar em Napoleão antes da marcha para Moscou e da batalha de Waterloo como um fracasso. Também não costumamos pensar nele em relação ao mar. No entanto, mesmo antes de seus reveses marítimos iniciais, esse último — Trafalgar — foi significativo para o destino geral de suas guerras.

Incapaz de empreender uma invasão bem-sucedida da Grã-Bretanha, Napoleão não pôde destroçar nem assumir o controle de sua Marinha Real. Em 1805, essa força era formada por 136 navios de linha, em comparação com os 49 grandes navios de guerra da Marinha francesa, ou do que restou dela.[22] O fato de essa vasta Marinha de combate britânica ter continuado intacta, e capaz de operar livremente nos oceanos do mundo, significava não apenas que as tentativas anteriores de Napoleão de forjar um império transcontinental tinham malogrado, mas também que quaisquer aventuras marítimas de longa distância provavelmente também estariam em risco. Napoleão foi formidável e, durante muito tempo, imbatível dentro da Europa continental, e simultaneamente mais e mais confinado a suas fronteiras terrestres.

É errado, portanto, ver as ambições expansionistas de Napoleão como relacionadas apenas, consistente e voluntariamente, com a Europa. Ele lutou com afinco nesse "montículo", como chamava, de modo sugestivo, a Europa continental, porque essa acabou sendo a única região do mundo em que, por um tempo, conseguiu formar e sustentar um império. Essas circunstâncias, a construção por ele de um império terrestre europeu que abrangia em seu auge cerca de 750 mil quilômetros quadrados e 40 milhões de pessoas — ao mesmo tempo impressionante, e, a seus próprios olhos, insuficiente — motivaram boa parte do interesse de Napoleão por Constituições escritas.

Ele recorreu reiteradamente a esses dispositivos para estabilizar, adornar e legitimar suas possessões europeias, as únicas que conseguiu conquistar e, por um tempo, manter. Napoleão impôs Constituições políticas em alguns desses territórios continentais para assegurar que servissem como fonte de mão de obra e de tributação, e consequentemente como meio de manter e ampliar seu próprio poder e a posição da sua família. Ele também fez experimentos com Constituições como instrumentos de mudança e como método de estimular certas modernidades.

O Napoleão das Constituições

Previsivelmente, levando em conta o número de invasões militares, os milhões de mortes e a espetacular destruição de infraestrutura, propriedade cultural e meios de subsistência pelos quais foi responsável, direta ou indiretamente, o investimento de Napoleão na nova tecnologia constitucional costuma provocar ceticismo. Uma expressão inicial e brilhante dos argumentos da acusação é uma obra de autoria do artista gráfico mais significativo e original da era revolucionária e napoleônica da França, James Gillray. Sua gravura, *O triunvirato consular francês estabelecendo a nova Constituição*, foi publicada em Londres no primeiro dia de 1800 — menos de dois meses depois do bem-sucedido *coup d'état* de Napoleão em Paris e poucas semanas depois de ele ter supervisionado o preparo de uma nova Constituição para a França, a quarta a ser implementada no país em menos de dez anos. A imagem de Gillray é forte não só pelo projeto e pela execução, mas também porque ele a faz contar muita coisa.

A gravura mostra quatro personagens da vida real numa sala parisiense escura e opressivamente mobiliada. Dois são advogados, o gorducho duque Jean-Jacques-Régis Cambacérès, que mais tarde desempenharia um papel importante na preparação do Código Civil de Napoleão, e Charles-François Lebrun, futuro governador de uma Holanda conquistada e fundador do Banque de France. A terceira figura, segurando o pano de fundo, é Emmanuel Joseph Sieyès, sacerdote católico e teórico político que tinha sido o principal progenitor da Constituição francesa de 1791. Mas o quarto personagem de Gillray, o próprio Napoleão, é quem naturalmente domina. Mais magro e de aparência mais faminta do que Lebrun, para não mencionar o rotundo Cambacérès, suas botas do Exército malignamente pontudas contrastando com os tornozelos disformes deste último, só ele usa espada.

Exércitos de legisladores

E só ele aparece de fato escrevendo o documento que está sobre a mesa e traz o rótulo de "nouvelle Constitution". Napoleão preenche cada linha com a mesma palavra: "Bonaparte".

Gillray era um artista genial instável, muitas vezes empobrecido, que desejava acima de tudo vender o seu trabalho e cuja política jamais foi honesta e franca. Mas, nessa imagem particular, ele se utiliza de ideias e imagens do irlandês Edmund Burke, o polemista, filósofo e membro do Parlamento que rapidamente passou a temer tanto a Revolução Francesa como seus modos de escrita constitucional e de proselitismo.

Gillray pega de Burke, em primeiro lugar, um elemento de ridículo: a zombaria da própria noção de que um estado pode, de alguma forma, ser remodelado no papel segundo ideologias recém-inventadas. Esse argumento é apresentado na gravura por intermédio da figura de Dieyès, que ajudara a organizar o golpe de Napoleão, achando que o êxito da empreitada lhe permitiria elaborar mais uma Constituição francesa. Aqui ele é visto como um intelectual árido, cadavérico, com uma pena entre os lábios macilentos, já sendo empurrado para o fundo da cena por conspiradores mais sofisticados. Sieyès é mostrado ainda puxando uma cortina para revelar filas de escaninhos de madeira entupidos de rascunhos de diferentes Constituições. A referência é a um trecho do panfleto de Burke *Carta a um nobre senhor* (1796), uma das acusações mais sarcásticas ao avanço da nova tecnologia política:

O abade Sieyès tem ninhadas de escaninhos repletos de Constituições já prontas, etiquetadas, classificadas e numeradas; apropriadas para todas as estações e para todos os caprichos [...]. Algumas com conselhos de anciãos e conselhos de meninos; algumas sem nenhum tipo de conselho. Algumas nas quais os eleitores escolhem os representantes; outras nas quais os representantes escolhem os eleitores [...]. De modo que nenhum entusiasta das Constituições sai da loja insatisfeito, desde que adore um modelo de pilhagem, opressão, prisão arbitrária, confisco, exílio, julgamento revolucionário e assassinato premeditado legalizado.[23]

Como Burke, também, que tinha deliberadamente tratado o novo regime revolucionário francês como coisa estranha, comparando-o ao "sistema de Maomé [...] com o Alcorão numa das mãos e uma espada na outra", Gillray relaciona a produção constitucional de Napoleão à agressão armada descontrolada.[24] Olhando com atenção, percebe-se que a fita tricolor no alto da gravura, com o lema "Vive le constitution [sic]", está enrolada em dois bacamartes, antepassados de cano curto da espingarda moderna. Os louros das vitórias militares enfeitam o chapéu de Napoleão. Mas sua bota militar pisoteia um exemplar da Constituição francesa de 1793 — radical, igualitária, embora jamais devidamente implementada (sinal de que Gillray nem sempre seguia Burke em sua política). O único lugar para a palavra "liberté" nesse interior sinistro, cínico, é como inscrição na espada de Napoleão; enquanto isso, debaixo da mesa em torno da qual se reúnem esses traficantes de influência, ocorre uma cena paralela de esforço constante, dessa vez no Inferno. Diabos aparecem ativamente forjando cadeias. Assim também, como Gillray quer que nós entendamos, o fazem Napoleão e seus colegas fabricantes de Constituição.

Isso é propaganda britânica hostil visando o inimigo do outro lado do canal da Mancha. Mas, como toda boa propaganda, contém um elemento de verdade. Como lembraram alguns observadores franceses na época, Napoleão de fato conscientemente empregava e moldava Constituições para promover e legitimar seu poder.[25] Isso acontecia na própria França. Diferente dos antecessores, sua breve Constituição promulgada em 15 de dezembro de 1799, a qual Gillray satiriza em sua gravura, não trazia nenhuma declaração de direitos. Na verdade, conferia autoridade executiva a três cônsules, com o poder real exercido pelo Primeiro Cônsul, Napoleão. Esse arranjo foi aprovado, acima de tudo, por um plebiscito manipulado, com o Exército francês a postos para garantir maioria. Em 1802, Napoleão promulgou uma nova Constituição, proclamando-se Primeiro Cônsul Vitalício, com o direito de nomear o sucessor. Por meio de outra Constituição, em 1804, declarou-se Imperador dos Franceses, sendo que a sucessão agora deveria ser "hereditária na linhagem direta, natural e legítima de Napoleão Bonaparte, de homem para homem".[26]

Exércitos de legisladores 171

No entanto, embora Napoleão sem dúvida procurasse fazer a nova tecnologia política trabalhar a seu favor, de certa forma ele também a levava a sério. Como tantos promotores desses textos ao longo do tempo, ele tinha um profundo apego às palavras e à máquina de imprimir. Em diferentes momentos da carreira, contratou jornalistas, divulgadores e memorialistas cordatos para registrar e celebrar suas conquistas, fundar jornais para seus soldados e levar impressoras em suas campanhas militares. Além disso, tinha o vício da palavra escrita, como leitor e como autor. Quando jovem, tentara a mão escrevendo romances, poemas, contos e história; e, como muitas pessoas que abrem caminho sozinhas e constroem uma identidade e uma persona pública próprias, compilava cuidadosas listas de palavras desconhecidas com que deparava, para ampliar o vocabulário pessoal.[27]

Essa crença na utilidade e no poder transformador da palavra escrita jamais o abandonou. Nota-se isso até mesmo na invasão do Egito em 1798-9. Napoleão não chegou a nomear uma comissão para escrever uma Constituição ali. Mas, além de estabelecer um *diwan* (conselho de governo) nacional de catorze homens e *diwans* regionais, fez proclamações traduzidas para o árabe com referências à liberdade e à igualdade. E ao menos brincou com a noção de escrever e publicar uma espécie de texto dirigista, aprimorador. Queria libertar o Egito "dos obstáculos de uma civilização irritante", diria depois, inflamado de orientalismo, e imaginava-se "fundando uma religião [ali] [...] montado num elefante [...] *e em minha mão um novo Alcorão que eu teria redigido para atender a minhas necessidades*". Ele seria um novo Maomé, fantasiava: um guerreiro, sim, mas também um provedor de palavras inspiradoras e um instigador de leis sábias.[28]

O interesse de Napoleão por Constituições foi motivado também por suas origens e, desde o início, pela guerra. Ele tinha nascido em Ajaccio, na costa oeste da Córsega, em 1769, quando a França consolidava sua anexação militar da ilha. "Nasci quando os franceses foram vomitados na nossa costa", diria depois; "os gritos dos moribundos, os gemidos dos oprimidos, lágrimas de desespero cercavam meu berço quando nasci." Isso era, em grande parte, pose e mitificação. Mas parece indicar mesmo que Napoleão, inicialmente, se via menos como súdito e cidadão feliz da França do que como vítima da conquista e da colonização francesas.[29]

"A história da Córsega", escreveu quando adolescente, "nada mais é do que uma luta perpétua entre um pequeno país [...] e vizinhos que querem dominá-lo". Por um tempo, na verdade, Napoleão cultuou como herói — e esforçou-se para impressionar — Pasquale Paoli, o patriota-soldado que tinha projetado uma Constituição corsa em 1755.[30] Foram necessárias ambição intensa e considerável esperteza da parte de Napoleão, além das oportunidades imensamente aumentadas de avanço no Exército disponibilizadas pela Revolução Francesa, com sua implacável peneira de oficiais monarquistas, para transformar o alienado e desgracioso corso batizado como Napoleone di Buonaparte no leal e armado francês com um nome adulterado.

A nova maneira de Napoleão se identificar foi ajudada por uma decisão tomada pela Assembleia Nacional Francesa em novembro de 1790. Nela se estipulava que, embora retendo certa dose de autonomia governamental, a Córsega deveria ser no futuro inteiramente incorporada à França e governada pelas mesmas leis. Do começo da vida em sua ilha natal, Napoleão levou, portanto, duas lições que influenciaram sua atividade constitucional posterior. Em certo sentido, suas origens corsas lhe deram algum entendimento das humilhações e dos ressentimentos das populações de terras conquistadas e ocupadas por exércitos estrangeiros. Noutro sentido, ele também adquiriu um senso de como as invasões militares podem ter seus efeitos atenuados, e as populações apaziguadas, mediante iniciativas legislativas da parte dos conquistadores. "Províncias conquistadas precisam continuar obedientes ao vitorioso por meio de métodos psicológicos", escreveria ele, por mudanças "no modo de organização da administração."[31]

Napoleão, afinal de contas, era filho de advogado, ciente desde cedo do significado e da utilidade do direito. Durante um tempo, foi também um devoto das obras de Jean-Jacques Rousseau, e de outros escritores do Iluminismo, sobre o culto ao legislador. Sem dúvida, ele tinha pouca paciência com teóricos e autores de projetos "prolixos" — homens como Sieyès — e podia ser grosseiramente reducionista em sua atitude para com

Exércitos de legisladores

as Constituições escritas dentro da própria França. Mas, fora da França, as reações de Napoleão eram por vezes mais criativas. Como ocorre com muitos fundadores de impérios, os postos avançados imperiais até certo ponto funcionavam para ele como laboratórios: lugares onde podia testar experimentos políticos que jamais se arriscaria a fazer no interior da própria França.

Essa característica aparece mesmo numa de suas primeiras criações, a República Cisalpina. Napoleão a estabeleceu em julho de 1797, quando tinha quase 28 anos, ainda um simples general abrindo caminho à força na península Itálica. No seu auge, a República Cisalpina consistia de partes de Lombardia, Piemonte, Suíça, Veneza, Modena e as chamadas Legações Papais, Romagna, Ferrara e Bolonha. Napoleão designou dois comitês para trabalhar na redação de sua Constituição, supervisionando-a pessoalmente. Como se achava sob intensa pressão de acontecimentos militares, muitas das cláusulas desse documento foram tiradas da Carta francesa de 1795, apesar de ele ter ido além em alguns aspectos. A população cisalpina recebeu uma declaração de direitos e um legislativo bicameral supervisionado por um diretório de cinco homens. Também ganhou — no papel — liberdade de imprensa e disposições para educação primária. Simultaneamente, os homens foram preparados para a luta.[32]

Como na França a partir de 1791, só os homens que inscreviam o nome nas listas da Guarda Nacional, tornando-se com isso facilmente identificáveis para recrutamento futuro, eram declarados aptos a votar. A cidadania ativa estava, portanto, explicitamente subordinada ao gênero, e vinculada ao serviço militar. Cidadãos soldados cisalpinos, segundo estipulava a nova Constituição, deveriam aprender "os exercícios militares", e cada homem teria que se equipar com uma arma e uma patrona de couro para munição. Napoleão impôs uma Constituição parecida em outro dos Estados que fabricou na Itália, a Ligúria (baseada na antiga república de Gênova), que dividiu em dez distritos militares e prometeu suprir com um instituto do Exército e uma rede de escolas militares.[33]

Como isso tudo sugere, um dos principais motores do plano constitucional de Napoleão era a incessante necessidade de suprimentos adicionais de homens e dinheiro. Deveria haver reforma, sim; deveria haver uma democracia mais ampla para os homens; e, às vezes, deveria haver mais modernidade, no sentido da redução das tradicionais hierarquias sociais e religiosas. Mas deveria haver também controle permanente e a provisão de máquinas para facilitar a mobilização militar e a tributação.

Essas diferentes aspirações se atropelam de maneira desajeitada na redação da Constituição cisalpina. Napoleão usou uma seção, explicitamente, para rejeitar o direito francês de conquistar. Essa recém-inventada república italiana deveria, segundo sua Constituição, ser "livre e independente". Apesar disso, o próprio Napoleão nomearia os membros do seu governo, mas "apenas desta vez". Nenhuma tropa estrangeira deveria cruzar as fronteiras dessa nova criação, estipulava a Constituição, exceto a da "república amiga e aliada Cisalpina", ou seja, os imensos exércitos invasores da própria França.

Esse tipo de contorcionismo sempre alimentou discussões sobre se Napoleão era um "déspota cruel ou um reformista sábio", como disse recentemente um comentarista.[34] Além de fútil (em diferentes épocas e em diferentes lugares, ele foi muitas vezes as duas coisas, e mais ainda), esse tipo de debate obscurece algo importante. Fosse na Europa, fosse em qualquer outro continente, não havia nada de novo ou de surpreendente no fato de um conquistador tentar ganhar territórios por meio da violência armada, ou querer concentrar poderes. Notáveis no caso de Napoleão foram alguns métodos que ele escolheu para conseguir isso: a escala das iniciativas constitucionais e jurídicas a que recorreu como componente do seu belicismo e de suas ambições imperiais.

"Procuramos transformá-los completamente para trazê-los para a nossa coluna", escreveria um advogado americano em 2004, preocupado com a ética do exercício de elaboração da Constituição, por parte do seu país, no Iraque pós-invasão, ao mesmo tempo que relembrava as Constituições que preparou para a Alemanha e o Japão na esteira da Segunda Guerra Mundial. Ao escrever e legislar para outros, acrescentou ele, os Estados Unidos queriam fazer esses países derrotados "ficarem do nosso lado numa guerra global e nos serem úteis nela".[35] Transformar países a

Exércitos de legisladores

fim de trazê-los firmemente para sua coluna e torná-los úteis no contexto de uma guerra global era também o que pretendia Napoleão com as Constituições estrangeiras que arquitetou. Mas suas ações nesse sentido foram muito mais numerosas do que aventuras americanas posteriores, e houve menos preocupações éticas durante o processo.

Quando Napoleão tentava racionalizar suas ações em público ou para si mesmo, quase sempre — como foi o caso dos primeiros líderes revolucionários franceses — o fazia com uma linguagem dupla de degeneração (para descrever os regimes que derrubava) e regeneração (para sugerir que seus povos recém-libertados, como resultado dessas intensas transformações, agora poderiam prosperar). "Cabe à República Cisalpina", declarou em 1797, "mostrar ao mundo [...] que a Itália moderna não degenerou."[36] Descrever velhos regimes como degenerados permitia a Napoleão apresentar sua apropriação violenta como ato de virtude e de necessidade. Já perto do fim da vida, em seu último exílio em Santa Helena, pequena ilha vulcânica perdida no meio do Atlântico Sul, ele chegou a comparar-se à "Providência, que [...] aplica remédios para os males da humanidade por meios às vezes violentos, mas sem se preocupar com o julgamento humano".[37]

Mais uma vez, tratava-se de mitificação da sua parte. Mas está claro que a linguagem de degeneração e regeneração foi ficando cada vez mais indispensável para Napoleão. Depois de invadir e ocupar boa parte da Espanha, e antes de divulgar seu primeiro projeto constitucional em 1808, ele ordenou a seus funcionários que lhe mandassem informações sobre "a desordem e a confusão" do país naquele momento. Esses relatórios eram "necessários", insistia, "para que eu os publique um dia e mostre o estado de decadência em que a Espanha se afundara" e com isso legitimasse o que tinha feito ali. "Chego trazendo um remédio", declarou logo depois, numa proclamação ao povo espanhol: "Sua monarquia é velha: minha missão é rejuvenescê-la."[38]

Mesmo em Elba, a minúscula ilha do Mediterrâneo ao largo da costa da Toscana onde passou seu primeiro exílio em 1814-5, Napoleão achou essencial cultivar uma imagem de si mesmo como o salvador de múltiplos povos de antigas aflições e ineficiências. Uma testemunha hostil notou seus esforços para causar "uma impressão na mente das pessoas". E que "todas as classes" em Elba se convenceram, por um tempo, de que a simples presença de Napoleão entre elas de alguma forma bastaria para lhes trazer "extraordinários recursos e vantagens". Aos habitantes de Portoferraio ele prometeu que a minúscula capital de Elba ficaria conhecida como "Cosmópolis", a cidade do mundo.[39]

Por causa dessa fome de aclamação e reafirmação, dessa imagem que Napoleão saboreava de si mesmo como legislador, salvador e aperfeiçoador — e não simplesmente como guerreiro — ele muitas vezes se dispunha a conceder a seus postos avançados imperiais bem mais do que considerações militares e estratégicas estritamente exigiam. Foi o caso da Vestfália, Estado cliente de cerca de 2 milhões de habitantes que ele tinha criado a oeste do rio Elba, após suas vitórias contra a Prússia nas batalhas de Jena e Auerstädt em 1806. A Constituição da Vestfália foi redigida por três juristas de alto nível, possivelmente editada pelo próprio Napoleão e promulgada no fim de 1807. Era, em parte e inequivocamente, um documento de império e exploração. Sua primeira publicação em *Le Moniteur Universel*, um dos meios impressos de Napoleão na França, não foi nas colunas dedicadas pelo jornal a notícias do estrangeiro. Na verdade, foi inserida intencionalmente na seção intitulada "Intérieur".[40]

A Constituição exigia que a Vestfália financiasse um constante suprimento de 25 mil soldados. Metade dessa tropa deveria ser formada por recrutamento local e outra metade por franceses, pagos pelos moradores da Vestfália, e o governante desse reino fabricado seria o irmão mais novo de Napoleão, Jérôme Bonaparte. Ele seria, no entanto, uma espécie de "rei constitucional", governando em conjunto com o novo órgão representativo, a primeira vez que um monarca alemão era formalmente restringido e regulado dessa maneira no papel. Os novos súditos de Jérôme que tivessem sido servos sob domínio prussiano, pela nova Constituição, seriam legalmente libertados. Além disso, deveria haver igualdade perante a lei, o que significava, entre outras coisas, que os judeus da Vestfália foram declarados emancipados da mesma maneira que seus irmãos franceses, e que os vestfalianos com status de nobreza já não poderiam reivindicar imunidade tributária.[41]

Uma mescla semelhante de modernização e mudança liberal, de um lado, e de provisões para facilitar o controle e a conquista contínua, de outro, caracterizaram a Constituição que Napoleão preparou em 1807 para o ducado de Varsóvia, um território de 270 mil quilômetros quadrados abocanhado da Polônia prussiana. Consta que o imperador teria rabiscado seu conteúdo em menos de uma hora, "só de vez em quando", anotou uma testemunha polonesa, se dando ao trabalho de "virar-se para nós e perguntar se estávamos satisfeitos, certo de que a resposta estaria de acordo com sua vontade".[42]

No entanto, Napoleão via sua nova criação polonesa, a exemplo da Vestfália, como mais valiosa do que de costume e, portanto, digna da sua atenção e dos seus esforços. Mas enquanto o maior valor da Vestfália, além dos soldados e das receitas tributárias, era o de Estado-modelo que proclamava os benefícios do governo napoleônico para outras terras alemãs, o principal atrativo do ducado de Varsóvia era ser um posto de fronteira. Napoleão o via funcionando como um freio para as potências circundantes: a Áustria; o que restava da Prússia; e potencialmente — se algo desse errado — a Rússia. A utilidade do ducado nesse particular era reforçada pelo fato de ele conter vastos suprimentos de homens singularmente motivados.

Humilhados pela série de partições que as potências adjacentes lhes infligiram, e pelo fato de seu país ter sido finalmente eliminado do mapa em 1795, alguns poloneses — como alguns italianos recrutados para as guerras de Napoleão — pareciam de fato satisfeitos com a possibilidade de lutar pela França. Não necessariamente por simpatia para com seus ideais revolucionários, nem pela sedução do soldo regular, mas porque esperavam que as aptidões militares que adquiririam em legiões encabeçadas por franceses os preparassem para lutas futuras pela independência da pátria. De início, 30 mil poloneses de Varsóvia ingressaram no serviço militar francês. Em 1812, o número tinha aumentado para 75 mil. Em troca, o ducado conseguiu notáveis concessões. Segundo a nova Constituição, a servidão acabaria e haveria certa igualdade perante a lei. Um novo sistema representativo entrou em vigor e poderia assegurar o direito ao voto para 40 mil homens só no campesinato. Além disso, para alguns poloneses, houve uma breve experiência de esperanças renovadas e a perspectiva de vingança armada contra a Rússia, a Áustria e a Prússia, as potências que tinham dividido sua comunidade.[43]

Essa questão — a forma como poloneses e habitantes de algumas das outras províncias imperiais de Napoleão forjaram suas próprias justificativas para viver sob as Constituições que ele impunha — é muito importante. É fácil ver essas Constituições napoleônicas (a rigor, todas as Constituições) apenas em relação a ideias e objetivos dos seus principais autores. No entanto, mais ainda do que costuma ser o caso, as Constituições impostas por invasores estrangeiros são suscetíveis de uma grande diversidade de interpretações da parte de homens e mulheres cuja vida será pautada por elas.

O ideal de Napoleão como legislador onisciente e onipotente é capturado no famoso quadro do imperador trabalhando em seu escritório no Palácio das Tulherias em Paris, pintado por Jacques-Louis David em 1812. Não encomendada por Napoleão, mas provavelmente concebida com alguma contribuição sua, essa tela de David, leal admirador de Napoleão, mostra o grande homem usando uniforme militar, mas mudado. Napoleão ainda tinha cinquenta e poucos anos nessa época. Apesar disso, seu controle dos detalhes e seu discernimento, assim como a saúde e a resistência, já declinavam. O frio e, segundo consta, até o cheiro de tinta o deixavam doente.[44] Mesmo esse retrato de autoria de um leal seguidor sugere a deterioração física do imperador, que parece enrugado, acima do peso e calvo. O rosto brilha de suor; e ele não traz a espada na cintura (embora esteja ao alcance da mão).

No entanto, apesar disso David mostra Napoleão ainda firme em pé ao lado da sua escrivaninha. Está cercado por papéis, uma pena de um lado e, do outro, um mapa da Europa e um rolo manuscrito de parte da sua maior realização jurídica, o *Code Napoléon*. Como o relógio de pêndulo na imagem deixa claro, são quase 4h15 da manhã. As velas estão prestes a se apagar. Mas devemos entender que Napoleão — apesar da idade avançada e das debilidades que já o acometem — continua a trabalhar com afinco e de modo produtivo até as primeiras horas da madrugada, em nome dos

27. Jacques-Louis David, *O imperador Napoleão em seu escritório no Palácio das Tulherias*, 1812.

seus numerosos e diversificados súditos europeus, enquanto eles esperam, na segurança do sono, um futuro reformado e mais bem regulado. Essa era a lenda das guerras jurídicas napoleônicas.

Na realidade, e como ocorria com suas guerras (o grande quadro de David data, afinal de contas, de 1812, o ano do calamitoso avanço francês em direção a Moscou), as iniciativas jurídicas e constitucionais de Napoleão em nome dos outros nem sempre deram muito certo. Impostas de fora para dentro, e dependendo para sua continuidade da presença ou da ameaça de exércitos franceses, suas Constituições, na maioria, tiveram vida curta. A da República Cisalpina foi demolida por forças estrangeiras em 1799. Mesmo a do reino alemão exemplar, a Vestfália, sobreviveu apenas quatro anos. Como todos os fundadores de impérios, Napoleão dependia sempre de subordinados e de colaboradores locais. Esses homens com frequência preferiam ignorar os textos constitucionais, ou colocá-los em vigor apenas seletivamente.[45] E, como no ducado de Varsóvia, os que estavam mais abaixo na hierarquia costumavam interpretar esses textos de maneiras distintas e discordantes.

Nada disso torna as iniciativas constitucionais de Napoleão insignificantes. Das maneiras mais diversas, elas se mostraram importantíssimas. Mas eram sempre, potencialmente, frágeis. Além disso, eram imprevisíveis, às vezes deflagrando acontecimentos que o próprio Napoleão não tinha previsto. O que houve na Espanha e na América espanhola oferece um exemplo extremo.

Invasão do mundo espanhol, encontro com Deus

Em outubro de 1807, cerca de 50 mil soldados franceses penetraram na península Ibérica. De início, concentraram suas energias em Portugal, expulsando a família real para o exílio no Brasil, junto com muitos adeptos. Em março de 1808, o Exército francês invasor tinha inflado para 100 mil soldados e entrado em boa parte da Espanha, ocupando cidades importantes como Madri e Barcelona. Essa presença armada foi usada

Exércitos de legisladores

para forçar a abdicação do monarca espanhol, Carlos IV. Pouco depois, seu sucessor singularmente desagradável, Fernando VII — cuja combinação de vacuidade e teimosa crueldade está representada de maneira brilhante em retratos pintados por Goya — também partiu para o exílio na França. No lugar desses príncipes Bourbon, Napoleão instalou seu próprio irmão mais velho, Joseph Bonaparte, que se tornou o rei José I de Espanha.[46]

Joseph tinha estudado direito na Córsega e já prestara serviços importantes para o irmão como um rei moderadamente popular da Sicília e de Nápoles. No entanto, assumir a Coroa da Espanha era um desafio qualitativamente diferente, pois sua monarquia presidia um império que se estendia por quatro continentes. Até certo ponto, e atendendo a objetivos próprios, Napoleão reconheceu e apreciou o vasto âmbito geográfico dos seus novos domínios espanhóis, respondendo com criatividade.

Em junho de 1808, ordenou a implementação do que ficaria conhecido como o Estatuto de Baiona, efetivamente a primeira Constituição escrita moderna da Espanha.[47] Foi redigida por Jean-Baptiste d'Esménard, jornalista e ex-oficial francês, mas substancialmente planejada e revisada pelo próprio Napoleão. Ratificadas por uma pequena assembleia de espanhóis francófilos, as cláusulas constitucionais foram projetadas em certo sentido para dar um verniz de continuidade à nova ordem política bonapartista. A Espanha deveria continuar sendo uma monarquia ilimitada; os privilégios costumeiros de seus nobres e de suas ordens sacerdotais deveriam ser preservados; e o catolicismo continuaria sendo a única religião oficial. Mas o Estatuto de Baiona também providenciou transformações. Pelos seus termos, haveria um novo parlamento em Madri, formado por delegados da Espanha peninsular e de seus territórios na América e na Ásia. Os "reinos e províncias espanhóis da América e da Ásia", declarava o estatuto, agora desfrutariam "dos mesmos direitos da metrópole".

A ideia de um megaparlamento que abrangesse representantes de toda a vastidão de um império marítimo não era novidade. Antes de 1776, vários planos tinham sido examinados para oferecer aos colonos americanos da Grã-Bretanha sua própria representação direta no Parlamento de Westminster, em Londres. Mas esses projetos nunca chegaram sequer perto de entrar em vigor. Nesse sentido, a oferta formal de Napoleão aos povos da Espanha no além-mar dos "mesmos direitos da metrópole" e de representação direta num legislativo da Grande Espanha era inédita, e outro exemplo da sua disposição de por vezes querer realizar experimentos políticos radicais nas zonas fronteiriças do império. Essa iniciativa espanhola também ressalta o duradouro interesse de Napoleão em adquirir um império global. O que por um momento parecia uma perspectiva real de assumir o controle, através do irmão Joseph, de todas as vastas possessões extraeuropeias da Espanha era muito atraente. Logo ele começou a fazer planos para uma comunicação transoceânica melhor e mais regular.[48]

No entanto, embora seja um exemplo da visão às vezes ampla e exploratória de Napoleão, o Estatuto de Baiona é também o exemplo mais dramático de quanto suas aventuras constitucionais poderiam ter consequências imprevistas e drásticas. Como suas disposições foram amplamente divulgadas pela palavra impressa e através de proclamações, a promulgação do Estatuto de Baiona praticamente obrigou os agrupamentos políticos espanhóis contrários ao novo regime bonapartista a reagir à altura. Se quisessem angariar apoio na Espanha peninsular e garantir o respaldo das elites crioulas na América do Sul, aqueles oposicionistas praticamente não teriam escolha senão apresentar no papel uma Constituição rival e melhor que também fosse imperialmente inclusiva.

Em consequência, as cortes — ou parlamento — que se reuniram em setembro de 1810 no reduto oposicionista de Cádiz, na costa atlântica da Espanha, protegidas do mar pelos canhões da Marinha Real da Grã-Bretanha, eram formadas não só por espanhóis metropolitanos, mas também, desde o início, 27 delegados da América do Sul e dois das Filipinas, o posto avançado mais oriental do Império espanhol. Na época em que os debates e as atividades das cortes terminaram, mais de 20% dos seus trezentos representantes eram oriundos da América espanhola. Em termos populacionais, isso não dava a esses últimos uma paridade de representação com a Espanha metropolitana. Apesar disso, a nova Constituição preparada em Cádiz, e enfim promulgada em março de 1812, era explicitamente um documento para um Império espanhol reformado e mais inclusivo. "Meus compatriotas, habitantes dos quatro cantos do mundo", anunciou o presidente das cortes, o bispo de Maiorca, "agora recuperamos nossa dignidade e nossos direitos."[49]

Previsivelmente, os autores da Constituição de Cádiz tiraram suas ideias de múltiplos locais e fontes, em particular da Constituição francesa de 1791, da Carta dos Estados Unidos e de obras impressas sobre o sistema político da Grã-Bretanha. Mas, como ocorre com todas as Constituições, o texto finalizado também atendia a distintos imperativos, percepções e convenções locais. Estabelecia uma monarquia hereditária, apesar de reduzir o poder de interferência de futuros monarcas espanhóis no Legislativo, e de dar a este último o controle exclusivo da tributação. Como o Estatuto de Baiona de Napoleão, a Constituição de Cádiz também dispunha sobre

28. Texto da Constituição de Cádiz, em reedição de 1822.

a liberdade de imprensa e a abolição da Inquisição espanhola, os órgãos tradicionalmente incumbidos de preservar a ortodoxia católica.

Mas sobretudo devido aos níveis crescentes de rebelião em partes da América do Sul naquela altura, os homens de Cádiz também levaram ainda mais longe as cláusulas mais inclusivas do Estatuto de Baiona. As discriminatórias cobranças fiscais e trabalhistas antes impostas aos povos indígenas da América do Sul foram abolidas. Prometia-se à maioria dos homens adultos livres de boa reputação o direito ao voto, e isso se aplicava a todo o mundo espanhol:

> A península com suas possessões e ilhas adjacentes [...] as Canárias com as outras possessões de África. Na América do Norte: Nova Espanha e Nova Galícia e a península de Iucatã, Guatemala [...] a ilha de Cuba com as Duas Flóridas, a parte espanhola da ilha de Santo Domingo, e a ilha de Porto Rico [...]. Na América do Sul: Nova Granada, Venezuela, Peru, Chile, as províncias do rio da Prata e todas as ilhas adjacentes no oceano Atlântico e no oceano Pacífico. Na Ásia, as ilhas Filipinas e as que dependem do seu governo.[50]

Como anunciou o governador-geral de Manila, nas Filipinas, para seus habitantes quando um exemplar dessa Constituição de Cádiz finalmente lá chegou no começo de 1813, todos os habitantes (do sexo masculino) do império — ou qualquer coisa perto de todos — agora seriam considerados "espanhóis, iguais e capazes de conseguir qualquer trabalho e quaisquer distinções que adquiram por seus méritos e por sua conduta".[51] As populações chinesa, indígena, crioula e *mestiza* do império se juntariam numa cidadania espanhola comum; seu tratamento, pelo menos no papel, dependeria não de raça ou lugar de nascimento, mas de suas ligações compartilhadas e de sua devoção à Coroa espanhola.

Além disso, quanto à maioria dos homens livres no mundo espanhol, não se insistiriam em propriedades ou em qualificações educacionais como condição para a participação política até 1830. Isso, dizia-se, daria aos homens mais pobres o tempo necessário para se educar e aprimorar, e ter a oportunidade de continuar desfrutando de plenos direitos de cidadania mesmo depois que essas qualificações mais rigorosas finalmente entrassem em vigor.

Homens de origem africana, porém, assim como todas as mulheres, continuariam excluídos da cidadania ativa. Contudo, mesmo nesse particular algumas brechas foram deixadas, mas só para homens. No futuro, prometia a Constituição de Cádiz, "a porta da virtude e do mérito de serem cidadãos" estaria escancarada para os homens africanos, ou parcialmente africanos, que demonstrassem um histórico de "serviços comprovados".[52] O mais importante desses serviços, naturalmente, era a participação nas Forças Armadas espanholas.

29. O projeto da Constituição de Cádiz,
tal como publicado no México em 1811.

No tocante à diversidade de homens de qualquer etnia explicitamente convidados para fazer parte da cidadania ativa, essa foi a mais ampla Constituição escrita formalmente produzida em qualquer parte do mundo até aquela data. Veio daí o apelo subsequente do texto para Rammohan Roy e seus aliados radicais britânicos e bengaleses em Calcutá. O problema essencial da notável Constituição de Cádiz, no entanto, foi muito bem sintetizado por Arthur Wellesley, o comandante anglo-irlandês das forças mistas que combatiam na Espanha contra Napoleão e futuro duque de Wellington. Duro, habilidoso, politicamente conservador, guerreiro implacável e extraordinariamente ágil, Wellington não mediu palavras. As cortes de Cádiz, avaliou, tinham "formado uma Constituição bem à maneira do pintor que pinta um quadro, ou seja, para ser visto".[53] Era uma obra deslumbrante. Mas não era, nem poderia ser, uma realidade substancial.

Quando a Carta de Cádiz foi proclamada em 1812, a maior parte da Espanha peninsular ainda estava sob ocupação militar francesa. Além disso, boa parte da América espanhola, incluindo o que viriam a ser Venezuela, Argentina, Colômbia, Chile, Bolívia, Paraguai e Uruguai, rebelara-se abertamente. Uma das grandes conjecturas da história é sobre se teria sido possível deter ou retardar esse processo de desintegração imperial com um esforço imaginativo de reforma da parte de Madri. Mas, como se viu, nunca houve essa possibilidade. Embora tenha sido posta em vigor, de maneira breve e irregular, em 1813, a Constituição de Cádiz foi prontamente repudiada no ano seguinte pela volta do monarca Bourbon, Fernando VII. Restabelecida por revolucionários liberais em 1820, a Constituição, assim como muitos dos indivíduos que apoiaram o seu retorno, foi brutalmente suprimida três anos depois, e só reviveu fugaz e finalmente em 1836-7.

No entanto, apesar desses repetidos fracassos, essa Constituição se mostrou espetacularmente influente e até revolucionária. Pelo fato de jamais ter sido adequadamente implementada, seu idealismo e sua ambição permaneceram intocados pelas brigas e concessões do ramerrão político. Continuou sendo um farol de possibilidades esclarecidas — uma promessa

Exércitos de legisladores 187

sedutora do que poderia ter sido, e do que poderia vir a ser no futuro —, e não só para a Espanha. A Constituição de Cádiz tornou-se um dos mais traduzidos documentos desse tipo. De 1814 a 1836, houve onze traduções alemãs, enquanto doze diferentes traduções italianas foram publicadas só entre 1813 e 1821. Houve traduções para o inglês, o russo e o francês, e possivelmente versões em árabe, bengali e mandarim.[54]

Seu impacto transnacional e transcontinental foi ajudado pelo fato de que essa Constituição podia ser considerada um documento liberacionista, redigido por homens que resistiam a Napoleão e lutavam por direitos coloniais mais amplos, e como matriz política que abria espaço para hierarquias e valores tradicionais. A Constituição, especificamente, contemplou a monarquia. Também deu posição de destaque ao catolicismo romano, o que teve profundas consequências.

Até aquela altura, anos 1810, a maioria dos grandes textos constitucionais exploratórios havia surgido em sociedades predominantemente protestantes, como os Estados Unidos, a Suécia e a república batava (Holanda). Ou tinham sido obra de governantes de formação protestante, como Catarina, a Grande, com seu *Nakaz*; ou seus instigadores, apesar de nominalmente católicos, haviam tido uma relação conturbada com Roma, caso do próprio Napoleão. As poucas entidades políticas majoritariamente católicas que proclamaram novas e importantes Constituições políticas já no começo, como a Polônia-Lituânia em 1791, tinham em geral fracassado. As circunstâncias dos homens de Cádiz, porém, eram diferentes. Assim como o destino do texto que produziram.

Quase 30% dos delegados em Cádiz em 1810-2 eram sacerdotes católicos, a maior categoria profissional nas cortes. Sacerdotes católicos também ocupavam quase metade do comitê que redigia a Constituição.[55] Delegados clericais, de maneira geral, exerceram influência desproporcional nesse episódio de criação constitucional porque, junto com a dinastia real legítima da Espanha, o catolicismo era amplamente visto como a força mais poderosa ainda capaz de manter unido um mundo hispânico cada vez mais litigioso e dividido. Tudo isso contribuiu para garantir à Igreja católica e a seus agentes papel preponderante nas disposições e no ritual dessa nova Carta. Promulgada no dia de são José (19 de março) e, portanto, numa data já sagrada do calendário religioso, a Constituição de Cádiz não só estipulava que o catolicismo era "e sempre será" a única religião espanhola, mas também proibia o exercício de todas as outras.

Alguns comentaristas protestantes (Thomas Jefferson, por exemplo), que fora isso demonstraram admiração pela nova Constituição espanhola, repudiaram as cláusulas sobre a primazia da Igreja católica, para eles um deslize de extravagante intolerância reacionária.[56] Mas, do ponto de vista do estímulo à disseminação das Constituições escritas, as cláusulas religiosas da Carta de Cádiz foram de enorme importância. Ao promulgar um texto tão impenitentemente católico, os homens de Cádiz alteraram e ampliaram substancialmente esse tipo de produto. Por causa do seu trabalho, e das muitas traduções subsequentes do texto, o que até então parecia um gênero em essência protestante, revolucionário ou não religioso — uma Constituição escrita — sofreu uma transformação parcial. Passou a ser algo que sociedades predominantemente católicas podiam adotar sem o temor de que isso pudesse comprometer tradicionais afiliações e culturas religiosas.

Aplacar interesses católicos dessa maneira trazia outras vantagens. Os sacerdotes estavam em posição de força para lidar com os desafios apresentados pela nova tecnologia política em muitas regiões devido ao analfabetismo em massa. Como os clérigos de outras denominações e seitas, os padres podiam ler trechos de uma Constituição para seus rebanhos, e discorrer sobre suas virtudes e significados. Além disso, ao comentar esses textos, os padres — se quisessem — podiam dar-lhes colorido emocional e até poder espiritual, apelando à imaginação dos ouvintes.[57] Esse tipo de recomendação da parte de alguns (mas não de todos os) padres católicos não era fenômeno limitado à Europa.

Veja-se o caso da primeira Carta proclamada no México independente em 1824, documento que tomou muita coisa de empréstimo da Constituição de Cádiz. Como esta última, a mexicana foi promulgada num dia

Exércitos de legisladores

189

santo, nesse caso o festejo de são Francisco de Assis. Como os homens de Cádiz, os responsáveis pela redação do texto mexicano tiveram o cuidado de salientar o status especial da religião católica e de proibir o funcionamento de qualquer outra. Tranquilizados quanto a esses aspectos, os sacerdotes católicos desse novo Estado centro-americano independente arregaçaram as mangas de imediato. Em 24 de outubro de 1824, todos os homens, mulheres e crianças que participavam de cerimônias religiosas nas catorze igrejas paroquiais da Cidade do México prestaram juramento de fidelidade à nova Constituição. Além disso, ouviram leituras e explicações dos padres sobre os direitos e deveres contidos naquele documento.[58]

O fato de uma Constituição ser adotada em 1824 por um México independente comprova o fracasso da Constituição de Cádiz e seus autores. Quando se reuniram em 1810, muitos dos homens de Cádiz esperavam que, ao incorporar delegados de todo o mundo imperial espanhol e promover cláusulas a favor de uma cidadania espanhola mais transracial e transcontinental, conseguissem resolver fricções e fraturas internas do império. Mas as concessões oferecidas se mostraram, em última análise, insuficientes. Além disso, porque os Exércitos franceses ainda estavam entrincheirados na Espanha quando a Carta foi promulgada em 1812, e por causa da subsequente estupidez de Fernando VII, a Constituição de Cádiz nunca foi sistematicamente implementada no império ultramarino da Espanha, assim como não foi nem mesmo na própria Espanha.

Mesmo antes de surgirem essas dificuldades, a invasão napoleônica da península Ibérica tinha aumentado a tensão sobre os laços que mantinham unido o vasto império ultramarino da Espanha. A maior parte das populações crioulas, indígenas, mestiças e escravizadas da América espanhola havia preservado uma ligação com a distante monarquia imperial, apesar dos seus ressentimentos contra administradores locais e coletores de impostos do império. Ao arquitetar a abdicação dos monarcas Bourbons, Carlos V e Fernando VII, e no lugar deles instalar como rei seu irmão Joseph Bonaparte, Napoleão não chegou a solapar de imediato essas reservas de lealismo hispano-americano. Mas suas ações tornaram mais difíceis e confusas as questões de lealdade, provocando discussões sobre onde deveria situar-se adequadamente a soberania no Império espanhol, sobretudo porque, como resultado da ocupação francesa da maior parte da Espanha, a tradicional maquinaria de censura à imprensa no mundo hispânico começou a perder força. O resultado disso foi a disparada do número de máquinas impressoras na América espanhola e, no volume de publicações políticas, uma intensa multiplicação de manifestos, tratados, artigos e projetos de futuras Constituições.

As rebeliões e guerras de independência que se seguiram na América espanhola absorveriam quase 50 mil soldados da própria Espanha. Mas, em meados dos anos 1820, o império atlântico do reino tinha encolhido, reduzindo-se a Cuba e Porto Rico. As novas Constituições de independência preparadas na Argentina em 1826, no Chile e no Peru em 1818 e na Nova Granada, no Uruguai e na Venezuela em 1830 ainda retinham, no entanto, fortes traços do modelo original de Cádiz.

Dessa maneira, por causa da invasão da península Ibérica e das complexas repercussões do seu Estatuto de Baiona, Napoleão ajudou a impulsionar a disseminação de Constituições escritas pelos quatro cantos da América do Sul, e a disseminação do conhecimento delas para partes do sudeste da Ásia. "Napoleão Bonaparte", declarou um patriota mexicano nos anos 1820, "a você a América espanhola deve a liberdade e a independência de que hoje desfruta. Sua espada desferiu o primeiro golpe na corrente que atava os dois mundos."[59]

Avaliação do monstro e suas obras

Note-se, no entanto, que essa nunca foi a intenção de Napoleão. Suas forças não tinham entrado na Espanha em 1808 com o objetivo de libertar e desanexar suas colônias sul-americanas. Umas das atrações de invadir a península Ibérica, do ponto de vista do imperador, era de fato a perspectiva que isso parecia oferecer de garantir acesso ao colossal império ultramarino da Espanha, além de exercer influência sobre ele. Uma avaliação mais exata e matizada do próprio Napoleão, e das repercussões mistas e amplas de suas ações, foi apresentada por uma revolucionária bem diferente, Mary Wollstonecraft Shelley.

Geralmente não se dá muita atenção aos interesses políticos de Mary Shelley: rica, de modo constrangedor, em parentes ativistas e radicais — a mãe, a feminista Mary Wollstonecraft, morreu ao dá-la à luz em 1797; o filósofo e anarquista William Godwin era seu pai; e o poeta republicano Percy Bysshe Shelley seria seu marido. Na verdade, mesmo adolescente, em 1812, ela havia redigido uma palestra sobre "A influência de governos no caráter de um povo". Entre os primeiros a ouvi-la, quando lida em voz alta em Londres por seu meio-irmão em respeito ao costume da época, estava o ex-vice-presidente americano Aaron Burr, que apesar de suas outras falhas era um defensor dos direitos femininos.[60]

Por necessidade, Mary Shelley também estava especialmente capacitada para compreender a centralidade da guerra. Nascida no ano da primeira Constituição de Napoleão para a República Cisalpina, ela fugiu com Percy em 1814, partindo com ele para uma jornada a pé por uma Europa continental arrasada durante uma trégua antes da batalha de Waterloo. O casal fez questão de ficar num hotel francês, "no mesmo quarto e nas mesmas camas em que Napoleão e alguns generais seus tinham descansado".[61] Dois anos depois estavam em Genebra, terra natal do primeiro herói filosófico de Napoleão, Jean-Jacques Rousseau, e local da criação literária mais famosa da própria Mary.

Exércitos revolucionários franceses tinham invadido Genebra, dando-lhe uma Constituição escrita antes mesmo de Napoleão chegar ao poder. Em 1816, quando Mary Shelley ali morava, a província fazia parte da Suíça, país que foi também alvo de invasão militar e teve múltiplas Constituições reescritas por várias pessoas. O romance icônico que ela ali escreveu, *Frankenstein, ou o Prometeu moderno*, publicado — de início anonimamente — em 1818, está longe de ser apenas o que agora chamaríamos de ficção científica ou fantasia. Pode ser interpretado e, antes que se soubesse que o autor era mulher, foi interpretado por alguns críticos e leitores como uma obra de cunho político, e uma meditação sobre os múltiplos significados de Napoleão Bonaparte.

Em certo sentido, Napoleão, de modo claro, serve de inspiração para o monstro da história, uma criatura antinatural, cada vez mais violenta, que, apesar disso, tem "poderes de eloquência e convencimento" e que desenvolve uma paixão pela leitura, em especial, de "histórias dos primeiros fundadores das repúblicas antigas" e de fábulas de "homens envolvidos em negócios públicos governando ou massacrando sua espécie". Noutro sentido, a carreira de Napoleão dá colorido às descrições do personagem central de Mary Shelley, o cientista Victor Frankenstein. No romance, ele é apresentado como um indivíduo furiosamente ambicioso, que se julga acima do "rebanho dos autores comuns de projetos" e "destinado a grandes empreitadas". Um pouco como o próprio Napoleão, com suas invasões militares e seus experimentos escritos, o objetivo de Frankenstein é conferir "animação à matéria sem vida". Reanima ossos de um ossuário para criar uma espécie de homem nova e superior. Mas tudo que ele consegue com esse mergulho no desconhecido é "soltar no mundo um delinquente depravado, que sentia prazer na carnificina e na miséria", e de cujas ações nenhum lugar do globo, nem mesmo o polo Norte, está protegido.[62]

Quase burkeana em sua insistência em que criações artificiais, não orgânicas, são perigosas, Mary Shelley era radical demais, no entanto, para simplesmente escrever uma incriminação contra qualquer ação experimental. O subtítulo que ela escolhe para o romance, "ou o Prometeu moderno", vincula Frankenstein/Napoleão à figura titânica da mitologia grega que violou as leis dos deuses para dar ao homem a dádiva do fogo, possibilitando, com isso, o seu progresso. Relacionar Napoleão a Prometeu era uma metáfora comum (e em geral com sentido positivo) durante os últimos anos da vida do ex-imperador e depois da sua morte em 1821, porque para os admiradores, e mesmo para os meramente deslumbrados com sua carreira, parecia perfeitamente apropriada. Napoleão também podia ser visto como alguém que conferiu dádivas perigosas, mas que em última análise melhoraram a humanidade. E, como o Prometeu clássico,

Napoleão acabaria sendo punido e acorrentado a uma rocha — nesse caso, a ilha rochosa de Santa Helena.

Mas, em seu romance, Mary Shelley tem o cuidado de deixar claro que a violência e a destruição que Frankenstein desencadeia não vão desaparecer quando ele desaparecer. O monstro criado não é conclusivamente destruído. Além disso, como comenta um dos personagens, o oficial da Marinha cujas cartas dão estrutura à história, poucos seres humanos ainda se contentam em "buscar a felicidade no sossego". Seja como for, a escalada da guerra moderna não lhes permitirá isso. Em seu grande livro seguinte, *O último homem* (1826), que se passa no século XXI, Mary Shelley imagina "fogo e guerra e peste" engolfando todo o planeta, junto com uma contínua militarização da sociedade. "Aprendi", diz um personagem, "que um homem mais ou menos tem pouca importância enquanto houver corpos humanos para recompor as fileiras rarefeitas da soldadesca, e que a iden-

30. Napoleão como Prometeu: gravura francesa de 1815.

tidade de um indivíduo pode ser ignorada para que a lista de oficiais e soldados do pelotão esteja completa."[63]

Ainda vista por vezes como membro de uma panelinha literária singularmente romântica, Mary Shelley pode ser lida, portanto, como testemunha e comentarista imaginosa das incessantes guerras e perturbações políticas da sua época; e alguns dos argumentos que ela introduz em seu romance são astutos e perspicazes. Como ocorre com Frankenstein, o caso é que muitos dos experimentos de Napoleão não desapareceram quando ele desapareceu, e não foram cancelados por sua morte. Em muitos territórios que Napoleão tinha invadido, ocupado e dominado, a violência e os choques que ele e seus exércitos e forças auxiliares infligiram a elites locais, sistemas legais, práticas governamentais e economias preexistentes foram vastos demais para que o status quo um dia pudesse ser plenamente restaurado.

Isso foi verdadeiro, de maneira patente, na própria França. Idoso, acima do peso, conservador e compreensivelmente nervoso, o monarca que voltou ao país, Luís XVIII, não teve muita escolha senão desempenhar o papel de rei legislador de novas maneiras, baixando sua Carta de 1814, uma Constituição escrita em tudo o mais, exceto no nome. Algumas das antigas províncias imperiais de Napoleão também mudaram de forma irreversível, e nem sempre para melhor. Pode-se dizer, por exemplo, que a escala e a violência dos tumultos militares de Napoleão na Prússia na verdade atrapalharam movimentos preexistentes a favor de reformas governamentais e jurídicas. Mas, em algumas outras terras alemãs expostas à sua influência e a suas invasões — Württemberg, Frankfurt, Baden, Baviera, Brunswick e Saxônia —, os anos seguintes a Waterloo viram surgir uma série de novas Constituições. Na maioria, eram textos conservadores, centrados no monarca, muito parecidos com a Carta francesa. Apesar disso, esses documentos delineavam estruturas e regras de governo, quase sempre impressos, e, portanto, disponibilizados para leitura, julgamento e discussão.[64]

Como isso sugere, em grande parte da Europa continental ocorrera, até os anos 1820, uma mudança irreversível de ideias sobre os móveis e acessórios necessários e desejáveis num Estado, e sobre o que esse Estado

31. Monarcas aceitam a nova política escrita: Dom Pedro, imperador, rei e um dos principais autores das Constituições brasileira (de 1824) e portuguesa (de 1826).

devia a sua população. Números crescentes de europeus — embora nem de longe uma maioria — passaram a acreditar, nas palavras de um ex-oficial do Exército italiano, que "uma Constituição escrita é suficiente para mudar um sistema político e corrigir todos os males de um país" — ou pelo menos que esse era um procedimento que valia a pena explorar e tentar.[65]

No entanto, como Mary Shelley reconheceu e acrescentou em *Frankenstein*, essas e outras alterações não deveriam ser atribuídas apenas a ideias e ações de um único e titânico indivíduo. Mais vitais eram duas forças conectadas e inflamáveis: as ideias incitadas pela revolução na França e — mais ainda — os níveis inéditos de guerra e mobilização militar. Durante as guerras revolucionárias e napoleônicas da França, parte do grande número de pessoas militarmente mobilizadas funcionou como transmissora e promotora de novas ideias e técnicas políticas; e, em certos casos, o ativismo e a dedicação dessas pessoas continuaram e até se intensificaram depois da derrota de Napoleão.

Em consequência da sua queda, cerca de 20 mil oficiais julgados excessivamente leais ao imperador deposto foram dispensados do Exército francês. Alguns desses homens imediatamente levaram suas espadas e ideias políticas para outros países e continentes, como a Pérsia, o Egito e outras partes do mundo otomano, assim como para a América Central e a América do Sul. Alguns partidários militares não franceses seguiram trajetórias similares no pós-guerra, entre eles o italiano Carlos Luigi Castelli. Desconsolado depois da batalha de Waterloo, Castelli de imediato partiu com suas ambições e seus talentos militares para o Haiti. E quando isso se mostrou inútil, mais uma vez se mudou, aderindo às campanhas de independência de Simón Bolívar na América do Sul.[66]

Como reconheceu Mary Shelley, alguns dos que tinham lutado e trabalhado contra Napoleão também eram motivados — tanto antes como depois de 1815 — no sentido da mudança política e de novas Constituições. Isso foi verdade no caso das cortes de Cádiz como colegiado. Também era verdade no caso de indivíduos. Foi um oficial do Exército britânico lutando nas forças irregulares na península Ibérica contra os franceses, por exemplo, que publicou a primeira tradução para o inglês da Constituição de

Cádiz, ampliando enormemente a circulação e o impacto do documento.[67] Alguns adversários armados de Napoleão foram mais longe. O oficial de guarda russo Nikita Muravyov já carregava múltiplas línguas na mochila quando tomou parte na ocupação militar de Paris por seu país em 1814. No entanto, viver um tempo na capital francesa lhe permitiu aperfeiçoar sua educação política. Frequentou a universidade e conheceu o filósofo liberal Benjamin Constant, o homem que redigiu a última Constituição de Napoleão. Dez anos depois, tendo formado uma biblioteca própria de diferentes Constituições publicadas, Muravyov tornou-se um dos muitos veteranos do Exército russo a liderar a revolta dezembrista contra o reacionário tsar Nicolau I em 1825.[68]

No entanto, como escreveu Mary Shelley em *Frankenstein*, a militarização em massa e os choques políticos fomentados pelas guerras revolucionárias e napoleônicas francesas tiveram efeitos mistos. A violência transnacional prolongada tinha ajudado a promover e perpetuar novas ideias e modos de comunicação relativos a direitos e a reformas políticas. Ela incitou, porém, novas ideias e novos métodos relativos a controle. Outros regimes e atores individuais que vieram depois observaram atentamente a demonstração dada por Napoleão de que a nova tecnologia política — as Constituições escritas e publicadas — podia ser empregada sistematicamente para beneficiar e implantar projetos imperiais. Veja-se o caso de Thomas Stamford Raffles, o homem que comprou e tentou reorganizar a ilha do sudeste da Ásia chamada Singapura.

Raffles raramente é examinado fora do contexto das histórias do sudeste da Ásia e da Grã-Bretanha. No entanto, como acontece com Mary Shelley, vale sempre a pena examiná-lo em contextos mais amplos. Como outros arquitetos de novos Estados no começo do século XIX — Simón Bolívar na América do Sul, Mehmed Ali no Egito, Henry Christophe no Haiti e um inovador menos conhecido com quem nos encontraremos mais adiante, o governante taitiano Pomare II —, Raffles era fascinado pelas façanhas de Napoleão e por alguns dos seus métodos. Em 1816, deu-se até ao trabalho de visitar o imperador francês exilado em Santa Helena. No nível pessoal, o encontro não foi um sucesso. No entanto, como escreveu

Raffles, os talentos de Napoleão tinham "sempre exigido minha admiração".[69] O que era perfeitamente compreensível quando se leva em conta o que ele próprio esperava conseguir num espaço geográfico bem diferente.

Raffles era um imperialista convicto e criativo, ansioso para ver o poderio britânico estender-se no devido tempo até Bornéu, Sião e Camboja. Também era um homem que subiu na vida por esforço próprio, um deliberado modernizador e, como disse um observador holandês, um "vendedor ambulante de palavras" — multilíngue e viciado (como Napoleão tinha sido) na palavra escrita. A Constituição que Raffles redigiu para os cerca de 20 mil habitantes de Singapura em 1823 não era um documento acabado, distinto, e jamais seria plenamente implementada. Mas ele não deixava dúvida de que o documento era uma "Constituição", criada por um processo consciente de escrita. "Assumi a responsabilidade de ampliar a base e buscar uma superestrutura mais importante", comentou. "Dei ao lugar uma coisa muito parecida com uma Constituição [e] um órgão representativo." O novo texto de Singapura, gabava-se ele, seria "uma Constituição tão livre quanto possível".[70] Os britânicos costumavam conceder cartas a seus espaços coloniais. Mas as ambições de Raffles em relação ao seu texto eram matizadas, além disso, pelo exemplo de Napoleão. Como os territórios conquistados na Europa continental que o imperador francês tinha premiado com Constituições, Singapura, na visão de Raffles, deveria ser projetada, controlada e conduzida por escrito ao progresso e à modernidade, ao mesmo tempo que funcionava como parte produtiva de um império. O livre-comércio seria irrestrito. Todas as religiões e etnias seriam toleradas. A escravidão e o tráfico de escravos desapareceriam. Os habitantes de Singapura se tornariam também, na visão de Raffles, seres humanos moralmente purificados e melhores, libertos de vícios como a bebida, o jogo e as brigas de galo.

A dívida para com o pensamento messiânico que prosperara na França depois de 1789 e para com as próprias políticas controladoras, mas por vezes reformistas de Napoleão, é clara. Também é clara a convicção de Raffles de que alguém vindo de uma parte do mundo, equipado com força, ideais e determinação, poderia conceber um texto constitucional como

Exércitos de legisladores

meio de reconfigurar, melhorar e regular outro setor do mundo e uma população diferente. As ideias e ações de Raffles, as iniciativas de um ator britânico transcontinental, ilustram outra coisa também. Tanto de propósito como inadvertidamente, Napoleão Bonaparte tinha contribuído para a propagação e diversificação das novas Constituições escritas. Paradoxalmente, pode-se pensar, mas indiscutivelmente, o mesmo por vezes se aplicava àquela potência do outro lado da Mancha que tinha operado como o principal e mais persistente inimigo de Napoleão.

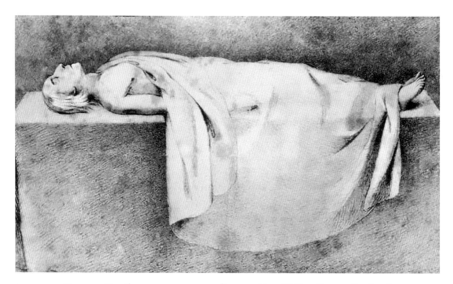
32. Jeremy Bentham pronto para dissecação pública; litografia de 1832.

5. Exceção e máquina

Londres

Ideias em transformação, erupções revolucionárias, a palavra impressa multiplicando-se com rapidez, homens armados em movimento e — implacavelmente — as trajetórias da guerra: tudo isso acelerou a propagação da nova tecnologia política. Assim também, em certos momentos, aconteceu com determinados lugares. Em outubro de 1831, Eduard Gans entrou em contato com um desses lugares de significado global acima do normal. Com trinta e poucos anos, e judeu por herança, convertera-se ao cristianismo em parte para conseguir avançar na vida acadêmica alemã. Bem estabelecido como professor de direito em Berlim, Gans estava visitando Londres quando conseguiu uma audiência com Jeremy Bentham, então com 83 anos, em sua casa em Queen's Square Place, a uma caminhada de menos de dez minutos das Casas do Parlamento. Um amigo, morto de inveja, advertiu-o antes do encontro: "Jamais o contradiga", aconselhou a Gans. Melhor seria ouvir Bentham "como quem ouve um oráculo". Fossem quais fossem as opiniões e ideias que em sua sabedoria o grande homem resolvesse expressar, Gans deveria repetir em tom de aprovação, para incentivá-lo a oferecer "mais insights".[1]

Mas Gans era pupilo e colega de G. W. F. Hegel, o grande filósofo que escrevia tão inflexivelmente sobre lógica e a mente, e, portanto, ficava bem à vontade com intelectos formidáveis. Como muitos alemães que tinham passado pelas brutais invasões de Napoleão Bonaparte, sentia-se também instintivamente atraído por continuidades locais, e estava convencido de que legisladores e políticos precisavam prestar atenção à história de uma sociedade antes de se meterem a fazer grandes alterações em seu governo. Talvez fosse também um tanto travesso.

Passeando com Bentham, de cabeça branca, em boa forma e inquieto, pelos jardins de sua considerável casa, Gans levantou o problema das relações entre história, culturas locais e a confecção de leis, sabendo que aquilo provavelmente o provocaria. "Você valoriza mesmo história?", explodiu seu anfitrião. "Esse sustentáculo da estupidez, esta página na qual se escrevem igualmente intelecto e estupidez." Não havia necessidade alguma de construir códigos de leis ou planos de governo de acordo com a história e os costumes específicos de uma sociedade. As Constituições escritas, como outros conjuntos de leis, vociferou Bentham, deveriam incluir princípios racionais de justiça liberal e de direitos de aplicação universal.

Gans se divertiu, em silêncio, com a diatribe de Bentham, mas não se surpreendeu de forma alguma. Aquele, afinal de contas, era o homem que em 1823 tinha divulgado um manifesto ousadamente intitulado *Leading Principles of a Constitutional Code for Any State* [Princípios fundamentais de um código constitucional para qualquer Estado]. Em outra publicação no ano anterior, Bentham dissera com a mesma insistência que, para o legislador, "descobrir-se-á que os grandes contornos que precisam ser tratados são os mesmos em todos os *territórios*, para todas as *raças* e para todas as *épocas*". O que significava, entre outras coisas, que ele, Jeremy Bentham, tinha condições de dar conselhos sobre, e redigir, Constituições e códigos de leis para qualquer sociedade em qualquer lugar do mundo. "O globo", como disse com grande modéstia, era "a área de domínio à qual o autor aspira."[2]

Quando finalmente foi admitido na casa da Queen's Square Place, o sistema a vapor de aquecimento central indicando tanto a riqueza do proprietário como sua veemente identificação com o moderno, Gans viu novas provas do âmbito geográfico dos interesses e das ambições de Bentham. Euro-americanos ricos do sexo masculino naquela época costumavam estocar suas bibliotecas com belas edições dos clássicos gregos e romanos, que eles talvez lessem ou não. Mas as estantes da biblioteca de Bentham estavam repletas de obras contemporâneas "em todas as línguas", em especial, notou Gans, livros escritos em espanhol e português.[3]

Nove meses depois do encontro, que se estendeu por mais de três horas, e durante o qual o octogenário correu "subindo e descendo escadas para a biblioteca repetidas vezes com a agilidade de um jovem", Jeremy Bentham estava morto. Antes da dissecação do seu cadáver — procedimento determinado por Bentham em seu testamento —, o cirurgião encarregado prestou tributo ao filósofo. Lembrou aos ilustres convidados, reunidos com certa náusea no frio teatro anatômico do sul de Londres, que em vida Bentham fora essencialmente um guerreiro. A diferença é que suas armas tinham sido palavras — "comunicação pessoal ou correspondência confidencial" — e as de seus inimigos eram "ignorância, erro, preconceito, impostura, egoísmo, vício, miséria". Bentham combatera tudo isso, prosseguiu o cirurgião antes de inserir sua faca, não só em nome do seu país de origem, mas em nome de "todos os países dos dois hemisférios".[4]

Um exagero, sem dúvida, mas Jeremy Bentham tinha tentado. Nascido em 1748, filho e neto de bem-sucedidos advogados londrinos, e precocemente brilhante, se formou em direito. Herdar uma renda confortável e a grande casa da Queen's Square Place salvou-o de ter que exercer a profissão. Em vez disso, usou a liberdade e a solteirice da vida inteira para escrever, produzindo de dez a vinte páginas de escrita todos os dias, e sustentando-se à custa de bolo de gengibre com especiarias e café puro, sua própria versão de jogging e um fluxo seleto de visitantes e correspondentes engajados política e intelectualmente de vários países e continentes. Atacando com sua pena uma série de tópicos — economia, educação, crime e castigo, a ética e as iniquidades do império, os direitos dos animais e, secretamente, a legislação da homossexualidade — Bentham, como tantos outros homens politicamente obcecados dessa época, também se dedicava a estudar e redigir projetos constitucionais. Mas fazia isso numa escala impressionante e promíscua.[5]

Defendia de maneira persistente os Estados Unidos, seguindo de perto a abundante safra de Constituições escritas americanas. Isso não o impediu, no entanto, de também forjar uma estreita amizade com Aaron Burr, cuja reputação havia sido prejudicada em seu país pelo duelo fatal com Alexander Hamilton e pela subsequente acusação de traição. Apesar disso, quando Burr, caído em desgraça, chegou à Inglaterra alguns anos depois, Bentham logo o convidou para ficar, recebendo em troca, com alguma ironia, uma edição nova-iorquina de *O Federalista*, de Hamilton, como presente. Um dos atrativos de Burr para Bentham era que Burr alimentava a esperança de envolvê-lo ativamente num novo empreendimento constitucional. Ansioso para abocanhar um território independente para si mesmo no México, Burr prometeu enviar um navio de guerra, no devido tempo, para transportar o inglês através do Atlântico, a fim de que ele projetasse as leis e o governo desse pequeno estado privado.[6]

Como sugere o episódio, Bentham estava livre para utilizar sua expertise em qualquer lugar do mundo e para todos os regimes. "Não aceito remuneração", disse ao revolucionário venezuelano Simón Bolívar, em tom solene, quando lhe ofereceu seus serviços constitucionais em 1820: "Não sirvo a nenhum partido em detrimento de qualquer outro". Seria um agente livre e especializado, preocupado apenas com "o bem da humanidade em geral".[7] A vaidade implícita nessa autodefinição é clara. Eduard Gans percebeu essa qualidade em Bentham logo que o conheceu. Apesar de tudo, o fato é que ao longo de décadas homens poderosos e inquiridores dos mais diversos tipos resolveram acreditar no que Bentham dizia, encontrando-se e correspondendo-se com o "ermitão de Queen's Square" em busca de insights e conselhos políticos e jurídicos.

Grandes imperadores entravam em contato com ele. Nos anos 1810, Alexandre I da Rússia e alguns dos seus ministros escreveram para Bentham a respeito das Constituições que o tsar tinha em mente para dois territórios a ele subordinados, a Polônia e a Finlândia. Homens engajados na luta contra o império também o consultavam. Depois que a Grécia entrou em guerra para se tornar independente do domínio otomano em 1821, alguns dos seus deputados em visita a Londres fizeram questão de visitar Bentham. No ano seguinte, ele retribuiu a gentileza enviando-lhes

Exceção e máquina

seus comentários sobre o primeiro projeto de Constituição da Grécia. Além disso, os contatos de Bentham não se limitavam a atores europeus e americanos. Na verdade, o âmbito do seu trabalho de consultoria ilustra a rapidez com que a ideia de novas Constituições penetrava em outras regiões do mundo.[8]

Naturalmente, Bentham se mantinha em comunicação com o Haiti, a primeira república caribenha governada por negros. "Seja qual for a diferença da cor [da pele]", escreveu em 1822 para o presidente Jean-Pierre Boyer, um veterano mestiço das guerras de independência do Haiti, "[era do] verdadeiro interesse de todas as partes" que essas variações humanas superficiais não obstruíssem o progresso global de uma "identidade [comum] no tocante a leis e instituições." Bentham anexou à sua mensagem, claro, o plano de uma nova Constituição haitiana.[9]

Também fez contato com o norte da África islâmica, especialmente por meio do seu "filho adotivo", Hassuna D'Ghies. Muçulmano devoto que estudou em madraças, multilíngue, D'Ghies vinha de uma família rica de Trípoli. Em visita a Londres nos anos 1820, logo se apresentou a Bentham, e por mais de um ano os dois homens desenvolveram planos para uma Constituição em árabe para Trípoli e para uma revolução política mais ampla que poderia cobrir toda a África setentrional. Um resultado dos seus encontros foi o artigo de Bentham "Securities Against Misrules" [Proteções contra o mau governo], de 1822, a primeira discussão exaustiva, de autoria de um autor ocidental, da possibilidade de adaptar novas ideias e aparelhos constitucionais para uma entidade política islâmica.[10]

Como isso sugere, com a idade Bentham talvez tenha ficado um pouco mais radical e empreendedor, embora não de forma constante. Ainda em 1789, quando redigia uma proposta de Constituição para a França revolucionária, tinha defendido a extensão do direito ao voto para todos os cidadãos, "homens ou mulheres", desde que os recipientes fossem "de idade adulta, mente sã e soubessem ler". Cientes de que seus colegas reformistas perguntariam "Por que dar às mulheres o direito do voto?", Bentham respondeu antecipadamente com outra pergunta: "Por que excluí-las?".[11]

Nos anos 1820, porém, embora as reinvindicações das mulheres ainda fossem uma questão de interesse privado de Bentham, essa causa desapareceu das suas grandes declarações e dos seus escritos públicos. Restava-lhe pouco tempo agora, e parecia não haver tanta coisa que pudesse fazer. No começo dessa década, correspondia-se com liberais espanhóis que lutavam para reintroduzir a Constituição de Cádiz e estabeleceu contatos ainda mais estreitos com os autores da primeira Constituição escrita de Portugal, de 1822. Mas, embora apoiasse projetos reformistas na península Ibérica, Bentham trabalhava ainda com mais afinco para ajudar algumas das figuras mais destacadas na tentativa de desmantelar o domínio imperial português e espanhol na América do Sul.

Ele se correspondia com Bernardino Rivadavia, o combatente pró-independência que viria a ser o primeiro presidente da Argentina. Escreveu para, e encontrou-se com, Francisco de Paula Santander, general do Exército que se tornou vice-presidente da Gran Colombia, e mais tarde presidente da Nova Granada. Mantinha contatos regulares com o jurista e filósofo José del Valle, que trabalhou na elaboração do primeiro código civil da Guatemala e que anunciava Bentham como "legislador del mundo". Também teve uma prolongada e desigual relação com o grande libertador Simón Bolívar, o extraordinário soldado e pensador político venezuelano cujas campanhas ajudaram a libertar seis países sul-americanos do controle espanhol, e que subsequentemente passou, ele próprio, a escrever Constituições. Bolívar tinha estabelecido contato com Bentham durante uma visita a Londres em 1810, passeando — como Eduard Gans faria no futuro — em seus jardins. "Senhor", escreveria a Bentham com lisonja calculada doze anos depois, "poderia o senhor ter imaginado que o nome do Preceptor de Legisladores jamais é pronunciado nestas regiões selvagens da América sem veneração, ou sem gratidão?"[12]

Essas e outras conexões transnacionais e transcontinentais da parte de Bentham têm atraído grande atenção nos últimos anos, e por bons motivos. Mas é tamanho o risco de enredarmo-nos nas abundantes provas da mente formidável e da superenergética rede de contatos desse homem

Exceção e máquina

que é fácil deixar passar o contexto mais amplo. O fenômeno Bentham é parte vital da história de conexões entre a crescente incidência de guerra e agressão de um lado e a propagação gradual de novas Constituições escritas do outro. Mas o fenômeno Bentham também provoca perguntas e levanta questões que vão muito além do homem em si.

Para começo de conversa, como interpretar o fato de que Jeremy Bentham surgiu na Grã-Bretanha e ali passou a maior parte da vida, ou seja, exatamente naquela parte do mundo que aparentemente resistiu ao apelo da nova tecnologia política? Sendo o Reino Unido até hoje um dos pouquíssimos Estados que existem sem Constituição codificada, por que esse lugar e não outro produziu um indivíduo que desejava escrever Constituições para o mundo inteiro?

Há também a questão de Londres. Como a maioria dos reformistas estrangeiros e dos constitucionalistas mais ativos que se encontraram ali com Jeremy Bentham não tinha ido à metrópole especialmente para vê-lo, por que, exatamente, esses indivíduos se sentiam atraídos pela imensa cidade? Por que a capital britânica atraía tantos homens desse tipo oriundos de vários países e continentes; e o que tinha Londres a oferecer a indivíduos e grupos envolvidos em projetos políticos e constitucionais audaciosos e quase sempre perigosos em outras partes do mundo?

Há mais uma questão. Depois da batalha de Waterloo em 1815, a Grã-Bretanha era a entidade política mais rica e de mais ampla influência no mundo. Manteve esse status, embora com dificuldade, até o começo dos anos 1900. No entanto, apesar de o selo desse império estatal espalhar-se pela maioria das histórias do longo século XIX, a Grã-Bretanha costuma ser deixada de fora dos relatos do surgimento e da propagação da nova tecnologia constitucional, um dos grandes temas desse mesmo período. Como corrigir essa anomalia? Como, exatamente, inserir a Grã-Bretanha na história da crescente disseminação de novas Constituições escritas? E por que essa história parece diferente quando o fazemos?

A guerra e os limites do excepcionalismo

Na realidade, a Grã-Bretanha não foi uma exceção à regra de que o início e a concepção de textos constitucionais inovadores e únicos geralmente estavam entrelaçados com níveis crescentes de guerra e de mobilização militar. Como algumas outras partes da Europa setentrional, ela na verdade participou dessa tendência desde muito cedo. No caso da Grã-Bretanha, isso aconteceu durante os anos 1640 e 1650, quando guerras civis eclodiram na Inglaterra, em Gales, na Escócia e na Irlanda, um período crítico de violência que levou ao estabelecimento de uma república de curta duração.

Os atos e ideias de membros no Exército de Novo Tipo, a formidável força de combate que surgiu por um momento vitoriosa dessas lutas e derrotou o monarca, Carlos I, ajudam a demonstrar o argumento. Em 1647, alguns figurões do Exército redigiram o chamado Cabeçalho de Propostas, um conjunto de sugestões destinado a servir de base para um novo arranjo constitucional. Mais radical e democrático, porém, foi o Acordo do Povo, estabelecido entre 1647 e 1649 em várias versões por soldados e seus oficiais. A intenção dos seus patrocinadores era que fosse assinado por "todos os ingleses" e subordinasse o Parlamento de Westminster à vontade do povo. "O que é feito pelo Parlamento [...] pode ser desfeito pelo Parlamento seguinte", afirmavam seus autores; "mas um Acordo do Povo iniciado e terminado no Povo o Parlamento jamais poderá ter jurisdição para destruir." Esse texto funcionaria como uma espécie de lei fundamental, imune a quaisquer ajustes parlamentares futuros.[13]

O Acordo e seus autores fracassaram. Mas, em 1653, Oliver Cromwell, o principal general republicano convertido em Lorde Protetor, propôs um Instrumento de Governo válido para Inglaterra, Gales, Escócia e Irlanda, e potencialmente para as colônias ultramarinas da Grã-Bretanha. Esse texto, impresso para divulgação, estabelecia regras para o governo e as eleições. Incluía reformas emancipadoras, como a tolerância para com os judeus, e era concebido para ser quase — aqui também — uma lei fundamental.

Exceção e máquina 209

"Em todo governo", pontificou Cromwell diante do Parlamento em 1654, "deve haver algo de fundamental, algo como uma Magna Carta, que seja permanente e inalterável."[14]

Esses e outros projetos republicanos acabaram quando a monarquia foi restaurada em 1660. Mas a redação de novos e audaciosos códigos de governo naquelas ilhas continuou. Em 1669, o filósofo político John Locke, junto com vários aristocratas ingleses, redigiu as Constituições Fundamentais da Carolina, uma forma "inalterável" de governo destinada a uma província colonial que se localizaria entre a Virgínia e a Flórida atuais.[15] Embora também tenha fracassado, essa iniciativa ilustra uma recorrente prática britânica.

Durante os séculos em que investiram no império ultramarino, os britânicos, poderosos e exploradores, redigiam regularmente Constituições para diferentes grupos de colonos e povos colonizados, hábito que se estendeu até os anos 1970, quando parecia não haver mais ninguém para quem escrever. Essa tendência britânica de repetidamente escrever Constituições para os outros é explorada brevemente na sequência de um dos mais famosos romances da língua inglesa, *Robinson Crusoé*, de Daniel Defoe, publicado pela primeira vez em Londres em 1719 e reeditado e traduzido centenas de vezes. Já no fim do seu livro-sequência, Defoe, em política um Whig convicto, faz o herói produzir — a pedidos dos habitantes — "uma escrita geral de minha autoria" para sua ilha não mais deserta. Crusoé faz com que seja "redigido, assinado e selado" um documento estabelecendo os limites e a localização da plantation de cada um". "Quanto ao governo e às leis que os regem", diz-lhes Crusoé que "não é capaz de lhes dar melhores regras do que as que eles são capazes de dar a si mesmos." Mas insiste nas condições fundamentais de "amor e boa vizinhança" e em nunca terem "diferenças ou disputas uns com os outros sobre religião".[16]

No fim do século XVII, porém, quando Defoe ainda se firmava na carreira literária, britânicos dos mais variados tipos não se limitavam a fazer projetos escritos para outros povos e lugares, mas também continuavam a fazer experimentos no próprio país, entre eles. Em 1688, uma colossal invasão holandesa naval e terrestre do sul da Inglaterra destruiu outro monarca, Jaime II, obrigando-o a exilar-se. Como resultado, a coroa foi posta na cabeça do novo governante holandês, Guilherme de Orange, e sua consorte anglo-escocesa, Maria. Uma importante Declaração de Direitos (na Escócia, Petição de Direitos) foi subsequentemente divulgada, com a intenção de banir a tortura e assegurar eleições livres e o direito de peticionar, além de restringir o poder real e fortalecer a posição e a autonomia do Parlamento e do Judiciário.[17]

Impressionante, não? Mas até certo ponto essas primeiras turbulências constitucionalmente criativas — as guerras civis dos anos 1640 e a Revolução de 1688 — serviram, paradoxalmente, para restringir a reformulação política por escrito na Grã-Bretanha. Como resultado das crises sucessivas, o poder real nessa entidade política ficou reduzido e cada vez mais regulado pelo Parlamento, enquanto direitos individuais, como a liberdade de imprensa e a tolerância religiosa, ficaram mais bem protegidos do que em grande parte da Europa. Ao mesmo tempo, porém, a maquinaria do Estado britânico foi fortalecida. A partir de meados do século XVII, e em grau ainda maior depois de 1688, Londres se tornou mais eficiente em juntar soldados e construir uma Marinha cada vez mais poderosa. Também se tornou mais rigorosa, como se queixava Tom Paine, em aumentar impostos e empréstimos para financiar essas coisas. E mais ativa em invadir territórios de outros povos.

Em parte por causa desse aumento na eficiência, no controle e na força do governo, quando níveis de guerra híbrida transcontinental começaram a intensificar-se no século XVIII, o Estado britânico não foi envolvido em crises financeiras e convulsões políticas internas no mesmo grau do que ocorreu com seus principais concorrentes europeus. É fato que as treze colônias americanas foram perdidas depois de 1776. Mas não houve fraturas e explosões internas comparáveis. Só por ocasião da Revolta da Páscoa na Irlanda, em 1916, uma crise possibilitada pela Primeira Guerra Mundial, o conflito armado nessas ilhas levou a uma fragmentação territorial irreversível e — embora apenas na nova república irlandesa — a aventuras mais bem-sucedidas de escrita constitucional.

Essa capacidade do Estado britânico, depois de 1700, de envolver-se repetidamente em guerras sem sofrer um colapso financeiro extremo ou — fora da Irlanda — severas fraturas internas foi ajudada por algo mais

33. Textos constitucionais, e não ouro, representados como o verdadeiro tesouro da Grã-Bretanha; ilustração do panfleto radical de William Hone, *A casa política que Jack construiu*, 1819.

do que sua terrível habilidade em tributar, tomar emprestado e produzir riqueza. Até 1800, a paramilitar Companhia Britânica das Índias Orientais conseguira formar no subcontinente um Exército com mais de 200 mil homens, a maioria deles soldados sul-asiáticos, e todos pagos com a receita dos impostos indianos.[18]

Com isso, os governos britânicos puderam concentrar a maior parte dos seus gastos internos de defesa na manutenção de uma Marinha colossal, suplementando, ao mesmo tempo, seu enorme Exército estrangeiro, cada vez mais utilizado em múltiplos continentes — um Exército estrangeiro que, além do mais, não era financiado pelos britânicos dentro do país, mas por seus cativos súditos indianos.

Todas essas circunstâncias — uma restrição pioneira do poder real, o estabelecimento por lei de certos direitos religiosos e civis, um precoce entrincheiramento dos poderes e da posição do Parlamento de Westminster, somados a um forte sistema financeiro, a uma grande Marinha e a um Exército adicional e subsidiado na Índia — contribuíram para produzir na Grã-Bretanha não só uma considerável estabilidade política, mas também certo grau de dormência e presunção constitucionais. Para muitos (mas nunca para todos) habitantes, a imunidade substancial desse país, depois de 1700, a grandes guerras civis e invasões bem-sucedidas, mais seu nível em geral alto de sucesso guerreiro, serviam para validar o sistema político e constitucional existente. "Nossa espada prevaleceu em terra", declarou um eufórico escritor britânico em 1817:

> Somos senhores do oceano de polo a polo; reverenciados pelo conhecimento, incomparáveis pela inventividade; e [...] a riqueza de todos os países vem parar nos nossos portos. A que, então, sob a Providência Divina, devemos atribuir todas essas vantagens, senão ao espírito da nossa Constituição livre?

Afirmações presunçosas como essa tornaram-se muito comuns, sobretudo nos primeiros dois terços do século XIX.[19]

Em 1848, por exemplo, quando boa parte da Europa continental estava mais uma vez convulsionada pela revolução e pela guerra, o historiador

Exceção e máquina

e político escocês lorde Macaulay contrastou, satisfeito, a "severa tempestade, o trovão e o fogo" que eclodiam lá fora com a relativa tranquilidade da Grã-Bretanha, e sugeriu que a principal razão da boa sorte desta última era clara. "Devemos essa felicidade singular, sob a bênção de Deus", declarou Macaulay, "a uma sábia e nobre Constituição."[20] O caricaturista John Doyle — apesar de nascido em Dublin e católico — adotou posição igualmente convencida num desenho político publicado em 1848. Nele, a "Constituição Britânica" aparece como uma arca poderosa flutuando serenamente num mar revolto debaixo de chuva torrencial. Em volta do navio (e os leitores da Bíblia sabiam que o objetivo da arca original era salvar os virtuosos), Doyle mostra vários infelizes governantes europeus mergulhados até o pescoço e lutando para se manter à tona. Como a prosa de Macaulay, essa imagem visual joga com a ideia de que a Grã-Bretanha é peculiarmente abençoada, e que sua ordem constitucional é o ápice dessas bênçãos.

No entanto, o entusiasmo com que alguns britânicos falavam de sua Constituição não codificada pode ser enganoso. Esse triunfalismo ocultava uma acentuada ausência de acordo sobre o que era, exatamente, a Constituição britânica. Não era mesmo escrita, por exemplo? Dificilmente se chegava a um acordo nessa questão.

Para alguns, a beleza essencial da Constituição era o fato de ela, na verdade, ter sido substancialmente internalizada, e portanto — como o próprio direito comum — ser uma coisa em mudança perpétua. Isso, afirmavam os defensores, a tornava superior a qualquer código rigidamente registrado em mero papel. "O que é a Constituição britânica?", indagou um jornalista conservador em 1832, poucos meses antes da morte de Jeremy Bentham:

Nossa Constituição é o ar que respiramos, o sangue inquieto que circula em nossas veias, o alimento que comemos, o solo que nos sustenta, as ondas que quebram em nossa costa, a beleza das nossas mulheres, a força dos nossos homens, a habilidade dos nossos artesãos, a ciência dos nossos filósofos, o aventureirismo dos nossos comerciantes, a atividade incessante e a ambição civil que nos mantém em constante estado de efervescência, progredindo nas artes e avançando nos confortos da vida civilizada [...]. Constituições não são feitas de papel, nem devem ser destruídas por papel.²¹

Mas esse tipo de rejeição celebratória das Constituições escritas jamais foi uma posição unânime. Para alguns dos mais destacados radicais, notadamente Tom Paine e — cada vez mais — o próprio Jeremy Bentham, o fato de a Constituição da Grã-Bretanha não estar registrada num texto único, supremo e identificável era prova não de suas virtudes singulares, mas de que ela mal existia. Outros comentaristas, porém, sustentavam que a Carta britânica na verdade estava até certo ponto registrada no papel.²² Citavam como prova a existência de importantíssimos textos constitucionais como a Declaração de Direitos de 1689. Alguns chegavam a afirmar que foi na Grã-Bretanha que o constitucionalismo escrito teve início.

34. A Constituição britânica como uma bênção providencial:
O dilúvio (moderno), de John Doyle, 1848.

Assim sendo, em 1917, James Bryce, jurista e político escocês altamente conceituado e ex-embaixador nos Estados Unidos, afirmou que foi a Magna Carta, selada em Runnymede pelo rei João em 1215, que lançou as raízes de todos os subsequentes esforços escritos de constitucionalismo. "Não parece de todo fantasioso", escreveu Bryce, buscando animar-se em meio à Primeira Guerra Mundial, "dizer que os prelados e barões de Runnymede, construindo melhor do que imaginavam, lançaram os alicerces desse plano das Constituições escritas ou rígidas que hoje cobrem o mundo, do Peru à China." A aceitação, por Bryce, de que àquela altura — 1917 — a nova tecnologia política tinha penetrado a maior parte do globo deve ser levada em consideração.[23]

Ressalto essa diversidade de opiniões porque a Grã-Bretanha às vezes é vista como inequivocamente diferente do resto do mundo em termos constitucionais. A doutrina da soberania parlamentar — a noção de que nenhuma nova lei aprovada por um Parlamento onicompetente em West-minster pode restringir o que esse mesmo Parlamento venha a determinar depois — costuma ser citada como prova de que a propagação da nova tec-nologia constitucional depois de 1750 estava fadada desde o início a parecer estranha na Grã-Bretanha, ou seja, de que ali a ideia de uma Constituição escrita estava desde sempre predestinada ao fracasso.

Apesar disso, no passado, como agora, parece não ter havido mais acordo sobre os significados e as implicações da soberania parlamentar do que sobre se a Constituição britânica existe ou não existe por escrito.[24] Não há necessidade, portanto, de tratar desses assuntos de uma forma mais inquisitiva, e por razões que vão além de ideias e acontecimentos dentro da própria Grã-Bretanha. Devido à escala do poder, da riqueza, do alcance e da evolução dessa sociedade no começo dos anos 1800, e seu êxito final (com a ajuda de outros Estados) contra Napoleão, ela atraía ampla e crescente atenção no século XIX por observadores de outras partes do globo. Indivíduos e grupos que queriam promover ambiciosos programas constitucionais em seus países de origem e que estavam em busca de ideias sentiram-se — por um momento — particularmente atraídos pela aparente capacidade da Grã-Bretanha de combinar modernidade extrema, o Estado de direito e relativa estabilidade política. Havia também uma razão mais específica para que pessoas politicamente engajadas de múltiplas regiões desejassem entrar em contato com essa sociedade. Havia Londres.

Cidade mundial, cidade de palavras e exilados

Especialmente em consequência da obra clássica de E. P. Thompson *A formação da classe operária inglesa* (1963), a imagem que se tinha da Londres das primeiras décadas do século xix era a de um lugar de divisão e de desordem incontrolável. Divisões nítidas, por vezes violentas, e explosões de agitação política certamente havia. O ano de 1820, que viu grandes revoltas na Espanha, em Portugal, na Grécia e em partes da Itália também assistiu a uma significativa conspiração em Londres para assassinar os membros do gabinete britânico. No entanto, apesar de tudo, em comparação com outros grandes espaços urbanos dessa época em diferentes sociedades, Londres ainda era relativamente estável, além de estar fisicamente intacta.

Em contraste com a experiência de Paris, Berlim, Madri, Roma, Veneza e muitas outras cidades europeias, nenhum exército estrangeiro destruidor tinha ocupado Londres durante ou imediatamente após as Guerras Napoleônicas. Diferente de algumas cidades fora da Europa — Washington, por exemplo, onde tropas britânicas atearam fogo no Capitólio e na Casa Branca em 1814, ou o Cairo, onde soldados de Napoleão provocaram imensos estragos depois de 1797 —, Londres não tinha sido saqueada. Diferente do príncipe regente português, d. João vi, obrigado a fugir de Lisboa para o Rio de Janeiro em 1807, a família real da Grã-Bretanha não foi expulsa da capital e forçada a buscar refúgio no além-mar por causa das guerras. Nem os londrinos em geral tiveram que deixar a cidade às pressas. Comparativamente, em 1812 Moscou ficara deserta diante do avanço dos exércitos de Napoleão. A cidade foi então, ou pelo menos assim disse Liev Tolstói em *Guerra e paz* (1869), "incendiada pelos cachimbos, cozinhas e fogueiras dos soldados e pela negligência de soldados inimigos ao ocupar casas que não lhes pertenciam". Parece improvável que Moscou

Exceção e máquina

tenha de fato sido incendiada pelos próprios russos, mas o resultado foi igualmente desastroso — a destruição substancial de uma cidade antiga, ainda construída de madeira.[25]

A imunidade de Londres aos castigos mais severos da guerra contribuiu para torná-la mais populosa na época da batalha de Waterloo do que no início da Revolução Francesa. Ainda no fim do século XVII, é possível que ela fosse a maior cidade da Europa. Em 1880, Londres era a segunda maior cidade do mundo, depois de Beijing; e nos anos 1820, era provavelmente a maior metrópole global, com cerca de 1,6 milhão de habitantes. O enorme tamanho de Londres, sua integridade física no pós-guerra, sua riqueza e sua influência global ajudam a explicar por que tantos reformistas e ativistas políticos de diferentes continentes e países se sentiam atraídos para sua órbita.[26]

Veja-se o caso de Ramón Alesón Alonso de Tejada. Vinha de uma família rica de Valladolid, no noroeste da Espanha, onde era juiz de sucesso. No entanto, apesar desses abastados antecedentes urbanos, quando seu apoio à restauração da Constituição de Cádiz o obrigou a buscar refúgio em Londres em 1823, tudo que ele conseguiu ver de início, no estupor do choque cultural e da solidão, foi a "multidão de homens [e] riquezas acumuladas" da capital. Esse, escreveu para a esposa em tom de tristeza e atordoamento, era verdadeiramente "um país de ouro".[27] Não era, claro. Mas as reações de Alesón sugerem o quanto Londres podia parecer vasta até para recém-chegados relativamente sofisticados naquela época; e o quanto parecia rica e intocada para indivíduos cujas sociedades de origem tinham sido arrasadas por invasões, combates prolongados e guerras civis. Visitar Londres depois das Guerras Napoleônicas era como visitar as grandes cidades dos Estados Unidos no rescaldo da Segunda Guerra Mundial: uma experiência inebriante de manteiga em abundância, em contraste com a devastação de outros lugares pelos canhões.

Londres também atraía as pessoas numa proporção notável porque tinha um conjunto de atributos que individualmente não eram exclusivos, mas que nessa vasta metrópole se mesclavam num grau extraordinário. Londres era a sede da Corte real, do Parlamento e do governo da Grã-Bretanha, e de agentes estrangeiros e diplomáticos. Muitos dos grandes protagonistas do exterior que visitavam Jeremy Bentham iam a essa capital antes de tudo porque queriam o apoio dos seus políticos para as transformações que tentavam introduzir em suas respectivas pátrias. Além disso, Londres era um centro financeiro, o centro financeiro que as perturbações da guerra de alguns concorrentes, como Amsterdam, Frankfurt e Hamburgo, tornavam ainda mais dominante. Essa supremacia financeira também atraía uma série de ativistas políticos estrangeiros. Os combatentes da independência grega que pediram conselhos constitucionais a Bentham no começo dos anos 1820 foram a Londres na esperança de levantar empréstimos de seus bancos e de seus capitalistas, além de doações de abastados liberais filelenos.

Os pedidos gregos do dinheiro de Londres não eram nada, porém, em comparação com os dos Estados sul-americanos emergentes. Tentando estabelecer-se depois de se libertar do domínio espanhol ou português, essas recém-construídas entidades políticas emitiram títulos do governo numa escala gigantesca. Em 1822, a Colômbia, o Chile e o Peru emitiram títulos. A Colômbia voltou a fazê-lo dois anos depois, junto com o México, o Brasil e Buenos Aires; e houve mais emissões desses títulos. Londres era, sem sombra de dúvida, a maior arena para esses empreendimentos. Um agente chegava de um Estado sul-americano. Entrava em contato com um dos inúmeros bancos ou casas comerciais da cidade. Então oferecia uma comissão para vender os títulos a investidores da Grã-Bretanha e de outras partes. Muitas dessas pessoas com dinheiro de sobra eram gananciosas e ingênuas; mas algumas eram idealistas que acreditavam que seu investimento ajudaria a promover a causa da liberdade em todos os continentes.[28]

Esses vínculos estreitos entre o mercado financeiro de Londres e uma América do Sul em transformação têm um significado que vai além das finanças e da economia. Para começo de conversa, a escala dos investimentos britânicos na América do Sul era uma das razões para os jornais do Reino Unido dedicarem uma cobertura tão grande às novas Constituições que emergiam nesse continente. Investidores apreensivos com

Exceção e máquina

a segurança do seu dinheiro tinham uma fome natural de informações sobre a qualidade dos governos que ali se instalavam. Jornais britânicos e irlandeses responderam vultosamente a esse interesse. Em dezembro de 1824, o *Times* de Londres publicou um editorial sobre a "Finalização e publicação da Constituição [...] [da] nação mexicana". "Como a íntegra dessas atividades e documentos não poderia deixar de interessar a um setor do público inglês", escreveu o autor do texto, "vamos apresentá-los detalhadamente" — o que de fato fizeram.[29]

Havia uma estreita correlação entre crescentes níveis de investimento no além-mar e a cobertura que jornais britânicos dedicavam a Constituições estrangeiras. Durante os belicosos anos 1790, quando o capital era por vezes escasso e os riscos altos, jornais britânicos e irlandeses — segundo uma contagem — parecem ter dedicado apenas cerca de 65 artigos importantes especificamente ao assunto "novas Constituições". Nos anos 1810, com a paz se estabelecendo, o dinheiro fluindo e a nova tecnologia política propagando-se com rapidez, o número de artigos sobre o assunto disparou para quase 2 mil, enquanto durante os anos 1830 perto de 5,5 mil artigos substanciais foram publicados na imprensa britânica e irlandesa sobre "novas Constituições", bem como milhares de artigos mais curtos, cartas de leitores e notícias breves. Pode-se supor, com segurança, que eram os investidores do Reino Unido que costumavam examinar com atenção esse tipo de reportagem. Mas também o faziam aqueles leitores interessados em mudanças, ideias e textos políticos, e não só no Reino Unido, mas também em muitas outras partes do mundo para onde seus jornais eram exportados.[30]

Também aconteceu que o dinheiro direcionado para a América do Sul via Londres acabou sendo uma bênção para muitos governos revolucionários desse continente. Atrás da espada e dos canhões, um fluxo abundante de capital britânico dava a regimes ali recém-estabelecidos algum alívio e tempo para que Constituições fossem produzidas e criassem raízes. Londres oferecia outros recursos, que ajudavam a promover iniciativas constitucionais em outros lugares. Como as cidades que atraíam um número notável de visitantes e ativistas políticos de vários países e continentes,

Londres era um porto. Nesse sentido, lembrava Marselha, na costa meridional da França, que atraía intelectuais e dissidentes espanhóis, italianos e árabes; ou Baltimore, Filadélfia, Nova York e New Orleans, nos Estados Unidos, que sugavam entusiastas e exilados políticos da América do Sul, de Cuba e do Haiti; ou Jidá, sob o domínio otomano, no mar Vermelho. Escala no trânsito anual de dezenas de milhares de peregrinos muçulmanos empenhados em completar o hajj, a peregrinação a Meca que os devotos do Islã devem fazer ao menos uma vez na vida, se tiverem condições para isso, Jidá se tornaria cada vez mais importante ao longo do século XIX, sobretudo com o advento do barco a vapor, e, mais tarde, com a abertura do canal de Suez. Números crescentes de muçulmanos politicamente ativos, às vezes anticolonialistas, da Índia, da Indonésia, da Rússia e de partes da África e do Império Otomano embarcavam em navios para essa cidade na quase certeza de que, mesmo antes de chegar a Meca, encontrariam reforço ideológico e espiritual na viagem, e até mesmo companheiros de luta.[31]

Como outras cidades de beira-mar e beira-rio, Londres atraía os politicamente engajados, inquisitivos e rebeldes, mas numa escala incomparável. Em 1815, e por bem mais de um século depois disso, Londres foi o maior porto do mundo, com a maior marinha mercante. Graças ao elástico império marítimo da Grã-Bretanha, Londres desfrutava também de acesso privilegiado a uma multiplicidade de portos em todos os continentes. Entre outros portos imperiais, havia Liverpool, Glasgow, Cardiff e Cork, nas ilhas internas. Fora delas, em 1840, havia Valeta em Malta, Bridgetown em Barbados, Singapura, Penang, Hong Kong e a Cidade do Cabo, na África do Sul. No devido tempo, haveria também Melbourne e Sydney na Austrália, Áden no que agora é o Iêmen, Mombaça e Zanzibar, no leste da África, e Surat, Mangalore, Bombaim, Madras e Calcutá na Índia, para citar alguns centros mais conhecidos. Todos esses lugares agitados eram, por sua vez, interseções nos sistemas de outros portos menores e feitorias. Além dos seus negócios com cidades portuárias capturadas na rede imperial da Grã-Bretanha, Londres também mantinha relações comerciais com uma variedade vertiginosa de lugares na Europa continental, nos Estados Unidos e, cada vez mais, numa transformada América do Sul.[32]

Exceção e máquina

O incomparavelmente vasto sistema de portos de Londres nessa época tem sido, há muito, tema da história econômica. Nessa condição, ele parece dar consistência à opinião — famosamente esboçada pelo grande historiador Eric Hobsbawm — de que, enquanto depois de 1789 a França de um lado do cahal foi pioneira na revolução política moderna, a Grã-Bretanha, do outro, foi o principal expoente da revolução econômica moderna.[33] No entanto, além de exageradamente eurocêntrico, esse tipo de contraste entre a França politicamente inovadora e criativa e a Grã-Bretanha economicamente transformadora é simples demais e exploratório de maneira insuficiente. Desenvolvimentos econômicos costumam alimentar vastas mudanças políticas. No que dizia respeito a Londres, foi exatamente o que fizeram, e em escala transcontinental.

As múltiplas conexões marítimas dessa cidade ribeirinha funcionavam incessantemente para levar não apenas mercadorias, mas também novas ideias, escritos e ativistas políticos à Grã-Bretanha. Essas mesmas redes também serviam para transportar ideias, textos e ativistas para o exterior. De 1817 a 1822, por exemplo, o representante venezuelano em Londres, o diplomata e advogado Luis López Méndez, reservou beliches em mais de cinquenta navios operando nas docas da cidade. Utilizou-os para despachar cerca de 6 mil homens, muitos deles irlandeses, à América do Sul como recrutas para o exército e as forças navais de Bolívar; e, embora a contribuição militar desses homens fosse modesta, o valor propagandístico de combatentes estrangeiros chegando depressa e em grande número para se juntar à luta armada pela independência sul-americana era substancial.[34]

E havia ainda a correspondência por mar e por rio. É improvável que Jeremy Bentham tivesse adquirido a reputação transcontinental de que acabou desfrutando se não pudesse explorar o acesso às facilidades postais oferecido por navios que chegavam e saíam de Londres. Como escreveu em 1819 um jornalista hostil, mas observador, Bentham podia "despachar cartas constitucionais ou códigos de leis para qualquer país na Europa ou na América" — e na prática para outros continentes — "que lhe pedisse ajuda nesse sentido através de cartas já seladas".[35] O que era verdade no caso de Bentham aplicava-se também, em diferentes graus, a outros ativistas baseados em Londres. Fosse o caso de transportar informações, textos e atores políticos através do mar e de fronteiras terrestres, fosse o de receber comunicações, simpatizantes ou refugiados políticos de outras partes do mundo, tudo isso era facilitado pela grande diversidade de conexões marítimas que se irradiavam a partir dessa imensa cidade global.

De importância especial para a nova política constitucional eram a escala, a velocidade e o alcance com que Londres produzia e distribuía material impresso. Isso se devia tanto ao vasto âmbito do seu setor marítimo como às mudanças na natureza de sua indústria gráfica. Um dos resultados da industrialização precoce de Londres foi transformar a produtividade gráfica. Em 1800, prensas com blocos de ferro e não de madeira já estavam em operação, o que levou a um aumento exponencial na produção. Nos anos 1810, o princípio da máquina a vapor já era aplicado também para imprimir. Isso permitia a algumas gráficas produzir mais de mil páginas impressas por hora, quatro vezes mais do que a média no século XVIII. Nos anos 1830, as prensas a vapor na Grã-Bretanha produziam 4 mil impressos por hora.[36]

Mais uma vez, esses avanços na indústria gráfica costumam ser classificados sob o título de história econômica e comercial. Mas seu impacto podia ser profundamente político. Grupos e indivíduos que operavam em partes do mundo onde a tecnologia e as habilidades de impressão eram escassas, ou censuradas, ou interrompidas pela guerra — como os autores da Constituição venezuelana de 1811 que já conhecemos — faziam arranjos para que importantes escritos e manifestos políticos fossem despachados de navio para Londres. Ali, esses documentos, rapidamente impressos, tinham cópias despachadas para pontos selecionados do globo. Além disso, um número crescente de reformistas politicamente ativos de outras regiões estabelecia suas próprias oficinas gráficas em Londres.

No começo dos anos 1800, liberais espanhóis fugidos de casa fundaram alguns jornais ali, muitos deles com nomes evocativos como *Ocios de Españoles Emigrados*, surgidos entre 1824 e 1827. E havia as gráficas e os jornais dirigidos por sul-americanos, incluindo *El Repertorio Americano*. Em sua primeira encarnação, essa publicação era supervisionada pelo intelectual e diplomata venezuelano convertido em chileno Andrés Bello.[37] Chegando

Exceção e máquina 223

35. Visão de John Orlando Parry da diversidade e do vigor demótico do material impresso disponível em Londres em 1835, mesmo numa ruela secundária.

a Londres numa missão em 1810, junto com Bolívar e outro ativista venezuelano, ele se viu abandonado ali pelo fluxo das guerras e da política. Bello passou dezenove anos, na maioria difíceis, na capital britânica, adquirindo e perdendo mulheres e filhos, e escrevendo com afinco, antes de finalmente poder partir para o Chile, redigir seu código civil e contribuir para sua Constituição de 1833. Havia também jornais em língua portuguesa sediados em Londres, incluindo o *Correio Braziliense*, o primeiro a referir-se ao Brasil no título. Nos anos 1810, com a autoridade imperial de Portugal decrescendo, edições desse jornal circulavam abertamente no Brasil, quase sempre levadas para seus portos por navios mercantes britânicos.[38]

Como sugerem esses títulos de jornais estrangeiros — e eles se multiplicariam exponencialmente durante o longo século XIX —, Londres abrigava comunidades substanciais de ativistas vindos de fora, indivíduos às vezes de passagem, mas outras vezes constrangedora e prolongadamente exilados. A cidade era "povoada por exilados de todos os tipos e países", escreveu um reformista menor italiano encalhado em Londres nos anos 1820; "constitu-cionalistas [...] generais, presidentes da República demitidos, presidentes de Parlamentos dissolvidos à ponta de baioneta". Londres, acrescentou ele, meio de brincadeira, mas com alguma razão, era "o Elísio (um humorista diria a baía de Botany) de homens ilustres e aspirantes a herói".[39]

Londres não era única nesse sentido. Na verdade, alguns lugares nessa época absorveram números mais altos de ativistas e exilados políticos em fuga. Dessa maneira, embora fosse substancial o êxodo de liberais da Es-panha em 1823 depois do fracasso da tentativa de ressuscitar a Constituição de Cádiz — entre os servidores públicos do país, perto de 10% fugiram naquele ano —, isso não resultou num movimento em massa de espanhóis rumo à capital britânica. Muito mais numerosos foram os que buscaram refúgio na França, como o artista Francisco de Goya, que trocou Madri por Bordeaux. Outros espanhóis em fuga preferiam estabelecer-se na Europa continental mesmo, ou nas Américas, ou no norte da África. Apenas cerca de 10% foram para o Reino Unido, a maioria para Londres.[40]

O que havia de mais notável nessa comunidade de exilados em Londres não era tanto a sua dimensão numérica, mas a importância de muitos dos seus membros. Isso era especialmente verdadeiro no caso dos sul-ameri-canos. "Entre os anos de 1808 e 1830", escreve a historiadora Karen Racine a respeito dessa presença sul-americana,

> mais de setenta líderes do primeiro time da era da independência mora-vam e trabalhavam em Londres, incluindo Francisco de Miranda, Bernardo O'Higgins, Simón Bolívar, Andrés Bello, José de San Martín, Fray Servando Teresa de Mier, Lucas Alamán, Agustín de Iturbide, Bernardino Rivadavia, Manuel Belgrano, Vicente Rocafuerte, Juan Germán Roscio, Mariano Mon-tilla, Francisco de Paula Santander, Antonio José de Irisarri, jovens membros das famílias Aycinena e García Granados, da Guatemala, José de la Riva Agüero, Bernardo Monteagudo, José Joaquín de Olmedo e Mariano Egaña.[41]

O que essa lista aponta é que algumas das figuras mais importantes envolvidas na elaboração de Constituições e na criação de Estados nos

Exceção e máquina

recém-independentes Argentina, Bolívia, Chile, Equador, Guatemala, México, Peru e Venezuela nos anos 1810 e 1820 passaram um tempo na mesma cidade, ou seja, Londres.

A lista de Racine inclui chefes de Estado, como José Joaquin de Olimedo, presidente do Equador, múltiplos generais (O'Higgins, San Martín e Montilla), diplomatas como Egaña e intelectuais, jornalistas e propagandistas como Miranda, Bello e Alamán. Um catálogo completo dos principais ativistas sul-americanos que operavam em Londres naquela época seria necessário para abranger figuras das finanças e do comércio como Francisco Montoya e Manuel Antonio Arrubla, tentando de modo ativo, em 1824, conseguir um grande empréstimo para a Colômbia no mercado financeiro de Londres e homens de munição e armamento como José Antonio Álvarez Condarco, que foi a Londres em 1820 comprar navios de guerra para a primeira Marinha chilena.

Além de recursos práticos — sua indústria gráfica mecanizada, sua densa e perita maquinaria financeira, sua grande diversidade de fabricantes, suas vastas redes de portos e instalações para transporte de produtos e suas elites governantes que exerciam influência global —, Londres oferecia aos politicamente sitiados, ou aos ambiciosos, benefícios mais intangíveis, como relativa segurança física. Muitas dessas pessoas estavam envolvidas em empreendimentos políticos, ideológicos e militares, para os quais o preço do fracasso, da derrota ou da traição podia ser muito alto. Como escreveu o ensaísta inglês Leigh Hunt a respeito dos radicais que lutavam em Portugal para apoiar o primeiro regime constitucional de sua história em 1822-3: "Eles erguem sua Constituição escrita como um escudo, que a espada atravessa, e bebe o sangue do seu coração".[42]

Já Londres, em contraste, era relativamente pacífica. Contava nessa época apenas com uma força policial mínima, que pouco parece ter corrido atrás de exilados estrangeiros, a não ser quando se envolviam em política britânica dissidente. Acima de tudo, a experiência do exílio ali (e em outros lugares) podia — com sorte e fundos suficientes — dar aos indivíduos tempo para pensar, tempo para escrever e tempo para desenvolver e compreender ideias complexas. O valor disso tudo para a criatividade constitucional podia ser considerável.

Veja-se o caso do jurista e político Agustín Argüelles, brilhante orador que foi uma das principais figuras liberais da Espanha por quase quatro décadas. Nascido no ano da Declaração de Independência dos Estados Unidos, sua primeira estada em Londres, de 1806 a 1809, foi como diplomata. Subsequentemente delegado das cortes de Cádiz, servindo em sua comissão constitucional, Argüelles tentou, sem sucesso, incorporar à Constituição de Cádiz algumas ideias abolicionistas às quais tinha sido apresentado em Londres ao escutar os debates sobre o fim do comércio de escravizados na Grã-Bretanha em Westminster. Foi durante o segundo, mais prolongado, período de residência na cidade como exilado político, de 1823 a 1834, que ele produziu sua influente história, em dois volumes, da preparação da Constituição em Cádiz, trabalhando nesse templo dos exilados políticos, o Museu Britânico, e providenciando para que sua obra-prima fosse publicada por uma gráfica de língua espanhola baseada em Londres em 1835. Fez isso antes de ajudar a redigir a Constituição espanhola, dois anos depois.[43]

O caso de Argüelles é um lembrete de que os ganhos intelectuais e ideológicos do exílio no estrangeiro, se o exilado tivesse sorte e estivesse disposto, podiam assumir diferentes formas. Em certo sentido, os exilados estavam em posição de colher informações e captar novas percepções e ideias na comunidade que o hospedava, como fez Argüelles no contato com abolicionistas londrinos. Mas uma estada forçada ou voluntária longe do país de origem às vezes também significava longos períodos de solidão e desenraizamento; e esse relativo isolamento podia permitir a concepção de novas ideias e escritos.

Para Argüelles e para Andrés Bello como, mais tarde, para Karl Marx e para o socialista russo Alexander Herzen e, mais tarde ainda, para Sun Yat-sen — um dos pais fundadores da primeira república da China e grande influência sobre várias de suas Constituições —, parte dessa reavaliação e dessa escrita solitária de ideias ocorria enquanto trabalhavam, dia após dia, no Museu Britânico. Viviam como estranhos numa terra

Exceção e máquina

estrangeira, sem dúvida, mas seguramente encasulados na grande sala de leitura abobadada do museu, onde os regulamentos impressos (redigidos por um refugiado liberal italiano) estipulavam que "o fato de um homem ser exilado político" não poderia impedi-lo de ser admitido naquele espaço erudito.[44]

Refazer a América do Sul, imaginar a Grã-Bretanha

Apesar da falta, depois dos anos 1650, de qualquer coisa parecida com uma Constituição codificada, a Grã-Bretanha funcionava, portanto, como uma máquina que ajudava a garantir ritmo e diversidade a esse dispositivo em outros lugares. Em especial, mas não exclusivamente, nas décadas seguintes às Guerras Napoleônicas, sua combinação de riqueza e poder crescentes, com relativa estabilidade, vastos sistemas de impressão gráfica, portos e navios, mais os recursos de sua movimentada capital servia a uma série de causas constitucionais tanto de forma prática como de maneiras mais intangíveis.

Além de tudo isso, ideias sobre a própria Grã-Bretanha também desempenhavam papel formador. Até certo ponto, a própria falta de uma Constituição codificada definitiva nessa entidade política permitia que seus sistemas de governo e de leis fossem reimaginados e reproduzidos de múltiplas maneiras pelos que buscavam mudanças constitucionais em outras partes do mundo.

Exemplo notável desse tipo de visão imaginária da Grã-Bretanha e de seu governo é um discurso proferido a cerca de 8 mil quilômetros de Londres, numa cidadezinha no baixo rio Orinoco, no sudeste da Venezuela, chamada, então, de Angostura. Foi ali, num modesto prédio de estilo colonial de dois andares, que Simón Bolívar falou para um congresso de 26 delegados em 15 de fevereiro de 1819 sobre os princípios que a seu ver deveriam permear a Constituição do novo país que ele e os delegados tentavam criar.

Com 35 anos, esbelto, com nariz comprido, olhos escuros, penetrantes, e rosto anguloso, ainda mental e fisicamente em forma apesar da existência intensamente perigosa, Bolívar descrevia a si mesmo, com entusiasmo, como "filho da guerra". Nascido em 1783, tinha como pai um crioulo proprietário de terras e coronel de milícia, e possuía ele próprio, inicialmente, uma patente na milícia colonial da Espanha. Mas em 1805, depois de perder a esposa, e de duas importantíssimas visitas à Europa, Bolívar dedicou-se à libertação da América espanhola, determinação que após 1811 ele traduziu, cada vez mais, em ação armada.[45]

Apesar de em 1819 Bolívar ter a seu crédito uma sequência de vitórias, e cerca de 14 mil homens sob seu comando, incluindo um número crescente de voluntários britânicos e irlandeses, seu avanço, naquele momento, estava temporariamente interrompido. Tropas espanholas e seus seguidores crioulos, negros e indígenas mantinham o controle de Nova Granada, lugar onde ele nascera. O discurso de Bolívar aos delegados em Angostura — rapidamente impresso e distribuído a partir de Londres — destinava-se, portanto, a angariar e revigorar apoio. Além disso, a fala expôs sua visão de uma Venezuela livre e de uma América do Sul rejuvenescida.

Bolívar começou tranquilizando os delegados de Angostura sobre sua disposição, quando a luta terminasse, de passar o poder para o povo venezuelano. Queria, disse, evitar "o cargo terrível e desagradável de ditador", retendo apenas "o título sublime de bom cidadão". No futuro, prometeu, haveria eleições livres e regulares, uma vez que só "um fervor justo" da parte do povo poderia "garantir [...] liberdade republicana". Essa linguagem teria sido facilmente usada na Filadélfia em 1776, ou em Paris em 1789. A evocação de uma futura Venezuela libertada também fazia eco ao tipo de otimismo radiante cultuado por muitos revolucionários antes dele. "Eu a vejo sentada no trono da liberdade", declarou, "segurando o cetro da justiça, coroada de glória, e revelando ao velho mundo a majestade do mundo moderno."[46]

Mas o melhor sistema de governo moderno citado por Bolívar para que os delegados tivessem em mente ao redigir uma Constituição para essa Venezuela do futuro talvez seja mais surpreendente. "Representantes", disse ele, "sugiro que os senhores estudem a Constituição britânica,

36. O Bolívar militar, retrato anônimo de cerca de 1823.

a que parece destinada a trazer os maiores benefícios para os povos que a adotam." Bolívar insistiu, corretamente, que não estava defendendo uma "imitação servil" do sistema britânico, apenas que se prestasse bastante atenção às suas "características mais republicanas". Pois, quando devidamente examinada, acrescentou ele, a Grã-Bretanha mal poderia ser chamada de monarquia:

Como usar o termo monarquia para descrever um sistema que reconhece a soberania popular, a divisão e o equilíbrio dos poderes, a liberdade civil, a liberdade de consciência, a liberdade de imprensa e tudo que há de sublime na política? Pode haver maior liberdade em qualquer outra forma de república? Podemos esperar mais de qualquer ordem social? Recomendo-lhes essa Constituição popular, sua divisão e seu equilíbrio de poderes, suas liberdades civis, como o digno modelo para qualquer um que aspire a desfrutar dos direitos do homem e de toda a felicidade política compatível com nossa frágil natureza.

Além disso, Bolívar aconselhou os delegados de Angostura a abrir espaço em sua Constituição para um Senado cujos membros fossem vitalícios. Não queria, assegurou-lhes, "estabelecer uma classe nobre" na Venezuela. Mas "os lordes em Londres", como "os senadores em Roma", tinham se mostrado "os mais sólidos pilares que sustentam o edifício das liberdades políticas e civis". Um novo, e possivelmente hereditário Senado venezuelano, incluindo homens que tivessem mostrado seu valor nas guerras de independência, sugeriu ele, poderia, portanto, funcionar também como "um baluarte para a liberdade [...] um núcleo para perpetuar a república".[47]

Pelo mesmo motivo, acrescentou Bolívar, e apesar de tudo que os levara a rebelar-se contra o rei espanhol, uma variante modificada da monarquia talvez ainda pudesse ser útil para dar "solidez" à nova Venezuela:

A veneração proclamada pelo povo por seu monarca é um prestígio que funciona poderosamente para aumentar o respeito supersticioso conferido a essa autoridade. O esplendor do trono, a coroa e a púrpura; o apoio formidável dado pela nobreza; a imensa riqueza acumulada numa única dinastia através de gerações; a proteção fraternal que todos os reis oferecem uns aos outros — são vantagens enormes que militam a favor da autoridade real, tornando-a quase ilimitada.

Devia-se, portanto, pensar em maneiras de garantir e aumentar a força do Executivo. "Por mais exorbitante que possa parecer a autoridade do Poder Executivo na Inglaterra", advertiu Bolívar, ela decerto seria insuficiente

Exceção e máquina 231

para uma Venezuela independente. Uma nova república era intrinsecamente instável. Seu presidente eleito parecia "um atleta sozinho lutando contra uma multidão de atletas". O único caminho prudente a seguir era a concessão, por parte dos autores da Carta, de muito "maior autoridade a um presidente republicano do que a um monarca constitucional".[48]

Em discursos posteriores, Bolívar apresentaria argumentos parecidos, ainda mais fortes, sobre os usos da monarquia e do governo aristocrático, "desde que colocados sob as necessárias restrições".[49] Isso tem dado ensejo a afirmações de que esse filho de um agricultor crioulo, que por um tempo também foi dono de escravos, era autoritário por instinto e conservador na essência. Na época da sua morte em dezembro de 1830, provavelmente de tuberculose, críticos dos dois lados do Atlântico (incluindo Jeremy Bentham) o acusavam de tendências despóticas, até mesmo imperialistas. No entanto, as ideias e os instintos de Bolívar eram bem mais multiformes, por vezes quase jacobinos em seu extremismo intransigente. Num decreto baixado em 1813, ele ameaçou os sul-americanos que insistiam em se considerar leais espanhóis com a "morte sem apelação", a não ser que a ele se juntassem para sacudir "o jugo da tirania".[50]

Nem o endosso de Bolívar a aspectos da Constituição britânica, tal como ele a entendia, deve ser atribuído a uma anglofilia sentimental da sua parte. Certamente, como muitos revolucionários e reformistas avançados daquela época, ele explorava de modo infatigável alguns dos recursos disponibilizados pelo Estado britânico e seus bastiões. Sua *Carta da Jamaica*, um dos grandes textos fundadores da independência sul-americana, foi escrito no outono de 1815 quando ele morava no centro de Kingston nessa então colônia agrícola britânica. Uma versão em língua inglesa foi publicada num jornal jamaicano e na imprensa britânica, e cópias foram despachadas de Londres para outros lugares. Só para que se possa comparar, nenhuma versão em espanhol da *Carta da Jamaica* apareceu em letra de fôrma até o começo dos anos 1830. Além do mais, foi um compreensivo oficial do Exército britânico que traduziu para o inglês o manuscrito original da *Carta* de Bolívar; assim como tinha sido um navio mercante de propriedade de outro simpatizante britânico que permitiu a Bolívar fugir da Venezuela e chegar à Jamaica.[51]

Como essas coisas sugerem, ele tinha boas razões para estar ciente da penetração do comércio, do capital e da navegação britânicos na América do Sul daquela época — na verdade, muito ciente. Sua última companhia sexual séria, a bela e politicamente engajada Manuela Sáenz, era a esposa alienada de um comerciante inglês, um homem chamado James Thorne. Com mais do dobro da idade dela, Thorne estava sediado no Peru, onde mais de 36 casas comerciais britânicas operavam no começo dos anos 1820. Compreensivelmente, o comerciante não era páreo para o glamour, o poder e o carisma do Libertador. "Você é um chato", disse Sáenz a Thorne, com um quê de ressentimento não apenas contra o marido, mas também contra o alcance tentacular da Grã-Bretanha, "como o seu país."[52]

No entanto, apesar de suas muitas ligações com o dinheiro britânico, as redes de comunicação e comércio britânicas, os simpatizantes britânicos e indivíduos britânicos e ligados a britânicos, Bolívar teve pouca experiência direta com a própria Grã-Bretanha, país que só visitou uma vez na vida. Tinha mais familiaridade com outros Estados europeus — a Espanha, obviamente, mas também a França. Como muitos constitucionalistas, Bolívar fazia questão de ir buscar inspiração em múltiplos lugares.

Dessa forma, ele adquiriu importantes ideias relativas a autoapresentação e liderança no tempo que passou na França em 1804, estudando Napoleão e seu culto e assistindo à suntuosa coroação do imperador em Notre-Dame. Da mesma forma, Bolívar garimpou ideias para libertar os escravos negros da América do Sul numa visita ao sul do Haiti em 1816, conversando com o então presidente haitiano, Alexandre Pétion. Mais ou menos da mesma maneira — na medida em que Bolívar se sentia atraído por aspectos do sistema político britânico, e às vezes tentava recomendá-lo na América do Sul — isso era um pouco oportunismo calculado e também escolha deliberada da sua parte, produto dos tipos de guerra que foi obrigado a lutar, e dos enormes desafios que vieram em seguida.

Todos os líderes revolucionários de sucesso precisam pensar num jeito de estabilizar o novo regime que criaram. Depois da Guerra Revolucionária americana, homens como Alexander Hamilton e Gouverneur Morris tinham defendido o estabelecimento de um Senado hereditário nuns Estados Unidos ainda inseguros quase com o mesmo fervor como fez Bolívar na Venezuela, e a ideia de realizar experimentos com formas de monarquia como mecanismo para fomentar a lealdade das massas na esteira da retirada imperial se mostraria atraente para alguns nacionalistas e constitucionalistas na Índia ainda nos anos 1940. Mas na América ex-espanhola, as tensões envolvidas na luta pela independência e na vitória final assumiram forma particularmente aguda e prolongada.

Ali as lutas pela independência se mostraram bem diferentes das lutas travadas nas colônias americanas da Grã-Bretanha depois de 1775. Muito do que vieram a ser os Estados Unidos era formado por uma linha de ex-colônias britânicas estendendo-se nitidamente pela costa leste. Mesmo em 1790, esses territórios tinham menos de 4 milhões de habitantes, excluindo-se os americanos nativos. Só a Nova Espanha/México, nessa época, tinha uma população maior; e a Nova Espanha era apenas um de quatro vastos vice-reinos espanhóis na América central e do sul. Junto com o Brasil português, esses territórios cobriam no total mais de 18 milhões de quilômetros quadrados. Em 1830, as guerras de independência tinham dividido o imenso continente em dez mal definidas e contestadas entidades políticas: Bolívia, Chile, Gran Colombia, México, Paraguai, Peru, as Províncias Unidas da América Central, as Províncias Unidas do Rio da Prata (mais tarde Argentina), Uruguai e — a única monarquia do grupo — Brasil.[53]

Além disso, a maneira de dividir esse espólio foi muito diferente do desenrolar da Guerra de Independência dos Estados Unidos. Nesta, combatentes locais tinham conseguido o apoio vital, em terra e no mar, de grandes potências estrangeiras, notadamente a França. Essas alianças formidáveis tinham obrigado os atacantes britânicos a ceder depois de menos de oito anos. Mas não havia nenhum deus ex machina tão fortemente armado para intervir nas guerras de independência da América do Sul, levar as coisas com rapidez a uma crise e, com isso, abreviar a violência.

De 1819, quando sérias perturbações começaram a surgir em partes da América do Sul, até a batalha de Waterloo em 1815, as potências europeias estavam preocupadas demais com suas próprias guerras híbridas para se envolver com força total em qualquer outro continente. Depois de Waterloo, a Europa estava por demais esgotada pela guerra, e por demais endividada, para que alguma de suas potências — além da Espanha e de Portugal — se interessasse por mais lutas em larga escala na América do Sul. Nessas condições estavam as oportunidades buscadas por seus próprios combatentes pela independência, mas também fontes de perigo e estragos de longo prazo.

Na ausência de grandes intervenções armadas estrangeiras, combates em pequena escala, mas geralmente acirrados e fratricidas entre diferentes forças locais, persistiram por muito tempo na América do Sul em algumas áreas de 1810 até depois de 1825. Como resultado dessas prolongadas e sangrentas escaramuças, o continente se tornou ao mesmo tempo um paraíso e um inferno para novos projetos e iniciativas constitucionais.

Tornou-se paraíso na medida em que — na ausência de ajuda militar externa em larga escala — líderes da independência sul-americana tiveram que fazer reiterados esforços para mobilizar a partir de dentro, entre os muito pobres, entre povos indígenas e cada vez mais entre escravizados e homens de ascendência africana. A partir de 1816, o próprio Bolívar baixou uma série de decretos contra a escravidão, influenciado tanto por sua visita recente ao Haiti como por sua crescente aversão à escravatura, e pelo reconhecimento de que "a República precisa dos serviços de todos os seus filhos". Precisava que eles lutassem. Uma vez convocados para o serviço militar dessa forma, em qualquer um dos lados, homens sul-americanos negros e indígenas, junto com brancos pobres, facilmente se envolviam no negócio das reivindicações políticas e do debate constitucional. Dessa forma, como diz a historiadora argentina Hilda Sábato, guerras prolongadas atuaram ali para forçar a modernização política e social.[54]

As demandas da guerra e da mobilização em massa estimularam a participação e a consciência cívica ainda em outro sentido. Depois de 1810, máquinas de imprimir, até então restritas a grandes cidades, disseminaram-se por cidades menores e pueblos. No México, só em 1813, novas gráficas surgiram em Yucatán, Acapulco e na pequena aldeia mineradora de Tlalpujahua.[55] Parte do material que essas e outras prensas divulgavam era impresso em línguas indígenas e europeias para alcançar o maior número possível de pessoas. Mesmo antes da independência plena, prolongados

Exceção e máquina

combates em massa, junto com esse fornecimento cada vez mais amplo do material impresso, fomentavam a produção de múltiplas, exploratórias Constituições escritas. Segundo uma estimativa, pelo menos 77 Constituições nacionais e regionais entraram em vigor na América do Sul entre 1810 e o começo dos anos 1830. Mas muitas outras foram planejadas e discutidas, embora no fim não se materializassem.[56]

Em relação ao direito ao voto para os homens, alguns desses documentos eram notavelmente democráticos. Mais uma vez o México é um bom exemplo disso. Nos anos imediatamente anteriores à independência, esse território tinha sido oficialmente governado nos termos da Constituição de Cádiz, que, como vimos, excluía a maioria dos negros da cidadania ativa. Mas em 1821 o chefe militar mexicano general Agustín de Iturbide eliminou essas restrições raciais e ampliou o sufrágio local. Ele "efetivamente estendeu o direito de voto a todo homem acima de dezoito anos que tivesse qualquer tipo de emprego".[57]

De certa maneira, porém, as Constituições provinciais mexicanas improvisadas é que melhor ilustram o interesse das massas por novos projetos constitucionais, mostrando como alguns ativistas brancos e não brancos ficaram entusiasmados com a ideia de usar um documento impresso não apenas para definir um governo, mas também para reordenar a própria vida diária e as condições locais. Em 1825, em Chihuahua, no noroeste do México, ativistas pretenderam usar uma nova Constituição para melhorar e solidificar a família, e por isso incluíram cláusulas ameaçando com perda de cidadania os filhos que fossem ingratos com os pais. Os autores da nova Constituição do Yucatán naquele mesmo ano introduziram cláusulas destinadas a tornar seus habitantes melhores seres humanos, exigindo deles por escrito que fossem justos e caridosos. Dois anos depois, a Constituição de Coahuila y Tejas, no leste do México, foi escrita de modo a castigar tanto os habitantes que tentassem vender seus votos como os que se envolviam em suborno eleitoral.[58]

Esse foi o paraíso constitucional criado pelas lutas de independência da América do Sul; e em algumas regiões o impacto foi dramático e duradouro. Em meados do século XIX, a vida política de grandes faixas da

América do Sul era mais inclusiva do ponto de vista de classe social e raça — embora não de gênero — do que nos Estados Unidos ou na maior parte da Europa. Mas, ao lado desse relativo paraíso constitucional, havia um inferno constitucional correspondente.

Como sugere a profusão de Constituições promulgadas nesse continente, sua taxa inicial de sobrevivência era geralmente baixa. A Venezuela teve seis entre 1810 e os anos 1830. O criativo e inovador México experimentou mais de vinte Constituições em todo o seu território num mesmo período. A província de Nova Granada adotou pelo menos dez Constituições só entre 1811 e 1815. Dificilmente qualquer Constituição concebida na antiga América espanhola durante a última década da vida de Bolívar, os anos 1820, durava mais de um ano. "Nossos tratados são pedaços de papel", lamentou o Libertador, "e nossas Constituições, textos vazios."[59] Os canhões e a espada podem ter finalmente, e a custos imensos, triunfado. Mas a pena, aparentemente, foi incapaz de gerar estabilidade. A sensação crescente de que esse era o caso é que reforçou a guinada de Bolívar em direção ao sistema britânico, tal como ele o imaginava.

Muitos outros destacados líderes da independência sul-americana compartilhavam essa frustração e essa desilusão; o sacerdote católico e ativista republicano Servando Teresa de Mier no México, por exemplo, e Bernardo O'Higgins, o libertador hispano-irlandês do Chile. Se a melancolia cada vez mais intensa de Bolívar nos anos 1820 parece particularmente acentuada ("a única coisa que se pode fazer na América", escreveu ele, taciturno, perto do fim da década, "é emigrar"), era em parte porque ele tinha lutado com empenho demais, por tempo demais, e porque era um homem que se deliciava com as palavras. Mas era também porque, desde o início, Bolívar — leitor tão voraz quanto Napoleão — tinha pensado muito a sério na questão dos tipos de sistema político que pudessem efetivamente substituir o governo imperial espanhol na América do Sul, garantindo, ao mesmo tempo, a ordem e a estabilidade.[60]

Embora só tivesse rompido formalmente com Jeremy Bentham no fim dos anos 1820, Bolívar alimentava velhas dúvidas sobre planos de governo que lhes pareciam idealistas, puramente racionais. Bentham manteve-se

37. Um Bolívar mais velho, mais cansado, neste esboço feito em Bogotá, Colômbia, em 1828.

confortavelmente longe pela maior parte da vida de pessoas muito pobres, sem instrução, ou violentas, e se dava ao luxo de escrever na segurança do seu escritório no centro de uma Londres abastada e poupada das devastações da guerra. A experiência pessoal de Bolívar foi, necessariamente, bem diferente. "Os gritos da raça humana nos campos de batalha ou em manifestações furiosas", disse ele numa firme advertência aos delegados de Angostura,

> criticam severamente legisladores insensíveis e cegos que erroneamente acham que podem, de modo impune, fazer experimentos com instituições fantasiosas. Todos os países da Terra buscam a liberdade [...] apenas uns poucos se dispõem a moderar suas ambições, estabelecendo uma forma de governo apropriada a seus recursos, a seu espírito e a suas circunstâncias.[61]

Essas percepções empurraram Bolívar para a defesa de seções do sistema britânico. Assim também suas leituras atentas de *O espírito das leis*, de Montesquieu, obra que lhe fora apresentada na infância por seu tutor Simón Rodríguez e que ganhara nova popularidade na esteira das Guerras Napoleônicas.[62] Montesquieu afirmava que as leis e instituições de um país deveriam ser forjadas segundo sua cultura, seus costumes e sua geografia particulares. Também dedicou partes do Livro XI da obra a uma celebração seletiva da Constituição britânica, seu governo misto de monarquia, aristocracia e (muito restrita) democracia, cada qual funcionando, pelo menos segundo ele, como freio para as demais. As opiniões particulares de Montesquieu sobre a Grã-Bretanha eram por vezes arrasadoras. Mas ele via o equilíbrio em seu governo central como a essência de um Estado bem-sucedido. Bolívar tinha a mesma opinião e — mais ainda do que Montesquieu — encontrava apoio para suas ideias numa visão seletiva da Grã-Bretanha.

Ele reconhecia que uma monarquia formal dificilmente seria viável na América do Sul. Mas poderia e deveria haver, na sua opinião, presidentes fortes nomeados de forma vitalícia, talvez com o poder de designar sucessores. Foi esse o arranjo que propôs na Constituição que projetou

Exceção e máquina   239

para a Bolívia em 1826, e que, na sua cabeça, serviria também como modelo para as repúblicas vizinhas. As aristocracias sul-americanas formais, no entendimento de Bolívar, também eram provavelmente impraticáveis. Mas, como recomendou em Angostura e em ocasiões posteriores, poderia ser útil haver Senados hereditários, ou pelo menos Senados cujos membros fossem vitalícios. Quanto às "multidões descontroladas", as do seu continente que haviam se rebelado e lutado, essas precisavam desesperadamente ser administradas, e suas vozes e aspirações inumeráveis contrabalançadas pela "gestão de governos paternalistas para curar as feridas e devastações do despotismo e da guerra". Tinha que haver um meio-termo pacificador. Era preciso, como escrevera na Jamaica governada pelos britânicos, buscar um "equilíbrio adequado".[63]

Travessias

Outros importantes políticos, militares e intelectuais sul-americanos se inclinavam para essas posições. No Chile, por exemplo, os autores da Constituição de 1833, que aguentou, com emendas, até os anos 1920, deliberadamente romperam com tentativas anteriores de criar um sistema federal na nova República. Em vez disso, esses legisladores pensaram num Executivo mais forte e incorporaram aspectos do que chamavam de "modelo inglês" de governo.[64] Em partes da Europa continental, nas décadas imediatamente seguintes a Waterloo, também houve uma ênfase no projeto pragmático, moderado, que costumava ser explicitamente vinculado por seus defensores ao exemplo britânico. Vê-se isso não só em documentos conservadores, como a Carta francesa de 1814, mas também na Constituição belga de 1831, mais liberal e imensamente influente.

Esta Constituição veio à luz como resultado de uma revolução que separou o que veio a ser o Estado independente da Bélgica do setor setentrional do Reino Unido dos Países Baixos. Apesar desse início violento, o que a maioria dos legisladores belgas desejava era um equilíbrio, e não perdia de vista a aparentemente bem-sucedida estabilidade do sistema britânico.

Esses legisladores rejeitaram o federalismo. Também rejeitaram o republicanismo por vasta maioria, optando por uma monarquia hereditária, mas constitucional, segundo o modelo britânico. Como chefe formal do Executivo, o novo rei belga teria seus poderes restringidos por um Legislativo bicameral, também nos moldes britânicos. Como outros criadores de Constituições, os membros do Congresso Nacional Belga tiveram o cuidado de adotar uma política de seleção e mistura. Repudiaram qualquer coisa que se assemelhasse à então inteiramente hereditária Câmara dos Lordes da Grã-Bretanha. Apesar disso, deixaram claro que não deveria haver nenhuma "utopia brilhante" na nova Bélgica. "Temos que fechar o coração e ouvir apenas a razão", declarou um legislador. "Precisamos desconfiar de abstrações e teorias e avaliar friamente as realidades do nosso tempo." Os debates sobre a Constituição belga eram salpicados de alusões positivas a *O espírito das leis*, de Montesquieu.[65]

E nada havia de surpreendente nisso. Bruxelas, onde essa Constituição foi redigida, ficava a apenas vinte quilômetros de Waterloo. Muita coisa havia sido perdida ou danificada, tantas pessoas e tantos lugares tinham sido violentamente destruídos por tanto tempo. Para a maioria dos políticos e pensadores belgas, assim como para muitos apoiadores da monarquia restaurada da França pós-napoleônica, assim como para Bolívar e alguns dos seus vitoriosos, mas cansados, companheiros revolucionários na América do Sul, essa era a questão vital. Na esteira de décadas de guerra e extremo fermento ideológico, a estabilidade, o gradualismo e o acordo geralmente exerciam apelo mais forte do que grandiosos projetos experimentais e saltos para o desconhecido. Essas prioridades podiam levar — e de fato levaram — mentes e penas a se voltarem para aspectos reais e supostos do sistema político britânico.

Volto agora ao âmbito geográfico das intervenções de Jeremy Bentham, e para Eduard Gans admirando livros em português, espanhol e outras línguas enfileirados nas estantes da biblioteca na casa de Queen's Square Place. Volto para a cobertura exponencial dedicada a Constituições estrangeiras na imprensa britânica e irlandesa. Volto para os exilados, revolucionários e reformistas políticos acotovelando-se com persistência na

Exceção e máquina

capital britânica, e para as inigualáveis conexões marítimas desse país com diferentes setores do globo, e sua longa tradição interna de textos políticos significativos e inovadores. Levando tudo isso em conta, e o fato de que a Grã-Bretanha estava repetida e prolongadamente metida em guerras nessa época, era improvável que ali as pessoas permanecessem insensíveis à disseminação da nova tecnologia política e das ideias que se agitavam em torno dela. E não permaneceram.

São conhecidos alguns casos individuais de britânicos que foram infectados, pós-Waterloo, pelo vírus das Constituições. Na primavera de 1822, Percy Shelley e Lord Byron compraram barcos do mesmo construtor naval genovês e disputaram corridas entre si na baía de La Spezia, ao largo da costa noroeste da Itália. Assim como seus amadorísticos capitães, os dois barcos foram marcados pela revolução, pela guerra e pela criação da Constituição. O de Shelley era mal projetado. Sua morte naquele ano, quando a embarcação virou numa tempestade, interrompeu seus planos de compor um poema épico sobre a luta da Inglaterra contra Carlos I em defesa de uma República. Isso depois de o poeta, leitor de Jeremy Bentham, ter pensado e escrito muito em defesa da revolução napolitana de 1820 e da Constituição que dela emergiu e teve vida curta. Byron, homem consideravelmente mais rico, preferiu dar à sua bem mais substancial escuna o nome de *The Bolivar*. Dois anos depois, porém, ele também estava morto, tendo sucumbido a uma febre contraída na Grécia, onde participava da luta do país para libertar-se do Império Otomano e adotar sua própria Constituição escrita.[66]

Por serem esses dois homens tão imensamente talentosos, a visão política que adotaram pode parecer apenas atípica. Não era. Mas um exemplo mais revelador e satisfatório de britânicos multifacetados arrastados na época por acontecimentos políticos e constitucionais mais amplos talvez seja o de uma figura mais ordinária, o ex-comandante naval e futuro oficial do Exército John Cartwright, veterano parceiro reformista e político de Jeremy Bentham. Bem menos dotado e original do que Bentham — que gostava de caracterizá-lo, depreciativamente, como "decente" —, Cartwright até hoje é citado, quando é citado, em termos desdenhosos

38. Major Cartwright segurando um dos seus projetos constitucionais.

e puramente insulares, como um homem obtuso, apegado a formas tradicionais de protesto e a interesses excêntricos e obsoletos. Mas ele era bem mais que isso.

Ao contrário de Bentham, que costumava ignorar a existência de povos indígenas em seus grandiosos projetos políticos para a América do Sul e outros lugares, Cartwright já lutava pela proteção — e, hesitante, pela identidade política — de povos nativos da América do Norte nos anos 1760 e 1770.[67] Também apoiava a adoção de uma Constituição escrita pela própria Grã-Bretanha, fazendo-o reiteradamente em letra de fôrma e em discursos a partir, pelo menos, dos anos 1790. Uma vez redigida essa Constituição, Cartwright queria que ela fosse "impressa, distribuída e submetida a três anos de debate nacional".

Quando houvesse um acordo, sugeriu ele, as cláusulas dessa nova Constituição britânica escrita deveriam ser gravadas em letras de ouro nas paredes internas do Parlamento de Westminster, como lembrete permanente a seus legisladores de que estavam sujeitos a uma lei fundamental endossada pela população (masculina).[68] Ativo oposicionista durante as Guerras Revolucionárias e Napoleônicas, Cartwright, como Bentham, também foi rejuvenescido e, em certo sentido, redirecionado pela invasão de Londres por constitucionalistas estrangeiros e suas ideias.

Graças à amizade de Cartwright com o liberal espanhol exilado Agustín Argüelles, alguns dos seus escritos reformistas foram publicados em tradução na Espanha. Na verdade, seu último livro, de 1625, um diálogo imaginário entre um espanhol, um francês, um italiano, um alemão e um inglês sobre a natureza da reforma constitucional, foi publicado só em espanhol, e dedicado ao irmão de Rafael del Riego, o principal mártir militar da revolução constitucional de 1820-3 na Espanha.[69] Cartwright também fez contatos, por intermédio da comunidade de exilados de Londres, com ativistas independentes sul-americanos, em especial no México, país para o qual preparou seu próprio projeto constitucional. Praticamente as últimas palavras que disse no leito de morte, pelo menos segundo sua sobrinha e dedicada biógrafa, foram de agradecimento pelo fato de o generalíssimo mexicano Agustín de Iturbide ter fracassado em sua tentativa de restaurar uma monarquia imperial, e de o México continuar sendo, portanto, uma República. "Estou feliz, muito feliz", teria exclamado o moribundo Cartwright.[70]

Isso sugere que a intensa produção constitucional de Jeremy Bentham e seus contatos com ativistas e reformistas políticos estrangeiros nessa época estavam longe de ser exclusivos. Outros protagonistas britânicos do mesmo período, menos distintos e menos conhecidos, também estavam envolvidos nessas práticas. A carreira de Cartwright ajuda-nos a compreender melhor o âmbito e a variedade do pensamento e da linguagem constitucionais britânicos em outro sentido também. Em nítido contraste com Bentham, Cartwright era acima de tudo um ativista itinerante; não só um homem com uma missão, mas também um homem persistentemente com o pé na estrada. Durante o fim dos anos 1810 e o começo dos 1820, ele fez uma série de épicas turnês pela Grã-Bretanha, pregando o evangelho da mudança política para vastas plateias em tribunas ao ar livre e em reuniões com grupos de reformistas locais. Essas atividades costumam ser examinadas apenas em relação à campanha britânica interna para reformar o Parlamento de Westminster.[71] Mas, enquanto percorria a Grã-Bretanha, Cartwright parece ter promovido, de maneira regular, a causa do constitucionalismo escrito, e despertado um interesse e um entusiasmo mais amplos por esse projeto.

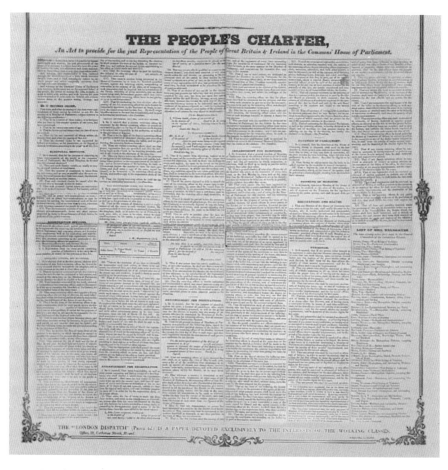

39. Cópia barata da Carta do Povo, impressa numa única página, por volta de 1839.

Exceção e máquina

Sabe-se, por exemplo, que alguns partidários do cartismo, o movimento britânico e irlandês dos anos 1830 e 1840 que prendeu a ávida atenção de Friedrich Engels e Karl Marx, buscaram inspiração e ideias em Cartwright. O cartismo recebeu esse nome por causa de um texto escrito, a Carta do Povo. Redigida em Londres em 1838, ela apresentava uma série de demandas democráticas: sufrágio universal masculino; votação secreta; pagamento a membros do Parlamento, para que homens mais pobres pudessem ocupar cargos; e mais. "Todos os princípios estabelecidos na Carta" — impressa e divulgada repetidamente em imensas tiragens — "foram reconhecidos pelo major Cartwright", disse um simpatizante.[72]

Houve outros projetos cartistas impressos. Alguns participantes desse difuso movimento fizeram experimentos com declarações de independência e declarações de direito. Outros insistiam na realização de uma Convenção Nacional, escolhida por "sufrágio universal" para "estabelecer uma nova Constituição com base na Carta do Povo" e mais tarde, finalmente, substituir o Parlamento de Westminster.[73] "A verdade", declarou um orador cartista comum no norte da Inglaterra em 1838, "é que não temos Constituição, e já passou da hora de o povo produzir uma Constituição para si mesmo [aplausos]". "A uma Constituição bem definida e escrita", brindou outra assembleia cartista reunida naquele mesmo ano.[74]

A carreira, os escritos e as conexões de John Cartwright, assim como parte da linguagem e das iniciativas envolvidas nesse movimento cartista posterior, ressaltam o argumento de que a Grã-Bretanha e a Irlanda não permaneceram imunes à ascensão da nova tecnologia política. Individualmente, organizações e iniciativas nesses países foram na verdade colhidas nessa transformação cada vez mais vasta, além de às vezes ajudarem a moldá-la e acelerá-la. Mas, no fim, sucessivos governos britânicos mostraram que era possível ignorar movimentos e demandas por amplas mudanças constitucionais escritas dentro do país, porque, depois do século XVII, essa entidade política permaneceu inusitadamente imune a invasões, a arrasadoras derrotas militares no exterior e — fora da Irlanda — a sérios episódios de guerra civil e revolução armada interna.

Como ocorreu muitas vezes em outros lugares, a qualidade e a incidência da guerra aqui tiveram importância crucial, embora de maneira distinta. Os padrões de guerra e violência nessa entidade política tornaram as iniciativas locais de escrita constitucional menos, e não mais, prováveis. Indivíduos que na Grã-Bretanha se sentiam inclinados a projetar e criar um novo mundo político no papel tiveram, portanto, que buscar expressão e oportunidades em outras regiões do globo.

PARTE III

Novos mundos

40. Aquarela da ilha Pitcairn, vista do mar, pelo tenente da Marinha John Shillibeer, 1814.

6. Os que não devem ganhar, os que não querem perder

Pitcairn

Precisamos ampliar e diversificar nossa mirada. Foi em 29 de novembro de 1838 que o capitão Russel Elliott e a tripulação da corveta HMS *Fly* pisaram em terra, deparando com um povo necessitado de governo escrito. Em 1790, Pitcairn, uma ilha minúscula no Pacífico Sul a meio caminho entre a Nova Zelândia e o Peru, tornara-se o último e deserto refúgio para nove amotinados do HMS *Bounty*, incluindo Fletcher Christian e seus dezoito companheiros taitianos, na maioria mulheres jovens. A violência interna, as doenças, os acidentes e as dificuldades da vida rapidamente reduziram o grupo já frágil. Em dez anos, apenas um dos homens brancos estaria vivo. Consequentemente, foram as mulheres polinésias e seus filhos que deram forma à cultura de Pitcairn. Quando navios ocidentais começaram a fazer contatos esporádicos com o lugar nos anos 1810 e 1820, os marujos viam — e desenhavam — os habitantes da ilha como pessoas de pele escura em sua quase totalidade. A maioria andava descalça e usava roupas exíguas feitas de casca de árvore, embora os dois sexos mantivessem alguns dos costumes separados de suas origens híbridas: à moda da Marinha, coser era coisa de homem; já as mulheres da ilha comiam juntas, mas separadas dos homens, segundo o costume popular taitiano. Em 1838, havia quase cem desses indivíduos predominantemente não brancos, de cultura mista, vivendo nos cinco quilômetros quadrados de rocha vulcânica, e já não protegidos pela distância.[1]

Um missionário ali desembarcara levando Bíblias e outros livros, e supervisionando a construção de uma escola. Houve outros visitantes predadores. Números crescentes de navios baleeiros de Nantucket, Salem e Newport ancoravam longe da costa, e alguns tripulantes que desembarcavam faziam perguntas sobre o status jurídico e político dos moradores de Pitcairn, os quais respondiam, "em tom sarcástico, que não tinham leis, nem país, nem autoridade para respeitar". Eram marujos americanos, afinal de contas, e oriundos da Nova Inglaterra. Entendiam que a identidade política era indicada pela existência de uma bandeira distinta e algum tipo de Carta escrita. No entanto, como diziam os baleeiros, os moradores de Pitcairn "não tinham bandeira nem autoridade escrita". Não havia o risco de sua ilha tornar-se disponível? Não havia o risco de sua ilha ser tomada? Ao chegar, em 1838, e saber dessas preocupações, o capitão Elliott reagiu com rapidez. Deu aos ilhéus (claro) uma bandeira do Reino Unido tirada do seu navio. Também redigiu o que ele mesmo chamaria depois de "alguns regulamentos feitos às pressas para serem seguidos". O documento criou raízes, logo passando a ser visto como uma Constituição escrita.[2]

Foi pioneiro em múltiplos sentidos. O texto de Elliott é um dos primeiros, depois chamados "Constituição", a dar séria atenção ao meio ambiente, medida indispensável levando em conta que os recursos naturais de Pitcairn eram escassos e que havia mais animais do que gente. Consequentemente, Elliott fez leis para regulamentar cães, porcos, gatos e cabras, para a preservação e a derrubada responsável de árvores, e para a proteção de um pássaro branco local ameaçado de extinção. Também estabeleceu regras esclarecidas para os habitantes humanos. O comparecimento à única escola de Pitcairn foi declarado obrigatório para todas as crianças de seis a dezesseis anos; e os pais deveriam assegurar que os filhos soubessem "dizer o alfabeto" antes de começar a educação formal.

Pode ser que Elliott tenha buscado inspiração para essas medidas educacionais em seus próprios antecedentes escoceses. Mas as inovações mais ousadas parecem ter sido substancialmente de sua própria lavra. As eleições para o "magistrado e principal governante" de Pitcairn, estipulava o texto, deveriam ser realizadas anualmente na escola da ilha, no primeiro dia de janeiro. Uma vez eleito, esse funcionário estava proibido de assumir "qualquer poder ou autoridade [...] sem o consentimento da maioria das

Os que não devem ganhar, os que não querem perder

pessoas". Pitcairn deveria funcionar como democracia. Uma democracia, na verdade, como nenhuma outra.

Para votar na eleição do "principal governante" de Pitcairn era preciso ser adulto, "nascido nas ilhas" ou residente há pelo menos cinco anos. Foram os únicos pré-requisitos que Elliott estabeleceu. Todos os ilhéus que se qualificassem, fossem "homens ou mulheres, atingindo a idade de dezoito anos" teriam acesso a "eleições livres".[3] Pela primeira vez na história mundial, uma Constituição escrita — que permaneceu em vigor, com pequenas alterações, até os anos 1930 — proclamava que todos os homens adultos e todas as mulheres adultas teriam direito ao voto em eleições para o chefe do seu Executivo, em pé de igualdade.

Sempre que é notado pelos historiadores do mundo, o gesto revolucionário de Elliott tem sido tratado como um ato aleatório de utopismo imperial, um episódio picaresco numa ilha minúscula perdida num vasto oceano. Essa marginalização do que houve em Pitcairn em 1838 tem sido incentivada pelo fato de que — até hoje — a região do Pacífico tende a receber menos atenção dos historiadores do que os mundos atlântico e mediterrâneo e do que o oceano Índico. Isso se deve em parte à magnitude do espaço. O oceano Pacífico tem 60 milhões de milhas quadradas, o que o torna maior do que toda a superfície terrestre do globo. Contidos nessa vasta extensão líquida há tesouros de diferentes espécies, e diferentes tamanhos de ilhas. Algumas, como a Austrália, as Sul e Norte da Nova Zelândia e as quatro ilhas principais do arquipélago japonês vão de substanciais a imensas. Outras, como Pitcairn e suas ilhotas adjacentes, são diminutas.

Ao mesmo tempo colossal e difuso — "tanto oceano, tantas ilhas", como disse um etnógrafo — o mundo do Pacífico pode afastar a atenção, ou escapar dela, não só devido às dimensões avassaladoras, mas também à sua infinita complexidade.[4] Pequenas ilhas do Pacífico quase sempre são ignoradas. Apesar da beleza física e do interesse antropológico tradicional que despertam, elas são facilmente deixadas de lado como fora do mundo "real" e dos passados que importam. No entanto, no que diz respeito a mudanças e inovações constitucionais, o que ocorreu no Pacífico em geral — incluindo em suas ilhas menores — tem significado amplo. Além

41. Caracterização europeizada de dois habitantes mestiços de Pitcairn publicada em Londres em 1831.

disso, esses lugares raramente eram de fato isolados, e tornaram-se cada vez menos isolados a partir de 1800.

À medida que os níveis de sofisticação do tráfego marítimo avançavam, o "oceano sem limites", como Mark Twain chamava o Pacífico, oferecia, na prática, séries de conexões cada vez mais amplas e diversificadas.[5] O trem a vapor costuma ser visto como o principal emblema de modernidade de ponta no século XIX e como o grande agente da conquista do espaço físico. No entanto, no que diz respeito a viagens por distâncias de fato grandes, o transporte ferroviário chegou relativamente tarde, sendo as áreas em que podia operar necessariamente restritas. Em comparação, os navios eram capazes de cobrir quase toda a superfície do mundo; e, nos anos 1800, seu tamanho, sua velocidade e sua capacidade de vencer distâncias estavam sempre aumentando. Números crescentes de veleiros mais rápidos e maiores, e depois de navios a vapor, tornaram-se disponíveis para a travessia das enormes distâncias do Pacífico. Isso facilitava o contato regular de suas inumeráveis ilhas umas com as outras e o desenvolvimento de ligações com outros continentes. Navios mais velozes, mais robustos, maiores e mais confiáveis também permitiam que mais comerciantes, migrantes, exploradores, diplomatas, missionários e construtores de impérios entrassem nesse vasto mundo oceânico. A passagem de Russel Elliott por Pitcairn foi um bom exemplo.

No momento pouco se sabe sobre esse homem e a natureza de suas leituras e ideias. Sabe-se que era um escocês instruído, bem relacionado, com preocupações sociais. Está claro também que sua decisão de elaborar uma Constituição em Pitcairn foi uma ação resultante de múltiplas causas. Nos anos 1790, um parente distante, um tal de Gilbert Elliot (a grafia do sobrenome varia), ajudara a projetar uma nova Constituição para a ilha da Córsega.[6] Além disso, o navio de Russell Elliott, o HMS *Fly*, operava a partir do porto de Valparaíso, na costa do Chile, país que tinha passado por nada menos que cinco Constituições entre 1822 e 1833. Houve outra coisa ainda que influenciou Elliott. Durante parte de sua viagem a Pitcairn ele contou com a companhia de um geólogo e montanhista chamado Pawel Strzelecki.

De origem polonesa, Strzelecki, como o próprio Elliott, era um idealista itinerante que se sentia particularmente atraído por países e povos pequenos em dificuldade. Strzelecki talvez tenha tomado parte na revolta polonesa de 1830 contra a Rússia. Nos anos 1840, ele terá falado contra a tomada de propriedades aborígenes na Austrália; e subsequentemente realizou uma magnífica obra humanitária em benefício das vítimas da grande fome na Irlanda, passando 1847 e boa parte de 1848 distribuindo ajuda em Donegal, Sligo e Mayo. Seu amigo Russel Elliott, enquanto isso, ajudava homens e mulheres famintos naquelas áreas das Terras Altas escocesas afetadas pela mesma praga da batata que destruiu tantas partes da Irlanda.[7]

Viajando juntos em 1838, Strzelecki e Elliott, um polonês e um escocês, puderam trocar informações, entusiasmos e ideias de julho, quando o *Fly* deixou Valparaíso, até o começo de setembro, quando ancorou ao largo do Havaí. Ali, os dois passaram um tempo em terra, conversando com chefes havaianos, líderes locais que estariam estreitamente envolvidos na implementação de seus próprios projetos constitucionais em 1839 e 1840. Dessa maneira, quando chegou a Pitcairn, o capitão Elliott estava antenado com mudanças e debates constitucionais na Europa mediterrânea e continental, na América do Sul e em outro grupo de ilhas do Pacífico.

A viagem de Elliott a Pitcairn num navio da Marinha Real estava ligada a acontecimentos mais amplos também noutro sentido. Ela foi um exemplo do rápido aumento dos níveis de intervenção e competição das grandes potências no Pacífico. O ritmo e o número de empreendimentos navais, científicos e colonizadores de espanhóis, britânicos, franceses e russos nesse espaço oceânico vinham aumentando desde a Guerra dos Sete Anos. Nos anos 1830, a Espanha tinha praticamente abandonado a disputa, mas logo foi substituída por outra potência emergente. No ano em que Elliott pisou em terra em Pitcairn, 1838, os Estados Unidos lançaram uma expedição financiada pelo governo federal para explorar e inspecionar o oceano Pacífico. Os americanos estavam chegando.[8]

Chegando também estavam colonos euro-americanos sedentos de terra, em número cada vez maior. A batalha de Waterloo em 1815 não marcou o fim das guerras híbridas que tinham caracterizado o longo século XVIII. Na verdade, ajudou a deflagrar diferentes, e diferentemente direcionados, episódios de violência em terra e no mar. A suspensão temporária de conflitos extremos dentro da própria Europa, junto com o fim da Guerra de 1812 entre os Estados Unidos e a Grã-Bretanha, tornou mais fácil para europeus e americanos se aventurarem em novas modalidades de afirmação e agressão em outras partes do mundo. O Pacífico foi uma das áreas visadas.

De 1820 a 1860, cerca de 5 milhões de pessoas, provenientes sobretudo de Grã-Bretanha, Irlanda, Escandinávia, Holanda e estados alemães tomaram o navio para os Estados Unidos. Ao chegar, muitas delas — junto com números substanciais de homens e mulheres até então baseados nos estados americanos do leste — começavam a deslocar-se para o oeste, alguns indo acabar na Califórnia ou mesmo no Havaí. Ao mesmo tempo, grupos menores de migrantes mais ou menos das mesmas regiões da Europa migravam para a Austrália e para a Nova Zelândia.[9]

As repercussões constitucionais dessas invasões de colonos foram mistas. Ao chegar à vasta região do Pacífico, os migrantes brancos costumavam fazer campanha por, e introduzir, novos e ambiciosos planos de governo. Geralmente o faziam, porém, à custa dos povos indígenas de cujas terras e de cujos recursos se apropriavam. É revelador o fato de que mesmo na minúscula e vulcânica Pitcairn, que oferecia poucos atrativos materiais para invasores, baleeiros da Nova Inglaterra nos anos 1830 instintivamente adotavam uma posição agressiva, cobiçosa, quando se viam diante de pessoas de pele morena que consideravam seminuas.

Nessa ocasião, houve um fim mais ou menos feliz. Os moradores de Pitcairn obtiveram sua Constituição escrita, além de um chefe do Executivo e um processo democrático. E apesar de o agente do resgate e colaborador ter sido um forasteiro idealista, Russell Elliott, essa sequência de acontecimentos — vulneráveis ilhéus do Pacífico recorrendo a um texto constitucional na esperança de rechaçar invasores brancos — se repetiria noutros lugares por povos nativos do Pacífico. Elliott levou ideias de fora para Pitcairn. Mas havia também indivíduos daquela região, no Taiti, no Havaí e em outras ilhotas, que buscavam em novos escritos sobre governo e sobre lei nos anos 1800, e posteriormente, um meio de reordenar suas sociedades e forjar estratégias próprias de sobrevivência e resistência.

Pitcairn é, portanto, um caso de *multum in parvo*, um pequeno espaço territorial no meio de um vasto oceano que, apesar disso, lança luz sobre muita coisa além dele próprio. Pitcairn é revelador no que diz respeito à escala e ao ritmo das mudanças que ocorriam nessas vastas distâncias oceânicas. Ilustra também os níveis crescentes de invasão de impérios e colonos que ocorriam nessa época, mostrando que isso podia resultar em novas e variadas ideias e textos constitucionais. O que houve em Pitcairn ilumina mais uma coisa. Levanta, de forma estimulante, um problema que ainda não confrontamos: as conexões e desconexões entre a criação de novas Constituições escritas e a posição e os direitos das mulheres. O mundo do Pacífico costuma ser posto de lado ou excluído das histórias constitucionais. Mas a verdade é que está bem no centro delas.

Por que as mulheres foram deixadas de fora?

O desejo de Russel Elliott de estender direitos políticos às mulheres de Pitcairn em 1838 — incorporá-las positivamente nos termos de sua Constituição — levanta a questão de saber por que a ampla maioria de outras Constituições redigidas antes do começo do século xx limitava a cidadania ativa aos homens. As respostas podem parecer abundantemente claras e diretas.

Em múltiplas culturas — embora não em todas — a identidade jurídica de uma mulher estivera tradicionalmente incorporada à do marido e/ou de outros parentes próximos do sexo masculino. A posição estabelecida no antigo código de leis hindu, o *Manusmriti*, de que uma mulher deveria passar da autoridade de um pai para a de um marido, ou, se necessário, para a de um filho ou irmão, era amplamente repetida por comentaristas de outras formações jurídicas e culturais, incluindo praticantes do Iluminismo europeu. O casamento, admitiu o filósofo alemão Christian Wolff nos anos 1750, era uma "associação baseada na igualdade". No entanto, acrescentou, representava um "pacto de submissão" pelo qual a mulher efetivamente aceitava subjugar-se ao marido.[10] Definidas dessa maneira como seres dependentes, era difícil para as mulheres reivindicar, ou sequer imaginar, uma identidade política autônoma para si mesmas. A não ser que fossem monarcas reinantes ou chefes de clã em entidades políticas que permitissem às mulheres assumirem essas funções; ou que tivessem algum peso político em consequência de vastas propriedades ou da proximidade com um homem poderoso.

Dito isso, a disseminação da nova tecnologia política fez uma diferença no tratamento das mulheres e, em certo sentido, em muitos lugares, agravou a situação. Nos anos 1790, uma década depois que Massachusetts promulgou uma ambiciosa Constituição estadual dando o direito ao voto a qualquer "habitante do sexo masculino de vinte anos de idade ou mais" e com uma renda modesta, sua principal loja maçônica publicou a versão de uma das mais populares canções maçônicas do período, tanto paródia como afirmação de um episódio crucial do Gênesis:

Mas Satã conheceu Eva quando ela era uma vadia
E fez dela, como todas as suas filhas desde então, uma louca;
Para descobrir os segredos da maçonaria
Ela comeu o fruto da árvore proibida...
Mas Adão, atônito como alguém atingido por um raio,
Contemplou-a da cabeça aos pés, maravilhado;
Agora que fez isso, Madame, disse ele,
Por sua causa nenhuma mulher será maçom.[11]

Essa justificação maçônica de um argumento antigo, respaldado pela religião — de que as mulheres eram não apenas fisicamente fracas, mas frívolas e frágeis do ponto de vista moral, e por isso mesmo duplamente necessitadas de estrita regulamentação —, é significativa, uma vez que havia vínculos inequívocos entre o aparecimento e a organização da maçonaria e a emergência de novas Constituições escritas.

A partir dos anos 1710, lojas de maçons — organizações fraternas que se reuniam para falar, discutir e farrear — espalharam-se depressa por toda a Europa e pelas Américas. Desde o início, lojas maçônicas redigiram e publicaram o que chamavam explicitamente de Constituições.[12] Tornar-se maçom, participar na redação e na publicação de um texto de loja desse tipo, era uma maneira de o homem familiarizar-se com a ideia e os usos de Constituições escritas em sentido mais amplo. É sugestivo que muitos constitucionalistas importantes, como Pasquale Paoli na Córsega, George Washington e Benjamin Franklin nos Estados Unidos, Jean-Jacques-Régis de Cambacérès na França, Agustín Argüelles na Espanha, Simón Bolívar e José de San Martin na América do Sul, ou ativistas políticos posteriores de fora do Ocidente, como Mortilal Nehru na Índia, ou o líder dos Jovens Turcos Mehmet Talat, fossem também ávidos líderes maçônicos. Mas nesse sentido também, na maçonaria, com suas estreitas ligações com a nova tecnologia política, as mulheres eram vigorosamente excluídas. Como dizia a canção de Massachusetts: "Nenhuma mulher será maçom".

Nas últimas décadas, historiadores (entre os quais me incluo) têm insistido em ressaltar que, por baixo dessa superfície aparentemente congelada de restrições jurídicas, políticas, religiosas, ideológicas e consuetudinárias, havia, no fim do século XVIII, em algumas regiões do mundo, significativas correntes de mudança.[13] Dos dois lados do Atlântico, havia cada vez mais arranjos, apesar de rudimentares, para garantir a educação feminina. Um crescimento mais rápido das cidades dava a algumas mulheres mais acesso a informações, envolvimento cultural e oportunidades econômicas. O mesmo aumento disparado na palavra impressa que se mostrou tão importante para a difusão de Constituições políticas também abriu mais espaço para as mulheres lerem, produzirem e publicarem. Como resultado dessas mudanças, a noção de que as mulheres deviam ocupar uma esfera distinta, intrinsecamente privada, começou a parecer mais problemática e mesmo insustentável.

Um sinal disso era a limitada admissão de mulheres em academias e exposições artísticas, culturais e até mesmo científicas em alguns Estados ocidentais. Em 1787, um ambicioso, esperto e elegante advogado francês de

*Os que não devem ganhar, os que não querem perder*259

29 anos chamado Maximilien de Robespierre, futuro arquiteto da Constituição do Ano II (1793) do seu país e muita coisa mais, defenderia a admissão de mulheres nas academias reais da França, afirmando que, embora os sexos fossem inerentemente diferentes, as contribuições de ambos eram essenciais ao progresso do Iluminismo.[14] Mais ou menos na mesma época, alguns indivíduos, tanto do sexo masculino como do feminino, começaram a sustentar, com mais ousadia do que antes, que o envolvimento de ambos os sexos era também indispensável para a evolução de um modo reformado de política.

"Pense nisso, e eu me dirijo ao senhor como legislador", disse a radical inglesa Mary Wollstonecraft num apelo a Charles Maurice de Talleyrand-Périgord, um dos autores da Constituição francesa de 1791:

> Se, quando os homens lutam por sua liberdade, e para terem permissão de decidir por si mesmos a respeito da própria felicidade, não é inconsistente e injusto subjugar as mulheres [...]. Quem fez do homem juiz exclusivo, se a mulher compartilha com ele o dom da razão?

Wollstonecraft inseriu esse apelo retórico (e inútil) na dedicatória da sua obra mais conhecida, *Reivindicação dos direitos das mulheres*, publicada em 1792. No entanto, foi em outro livro, injustamente menosprezado, *Uma visão histórica e moral das origens e do progresso da Revolução Francesa* (1794), escrito quando ela estava na França, que apresentou uma definição da Constituição escrita ideal:

> Uma Constituição é um modelo para o povo seguir. O pilar de um governo, o vínculo de toda união e ordem social. A investigação de seus princípios faz dela uma fonte de luz; de onde saem os raios da razão, que aos poucos promovem os poderes mentais de toda a comunidade.[15]

"Toda a comunidade": para Wollstonecraft, a nova política escrita trazia potencialmente em si ricas promessas paras as mulheres, ao lado das promessas para os homens.

É bom ter em mente essas mudanças e esses desafios limitados, mas importantes, já evidentes em alguns lugares no fim do século XVIII, pois, do contrário, a posição das mulheres adotada pela maioria dos criadores de Constituições antes de 1900 pode parecer simplesmente predeterminada. Na realidade, as atitudes às vezes eram mais fluidas, em especial no início. Durante os debates da Convenção da Filadélfia em 1787, o delegado da Pensilvânia James Wilson propôs alocar os assentos na Câmara baixa do Congresso dos Estados Unidos aos estados americanos "proporcionalmente ao número total de cidadãos & habitantes livres brancos e demais, *de qualquer idade, sexo & condição*" (grifo meu), e essa recomendação foi tolerada. Na hora de estabelecer parte da organização política básica da nova República americana, portanto, as mulheres brancas, junto com as mulheres negras livres, foram tratadas em pé de igualdade com os homens livres. Era isso que um senador dos Estados Unidos queria dizer quando escreveu em 1804 que "na teoria da nossa Constituição as mulheres são computadas como seres políticos" — admissão potencialmente significativa.[16] As primeiras Constituições estaduais americanas às vezes mandavam mensagens contraditórias. A maioria excluía explicitamente as mulheres da cidadania ativa local desde o início; outras não faziam menção às mulheres; e a primeira Constituição estadual de Nova Jersey inicialmente permitia que alguns habitantes do sexo feminino votassem.

O fato de Nova Jersey rescindir essa cláusula em 1807 marca, no entanto, uma posição importante que se estendia para além dos Estados Unidos. À medida que novas Constituições se consolidavam, redações anteriores mais imprecisas ou ambíguas foram reformuladas e a exclusão de mulheres ficou mais taxativa. É o que se vê em Constituições estaduais americanas redigidas ou revisadas durante os anos 1810. Nessa altura, os requisitos para o exercício da democracia pelos homens brancos tornavam-se generosos. Simultaneamente, porém, os legisladores tinham o cuidado de deixar bem claro que as mulheres e (em geral) os homens negros não compartilhavam dessa liberalidade democrática. Com isso, embora a palavra "homens" ainda fosse usada no sentido mais geral de também incluir mulheres, quando se tratava de estabelecer requisitos para o direito ao voto o que imperava era a especificidade. Nas novas e emendadas Constituições estaduais da Flórida Ocidental (1810), da Louisiana (1812), de Indiana (1816), do Mississippi (1817) e de Connecticut e Illinois (1818), os legisladores utilizaram de maneira calculada frases como "toda pessoa branca livre do sexo masculino" ou "todo cidadão branco do sexo masculino" ou "todos os habitantes brancos do sexo masculino".[17]

A trajetória era mais ou menos a mesma em partes da Europa. Mais do que no caso da América revolucionária, a Revolução Francesa de 1789 provocou discussões sobre as reivindicações do segundo sexo. No entanto, a primeira Constituição da França, de 1791, classificava mulheres como meras cidadãs passivas. Alguns países apanhados pelas invasões revolucionárias e napoleônicas francesas eram ainda mais inflexíveis. As reuniões dos Estados Gerais e da Assembleia Nacional da França pelo menos tinham sido abertas para espectadoras. Mas quando as cortes de Cádiz começaram a elaborar sua ambiciosa Constituição para o império espanhol em 1810, as mulheres foram mantidas do lado de fora, não só dos requisitos da cidadania ativa, mas até mesmo dos locais de debate. "Homens de todas as classes" eram convidados "sem distinção" para dar testemunho. Já as mulheres não tinham permissão para "entrar em nenhuma das galerias do salão da assembleia".[18]

Essa tendência dos textos constitucionais a dar às mulheres tratamento mais restritivo ao longo do tempo não se limitava à Euro-América. No Havaí, a poderosa Câmara dos Nobres criada por sua primeira Constituição escrita, em 1840, de início incluía considerável número de chefes do sexo feminino. Em 1846, essas mulheres formavam quase um terço dos membros. Mas, fora da monarquia, a participação formal das mulheres na política havaiana foi progressivamente reduzida. Em 1850, pela primeira vez, uma lei restringiu especificamente o direito do voto aos homens havaianos. Em 1855, só restava uma chefe na Câmara dos Nobres, cujos membros não eram eleitos. Em 1892, as mulheres foram totalmente proibidas de fazer parte dessa instituição.[19]

Na verdade, até certo ponto, à medida que novas Constituições se disseminavam — sendo consideradas cada vez mais indicadores desejáveis

42. Símbolo, não substância: a mulher como alegoria da liberdade, segurando na mão a Declaração dos Direitos do Homem e do Cidadão, pintada em Paris pela artista Nanine Vallain, em 1793-4.

de modernidade —, Estados que as adotavam tendiam a copiar as tendências excludentes que haviam caracterizado a maioria desses dispositivos desde o início. Assim sendo, o início canônico da modernização política sistemática do Japão, a Restauração Meiji de 1868, foi prontamente seguido pelo desmantelamento do até então poderoso setor feminino da burocracia palaciana em Edo (Tóquio). E, embora um pequeno número de mulheres japonesas, em períodos anteriores, pareça ter participado ao menos de vez em quando de questões políticas locais, a Constituição Meiji de 1889 negou a todas elas o direito ao voto. Um ano depois, as mulheres japonesas foram proibidas até mesmo de assistir a reuniões políticas, numa medida baseada em leis anteriores da Alemanha e da Áustria.[20]

Essa barragem de cláusulas formais, excludentes, esconde tanto quanto revela, claro. Oculta as maneiras de algumas mulheres, em todos os continentes, criarem modalidades alternativas de engajamento público e político. Pode também desviar a atenção do grau em que mulheres, como homens de condição inferior, às vezes obtinham benefícios na introdução de novas Constituições escritas, mesmo quando esses dispositivos lhes negavam o direito ao voto: melhores arranjos educacionais, por exemplo, ou acesso mais seguro à imprensa livre. É sempre errado reduzir os direitos políticos apenas ao acesso ao voto.

No entanto, o grau em que as Constituições escritas tendiam quase em toda parte a excluir as mulheres do processo de votação precisa ser explicado. Não basta dizer que esses textos formais simplesmente punham em palavras e em letra de fôrma padrões de comportamento e atitudes que sempre haviam prevalecido. Como bem ilustram os acontecimentos no Havaí e no Japão, nem sempre foi esse o caso. As novas Constituições muitas vezes reforçavam, em vez de simplesmente reafirmar em palavras, restrições ao envolvimento político feminino. Acima de tudo, foi precisamente o modo como esses dispositivos converteram a exclusão já existente mas não invariável em lei, e em documentos oficiais produzidos em massa, que se mostrou tão sério.

Uma vez que as desvantagens femininas eram transformadas em leis escritas e publicadas, ficava mais difícil mudar. A experiência das mulheres de Pitcairn oferece uma ilustração indireta. Nos anos 1850, com os magros recursos do seu rochoso refúgio original quase esgotados, os cerca de duzentos moradores de Pitcairn mudaram-se por um tempo para a ilha de Norfolk, que fica 1100 quilômetros a noroeste de Auckland, na Nova Zelândia. Para desgosto dos burocratas locais, as mulheres de Pitcairn se recusaram a abrir mão do direito ao voto nessa nova localidade, e sua recusa prevaleceu.[21] Por quê? Porque em 1838 um agente estatal reconhecido, o capitão Russel Elliott, da Marinha Real, registrara os direitos políticos dessas mulheres no papel; e isso foi suficiente para consolidar esses direitos em outro território reivindicado pela Grã-Bretanha. As mulheres de Pitcairn tinham tudo por escrito. Para a maioria das mulheres do mundo, porém, o caso era o inverso. Na maioria esmagadora, as novas Constituições puseram no papel, em palavras inflexíveis, e publicaram na forma de lei, o duro fato de que a maquinaria e a vida política dos Estados eram em sua quase totalidade uma esfera da atividade masculina.

Um senso resultante de que, em certo sentido, Constituições escritas eram textos alienígenas ajuda a explicar, imagino, por que razão — apesar de os níveis de mulheres que escreviam profissionalmente aumentarem em 1750, incluindo sobre questões políticas — elas pouco tentavam a mão, como os homens costumavam fazer, na redação de suas próprias Constituições não oficiais. Algumas radicais importantes, como a revolucionária e teatróloga parisiense Marie Gouze (conhecida como Olympe de Gouges), no começo dos anos 1790, e Elizabeth Cady Stanton, filha de um advogado de sucesso, e seus assessores na Convenção de Seneca Falls no norte do estado de Nova York em 1848, de fato publicaram declarações de direitos exigindo tratamento político igual para as mulheres.[22] Mas não era a mesma coisa.

Uma declaração é uma afirmação, um protesto, uma série de reivindicações. É, portanto, um exercício essencialmente diferente de uma Constituição política, que dispõe como um Estado deve ser organizado e administrado. Com relação a este último tipo de documento, a Constituição política, mesmo algumas mulheres do século XIX que em tudo o mais eram ambiciosas e poderosas parecem ter visto nele uma "forma," nas palavras

Os que não devem ganhar, os que não querem perder 265

de Virginia Woolf, "feita por homens a partir de necessidades próprias e para uso próprio".[23] Constituições não podiam ter, para as mulheres, o mesmo sentido que tinham para os homens, e certamente não poderiam, de maneira viável, ser criadas por uma mulher, nem mesmo como exercício cultural e literário na privacidade de sua própria casa.

As reações da rainha Vitória, segundo certos critérios a mulher mais poderosa do mundo do século XIX, ajudam a entender melhor essa questão. Em abril de 1848, em meio a múltiplas revoluções na Europa, e quando o Parlamento de Frankfurt estava reunido na esperança otimista de preparar uma Constituição para uma Alemanha unificada e mais democrática, a rainha anotou em seu diário que o marido, o príncipe Albert, dera início a um exercício constitucional amadorístico próprio. Ele "escreveu excelentes propostas para uma Constituição da Alemanha", registrou com orgulho, que "se adotadas poderiam ser de grande e duradoura utilidade". No mês seguinte, ela contou que "durante o café da manhã" Albert leu em voz alta o texto da Constituição (efêmera) que o Parlamento de Frankfurt planejava adotar.[24]

O notável aqui é a passividade da rainha — qualidade que não costuma ser associada a ela em qualquer área da vida. O alemão escrito e falado de Vitória era fluente. Sua estirpe era tão alemã quanto a de Albert. Ela conhecia bem alguns estados alemães e interessava-se profundamente por seu destino. É verdade que, como todas as mulheres de qualquer lugar até o fim dos anos 1800, Vitória não tinha educação jurídica profissional, mas Albert também não a possuía. Apesar disso, ao contrário do marido, a rainha parece jamais ter pensado em redigir, de modo privado, uma Constituição informal para a Alemanha, ou para qualquer outro lugar. Nesse sentido, pelo menos, ela era uma representante típica da vasta maioria das mulheres do século XIX.

No fim do século XVIII, antes da moda das Constituições escritas se firmar, pouquíssimas mulheres tinham sido menos tímidas do que isso. Como já vimos, outra monarca, Catarina, a Grande, não tivera o menor pudor para escrever o seu *Nakaz*, nem para proclamar o fato, e seu texto em letra de fôrma, o mais amplamente possível. Na mesma década, os

43. Um *mezzo-tinto* de Catharine Macaulay com um rolo da Magna Carta na mão, e uma pena pronta para escrever.

anos 1760, a intelectual inglesa Catharine Macaulay não viu nada de mais em publicar sugestões para Pasquale Paoli sobre como delinear no papel uma forma "democrática" de governo para a Córsega.[25] Mas quando as Constituições escritas se tornaram mais estabelecidas e mais arraigadas, um gênero bem-sucedido que se multiplicava, mesmo esse limitado envolvimento feminino parece ter declinado. Por quê?

A guerra foi o principal motivo, mas não o único. A escala e as demandas cada vez mais amplas do conflito armado explicam substancialmente tanto o viés masculinista da maioria das Constituições do fim do século XVIII e do século XIX como o senso de crescente afastamento feminino desses documentos. Esses dispositivos, muitas vezes empregados para oferecer recompensas ao suprimento adequado de efetivos, tendiam a enfatizar o que costumava ser visto como uma contribuição exclusivamente masculina ao Estado, ou seja, o serviço militar. Nas Constituições oficialmente promulgadas no globo entre 1776 e 1870, há, segundo uma contagem, perto de 3,4 mil cláusulas relativas a exércitos, marinhas, milícias e recrutamento.[26] Exemplos mais generalizados de linguagem bélica ("todo cidadão é soldado" e coisas do gênero) também abundam. Como as mulheres não podiam abertamente servir em exércitos, marinhas ou milícias, e como não eram recrutadas nem se esperava que lutassem, linguagem e cláusulas desse tipo tinham o efeito imediato de marginalizá-las.

Alusões bélicas tendiam a receber destaque especial em textos produzidos como resultado de lutas armadas, ou por Estados que se sentiam sob uma ameaça particular. Quando o Peru promulgou uma nova Constituição em 1828, sete anos depois de sua bem-sucedida luta contra o domínio espanhol, as primeiras três categorias que o documento declarava aptas para a cidadania foram as seguintes (grifos meus):

1. Todos os *homens* livres nascidos no território da república.

2. Os *filhos* de pai ou mãe peruanos...

3. Estrangeiros que *serviram, ou devem servir, no Exército e na Marinha da república*

Como a Venezuela e a Bolívia tinham feito, respectivamente, em 1819 e em 1826, o Peru também aproveitou a oportunidade oferecida pela nova Constituição para isentar seus veteranos militares dos requisitos de propriedade exigidos do eleitorado, todo ele do sexo masculino. O sacrifício no campo de batalha seria suficiente. Outras repúblicas sul-americanas forjadas na guerra — Chile, Argentina e Colômbia, por exemplo — fizeram questão de dar a milicianos locais e membros da guarda nacional lugar proeminente nas cerimônias patrióticas, incluindo comemorações de aniversário de suas Constituições.[27]

Relacionar a obrigação masculina de lutar a uma qualificação exclusiva para a cidadania ativa nada tinha de novo.[28] No entanto, o fato de tantas Constituições posteriores a 1750 fazerem questão de curvar-se a ideias desse tipo era, em certo sentido, perverso. Perverso porque, em algumas regiões do mundo, a contribuição feminina para os esforços de guerra àquela altura crescia explicitamente. Na França, nas terras alemãs, nos Estados Unidos, na Grã-Bretanha e nos mundos hispânico e lusitano (e suspeito que também em outros lugares fora do Ocidente), há provas cada vez mais numerosas de que, a partir dos anos 1750, mulheres de diferentes classes sociais formavam grupos para coser uniformes e bandeiras, intervinham para cuidar de subscrições em benefício dos feridos de guerra, publicavam propaganda patriótica e faziam discursos em apoio aos esforços de guerra.[29]

Algumas poucas mulheres no fim do século XVIII e no começo do século XIX chegaram a envolver-se abertamente em conflitos armados. Para consternação de Simón Bolívar, sua parceira Manuela Sáenz insistiu em participar de algumas das batalhas. Na mesma linha, e tal como foi imortalizada por Francisco de Goya em suas gravuras implacáveis, mas brilhantes, *Os desastres da guerra*, criadas entre 1810 e 1820, uma mulher chamada Agustina de Aragón participou de combates na linha de frente quando forças francesas sitiaram Zaragoza, no norte da Espanha, em 1808. Subsequentemente condecorada por bravura, e premiada com o posto honorário de tenente, ela ainda participou de outros embates militares.

Mas na poderosa imagem de Goya mostrando Agustina, desafiadora, disparando um canhão, em pé em cima de um monte de corpos masculinos ensanguentados, ela usa roupas delicadas, femininas e com certeza inautênticas. Mesmo quando mulheres mergulhadas ativamente em combate trajavam uniformes quase militares, como Sáenz parece ter feito algumas vezes, suas ações eram justificadas como simples gestos de apoio aos homens do seu círculo (como no caso dela). Ou, como tantas mulheres que se atiraram na luta durante as revoluções europeias de 1848, os esforços

Os que não devem ganhar, os que não querem perder 269

armados femininos eram minimizados, como se não passassem de uma agradável confirmação de que o fervor patriótico e/ou radical era tão obsessivo que contaminava até membros do sexo "mais frágil".[30]

A questão crucial aqui era que, antes da Primeira Guerra Mundial — e com raríssimas exceções, como a guarda palaciana feminina formada por 6 mil mulheres, profissionalmente celibatárias, no Daomé, oeste da África —, mulheres não podiam abertamente servir como membros plenos de forças armadas regulares.[31] Não podiam participar de uma maquinaria militar formal de Estado. Fosse qual fosse a qualidade da contribuição bélica ocasional e voluntária dada pelas mulheres, portanto, esses esforços não justificavam nem validavam reivindicações de maior participação na vida política oficial do Estado.

Em algumas poucas partes do mundo, porém, os padrões de desenvolvimento foram muito diferentes. E é aí que os acontecimentos na minúscula Pitcairn mais uma vez iluminam muito mais do que a si mesmos. Quando ali desembarcou em 1838, Russell Elliott de fato ficou preocupado com relatos dos moradores sobre agressivos baleeiros brancos, e com o que isso poderia indicar sobre as intenções dos Estados Unidos na região. No entanto, como reconheceu Elliott, não havia sentido algum em tentar dispor sobre a formação de uma milícia na Constituição que redigiu, menos ainda sobre a introdução de um Exército regular. A ilha não só ficava longe de grandes centros de agressão potencial como sua população era de menos de cem almas. Nessas condições, fazer preparativos para possíveis guerras futuras oferecendo aos moradores do sexo masculino acesso exclusivo à cidadania ativa em troca da disposição para combater não era necessário nem viável. Elliott, portanto, teve liberdade para escolher um caminho idealista de sua própria escolha, incluindo as mulheres de Pitcairn entre os cidadãos eleitores.

Esse padrão — de lugares situados longe dos centros de poder que às vezes se mostravam mais propícios num estágio inicial para direitos políticos femininos — pode ser observado em outras regiões. Antes de 1914, um número desproporcional das partes do mundo que permitiam o voto feminino era constituído de ilhas do Pacífico geograficamente distantes de

44. Imagem de Agustina de Aragón por Goya.

Londres, como Pitcairn, as ilhas Cook, a Nova Zelândia e a Austrália. Ou eram territórios do vasto Meio-Oeste dos Estados Unidos (Wyoming, Utah, Colorado e Idaho), distantes da grandiosidade e do fácil acesso de Washington, DC. Ou eram como a ilha de Man, de tamanho modesto, no norte do mar da Irlanda, que ofereceu a algumas mulheres o direito de votar em eleições para seu Parlamento local, o Tynwald, em 1881, ou como a Finlândia, que permitiu que mulheres votassem e se candidatassem em eleições em 1906; partes quase autônomas e periféricas de unidades políticas muito maiores, o Reino Unido no primeiro caso e o Império Russo no segundo.

Nesses lugares, fosse no mundo do Pacífico, nos Estados Unidos ou dentro da Europa, havia fatores adicionais, locais, em jogo. Mas *todos* eles tinham uma característica em comum: não estavam no centro dos acontecimentos. Antes de 1914, certa distância geográfica e/ou cultural das grandes capitais e de sua máquina de governo, sobretudo de suas capacidades guerreiras, costumava ser necessária para que as mulheres tivessem

Os que não devem ganhar, os que não querem perder

alguma possibilidade de conquistar uma dose de cidadania formal, ativa, e de vislumbrar uma democracia mais espaçosa.

Guerra de colonos

Em descompasso com o tratamento constitucional geralmente dado às mulheres, e ao mesmo tempo revelador, o que houve em Pitcairn em 1838 é extraordinário em outro sentido. Russell Elliott resolveu incluir cláusulas registrando por escrito os direitos políticos de pessoas tidas por quase todos como de pele escura, e que eram, substancialmente, nativos do Pacífico. Esse comportamento contrasta em parte com o dos brancos recém-chegados a muitos territórios dessa região — e além dela —, que abocanhavam territórios num ritmo furioso, usando textos constitucionais para alardear e consolidar sua posição, quase invariavelmente à custa das populações indígenas.[32]

As invasões de colonos à custa de povos nativos não eram novidade, claro, e as que ocorriam no século XIX não se limitavam ao mundo do Pacífico, nem eram praticadas apenas por anglófonos. A partir do fim dos anos 1850, Alexandre II da Rússia adotou uma política mais agressiva de "limpeza" do Cáucaso ocidental para colocar terras à disposição dos colonos russos. Nos anos 1870, cerca de 2 milhões de membros tribais foram expulsos dessa região, às vezes contra o pano de fundo de massacres em larga escala.[33] O que havia de mais diferente nas incursões de colonos no Pacífico era a variedade, além do fato de muitos dos invasores brancos envolvidos lançarem ambiciosos projetos constitucionais.

Entre 1820 e 1860, não custa repetir, 5 milhões de europeus emigraram para os Estados Unidos. Ao chegar, muitos desses homens e mulheres seguiam para o Oeste americano junto, até 1850, com cerca de 1,5 milhão de pessoas nascidas nas regiões do leste do país. O número de europeus que emigravam para a Austrália e a Nova Zelândia era bem menor, mas seu impacto foi severo. Em 1810, aproximadamente 12 mil colonizadores viviam no que é hoje a Austrália, na maioria condenados a penas de prisão transferidos da Grã-Bretanha e da Irlanda, e os soldados e marinheiros que tomavam conta deles. Em 1840, essa população de imigrantes tinha aumentado para 200 mil, tornando-se, também, mais diversificada. Foram sucessivas corridas em busca do ouro, porém, na Austrália, e também na costa do Pacífico da América do Norte, que transformaram radicalmente o número de recém-chegados. De 1851 a 1864, mais de 570 mil inundaram o interior dourado de Vitória, no sudeste da Austrália. "Em seus 259 mil quilômetros quadrados", informou um jornalista em 1863, há "escassamente um ponto onde os aborígenes possam descansar."[34]

Um jeito de entender essas invasões de colonos é vê-las como uma nova manifestação de guerra híbrida, como outra fase de agressão por mar e por terra. De fato, forças armadas regulares muitas vezes se envolveram ativamente nesses ataques. Durante os anos 1860, 18 mil soldados britânicos lutavam contra os maoris, em terra, na ilha Norte da Nova Zelândia. Muitas vezes, porém, o que acontecia lembrava mais guerra de guerrilha de longa duração, com colonos usando suas próprias armas ou contratando pistoleiros, ou misturando comida com arsênico, ou simplesmente tomando terra e, dessa maneira, obrigando os habitantes originários a morrer de fome ou a ir embora. Esse tipo de violência mais extemporânea foi responsável por reduzir a população indígena da Califórnia de cerca de 150 mil em 1848, quando o México teve que ceder a região para os Estados Unidos, para 30 mil em 1870.[35]

Colonos brancos em toda a zona do Pacífico (e mais além) utilizavam outra arma. Empregavam Constituições escritas como meio de promover, legitimar e consolidar suas ações. Essa questão precisa ser ressaltada porque, embora historiadores nos últimos anos tenham reconstruído parte das maneiras pelas quais impérios empregavam um vasto repertório de leis para ordenar os territórios que capturavam e subjugar as populações nativas, o grau em que a nova tecnologia política poderia funcionar dessa forma tem sido negligenciado ou minimizado.[36] Suspeito que em parte seja assim devido à persistente noção de que o constitucionalismo escrito tem sido invariavelmente benévolo e costuma atuar como força libertadora. No entanto, em relação a povos indígenas, e de maneira menos letal em relação às mulheres, as Constituições muitas

45. Thomas Crawford, *O índio: chefe moribundo contempla o progresso da civilização*, 1856. Uma versão dessa obra foi incluída no friso do frontão da ala do Senado no prédio do Capitólio dos Estados Unidos, em Washington, DC.

vezes funcionavam — e eram projetadas para funcionar — como meio de excluir e marginalizar.

Desde o início, a Constituição dos Estados Unidos deu importante apoio à fome dos brancos por terras indígenas. Mas as Constituições estaduais americanas é que trabalharam com mais afinco nesse sentido. Primeiro, porque esses textos muitas vezes registravam por escrito e com detalhes os limites territoriais do estado particular envolvido. O resultado foi fazer esses limites parecerem arraigados em lei e — com o tempo — naturais e automáticos. Mas cláusulas territoriais nas Constituições estaduais costumavam ser invenções calculadas: linhas arbitrárias traçadas num mapa em desafio a, ou na ignorância de, povos indígenas ou outras reivindicações rivais de propriedade da terra. Segundo, porque tanto a Constituição americana como as Constituições estaduais tratavam os nativos como povos à parte: certamente como grupos que não deviam ser tributados, mas também como pessoas que não estavam, portanto, aptas a votar ou a concorrer a cargos na entidade política mais ampla. Como resultado, quando submetidos à violência e ao implacável confisco de terras, os indígenas se viram privados dos modos prescritos de expressão e de influência política.

A Constituição original da Califórnia, ratificada em novembro de 1849, oferece um exemplo eloquente.[37] Eloquente porque no começo daquele ano havia apenas 25 mil brancos nesse território, número consideravelmente menor do que sua população indígena. Eloquente, também, porque segundo alguns critérios esse documento de 1849 era notavelmente esclarecido. Lançado numa edição impressa de 10 mil exemplares (a média de um romance bem-sucedido naquela época), ele trazia na abertura uma declaração de direitos dispondo sobre julgamento por júri popular, liberdade de imprensa, liberdade religiosa e habeas corpus. Além disso, proibia a escravidão e estendia o direito ao voto a todos os adultos brancos do sexo masculino do estado. Mas apesar de alguns dos delegados presentes na convenção constitucional da Califórnia terem defendido direitos gerais para os nativos, isso foi vetado. Indígenas locais (do sexo masculino) só podiam adquirir cidadania política em "casos especiais" e apenas se o candidato conseguisse o apoio de dois terços dos membros do legislativo da Califórnia. Como outras Constituições destinadas a colonos, essa também se propunha a ordenar a terra. Seu artigo 12º fixou os limites do futuro estado da Califórnia, estendendo-o a "todas as ilhas, portos e baías, ao longo e adjacentes à costa do Pacífico".

Um ano depois, em 1850, essa mesma Constituição californiana era citada e celebrada em Sydney, Austrália. "Veja-se, por exemplo, o que aconteceu recentemente na Califórnia", disse um cidadão chamado John Dunmore Lang a uma multidão ruidosa e entusiasmada num dos teatros da cidade:

Uma grande parte da população flutuante destas colônias australianas, incluindo não poucas famílias e indivíduos que se achavam notoriamente falidos tanto no caráter como no bolso, recentemente atravessou o Pacífico para se estabelecer naquele país [...]. Mas esses homens, apesar disso, prepararam para si próprios uma Constituição que pode servir de modelo para qualquer nação na face da Terra (fortes e contínuos aplausos).[38]

Como demonstrou o historiador James Belich, apesar de separadas por vastas extensões de água e por diferentes alianças políticas, as sociedades de colonos na Austrália e nos Estados Unidos do século XIX eram em muitos sentidos gêmeas idênticas, e esse aceno de Sydney à Constituição californiana é só um exemplo do intercâmbio regular de ideias e pessoas que se dava entre essas duas vastíssimas regiões.[39] Na Austrália, como em boa parte dos Estados Unidos, a afeição estridente à irrestrita democracia de homens e a novas iniciativas constitucionais tendia a desenvolver-se em conjunto com a implacável fome de terra e muitas vezes, embora nem sempre, o apoio à expulsão, ou mesmo à erradicação, de povos indígenas.

Nem só radicais e demagogos como Dunmore Lang na Austrália iam buscar munição ideológica nos Estados Unidos. Examinemos alguns dos argumentos utilizados por sir George Gipps, tipo de indivíduo bem diferente. Inglês de formação militar, era um homem reflexivo e competente que por algum tempo acumulou o governo de Nova Gales do Sul e da Nova Zelândia, e tentou conter o que havia de pior nas atrocidades cometidas por colonos nos dois lugares.[40] Apesar disso, ao falar no Conselho Legislativo de Nova Gales do Sul, em Sydney, no verão de 1840, Gipps inspirou-se fortemente nos escritos americanos sobre a necessária subordinação de povos nativos.

Gipps, segundo notícias,

leu numerosos trechos de obras de autoridade convencional para demonstrar que pela lei e pela prática não só da Inglaterra, mas de todas as potências colonizadoras da Europa, bem como dos Estados Unidos da América, sempre se considerou que os habitantes aborígenes não civilizados de qualquer país têm apenas um domínio restrito sobre ele, ou apenas um direito de ocupação [...] até que estabeleçam entre si uma forma previsível de governo. As primeiras passagens lidas por Sua Excelência foram extraídas de *Comentários à Constituição dos Estados Unidos*, de [Joseph] Story [...]. Sua Excelência então leu [...] pequenos trechos dos *Comentários à lei americana*, de [James] Kent.[41]

O notável aqui é o conhecimento de Gipps, e o uso que ele faz, de textos à época recentes de juristas americanos. *Comentários à Constituição dos Estados Unidos*, do juiz da Suprema Corte Joseph Story, tinha acabado de ser publicado em Cambridge, Massachusetts, em 1833, mas em 1840 já era considerado um clássico e amplamente citado nos tribunais americanos. A obra em quatro volumes de James Kent, ex-professor da Faculdade de Direito de Columbia em Nova York, publicado em 1826, também tivera múltiplas e influentes edições.

Em outras palavras, quando Gipps falou para seus legisladores em Sydney, Austrália, em 1840, não baseou sua argumentação apenas em teorias e precedentes políticos britânicos. Nem citou diretamente fontes clássicas antigas. Na verdade — demonstrando que setores do mundo do Pacífico estavam conectados entre si por ideias, não só por comércio, migração, violência imperial e navios —, Gibbs voltou seus olhos para os Estados Unidos. Acreditava que o rápido avanço dos seus colonos para o oeste apresentava óbvios paralelos e úteis argumentos de apoio a usurpações coloniais na Austrália e na Nova Zelândia.

"O caráter e os hábitos peculiares das nações indígenas", disse Gipps, citando, com aprovação, os *Comentários* de Kent, os tornam "incapazes de manter qualquer outra relação com os brancos que não seja de dependência e aprendizado." Não havia "nenhuma outra maneira de lidar com eles", escreveu Kent em sua volumosa obra, e Gipps concordava. Só a aquisição de "civilização", concluiu o inglês, juntando os dois eruditos empréstimos americanos em benefício de sua plateia australiana, poderia dar a um povo "o direito de [...] dispor do solo que ocupa"; isso, junto com o "estabelecimento de um governo" e, acima de tudo, "o estabelecimento da lei".[42]

John Dunmore Lang, frequente adversário político de Gipps — e de muita gente mais — também tomava emprestado dos Estados Unidos, mas à sua maneira. Escocês, carreirista, incorrigivelmente combativo e dinâmico, Lang migrou para a Austrália no começo dos anos 1820. Lá chegando, tornou-se pastor presbiteriano, político, demagogo litigioso, jornalista e viciado em polêmicas, dizendo-se no fim das contas autor de trezentas obras. Lang era também um viajante incansável, produzindo muito do que escrevia a bordo de navios. Conhecia bem os Estados Unidos, tendo feito uma visita ao presidente Van Buren em 1840, estudando a política e a história do país, e cultivando uma grande variedade de correspondentes americanos, especialmente presbiterianos como ele. Também fez questão de visitar o Brasil depois que o país declarou sua independência em 1822, além de outros Estados sul-americanos emergentes. À medida que envelhecia, a visão transpacífica de Lang ampliava-se ainda mais. Ele sonhava com uma futura federação republicana australiana que abarcasse a Nova Zelândia, a Nova Guiné e Fiji; e, no fim da vida, tinha começado a valorizar as dimensões asiáticas do seu país, tardiamente reconhecendo a importância da China.[43]

O progresso de Lang exibe, portanto, em grau espetacular, a variedade e o alcance das conexões que era possível construir tanto dentro do vasto mundo do Pacífico como viajando para além dele. Mas sua carreira de ativista também mostra que, mesmo uma exposição excepcional a viagens transnacionais, e um feroz apego às lutas democráticas, podia ser compatível na prática com uma adesão a posições exclusivistas e ideologias racistas.

Da fervorosa devoção de Lang a certas causas reformistas não pode haver dúvida. Era abolicionista. Cultivava outros democratas na Europa, visitando as terras alemãs no meio das revoluções de 1848, falando no Parlamento de Frankfurt para recomendar que qualquer revolucionário local forçado a exilar-se recebesse refúgio numa ilha do Pacífico. De maneira inusitada para um radical australiano da sua geração, Lang era também abertamente republicano. O futuro constitucional que imaginava para sua pátria adotiva pressupunha tanto o estabelecimento de uma "grande república federal", com um presidente, um vice-presidente, um senado e uma câmara de representantes, "como nos Estados Unidos".[44]

Essa futura república federal e democrática australiana deveria, no entanto, ser configurada por homens brancos. Como muitos pastores presbiterianos, Lang baseava-se muito no Antigo Testamento, no qual acreditava ter encontrado provas tanto do apego dos israelitas de antigamente ao sufrágio universal masculino como à reprovação divina ao voto feminino.

Já quanto aos não brancos nativos, Lang protestava (com exagero) contra toda acusação de que ele os via como intrinsecamente inferiores. Na verdade, e como outros ardorosos defensores da colonização branca, ele às vezes recorria a uma das primeiras variantes do darwinismo social para afirmar que os australianos aborígenes, como a "raça vermelha" dos Estados Unidos e os ilhéus polinésios, eram vítimas, não necessariamente de violência, mas de "decomposição natural" e declínio. Mesmo "quando um choque real não ocorre entre as raças branca e negra", insistia Lang, "esta última, como as folhas no outono, desaparece uniformemente diante do progresso da colonização europeia".[45] Esse, na sua cabeça, era o lado sombrio, e infeliz mas irremediável, da difusão da política democrática.

Ao lado do temperamento irascível e do fanatismo religioso, esse pacote de posições políticas rigorosamente mantidas tornava Lang um eterno insatisfeito. Era um defensor bem conhecido da extensão de direitos políticos mais amplos aos colonos australianos do sexo masculino, bem como do livre acesso ao que se chamava, eufemisticamente, de "terras ermas". Mas mesmo quando esses objetivos eram, em grande parte, atingidos, ele continuava descontente. Como tantos textos políticos surgidos da vasta região do Pacífico, as Constituições promulgadas para Nova Gales do Sul, Austrália Meridional, Vitória e Tasmânia ao longo dos anos 1850 eram documentos significativos e, dizem alguns, bastante avançados. Na Austrália Meridional, por exemplo, quase todos os residentes do sexo masculino com mais de 21 anos ganharam o direito de votar. Pela primeira vez em larga escala em uma parte do mundo, os homens, tanto

Os que não devem ganhar, os que não querem perder

ali como em outras regiões australianas, também garantiram o direito ao voto secreto.[46]

Mas ainda se tratava de Constituições parlamentares. Quer dizer, antes de entrarem em vigor na Austrália, precisavam ser aprovadas pelo Parlamento de Westminster em Londres, o qual, por lei, podia subsequentemente alterá-las ou abortá-las. "Como qualquer mendigo", resmungava Lang, "os colonos britânicos têm que aceitar o que lhe oferecem seus superiores, e ainda ficar agradecidos." Essa talvez não fosse a única razão da sua defesa clamorosa de uma república australiana autônoma. Contrariando as expectativas de muitos colonos brancos, essas novas Constituições acabaram dando a alguns homens aborígenes o direito ao voto. Nos anos 1890, algumas mulheres aborígenes também estavam votando. Lang já tinha morrido, mas esse não era o futuro político que ele tinha imaginado ao batalhar com tanta frequência, e tão veementemente, por "liberdade e independência para as terras douradas da Austrália".[47]

Taiti e respostas por escrito

Em alguns dos maiores territórios do Pacífico, as novas Constituições funcionaram, portanto, para promover os direitos e os interesses de números crescentes de invasores e colonos brancos, e simultaneamente para intensificar o despejo de povos indígenas. No entanto, como sugere o que houve em Pitcairn, nunca era só isso. O que dizer de outros lugares de resistência, invenção e exceção do Pacífico? Até que ponto, e em que circunstâncias, as novas tecnologias políticas também puderam ser usadas pelos nativos desse vasto espaço oceânico?

Algumas respostas são sugeridas pelo que aconteceu no Taiti, a maior do que hoje se chama de Ilhas da Sociedade, mais ou menos equidistantes da Califórnia e da Austrália. Em 1817, o chefe de governo do Taiti, Pomare II, que os europeus recém-chegados aceitavam como rei, começou a construção de uma "capela" real em Pare, no norte da ilha. Quando terminado, o prédio ficou enorme. Com 213 metros de comprimento, era mais de quatro vezes maior do que a Casa Branca em Washington, e provavelmente a maior estrutura feita pelo homem na Oceania até então. Foi ali, nessa "capela" grandiosa de Pare, que em 13 de maio de 1819 Pomare leu o conteúdo de um novo código de leis, cláusula por cláusula, para uma assembleia de cerca de 6 mil pessoas — ou seja, a quase totalidade da população cristã não branca do Taiti.[48]

Depois da leitura, Pomare convidou os chefes locais a assinar seu "de acordo" formal no código de dezoito pontos. Em seguida, pediu uma manifestação de aprovação dos demais moradores da ilha. "Isso foi feito com unanimidade", informou uma testemunha, "e um audível ruído rápido, devido ao fato de milhares de braços se erguerem ao mesmo tempo." Uma vez ratificado dessa maneira, o novo código de leis foi "impresso numa grande folha de papel, e não só enviado para cada chefe e magistrado [...] mas exposto em quase todas as praças públicas".[49]

Como sugerem esses acontecimentos, Pomare era um indivíduo extraordinário que merecia mais destaque na história global, especialmente porque, longe de ser uma figura aberrante, era — em algumas de suas ideias e ações — um homem da sua época. Nascido nos anos 1770, tinha passado boa parte da juventude e o começo da meia-idade guerreando contra chefes rivais no Taiti e nas ilhas adjacentes na Polinésia oriental, sendo às vezes forçado a viver no exílio. Só com sua vitória na batalha de Te Feipi, em novembro de 1815, cinco meses depois de Waterloo, Pomare se sentiu suficientemente seguro em sua posição para se dedicar a construir um Estado taitiano mais centralizado e expansionista, e para botar tudo por escrito.[50]

Dessa maneira, Pomare tinha traços em comum com alguns contemporâneos muito mais conhecidos, como Napoleão Bonaparte na França (sobre quem lia e a quem admirava), Toussaint Louverture no Haiti e Simón Bolívar na América do Sul. Como esses homens, Pomare estabeleceu-se primeiro por meio de guerras repetidas e persistentes, depois pelo empenho em reinventar sua entidade política e desenvolver sua autoridade pessoal lançando novos textos jurídicos e políticos.

46. Pomare II, do Taiti; gravura publicada em 1821, ano da sua morte.

Em outros sentidos, porém, a situação de Pomare foi muito diferente, e sua carreira lança luz sobre o que geralmente é necessário para que governantes indígenas vulneráveis tivessem alguma chance de tirar partido de novas políticas escritas. Para começar, ajudou muito o fato de Pomare ver a si mesmo e ser visto pelos outros como um rei. Até o começo do século XX, um número desproporcional dos escassos setores do mundo que conseguiam reter algum nível de autonomia diante da gradual invasão do poder imperial, industrial, econômico e militar do Ocidente eram monarquias, como o Japão, a China, a Turquia otomana, o Sião, Tonga (que promulgou sua própria Constituição em 1875) e, por um tempo, o Havaí. Ou, como no caso do Haiti, eram territórios controlados por uma sucessão de líderes autoritários.

Contrastando com isso, sociedades e povos vistos como nômades, sem conexões fixas com um pedaço de terra específico e com estruturas frouxas e flutuantes de liderança, corriam um risco muito maior de ser menosprezados. Havia muitas razões para os maoris da Nova Zelândia serem às vezes mais bem tratados pelos britânicos do que os australianos aborígenes, mas uma delas era o fato de os maoris serem vistos pelos brancos recém-chegados como possuidores de chefes reconhecidos. Já em 1830, burocratas em Londres estavam dispostos a conceder aos maoris certo grau de soberania, coisa que os funcionários imperiais jamais fizeram com relação aos australianos aborígenes. É sugestivo também o fato de, nos anos 1850, alguns líderes maoris terem querido ir além e formar uma confederação sob um rei eleito, afirmando que essa estratégia era a melhor maneira de manter o controle do que restava de suas terras.[51]

Além de ser uma monarquia, e pequeno demais para atrair grandes levas de colonos e garimpeiros de fora, o Taiti tinha outra vantagem, apesar de ambivalente. Era ao mesmo tempo ajudado e transformado por missionários cristãos, que se espalharam pela Oceania a partir dos anos 1790. Esses indivíduos costumam ser vistos como agentes diretos de incorporação cultural, cúmplices nos negócios do império. No entanto, mais do que em outras partes do globo, o impacto dos missionários na região do Pacífico foi misto, sobretudo durante a primeira metade do século XIX.

Foi misto porque muitos missionários no Pacífico tinham origem operária ou empobrecida. Alguns eram, além disso, mulheres, e havia poucos não brancos. Betsey Stockton, uma escrava liberta cujo sobrenome foi herdado de seus antigos senhores em Nova Jersey, nos anos 1820 levou a Bíblia para o Havaí e ali abriu uma escola.[52] O impacto dos missionários foi misto também, tanto no mundo do Pacífico como em outras partes, porque esses indivíduos geralmente estavam mais preocupados em proteger seus fiéis convertidos a duras penas do que em oferecer ajuda a violentos colonos

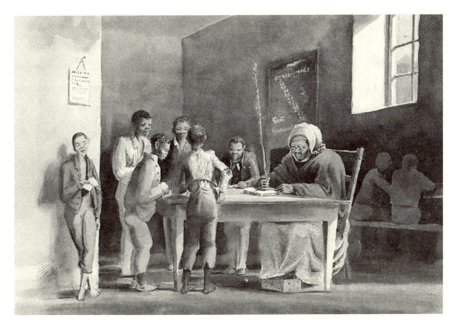

47. Imagem caricatural de uma escola missionária do começo do século XIX no sul da África, supervisionada por uma professora negra. A gravura transmite, apesar disso, a qualidade mista de ativismo missionário e trabalho de alfabetização da época.

brancos e a forças invasoras ocidentais. Mas, acima de tudo, o impacto dos missionários foi misto em razão do que faziam regularmente durante seu trabalho. No Pacífico, assim como em partes da Ásia, da África e da América do Norte, suas intervenções deram origem a "um número inédito de recém-construídas línguas escritas e a milhões de leitores para elas".[53] Os missionários introduziram ainda, em territórios múltiplos e até então virgens, essa importante locomotiva de transformação constitucional, a máquina de imprensa.

No arquipélago de Tonga, foi um missionário protestante que desenvolveu o primeiro alfabeto prático numa língua local nos anos 1820. Onze anos depois, seus sucessores estabeleceram a primeira gráfica nas ilhas. Essa gráfica despejou 17 mil obras em seu primeiro ano de operação, não só Bíblias e catecismos, mas também livros de leitura e gramática. Uma cronologia parecida pode ser observada no Havaí. Ali, missionários calvinistas americanos, junto com conselheiros indígenas, desenvolveram um alfabeto local e introduziram uma máquina de imprensa no começo dos anos 1820. Foi isso que serviu de base para o surgimento, no fim do século XIX, de mais de setenta jornais em língua havaiana. Como em outros lugares no mundo do Pacífico, o Havaí também recebeu grande número de escolas missionárias, as quais, no começo dos anos 1830, ofereciam ensino para cerca de 20 mil ilhéus, muitos deles adultos.[54]

Provas da velocidade com que os moradores de múltiplas ilhas do Pacífico se tornaram "obcecados pela palavra impressa" eram lugar-comum para os missionários. Tanto assim que é provável que alguns desses veredictos positivos viessem do próprio afã dos missionários de convencer os outros e a si mesmos do sucesso da sua obra. Por valorizar a palavra impressa, eles tendiam a exagerar sua capacidade de sobrepor-se a culturas orais existentes.[55] Dito isso, é provável que a extrema densidade das pequenas ilhas do Pacífico funcionasse como acelerador na propagação da alfabetização e de ideias. Na esteira da introdução de línguas escritas, gráficas e escolas, essas pequenas comunidades insulares às vezes acabavam exibindo algumas das características desses clássicos locais de evolução da esfera pública: as cidades.

Como nas cidades, nas ilhas do Pacífico as pessoas costumavam viver próximas umas das outras. Isso facilitava as reuniões para discutir ideias, como no caso dos 6 mil homens e mulheres no Taiti que se juntaram na "capela" em Pare para ratificar o novo código de leis de Pomare em 1819. A proximidade física imposta pelas ilhas pequenas também possibilitava a rápida transmissão de novas aptidões e informações, aspecto comentado por observadores não missionários. Numa visita a Pitcairn em 1841, um duro capitão da Marinha achou que os níveis de alfabetização e de aptidão para escrever mostrados em sua única escola missionária "não poderiam ser superados por crianças da mesma idade na Inglaterra".[56] Ali os ilhéus, como em outros lugares do Pacífico, parecem ter usado folhas de bananeira e de palmeira como substituto do papel, gravando à faca letras, somas e palavras em suas duras superfícies.

Mas, apesar de desempenharem papel importante na introdução de alguns dos princípios básicos da nova tecnologia política — línguas escritas, máquina de imprensa e alfabetização generalizada —, eles quase sempre tinham limitada e ocasional influência política nos lugares onde serviam. Os missionários que iam para essa vasta região oceânica não eram apenas, na esmagadora maioria, de origens modestas e variadas, mas também escassos em número. Especialmente antes de 1850, havia poucos postos imperiais ocidentais nas proximidades aos quais pudessem recorrer se algo desse errado. Como resultado disso, missionários no Pacífico dependiam, para a sobrevivência, dos povos indígenas à sua volta. Dependiam também de governantes locais, que esperavam que eles servissem a um objetivo útil e que, além disso, tinham planos próprios. Esse era, enfaticamente, o caso de Pomare II.

Como o diário em que se exercitava para desenvolver suas aptidões literárias e seu vocabulário tragicamente se perdeu, e como, apesar de saber ler inglês, Pomare só escrevia em taitiano, nossa compreensão desse homem é embaçada pelos relatos e pelas traduções dos missionários anglófonos que tentavam ser seus aliados. Com mais de 1,80 metro de altura, figura imponente, com longos cabelos negros em tranças e maçãs do rosto salientes, dotado de uma "mente generosa", ele despertava nesses ardorosos protestantes uma mistura de orgulho possessivo e de apreensão. Preocupavam-se com suas bebedeiras e com suas práticas sexuais ecléticas. Vendo-se como testemunhas do que um deles chamou de "o estado formativo peculiar, plástico" de uma emergente "nação taitiana", os missionários de Pomare se incomodavam também com seu uso por vezes arbitrário do poder e sua feroz ambição. Mas o destino deles no arquipélago taitiano estava ligado ao dele e de sua dinastia; e ele, de qualquer maneira, era possuído, de modo impressionante, pelo Verbo e pelas palavras em geral.[57]

Convertendo-se ao cristianismo em 1812, cerca de dez anos depois de começar a aprender a escrever (um jeito, talvez, de ordenar suas prioridades), Pomare insistia desde o início que missionários locais "não ensinassem a ninguém até que [eles] [...] o tivessem instruído perfeitamente na leitura e na escrita", pretendendo usar essas aptidões para estabelecer sua autoridade e mostrar seu poder. Subsequentemente, mandou construir uma espécie de casa para escrever, onde trabalhava sentado a uma mesa improvisada. Cada vez mais, porém, Pomare preferia deitar-se de bruços ao ar livre, com o peito apoiado numa almofada, e dedicar-se a escrever e ler dessa maneira.[58]

Quando suas habilidades com a palavra escrita evoluíram, ele se dividiu também entre a geometria, a matemática e a compilação de dicionários. Como outro criador e escritor de um novo regime, Toussaint Louverture no Haiti, Pomare também compreendeu o valor de redigir e enviar cartas, como meio tanto de angariar apoio quanto de projetar uma imagem de si mesmo e de sua política no exterior. "Amigos, mandem também mosquetes e pólvora em grande quantidade; pois as guerras são frequentes em nosso país. Se eu for morto, vocês não terão nada no Taiti", diz sem rodeios numa de suas primeiras correspondências para Londres. "Além disso", acrescenta nessa carta publicada, "mandem tudo que for necessário para escrever. Papel, tinta e penas em abundância: que não falte nenhuma ferramenta de escrita." Quando, em 1817, missionários estabeleceram uma gráfica numa ilha próxima, Pomare imediatamente se apropriou dessa máquina de palavras também, fazendo questão de estar presente no dia em que ela entrou em funcionamento e insistindo em produzir pessoalmente a primeira folha impressa.[59]

Como ele mesmo parece ter reconhecido de imediato, a máquina de imprensa deu-lhe um meio extra de ressaltar sua autoridade e de promover seus objetivos. Numa carta publicada dos dois lados do Atlântico, ele explicou que pretendia redigir um novo código de leis taitiano sobre o qual "um debate será realizado. As partes defeituosas serão corrigidas, e quando ele estiver correto, o povo voltará para suas casas".[60] A decisão de produzir esse código de leis, bem como seu conteúdo, costuma ser creditada a missionários locais, especialmente a Henry Nott, ex-pedreiro que chegou ao Taiti em 1797 e desde então mantinha uma relação com uma mulher taitiana. Já os colegas missionários de Nott insistiam em destacar o papel desempenhado por Pomare. "As leis que o rei leu para o povo foram escritas por ele", afirmou um desses homens, "[...] e depois disso

Os que não devem ganhar, os que não querem perder

ele mesmo escreveu numa caligrafia bonita, legível e excelente uma cópia para a máquina de imprensa."[61]

A verdade talvez esteja no meio do caminho. Ansiosos para não ser vistos metidos na política taitiana, os missionários podem ter minimizado a própria contribuição para o código de leis da ilha. Ao mesmo tempo, no entanto, Pomare era um governante formidável e perigoso, com um forte senso de sua posição e de sua importância. É improvável que ele esquecesse o abismo, em relação a status e poder, existente entre homens como Nott e ele mesmo, ou que estivesse disposto a deixar-se levar nessa ou naquela direção. A melhor maneira de ver o código de leis que Pomare leu em sua extraordinária "capela" em maio de 1819 é como um empreendimento conjunto dele e dos seus principais partidários taitianos, de um lado, e dos missionários que o apoiavam, de outro. Tratava-se do interesse das duas partes. O documento deixava claro que o Taiti era agora oficialmente uma entidade política cristã. Recomendava a observância do domingo como dia santo e proibia o adultério. Mas também ressaltava o status de Pomare como rei de um Estado unificado e em expansão, delineando novos sistemas de distribuição de justiça e tributação e estabelecendo castigos para rebelião e conspiração.

Quanto ao próprio Pomare, a promulgação desse código acabaria sendo o ápice da sua carreira. Ele morreu dois anos depois, em 1821. O filho e sucessor, Pomare III, morreu com sete anos; e sua filha, a sucessora, teve dificuldades para se impor. Essas sucessivas perturbações na dinastia real do Taiti possibilitaram à França declarar a ilha um protetorado em 1842.

A despeito disso, há mais coisas a dizer sobre as iniciativas de Pomare II, sobretudo porque seu código sobreviveu a ele, tornando-se cada vez mais abrangente. Em 1824, uma versão revisada determinou a criação de uma assembleia legislativa taitiana "com o objetivo de conceber e aprovar leis, e emendar as já existentes".[62] Esse organismo seria formado não apenas por chefes, mas por governadores distritais, bem como por proprietários de terra eleitos. Houve novas revisões e em 1842 cláusulas constitucionais mais elaboradas foram acrescentadas. Todos esses códigos recauchutados foram escritos originalmente apenas em taitiano, e publicados nessa língua e em inglês.

Os efeitos disso, assim como as ideias políticas e jurídicas e as línguas envolvidas, requerem investigação mais profunda e criativa. Mas esses códigos tantas vezes revisados parecem ter estimulado reivindicações políticas nas ilhas e modificado ideias. "Nós", teria declarado um taitiano de baixa condição social durante os debates sobre revisão do código em 1824, "*exatamente como os chefes*, devemos juntar nossos pensamentos, para que desse amontoado a reunião possa deixar em pé os melhores, venham de onde vierem."[63] O estímulo dado por esses sucessivos códigos à circulação do taitiano escrito, ao debate político e ao conhecimento sobre a ilha talvez também ajude a explicar por que a penetração imperial francesa ali foi um processo lento. Apesar de o protetorado ter sido declarado em 1842, a lei francesa só impôs sua primazia nos anos 1860, enquanto a anexação formal foi retardada até 1880. Além de prolongar a resistência local e de alterar entendimentos e modalidades políticas, o código de Pomare e seus sucessores também chamou a atenção em outros lugares.

É provável, por exemplo, que alguns habitantes de Pitcairn, que sabidamente passaram um tempo no Taiti por volta de 1831, lá tenham aprendido alguma coisa sobre a utilidade e a construção de um código de leis escrito.[64] Assim, quando Russell Elliott redigiu sua Constituição na ilha em 1838, podia estar atendendo a sugestões da parte de habitantes de Pitcairn, e não simplesmente impondo opiniões próprias. Observadores em outros lugares do mundo do Pacífico certamente se deram conta das inovações constitucionais do Taiti, e reconheceram sua importância. "Tributação em troca de representação é, portanto, a ordem do dia no momento no Taiti", disse rosnando John Dunmore Lang em 1834, num comentário sobre a assembleia legislativa postumamente produzida pelas ações de Pomare II. "Nesse particular", acrescentou Lang, seu senso de prerrogativa racial e cultural explodindo de raiva, "os taitianos têm agora uma vantagem sobre as colônias australianas de Sua Majestade."[65]

O Taiti, portanto, oferece algumas respostas. Mostra que líderes indígenas, especialmente se fossem monarcas e/ou bem-sucedidos chefes militares, podiam empregar um texto escrito para engendrar coesão local e manter à distância, pelo menos por um tempo, predadores euro-americanos que rondavam os lugares. O que se passou no Taiti ilustra mais uma coisa, que veremos repetir-se em outras geografias: que governantes e protagonistas políticos capazes e habilidosos em entidades políticas ameaçadas fora do Ocidente podiam apropriar-se de elementos da nova tecnologia constitucional, intercalando-a com crenças, línguas e práticas locais, e usar o documento resultante como meio de proclamar e salvaguardar sua autonomia e, quem sabe, repelir prováveis invasores.

Pomare II dispunha da palavra impressa e a explorou, mas só até certo ponto, e como parte do que realizou. É altamente sugestivo que, antes de fazer circular seu código de leis impresso em 1819, tenha preferido ler o texto em voz alta para o maior número de pessoas que fosse possível amontoar em sua vasta "capela". Ao agir assim ele não estava simplesmente dando uma resposta ao que ainda era predominantemente uma cultura oral. É provável também que a grandiosa construção de Pomare em Pare, que depois desapareceu, e da qual parece não haver imagens, significasse mais para os taitianos, como aura e poder, do que os missionários foram capazes de compreender. Tratava-se de um espaço sagrado e simbólico, e não apenas no sentido cristão. Deliberadamente, Pomare parece ter desejado combinar uma nova e importada tecnologia política e gráfica, e acenos ao cristianismo, com estruturas taitianas de ritual e crença.

O que houve ali mostra, porém, algumas das inseguranças com que líderes indígenas lidavam num mundo de crescente agressão branca e maior mobilidade através de longas distâncias. A monarquia hereditária é uma aposta arriscada mesmo nas circunstâncias mais favoráveis. Mas, para povos ameaçados de invasões imperiais e de colonos e em situação precária, a morte de um governante forte sem herdeiros adequados pode ser calamitosa. Pomare II não teve tempo de instalar o sistema político e jurídico que desenvolvera com tanta criatividade. Isso ocorreu, em parte, por efeito das mesmas modernidades que ele buscou explorar de maneira seletiva. Com a intenção de ampliar suas receitas, o rei criou um negócio de exportação, despachando gado para a crescente população de colonos da Nova Gales do Sul. Ao que parece, um desses navios transportou na viagem de volta germes contra os quais Pomare não tinha imunidade. Para um exemplo de comunidade insular do Pacífico onde governantes locais investiram na nova tecnologia constitucional com sucesso e significado mais prolongados, precisamos nos voltar para o Havaí.

Havaí e modernidades diferentes

Esse arquipélago tinha pontos em comum com o Taiti. Assim como no Taiti, a ordem reinante fora substancialmente forjada pela guerra. Mas enquanto no Taiti, ainda em 1815, Pomare II precisou estabelecer sua posição no campo de batalha — apenas seis anos antes de morrer —, o formidável Kamehameha I tinha conseguido assumir o controle da maioria das oito grandes ilhas e de mais ou menos quinze ilhotas do Havaí vinte anos antes. Como o Taiti, o Havaí também foi alterado de modo significativo pela atividade missionária. Consta que, nos anos 1850, mais de 70% dos habitantes eram alfabetizados. Se for verdade, isso significa que àquela altura uma proporção maior da população havaiana tinha mais habilidades de leitura do que boa parte da Europa meridional.[66]

O Havaí era dez vezes maior do que o Taiti, e muito mais rico. Situadas mais ou menos na metade do caminho entre o México e a costa meridional da China, as ilhas tiravam partido da permuta marítima cada vez mais intensa entre as Américas e a Ásia. Mas justamente nessa geografia mais ensolarada e espaçosa é que estava o grande desafio. Enquanto as ilhas pequenas do Pacífico Sul foram, por longo tempo, limitadas demais em tamanho e recursos e, mesmo com navios maiores e mais rápidos, viveram por demais sob a tirania da distância para prender a atenção sistemática do Ocidente, o Havaí oferecia mais terras e ficava no Pacífico Norte, a pouco menos de 4 mil quilômetros da Califórnia. Mesmo antes de esta última região ser tomada pelos Estados Unidos em 1848, os americanos já formavam o grosso dos cerca de oitocentos brancos confortavelmente instalados em Honolulu, a capital do Havaí.[67]

A maioria dos missionários nas ilhas havaianas era americana. Uma vez que um desses homens, William Richards, de Massachusetts, ajudou a prepa-

Os que não devem ganhar, os que não querem perder

48. Gravura baseada em desenhos de autoria de havaianos, impressa no Havaí na época da primeira Constituição das ilhas, por volta de 1840.

rar uma declaração havaiana de direitos em junho de 1839, e a promulgação de uma Constituição completa no ano seguinte, esses textos têm sido vistos como subproduto da influência americana. Mas, assim como os códigos de leis do Taiti, eles eram na verdade criações híbridas. Baseando-se em expertise, ideias e técnicas estrangeiras, atendiam também a prioridades, crenças e sistemas linguísticos de um governante indígena e seus principais seguidores locais.[68]

Dessa maneira, o rascunho preliminar da declaração de 1839 foi obra de um estudante havaiano de um seminário de missionários americanos. Seu texto foi imediatamente submetido aos chefes locais e ao rei:

O Rei e vários chefes [...] se reuniam e passavam duas ou três horas por dia, durante cinco dias seguidos, na discussão das leis e dos vários assuntos de que tratavam. Em alguns aspectos, as leis foram declaradas defeituosas, em outros errôneas, e o autor foi instruído a reescrevê-las [...] então eles fizeram uma segunda leitura numa reunião do Rei com todos os chefes importantes das ilhas [...] em seguida fizeram uma terceira e última leitura, depois da qual o Rei perguntou se os chefes aprovavam, e, tendo eles dito que sim, ele respondeu, "eu também aprovo" e se levantou e na presença deles acrescentou seu nome.[69]

O título havaiano dado tanto a essa declaração de direitos como à Constituição de 1840, *Kumu Kanawai*, era também cuidadosamente eclético. "Kumu" significa tronco ou fonte, enquanto a palavra "Kanawai" denota o equivalente havaiano do conceito ocidental de lei, mas tinha sido aplicado antes a direitos locais à água. O uso desse título, *Kumu Kanawai*, servia, portanto, por implicação, para ligar esses novos documentos políticos a crenças e práticas já estabelecidas nas ilhas.[70]

A Constituição de 1840 reconhecia o governante do Havaí na ocasião, Kamehameha III, como rei. A esse homem bonito, inteligente, que às vezes usava roupas ocidentais mas que tinha consciência da corda bamba política e cultural onde precisava andar, foram atribuídos o comando das Forças Armadas das ilhas, a prerrogativa de firmar tratados e a execução das leis. A Constituição também especificava os deveres do primeiro-ministro do rei e dos governadores de cada ilha, e estabelecia uma espécie de governo bicameral, com a Câmara dos Nobres e um Órgão Representativo "escolhido pelo povo" (nesse estágio inicial, sem especificação de gênero). Esses órgãos deveriam reunir-se anualmente, com novas leis exigindo tanto o assentimento da Câmara dos Nobres como a "aprovação de uma maioria" dos representantes eleitos. Além disso, nenhuma lei

Os que não devem ganhar, os que não querem perder 293

poderia entrar em vigor "sem ter sido antes impressa e tornada pública". Kamehameha iii seria um monarca constitucional: "É nossa intenção regular nosso reino de acordo com os princípios acima e, dessa maneira, buscar a maior prosperidade tanto de todos os chefes como de todas as pessoas destas ilhas havaianas".[71]

Ainda mais do que no caso da maioria das novas Constituições, a plateia visada por esse documento era tanto de fora como de dentro do Estado. Embora retivessem a língua e a lei consuetudinária local, os documentos de 1839 e 1840 também incorporavam cláusulas e práticas que, esperava-se, fossem reconhecíveis e toleráveis para um Ocidente predatório: um Legislativo bicameral; uma monarquia constitucional; uma declaração de direitos; e uma adesão à palavra impressa. Ao deixar claro com isso que "o grupo havaiano [de ilhas] tem um governo preparado para administrar a lei, como outros governos", a ideia era que, como admitiam seus políticos, as potências ocidentais "permitissem que o Havaí continuasse independente". Em consequência, essa Constituição de 1840 foi seguida por uma sucessão de tratados entre o Havaí e vários Estados europeus, além da Rússia, dos Estados Unidos e finalmente, e muito importante, o Japão.[72] Todos esses acordos ressaltavam o argumento de que, com seu novo aparelho constitucional, o Havaí tinha mostrado que era um Estado plenamente moderno, não sendo, portanto, alvo adequado de apropriação imperial. O fato de essa estratégia ter dado certo por mais de cinquenta anos é mais notável do que a anexação final das ilhas pelos Estados Unidos em 1898.

Foram em primeiro lugar as mudanças econômicas e demográficas no próprio Havaí, somadas ao crescimento do poderio americano no Pacífico, que puseram fim ao experimento. Mas entendimentos diferentes do constitucionalismo e da modernidade também tiveram seu papel. Vindos de uma república onde não existia aristocracia formal, os americanos, que compunham a maioria da crescente população estrangeira do Havaí, naturalmente tinham pouca simpatia pela monarquia do país ou por seus chefes hereditários. Pode-se detectar esse repúdio republicano numa história constitucional do Havaí do começo do século xx. Seu autor americano chamava atenção para a presença, que ele claramente considerava excêntrica, de mulheres na Câmara dos Nobres durante os primeiros anos da Constituição de 1840, descrevendo-a como mais uma expressão maligna da influência nas ilhas de "posição hierárquica", influência eliminada em consequência de sua absorção pelos Estados Unidos. O ideal desse escritor era, na verdade, o republicanismo e uma ampla democracia masculina.[73]

Alguns lobbies indígenas, porém, viam as coisas de outro jeito. Ampliar o direito ao voto no Havaí parece, na prática, ter muitas vezes aumentado o poder de barganha eleitoral e os níveis de suborno dos donos de plantations, de rancheiros e de comerciantes, categorias nas quais o número de americanos ou europeus era cada vez maior. Além do mais, desgastar a influência da monarquia e dos chefes tradicionais do país também enfraquecia práticas e normas culturais distintamente havaianas. Como muitos nacionalistas asiáticos, africanos e árabes que vieram depois, os partidários da autonomia havaiana não tiveram escolha senão encarar a questão de decidir que modernidades queriam para sua sociedade e — num mundo desigual — que modernidades eram seguras e prudentes.

Cada nova Constituição havaiana tornava-se um motivo de confronto dessas visões antagônicas. A segunda, promulgada em 1852, introduziu o sufrágio universal masculino, ao mesmo tempo que restringiu a autoridade real de declarar guerra, firmar tratados ou convocar o legislativo. Mas em 1864, um novo monarca, Kamehameha v, aprovou uma Constituição deliberadamente projetada para um Havaí mais distinto. Impunha requisitos de alfabetização e propriedade para os eleitores, potencialmente diminuindo a capacidade de os empregadores anglo-americanos influenciarem trabalhadores de baixo nível e vulneráveis. Em lugar de um sistema bicameral, estabelecia uma única assembleia legislativa, garantindo com isso, pelo menos em tese, que os chefes hereditários das ilhas se sentassem ao lado dos representantes eleitos e os monitorassem, alguns dos quais àquela altura — como alguns ministro do governo — eram brancos. Essa Constituição também reafirmava a centralidade do poder real: "O rei é soberano de todos os chefes e de todo o povo: O reino é seu".[74]

Esse arranjo durou até 1887, quando um lobby predominantemente anglófono e um grupo miliciano impuseram à monarquia um documento

Os que não devem ganhar, os que não querem perder 295

de nome apropriado: "Constituição da Baioneta". Foi uma tentativa, em 1893, da última monarca havaiana, a rainha Lili'uokalani, de abolir essa e voltar a uma versão da Constituição de 1864 — medida respaldada por uma petição em massa — que levou à sua queda do trono e precipitou a subsequente anexação aos Estados Unidos.[75]

Outro regime indígena derrotado pelo avanço do império, portanto; outra massa de terra no mundo do Pacífico que era tomada. Mas comparar as últimas décadas de um reino havaiano independente com o rápido desaparecimento do experimento político no Taiti é estar ciente de que as opções — assim como os perigos — estavam mudando no último terço do século XIX. Não era só o fato de que Constituições indígenas do Havaí, diferentemente dos primeiros esforços experimentais, persistiram sob vários disfarces por mais de cinquenta anos. A partir dos anos 1860, os governantes havaianos estavam cada vez mais em posição de cultivar laços com potências não ocidentais de uma forma que Pomare, apesar de sua inteligência e do seu empreendedorismo, jamais teria imaginado.

Com o número de navios oceânicos a vapor se multiplicando depressa, os governantes do Havaí puderam tirar mais vantagem do potencial do Pacífico como uma autoestrada entre diferentes economias, potências e culturas. Num sentido, isso significava procurar estabelecer comunicação mais consistente com outras pequenas ilhas do Pacífico, como Tonga e Samoa, até mesmo esboçando planos para uma espécie de federação política mais afrouxada com elas.[76] Noutro nível, mais significativo, os governantes do Havaí se voltaram para o leste, em direção a sistemas pan-asiáticos.

Imigrantes chineses vinham se mudando para as ilhas desde os anos 1860, fosse para se estabelecerem, fosse em trânsito para os Estados Unidos. Em 1870, havia um consulado chinês em Honolulu. Nove anos depois, o primeiro navio a vapor de propriedade de uma empresa de Xangai aportou no Havaí. Após 1874, um novo monarca havaiano, Kalakaua, foi eleito e iniciou conversações sobre um empréstimo chinês para a construção de um cabo transoceânico para o qual o Havaí serviria como subestação do meio do Pacífico. Homem notável e perspicaz, de mais de 1,80 metro de altura, poliglota, estudioso do direito e profundamente interessado tanto em

49. Negativo de vidro do rei Kalakaua.

ciência como no cultivo da arte e da música havaianas, Kalakaua também prestava muita atenção ao Japão. Em 1881, incluiu esse país no itinerário da sua turnê mundial, a primeira dessas viagens ambiciosas empreendida por um monarca reinante.[77]

Os que não devem ganhar, os que não querem perder

A turnê do rei o levou a partes da Europa e dos Estados Unidos. Mas, além disso, ele também visitou uma série de países ameaçados pelos avanços do Ocidente, ou que planejavam rivalizar com esses avanços. Incluíam Birmânia, Sião, Egito, partes da Índia e da península Malaia, China e Japão, em cada um dos quais procurava discutir ideias com líderes locais. "Os países europeus adotam como política pensar apenas em si mesmos", disse Kalakaua ao imperador Meiji num encontro em Tóquio, em 1881:

> Jamais pensam no mal que podem causar a outros países, ou nas dificuldades que podem criar para outros povos. Seus países tendem a trabalhar juntos e cooperar entre si quando se trata de estratégias para lidar com os países do Leste. Já os países do Oriente, diferentemente, estão isolados e não ajudam uns aos outros. Não têm estratégia para lidar com os países europeus. Esse é um dos motivos pelos quais os direitos e benefícios dos países do Leste hoje estão nas mãos dos países europeus. Consequentemente, é imperativo para os países do Leste formar uma liga para manter o status quo no Leste, opondo-se, dessa maneira, aos países europeus. Chegou a hora de agir.

Deveria haver, propôs Kalakaua ao imperador japonês, uma "União e Federação de Países e Soberanos Asiáticos".[78]

O desejo do rei de formar uma aliança pan-asiática era, num determinado nível, sinal das pressões cada vez maiores que o Havaí enfrentava àquela altura: pressões exercidas de dentro pelo número crescente de empresários, proprietários e colonos euro-americanos que se mudavam para as ilhas; e pressões exercidas de fora pelas ambições crescentes de Washington de ter mais influência e controle no Pacífico. Pressões, também, da queda drástica, nos anos 1880, na população nativa do Havaí, não só devido a doenças e à apropriação pelo Ocidente de suas terras aráveis mas também porque grande parte dos homens jovens das ilhas se utilizavam das amplas conexões do Pacífico e dos navios a vapor de longa distância para sair de casa e procurar trabalho, e um futuro melhor, em outras paragens.

Noutro nível, porém, os planos de Kalakaua para uma aliança pan-asiática e sua ânsia e habilidade de comunicá-los diretamente ao imperador do Japão — país que logo geraria a própria e influente Constituição — são novas ilustrações da acentuada criatividade política que distinguia regiões do Pacífico. Com relação à disseminação de Constituições, o fato de esse vasto espaço caracterizar-se por "tanto oceano, tantas ilhas" acabou sendo, na prática, uma vantagem. Pequenas ilhas do Pacífico puderam funcionar como laboratórios de experimentos políticos que provavelmente teriam sido inviáveis em territórios maiores e mais poderosos de uma perspectiva convencional. A pioneira concessão do direito do voto às mulheres em Pitcairn em 1838, junto com o uso por Pomare de uma megaconstrução no Taiti para comunicar novas leis a praticamente toda a sua gente, são apenas exemplos mais extremos.

Com a ajuda de navios mais rápidos e a introdução de máquinas de imprensa e novas línguas escritas, a pura vastidão do Pacífico promoveu o intercâmbio de ideias, aptidões e atividades entre muitos e distantes lugares e povos, em política e em direito, assim como em muitas outras áreas. É certo que migrantes euro-americanos levaram consigo extrema violência armada, junto com sistemas de democracia excessivamente brancos, masculinos, mas também cada vez mais audaciosos. No entanto, a ameaça representada por esses recém-chegados incentivou sociedades indígenas a fazer experimentos com formas defensivas de modernização em resposta, como as sucessivas Constituições políticas do Havaí bem demonstram.

Além disso, dar atenção exclusiva às repercussões das incursões ocidentais no mundo do Pacífico seria inadequado, porque essa zona também incluía uma profusão de fronteiras e sociedades asiáticas. No fim das contas, é talvez a carreira de Sun Yat-sen, o primeiro presidente da república da China e homem cujas ideias ainda hoje modulam a Constituição de Taiwan, que melhor demonstra esse argumento — e mais ainda.

As experiências e perspectivas de Sun Yat-sen, que nasceu numa família de artesãos numa província costeira do sul da China em 1866, foram forjadas pelas múltiplas possibilidades disponibilizadas por um Pacífico vasto, porém àquela altura mais interligado.[79] Alguns tios haviam migrado para San Francisco. Um irmão morava em Honolulu, e patrocinou sua educação naquela cidade. O próprio Sun teve seu primeiro contato com

Os que não devem ganhar, os que não querem perder

o cristianismo e com ideias revolucionárias durante sua estada em Hong Kong. Também passou um período produtivo exilado no Japão, e planejou, em determinada época, usar as Filipinas como ponto de escala para suas ambições políticas. Além disso, viajou de navio a vapor para a Europa, os Estados Unidos e Singapura, absorvendo mais ideias e fazendo novos contatos. Mas mesmo depois de ter ajudado a orquestrar a Revolução de 1911 na China, Sun Yat-sen sempre prestou tributo a sua educação no Havaí. "Foi ali", disse ele, "que aprendi o que são e o que significam governos civilizados modernos."[80] O fraseado é significativo.

Setores do mundo do Pacífico já testemunhavam experimentos radicais em mudança política por escrito no começo dos anos 1800. Mas no fim do século XIX, como demonstra a trajetória de Sun Yat-sen, o âmbito e a localização desses experimentos estavam em franca expansão. Assim também — e não simplesmente no mundo do Pacífico — as expectativas e suposições sobre que tipo de gente poderia elaborar projetos de transformação constitucional e beneficiar-se deles, e que tipo de gente do mundo poderia vir a definir o que a modernidade implicava.

50. Vapor e velocidade: ilustração de uma das primeiras edições francesas de *A volta ao mundo em 80 dias*, de Jules Verne.

7. A luz, a treva e os longos anos 1860

Tunísia

O general Husayn Ibn'Abdallah escreveu sua carta em outubro de 1863, três meses depois que um Exército da União, com mais de 90 mil soldados, derrotou as forças confederadas de Robert E. Lee na batalha de Gettysburg, na Pensilvânia. Como muitas cartas longas, ela revelava bastante sobre o missivista, não apenas sobre o assunto de que tratava. Ostensivamente, Husayn respondia a um pedido do cônsul dos Estados Unidos na Tunísia, Amos Perry. Agora que a maré parecia estar virando na Guerra Civil Americana, e o fim da servidão humana nos estados sulistas era mais fácil de vislumbrar, Perry queria saber como a Tunísia tinha lidado com a emancipação da sua própria população de escravizados, majoritariamente do oeste da África, em 1846. Aquilo havia sido "recebido pelos tunisianos com alegria ou com tristeza"? A pergunta provocou da parte de Husayn uma enxurrada de eloquente e calculada explicação. Ele mesmo tinha sido escravizado. Talvez na sua cabeça, e em certo sentido, ainda fosse.[1]

Mais exatamente, Husayn havia sido um *mamluk*, "alguém que tem dono". Como outros desse tipo, fora capturado quando menino num dos territórios parcialmente cristãos do Império Otomano, nesse caso a Circássia, região do norte do Cáucaso. Vendido como escravo, recebeu novo nome, foi educado no Islã e aprendeu a servir nos altos escalões da administração civil e militar otomanas. Para Husayn, a partir dos anos 1830 isso significou servir ao *bei* (governador) de Túnis, província otomana substancialmente autônoma na costa mediterrânea do norte da África. Embora àquela altura tivesse subido na vida e fosse general do Exército da Tunísia, além de rico homem de negócios, e embora muitos indícios sugerissem que ele tivesse sido alforriado muito tempo antes, um pouco da paixão evidente nessa carta talvez viesse de um resíduo de ressentimento por ter sido um dia propriedade de alguém. Mas a maior preocupação de Hussayn eram a política do presente e o futuro. Queria deixar clara para Perry — e para os chefes do cônsul em Washington — sua convicção de que a liberdade, o constitucionalismo e a modernidade eram perfeitamente compatíveis com um Estado islâmico.

Essas ideias repousavam basicamente na compreensão de Husayn da sua religião adotiva, e de outras coisas mais. Forçado a atravessar fronteiras culturais e territoriais quando menino, continuou a fazê-lo na idade adulta. Fluente em árabe, falava italiano, além de francês, um pouco de inglês e turco otomano. Como muitos outros reformadores otomanos do século XIX — Hassuna D'Ghies, de Trípoli, por exemplo — Husayn era também viajante inveterado. Junto com seu mentor, Khayr al-Din, outro *mamluk*, mais velho, de origem circassiana, colega no Exército tunisiano e importante pensador e ator político, Husayn passou os anos de 1853 a 1856 numa missão em Paris. Gordo, bigodudo, sem o carisma e os poderes intelectuais do seu companheiro, aproveitou a oportunidade para se relacionar com políticos, diplomatas e intelectuais na capital francesa, e se familiarizar com as instituições culturais e as livrarias parisienses. Mais adiante, visitaria outros países europeus, assim como Istambul, Egito e a Costa Leste dos Estados Unidos.

As ideias de Husayn também foram afiadas em seu país adotivo. Ele havia terminado seus estudos na escola militar Bardo, em Túnis, instituição recém-estabelecida que era um fórum de ideias modernizantes, e que ensinava a arte de escrever lado a lado com a arte de guerrear.[2] Como tantos indivíduos atraídos pelo constitucionalismo pioneiro, Husayn combinava a carreira militar com um interesse pelas palavras e por múltiplos gêneros literários. Em diferentes fases da vida, escreveu livros de viagem, ensaios políticos, histórias para crianças, textos jornalísticos e panfletos sobre leis.

Assim, quando em 1857 o governante tunisiano, Muhammad Bei, lançou-se num programa mais sustentado de reformas e de remodelação

A *luz, a treva e os longos anos 1860* 303

políticas, Husayn estava em boa posição para desempenhar um papel criativo em sua formação. De início foi designado presidente do conselho municipal de Túnis, a única cidade grande do país de cerca de 1,5 milhão de habitantes. Em 1859, tornou-se editor-fundador do primeiro jornal em árabe do país, *al-Ra'id al-Tunisi* [O Pioneiro Tunisiano], usando blocos tipográficos encomendados da Europa ocidental. Husayn enchia as páginas desse diário oficial com informações científicas e literárias, notícias internacionais e comerciais e relatos entusiasmados das mudanças em andamento na Tunísia. A mais drástica dessas mudanças foi a introdução de uma Constituição escrita, a primeira a entrar em vigor num país predominantemente muçulmano.

Promulgada em abril de 1861, e intitulada *qânûn al-Dawla al-tunisyya* (as leis do Estado — ou dinastia — tunisiano), era um documento ao mesmo tempo ambivalente, significativo de maneira profunda e duradoura.[3] Nada dizia sobre eleições, direito ao voto ou liberdade de expressão e associação. Como a grande maioria das Constituições não muçulmanas daquela época, não continha cláusulas específicas dedicadas às mulheres. Mas caracterizava todos os tunisianos residentes, independentemente de religião ou status, como "criaturas de Deus" e, portanto, iguais perante a lei. Todos os homens nascidos tunisianos, salvo os que tivessem antecedentes criminais, podiam postular "os privilégios do Estado, incluindo a carreira das armas". Além disso, o artigo 87 da *qânûn* sinalizava um futuro no qual o conhecimento político seria universal: "Todos os nossos súditos, sem exceção, têm o direito de cuidar da manutenção do pacto fundamental [...] [e] familiarizar-se com as leis supramencionadas". Empreenderam-se esforços para reunir diferentes grupos étnico-religiosos e familiarizá-los com o conteúdo da Constituição. Exemplares foram impressos em judeu-árabe, por exemplo, a língua da comunidade judaica da Tunísia.[4]

Houve outras inovações. A Constituição descrevia o bei de Túnis como "um príncipe" que governava, e não por vontade do sultão otomano, mas por direito hereditário. Confirmava-o no comando das Forças Armadas do país, e no poder de nomear e demitir ministros e funcionários e perdoar criminosos. Mas a *qânûn* também empurrava o bei na direção de uma monarquia constitucional. Exigia dele que agisse por intermédio dos seus ministros e de um recém-criado grande conselho de sessenta membros. Presidido inicialmente por Khayr al-Din, esse conselho era nomeado e não eleito. Mas lembrava um parlamento em estado embrionário na medida em que seu papel era examinar e recomendar legislação, e supervisionar e votar orçamentos. Quando subiam ao trono, os governantes tunisianos eram obrigados a fazer um juramento de obediência a esses arranjos constitucionais. Se depois violassem o juramento, o dever de lealdade dos súditos cessava de ter efeito.

Amos Perry, o cônsul americano, repudiaria posteriormente a *qânûn*, alegando que era, em essência, imitativa e inautêntica. Convencido, como muitos ocidentais, de que os Estados árabes eram intrínseca e irremediavelmente arbitrários, ele achava impossível levar a sério essa nova Constituição tunisiana. Era como se "um beduíno infeliz" fosse "obrigado a vestir roupas europeias", escreveu ele, não ganhando nada com esse disfarce "a não ser uma restrição em seu jeito de andar e se movimentar, tão dolorosa quanto [seria] ridícula de ver".[5] Claramente orientalista, esse veredicto tinha alguma coisa de verdadeiro. Desde meados dos anos 1850, governantes tunisianos sofriam pressões europeias para fazer mudanças jurídicas, políticas e comerciais, exercidas especialmente pela França e pela Grã-Bretanha. Sabe-se que os cônsules francês e britânico ajudaram a redigir essa Constituição de 1861.

Mas durante os três anos de discussões e redação, outros funcionários, clérigos e militares tunisianos também ajudaram, entre os quais o general Husayn e Khayr al-Din. A decisão de dar a essa legislação de 1861 o título de *qânûn* — significando "leis" — em vez de buscar um equivalente mais próximo do termo ocidental "Constituição" já indicava um desejo, da parte dos tunisianos, de preservar um elemento de singularidade local. A cláusula segundo a qual todos os tunisianos do sexo masculino de mais de dezoito anos estavam sujeitos ao serviço militar também deixava clara a determinação de rechaçar qualquer interferência estrangeira indevida. Em sua fundamentação lógica, de fato, essa Constituição tunisiana faz mais sentido não em contextos europeus, mas à luz de acontecimentos

A *luz, a treva e os longos anos 1860* 305

numa diferente região do globo. Como as Constituições promulgadas no Havaí depois de 1840, a *qânûn* foi um ato de reposicionamento calculado e de modernização defensiva.

Pode ser que tenha de fato havido alguma influência direta do Havaí. Em 1843, o Havaí enviara delegados a Paris para obter o reconhecimento francês de sua independência. Na esteira dessa visita, traduções da Constituição havaiana de 1840 foram distribuídas na capital francesa.[6] É possível que o general Husayn e Khayr al-Din tenham visto uma delas durante sua estada em Paris em meados dos anos 1850, ou ficado sabendo dos experimentos políticos no Havaí em conversas com funcionários franceses.

Independentemente do que se passou de fato, lembrar que governantes havaianos empregaram sucessivas Constituições escritas e impressas em parte para demonstrar que seu reino era "moderno, desenvolvido [e] civilizado", e, portanto, merecedor de respeito e de uma distância decente da parte de potências estrangeiras, é importante quando se tenta compreender a iniciativa de 1861 na Tunísia. Destacados ativistas desse país esperavam também usar ferramentas constitucionais para reforçar sua independência política diante de um sistema mundial cada vez mais agressivo e desequilibrado.

Consequentemente, e como monarcas havaianos fizeram antes, a elite da Tunísia usou sua Constituição para definir relações com as múltiplas potências que a desafiavam. Deixar claro no papel que o bei da Tunísia era um monarca, cuja posição estava respaldada num contrato escrito com os súditos, era em certo sentido uma pressão contra a autoridade do sultão otomano. Noutro sentido, o sucessor de Muhammad Bei, Muhammad al-Sadiq, teve o cuidado de conseguir a aprovação antecipada de Napoleão III da França para a Constituição tunisiana. Governante colonial da vizinha Argélia, com guarnições do Exército e navios de guerra à sua disposição, o imperador francês estava perto demais, e era perigoso demais, para ser ignorado. Apesar disso, embora fizesse questão de consultá-lo durante uma visita formal à Argélia em 1860, Sadiq também providenciou para que esse encontro fosse coreografado de modo a proclamar a equivalência essencial entre os dois governantes.[7] Além disso, assim como os monarcas havaianos combinavam negócios com as potências ocidentais e aproximações com a Ásia e o nascente império do Japão, os atores do Estado tunisiano procuravam compensar seus negócios com o Império Otomano e com os impérios europeus voltando-se para um império diferente e mais novo. Eles se voltavam para os Estados Unidos.

Depois do assassinato de Abraham Lincoln em 1865, Sadiq Bei imediatamente enviou um dos seus generais a Washington para levar uma carta pessoal de pêsames ao novo presidente americano, Andrew Johnson. Junto com isso, Sadiq mandou de presente um retrato oficial seu, de corpo inteiro. Pintado pelo artista francês Louis-Agustin Simil em 1859, quando o bei ainda trabalhava na elaboração da Constituição do país, esse retrato ainda hoje continua exposto nas esplêndidas salas de recepção do Departamento de Estado dos Estados Unidos.[8] Contém uma cuidadosa mistura de mensagens e alusões políticas e culturais.

Como se esperava que o presidente Johnson reconhecesse, o retrato de Simil fazia menção, em seu projeto, ao que àquela altura era a representação mais conhecida de George Washington, o retrato de Lansdowne do primeiro presidente dos Estados Unidos, pintado por Gilbert Stuart em 1796, imagem repetidamente copiada e que teve ampla circulação na forma de gravura e de ilustração de livros. No retrato de Sadiq Bei, Simil se inspira de maneira deliberada no grandioso retrato oficial de Washington, ao mesmo tempo que é reveladoramente diferente.

Stuart pintou Washington com a mão esquerda descansando no punho de uma espada cerimonial. No retrato de Simil, a mão esquerda de Sadiq também segura o punho de uma arma cerimonial, mas no seu caso é uma cimitarra. Stuart mostrou Washington em pé contra um fundo de pesadas cortinas de um vermelho claro, afastadas para mostrar as nuvens de tempestade da Guerra Revolucionária americana cedendo lugar a um arco-íris, símbolo da paz e de um novo começo. Tal como pintado por Simil, Sadiq também faz uma pose magnífica contra um fundo de cortinas pesadas, mas verdes, a cor do Islã; e essas cortinas são afastadas para mostrar a cidade de Túnis brilhante, limpa e renovada, numa demonstração do governo atento e modernizante do bei. E enquanto, na visão de Stuart, Washington usa

51. *Sadok Bei* [sic], de autoria de Louis-Augustin Simil, 1859.

52. *George Washington*, por Gilbert Stuart, 1796.

veludo preto e aponta com a mão direita para uma mesa dourada sobre a qual há exemplares de *O Federalista* e outros textos fundadores americanos, a imagem de Sadiq, segundo Simil, é mais uma vez parecida e no entanto decididamente diferente. O governante tunisiano também se veste de preto, mas sua roupa é uma sobrecasaca militar adornada com as estrelas e os emblemas das ordens de cavalaria otomanas e tunisianas, e na cabeça traz um fez. Como Washington, Sadiq aponta com a mão direita para um móvel dourado e um texto de significado nacional e constitucional. Só que este documento está escrito em árabe.

A doação desse retrato para um presidente americano tinha a intenção de mandar múltiplos recados: o de que Sadiq Bei de Túnis era um governante esclarecido e reformista na tradição de outros governantes esclarecidos e reformistas; o de que, como George Washington, ele era ao mesmo tempo um defensor armado da independência do seu país e um legislador criativo e benévolo; e o de que ele era capaz, além disso, de estar ao mesmo tempo em mundos diferentes. Como outros retratos encomendados por Sadiq, incluindo o que comemorava a promulgação de sua Constituição escrita, esse óleo de 1859 proclama outra coisa: que a Tunísia não é apenas um Estado muçulmano, mas um Estado muçulmano moderno. Esse também era o tema central da carta que o general Husayn escreveu para Amos Petry em 1863.[9]

"Como todos os outros Estados islâmicos", disse ele ao cônsul americano, a Tunísia tinha "um governo teocrático [...] suas leis combinam religião e política." No entanto, acrescentou Husayn, como demonstrado pela abolição da escravatura em 1846 na Tunísia, ser um Estado islâmico não significava, de forma alguma, incompatibilidade com a liberdade e o progresso. Ele admitia que "a lei islâmica", como a de muitas outras religiões, tinha tradicionalmente "aceitado a propriedade de um ser humano". Mas, lembrou ao americano, "a sharia jamais deixou de prescrever o cuidado dos escravos", e "um dos mais importantes preceitos legais" era a "aspiração à liberdade" da parte do Profeta.

Como homem moderno — e portanto naturalmente familiarizado com os clássicos da economia política —, Husayn reconhecia que "países onde existe liberdade plena e a escravização não é permitida são mais prósperos do que outros países". Mas seu compromisso pessoal com a liberdade e a emancipação tinha por base mais do que simples considerações materiais. "Eu mesmo acredito", disse ele a Perry, "que a liberdade universal e a não existência de escravidão têm profundo efeito no refinamento dos modos de um homem, bem como no progresso da cultura." A liberdade, sugeriu Husayn, conscientemente ou não fazendo eco a Thomas Jefferson, tem uma tendência natural a afastar os homens "de comportamentos nocivos, como aspereza, orgulho [e] arrogância".

Para ilustrar o que poderia acontecer com seres humanos em lugares onde a liberdade não florescesse, Husayn fixou-se, deliberadamente, num exemplo americano. Quando baseado em Paris em 1856, contou a Perry,

A luz, a treva e os longos anos 1860

eu estava na Grand Opéra [...] acompanhado de um menino negro. Tive uma surpresa e tanto quando um americano pulou em cima do menino como um gato pula em cima de um rato e estava prestes a agarrá-lo pelas roupas dizendo [...] "O que este escravo negro está fazendo aqui na sala? Que casa é esta? E desde quando escravos têm permissão de sentar com senhores?". O menino ficou totalmente confuso, sem entender o que o homem estava dizendo, e sem saber por que aquele sujeito estava tão possesso. Eu me aproximei e disse ao branco: "Vá com calma, amigo; estamos em Paris e não em Richmond [Virgínia]".[10]

Superficialmente, pode parecer uma anedota que Husayn introduziu para alfinetar o enfatuado e por vezes desdenhoso Perry, que era, em todos os sentidos, um homem de Harvard. Só quando visto no contexto da carta em sua totalidade é que fica claro que o argumento do general vai muito além disso, e tem essencialmente a ver com a capacidade humana de mudar — para o mal, mas também para o bem.

Levando em conta que Perry continuou convencido, como deixa claro num livro posterior, de que o "atraso" da Tunísia era resultado do "caráter inerente" da sua população nativa — algo arraigado, e, portanto, irremediável —, o que Husayn queria dizer é que um ser humano em qualquer lugar é "produto dos seus hábitos, não da sua natureza".[11] Foi por isso que incluiu esse episódio aparentemente genuíno de 1856. Husayn usa a história para mostrar que, apesar de sua vigorosa identificação com a liberdade, os americanos também podem ser corrompidos pela "maldade, vaidade [e pelo] fanatismo" no contato com a ausência de liberdade. Como qualquer um, podem se tornar intolerantes e opressores pela longa exposição a hábitos e instituições malignos, nesse caso a escravidão sulista.

Pelo mesmo motivo, sugere claramente Husayn, as ideias e o comportamento dos tunisianos — e dos muçulmanos em geral — não são estáticos nem predeterminados. Podem mudar de acordo com os hábitos predominantes e dos novos padrões de pensamento, e com as condições criadas por governantes esclarecidos. Os tunisianos já tinham demonstrado sua adaptabilidade e sua capacidade de aperfeiçoamento ao aceitar a proibição total da escravatura anos antes dos Estados Unidos. Naquele momento os tunisianos estavam mudando seus hábitos novamente, e adotando uma Constituição política.

O forte senso que essa carta transmite das possibilidades de mudança, e de liberdade e falta de liberdade entre diferentes povos, lhe confere uma relevância mais ampla do que as circunstâncias particulares em que foi escrita. Para muitos observadores, em múltiplas regiões do mundo, as condições durante o que pode ser chamado de "longos anos 1860" — entre meados dos anos 1850 e meados dos 1870 — pareciam ter se tornado mais abertas e plásticas, e o potencial para avanços fecundos, mais evidente.

Essas impressões e esperanças afetaram debates e ações relativos a Constituições políticas. Elas, agora se sustentava com mais convicção, não se limitariam a continuar evoluindo das maneiras habituais nos lugares costumeiros. Como os acontecimentos na Tunísia e a promulgação da *qânûn* em 1861 pareciam confirmar, esses dispositivos podiam muito bem surgir em outras geografias e culturas, e atender a diferentes aspirações e grupos. Àqueles que não eram brancos. Àqueles que não eram cristãos.

Guerra sem fronteiras

Esse senso mais forte de possibilidade e instabilidade tinha muitas causas. Mas para ele contribuiu vitalmente uma extraordinária sincronicidade de guerras. Como resultado dessa nova onda de conflitos muitas vezes interligados, que irrompeu durante os longos anos 1860 em todos os continentes, alguns regimes foram desestabilizados, ou gravemente danificados, enquanto outros foram inteiramente arrasados. As guerras prolíficas forjaram novos Estados. Também alteraram os limites dos mais antigos.[12] Como outros agitados períodos de conflito desde 1750, essas violentas perturbações provocaram e possibilitaram uma série de novas Constituições políticas.

Havia, porém, importantes sentidos nos quais essas guerras diferiam das anteriores. Na Guerra dos Sete Anos, assim como na Guerra Revolucionária Francesa e nas Guerras Napoleônicas, conflitos que fugiam do

A luz, a treva e os longos anos 1860

controle tinham se espalhado para múltiplas partes do mundo. Mas nesses imensos e elásticos confrontos, as grandes potências ocidentais foram as protagonistas mais persistentes. Não era o caso, no mesmo grau, das guerras surgidas entre os anos 1850 e o começo dos anos 1870.

Sem dúvida, em algumas delas Estados europeus ainda desempenhavam papel dominante ou exclusivo. Foi o caso da Guerra da Crimeia de 1853-6, na qual a Grã-Bretanha e a França encabeçaram o ataque à Rússia em parte para sustentar o Império Otomano. Foi ainda mais verdade com relação às lutas ocorridas entre 1859-70 para forjar uma Itália unificada, na qual o reino de Piemonte-Sardenha combatia a Áustria e forças rivais italianas, às vezes com a ajuda da França. E foi verdade com relação ao que se tornou um projeto paralelo de unificação: as sucessivas guerras da Prússia contra a Dinamarca (1864), a Áustria (1866) e a França (1870-1), que culminaram na proclamação em 1871 de uma Alemanha unificada e na promulgação de uma nova Constituição escrita do Império Alemão.

No entanto, apesar dessa violência europeia contínua, a maioria das guerras de vulto entre meados dos anos 1850 e 1870 teve a participação de pelo menos um protagonista não europeu. Em algumas das maiores, forças europeias operavam apenas como auxiliares, enquanto os três conflitos mais vastos e letais desse período ocorreram fora das fronteiras da Europa.

A América do Sul oferece um bom exemplo. Em 1864, o Império brasileiro, junto com a Argentina e o Uruguai, lançou um assalto contra a república paraguaia, num conflito que ficou conhecido como a Guerra da Tríplice Aliança. Quando terminou, em 1870, esse conflito tinha resultado na morte do presidente paraguaio, um ambicioso militar do Exército chamado Francisco Solano López, cuja compulsão militar foi fortalecida pelo que ele testemunhou em batalhas na Crimeia. Essa mesma guerra sul-americana também matou grande parte da população masculina do Paraguai.

A escala da matança fica mais evidente se comparada à Guerra Civil Americana. Em número de mortos no campo de batalha, esta última foi a segunda luta mais destrutiva de sua época. Mesmo assim, calcula-se que menos de 21 em cada grupo de mil americanos uniformizados morreram em combate ativo. Já no Paraguai, o número de mortos no campo de batalha de 1864 a 1870 pode ter chegado a quatrocentos por mil habitantes. Essa guerra foi seguida pela preparação de uma nova Constituição paraguaia, que entrou em vigor num país ainda sob ocupação estrangeira, e no qual havia quatro vezes mais mulheres do que homens.[13]

Em total de baixas e de puro horror, tanto a Guerra da Tríplice Aliança como a Guerra Civil Americana foram muitas vezes superadas pelo conflito mais brutal daquele período, a Rebelião Taiping na China. Na verdade, o que houve foi uma guerra civil entre os Exércitos do Império Qing e as forças rebeldes no sul dos seus domínios. Quando terminou, em 1864, depois de mais de uma década de combates, pelo menos 20 milhões de pessoas estavam mortas como resultado de batalhas, escassez de alimentos e genocídio, e — nos estágios finais do confronto — suicídios em massa, especialmente de mulheres. Segundo algumas estimativas, o total de mortes chinesas teria passado de 60 milhões.[14]

A Rebelião Taiping ressalta outro aspecto que tornava as guerras dos anos 1860 diferentes de eras anteriores de conflito. Os impérios, tanto ocidentais como orientais, sempre foram viciados em guerra. Mas o que chama atenção nesse período é a intensidade das pressões militares e dos desafios ideológicos sofridos por todos os grandes impérios do mundo, sem exceção.

Foi o caso dos três impérios marítimos tradicionais, a Grã-Bretanha, a França e a Espanha. Na primavera de 1857, o primeiro deles foi assolado por revoltas em seus territórios indianos do norte e do centro. Isso persistiu até 1859, e envolveu muito mais do que motins dentro do imenso e majoritariamente sul-asiático Exército indiano. Além do mais, essa insurreição foi apenas o maior de vários reveses imperiais britânicos sofridos durante o período. A França também passou por altos e baixos durante os longos anos 1860. Bem-sucedidas na guerra contra os austríacos na Itália em 1859, e em algumas de suas campanhas imperiais — no Camboja, por exemplo — as Forças Armadas da França se mostraram menos eficientes em outros lugares. Uma tentativa de explorar a distração americana durante a Guerra Civil, e despachar uma força de 30 mil soldados ao México para estabelecer uma monarquia e uma zona de influência francesa, já era um

A luz, a treva e os longos anos 1860   313

fracasso constrangedor em 1867. Três anos depois, o próprio Segundo Império de Napoleão III entrou em colapso na esteira da invasão de exércitos prussianos. Isso levou à criação da Terceira República Francesa e, em 1875, à promulgação de novas leis constitucionais.[15]

A Espanha também enfrentou convulsões internas e desafios externos. Uma revolução em 1854, que testemunhou nas ruas de Madri combates só superados em ferocidade na Espanha durante a guerra civil dos anos 1930, foi seguida em 1856 pela introdução de uma nova Constituição. Então, em 1868, outra revolução pôs fim ao longo reinado da monarca espanhola, a rainha Isabel II — "Uma mulher gorda e exausta, com um rosto brilhante e flácido", nas palavras de um contemporâneo hostil, mas talvez honesto. Isso resultou na redação de uma nova Constituição espanhola e na introdução do sufrágio universal masculino. No mesmo ano, 1868, houve ainda uma renovação de lutas armadas pela independência em Cuba, uma das poucas colônias espanholas ainda restantes no ultramar. Essa agitação teve reflexos na economia do principal eixo comercial da Espanha, Barcelona, e corroeu ainda mais o senso residual dos espanhóis de ainda fazerem parte de um império transcontinental.[16]

Como mostrado nas lutas da dinastia Qing com os Taiping, impérios de base predominantemente terrestre também enfrentaram crises profundas naquela época. Derrotada na Guerra da Crimeia, a Rússia teve que lidar também com uma importante revolta em 1863 na Polônia. O Império Otomano travou grandes batalhas com a Rússia nos anos 1850 e em 1877-8, além de enfrentar agitações em algumas de suas províncias europeias. Como no caso do Império Austríaco, um complexo de múltiplos territórios, etnias e religiões, os traumas dos longos anos 1860 confirmaram aquilo que as perturbações das revoluções de 1848 já tinham fomentado. Derrotado primeiro pela França no norte da Itália em 1859, depois pela Prússia em 1866, o imperador Habsburgo da Áustria foi obrigado a conceder território e desistir de sua tradicional posição de primazia nas terras alemãs.

Como ocorreu reiteradamente desde meados do século XVIII, as guerras contagiosas contribuíam para aumentar o ritmo e o alcance da produção e das ideias constitucionais. "A pena", nas palavras do nacionalista italiano Giuseppe Mazzini, continuava "tendo a forma da espada."[17] Como muitas vezes ocorreu desde 1750, os custos econômicos e humanos da guerra convenceram alguns governos durante os longos anos 1860 a restaurar sua autoridade por meio da promulgação de novos contratos políticos. A Tunísia foi um bom exemplo. Uma das razões para o bei tunisiano arriscar-se a fazer reformas e experimentos com uma Constituição escrita depois de 1857 foi o fato de seu antecessor ter despachado 14 mil soldados em apoio ao Império Otomano na Guerra da Crimeia, perdendo um terço deles na aventura e comprometendo as finanças nacionais.[18]

Como já tinha acontecido — e continuaria a acontecer até o começo do século XXI —, a experiência da vitória militar às vezes também provocava a elaboração e a remodelação de Constituições. Vencer a Guerra Civil em 1865 possibilitou ao partido republicano no Congresso dos Estados Unidos, como veremos, emendar de modo significativo a Constituição americana e obrigar o Sul derrotado a promulgar novas e, quem sabe, transformadoras Constituições estaduais. Houve outros exemplos nessa época, também, dos dividendos constitucionais do triunfo militar. Vítor Emanuel II, rei da Sardenha, era um homem grande, corajoso e banal. Mas os êxitos de suas forças nas guerras de unificação da Itália permitiram que em 1871 a Constituição escrita da Sardenha, o *Statuto Albertino*, fosse imposta a todos os italianos.[19]

Sofrer derrotas militares acachapantes também continuou forçando as pessoas a pensar mais seriamente e precipitando a redação de Constituições. Como muitas vezes ocorreu no passado, alguns perdedores tentavam apaziguar uma população ressentida, reconstruir seus territórios e deixar para trás fracassos anteriores promulgando novos e compensadores contratos escritos. Foi o caso do Paraguai no pós-guerra. Foi o caso também de alguns perdedores na Europa — a Dinamarca e a França, por exemplo, mas em especial o Império Austríaco. Houve tentativas de produzir Constituições escritas nesta última região na esteira das revoluções de 1848, e novas leis constitucionais foram ali testadas em 1860 e 1861. Mas a combinação das perdas do Império Austríaco na península Italiana e suas derrotas militares diante da Prússia resultou num esforço mais exaustivo de reestruturação política, o *Ausgleich*, ou Compromisso Austro-Húngaro, de 1867.

A luz, a treva e os longos anos 1860

Essa nova legislação reformulou o Império Austríaco, dividindo-o em dois Estados independentes, coiguais, estreitamente ligados — pelo menos em tese — pela aliança com o mesmo imperador Habsburgo. De um lado do rio Leitha, agora ficaria a Áustria, e do outro lado a Hungria, embora cada uma dessas entidades abrigasse múltiplos grupos nacionais, religiosos e linguísticos. Além disso, ao segmento austríaco foi dada uma Constituição escrita destinada a acalmar e unir seus diferentes e inquietos povos. Promulgada em dezembro de 1867, proclamava tanto a igualdade de todos os grupos étnicos da Áustria como seu direito inviolável a cultivar e expressar suas línguas e nacionalidades próprias.[20]

Boa parte disso lembra acontecimentos anteriores, e com razão. Promulgar novas Constituições para compensar os habitantes de um país pelo envolvimento dos seus governantes em guerras onerosas e pelos fardos jogados sobre eles em termos de tributação e recrutamento; aproveitar as oportunidades e o poder de barganha conferidos por êxitos militares para redigir ou emendar Constituições e reaparelhar Estados; ou, em outros casos, ter que fazer isso em consequência de arrasadoras derrotas militares — todas essas respostas da parte de Estados e impérios vinham se tornando cada vez mais óbvias depois de 1750. Mas a pura confusão de guerras dos longos anos 1860 também deu impulso a avanços mais distintos.

Para começar, o grau em que tantos impérios do mundo passaram a sofrer violenta pressão nesse período — China, Grã-Bretanha, Áustria, Rússia, França, Espanha, o mundo otomano e o império escravista e algodoeiro do Sul dos Estados Unidos, entre outros — convenceu observadores de que as relações de poder em todo o globo se alteravam perceptivelmente numa direção eletrizante. Em segundo lugar, essas visões otimistas de um mundo que se abria num estado inédito de movimentos possivelmente benéficos foram estimuladas por mudanças sísmicas ocorridas em tecnologia e comunicações naquela época.

Àquela altura, estradas, navios a vapor, ambiciosos projetos de canal e jornais e livros baratos produzidos em massa proliferavam muito mais depressa e em muito mais lugares do que durante a primeira metade do século XIX. Novas modalidades de transmissão de informação também se estabeleciam. A fotografia, um processo nebuloso, caro e penosamente lento quando surgiu, nos anos 1830, tornara-se um veículo muito mais barato, confiável e versátil. Mesmo antes que as sinistras imagens em branco e preto dos abatedouros de Fredericksburg e Shiloh e outros locais de batalha da Guerra Civil Americana começassem a circular nos Estados Unidos, a fotografia já vinha sendo aplicada profissionalmente a cenários de conflito, comunicando a atuação da morte na Guerra da Crimeia.[21] Foi quando ocorreu também uma rede de propagação de linhas telegráficas elétricas — a que cobria o Atlântico tornou-se disponível em 1866 — que permitia a troca quase instantânea de notícias entre diferentes países e continentes. "Antes do telegrama", disse um estudioso, a informação não andava mais rápido do que "um cavalo ou veleiro; depois movia-se à velocidade da luz."[22]

Todos esses avanços nos transportes, nas comunicações e no comércio tiveram impacto na qualidade e nos efeitos da guerra. Também possibilitaram a homens e mulheres — e não apenas no Ocidente — se tornar mais bem informados, e de modo mais regular, sobre acontecimentos, personalidades e projetos políticos em diferentes partes do mundo. Ficou mais fácil comparar e contrastar condições, incluindo as políticas, em diferentes países e continentes. Ficou mais fácil também viajar longas distâncias, física e mentalmente.

Jules Verne, descendente de navegadores e armadores, que aos onze anos tinha tentado fugir clandestinamente num barco partindo de Nantes, sua cidade natal, com destino às Índias, baseou-se nessas tendências para escrever seu best-seller escapista *A volta ao mundo em 80 dias*. Esse livro foi publicado em capítulos, em francês, em 1872 e logo traduzido para múltiplas línguas. Verne faz o seu enigmático herói Phileas Fogg, "um refinado cosmopolita", tirar proveito das novas formas de comunicação. Assim, Fogg embarca numa série de navios a vapor em viagens de longa distância, como o que fazia a linha entre Yokohama, no Japão, e San Francisco, na Costa Oeste dos Estados Unidos. Percorre também épicas rotas ferroviárias, como a da Great Indian Peninsula Railway, que ligava Bombaim e Allahabad, no norte do subcontinente, e Madras, no sul, e a Union Pacific

A luz, a treva e os longos anos 1860

Railroad, dos Estados Unidos, concluída em 1869. Fogg aparece também, no romance, fazendo uso regular do telégrafo elétrico, que "segue [...] ao longo do seu trajeto" — tudo isso para que possa dar a volta ao mundo nos oitenta dias predeterminados e ganhar uma aposta substancial.

Em busca de dramaticidade — e de leitores —, Verne exagerou a escala e a ubiquidade espetaculares das mudanças em tecnologia e transporte ocorridas até aquela época. Apesar disso, havia um reconhecimento cada vez mais amplo e legítimo de que um ritmo mais rápido de inovação tecnológica estava em andamento, e isso servia para criar uma sensação de movimento peculiar e acelerado. Alimentava também a convicção, que Verne capitalizou de maneira tão brilhante, de que as fronteiras do mundo podiam ser inspecionadas, atravessadas e superadas como jamais tinham sido.

Alguns historiadores sugerem que essa capacidade crescente, durante os anos 1860, de atravessar, comunicar-se com e adquirir conhecimento sobre diferentes partes do mundo tendiam a fechar, e não abrir, a mente.[23] Que, em vez de contestar preconceitos sobre os abismos e as desigualdades que separavam os diferentes povos do mundo, na verdade as novas mobilidades por vezes atuavam no sentido de reforçá-los. Há provas episódicas de que isso acontecia. Veja-se a reação de um circum-navegador do mundo real, William Seward, cujo injustamente negligenciado *Travels Around the World* [Viagens ao redor do mundo] foi publicado postumamente, um ano depois do romance de Verne, em 1873.

Seward tinha sido o fantástico e inestimável secretário de Estado de Abraham Lincoln durante a Guerra Civil Americana, e participara da reestruturação constitucional dos Estados Unidos que veio em seguida. Tinha quase setenta anos e aposentara-se da política quando pegou a First Transcontinental Railroad em direção oeste, rumo a San Francisco, em 1870, antes de iniciar uma turnê pelo mundo passando por Japão, China e parte da Índia até o Oriente Próximo, através do recém-inaugurado Canal de Suez, além de regiões do Império Otomano e da Europa ocidental.[24] Gravemente ferido na mesma avalanche de tentativas de assassinato que matou Lincoln em 1865, o rosto de ossos protuberantes desfigurado por um ferimento à faca, Seward era às vezes obrigado a usar cadeira de rodas. Sua disposição de assim mesmo aventurar-se nesse circuito global revela muita coisa, portanto, sobre as melhorias havidas até aquela data na qualidade e na facilidade dos meios de comunicação e de transporte.

Até então, provavelmente, ninguém tão idoso e frágil como Seward teria resolvido viajar distâncias tão extremas, a não ser quando movido por profundas razões religiosas, econômicas ou familiares. O fato de ele fazer essa viagem foi, em parte, uma prova de sua tenacidade pessoal e de sua determinação de não "enferrujar" na aposentadoria. Mas sua decisão de iniciar uma turnê mundial também ilustra de maneira eloquente que novos sistemas de transporte e novas tecnologias se disseminavam, tornando as viagens de longa distância mais confortáveis, além de mais rápidas e confiáveis. Consta que a primeira pergunta de Seward ao chegar a um novo porto ao longo de sua trajetória era se havia conexão telegráfica.

Essa turnê mundial é reveladora também em outro sentido. Enquanto viajava, o americano mais e mais se convencia de que os diferentes povos que encontrava se desenvolviam em ritmos inexoravelmente diversos. Ele nunca foi um radical absoluto. No entanto, algumas de suas primeiras declarações mostram uma opinião matizada, aberta e relativamente não preconceituosa sobre diferenças raciais. "A filosofia", dissera a seus colegas senadores em 1850, "humildemente manifesta sua dúvida sobre a suposta superioridade natural da raça branca."[25] Nem sempre antibritânico, ele no entanto exibia certa suspeita sobre o vasto império daquele país. Essas posições já haviam mudado quando começou sua turnê mundial, mas aparentemente mudaram ainda mais durante o percurso.

Em visita à Índia, ele notou que "no devido tempo" era provável que o país se tornasse independente. Mas de modo geral aprovava o que os britânicos faziam ali, vendo-os agora como colegas anglo-saxões expansionistas. Nem a Grã-Bretanha nem os Estados Unidos perderiam "qualquer poder ou prestígio", escreveu, satisfeito, "enquanto suas colônias aumentam, se multiplicam e reabastecem os lugares ermos do globo". Enquanto viajava, olhando "para toda a família humana frente a frente", ele também analisava cada vez mais os povos que ia encontrando, segundo uma imaginada escala de "civilização" na qual alguns pareciam inegavelmente ficar para trás. "Como é estranho", comentou quando o navio a vapor se aproximava do Egito, "o modo como essa divergência entre as raças brancas e escuras complica o problema da civilização suprema e da união da humanidade."[26]

As *Viagens ao redor do mundo* de William Seward, obra de um homem inteligente e reflexivo que desempenhou papel importante na derrota do Sul dos Estados Unidos e do seu sistema escravista, parecem, portanto, confirmar que a barreira racial global já se consolidava, aumentando junto com o ritmo da colonização branca e de publicações pseudocientíficas sobre desigualdades raciais.[27] No entanto, na realidade mais ampla, isso jamais foi tão simples.

Volto agora ao argumento de que aquela foi uma época de múltiplas guerras, muitas das quais infligindo grandes danos aos maiores impérios do mundo. Em tais circunstâncias — um imbróglio de guerras constrangendo visivelmente, a bem dizer, todos os impérios do mundo —, a disparada no crescimento das comunicações nessa época muito provavelmente tanto fomentaria dúvidas e reavaliações sobre divisões existentes entre sociedades e povos como consolidaria preconceitos. Esse foi especialmente o caso, uma vez que nem só euro-americanos exploravam as mudanças no volume e na rapidez das comunicações e a diminuição das distâncias nessa época. Nos longos anos 1860, não europeus em números cada vez maiores também empreendiam longas viagens através de fronteiras terrestres e marítimas, prestando atenção a tudo que viam durante o percurso.

Já conhecemos o entusiasmo com que o general tunisiano Husayn viajava. Isso não era menos verdade com relação a seu amigo e companheiro *mamluk* Khayr al-Din. Houvera uma "mistura do mundo", comemorou este último em *O caminho mais seguro para o conhecimento dos países*, livro que ele e outros escreveram em árabe e publicaram em Túnis em 1867. Não só as "maiores distâncias" do mundo estavam cada vez mais "conectadas às menores" por meio de ferrovias, navios a vapor e sistemas telegráficos, afirmava Khayr al-Din, como também se dera um aumento na interdependência global num nível mais profundo. Agora era essencial, insistia o

53. Famosa pintura de Louis-Augustin Simil mostrando
Khayr al-Din como comandante de cavalaria, 1852.

reformista tunisiano, ver o mundo como "um único e unido país povoado por várias nações que seguramente precisam umas das outras".[28] Disso se deduzia que não poderia — nem deveria — haver divisões irremediáveis entre sociedades em relação à organização política e às aspirações.

A luz, a treva e os longos anos 1860

Como Husayn, mas com um objetivo intelectual e político mais bem pensado, Khayr al-Din viajou muito. Homem alto, de físico imponente, sempre imaculadamente vestido e muitas vezes de esplêndido uniforme, visitou mais de vinte Estados europeus, bem como outras partes do mundo, "estudando [...] [sua] civilização e as instituições das grandes potências". Como resultado dessas viagens, escreveu em *O caminho mais seguro*, o tratado islâmico sobre constitucionalismo mais original produzido no século xix, em que ele reconheceu que a "Europa" não era um monólito. Não havia nenhum abismo claro, fixo e absoluto entre o Dar al-Islam — os domínios do Islã — e um Ocidente rigidamente diferenciado ao qual se precisasse reagir e opor. Os vários países da Europa eram eles próprios diferentes uns dos outros.

Os sistemas políticos europeus também variavam, e tinham evoluído de forma errática. A carreira de Napoleão Bonaparte, por exemplo, "pessoa conquistadora, irresponsável e temerária", demonstrava que, assim como outros povos, os europeus eram capazes, de vez em quando, de abandonar seus direitos constitucionais e sucumbir a governantes excessivamente poderosos. Sem dúvida as sociedades ocidentais que conseguiram atingir "os mais altos níveis de prosperidade" eram também as que tinham "estabelecido [com êxito] as raízes da liberdade e da Constituição". Isso Khayr al Din estava perfeitamente preparado para reconhecer. Mas não havia motivo para que sistemas parlamentares e "liberdade para as massas assegurada pela garantia de seus direitos" fossem monopólio ocidental. As coisas eram fluidas. Podiam mudar. Não deveria haver nada, afirmou ele, que impedisse povos de outras regiões, culturas e religiões de tomar emprestados, seletivamente, esses modos de fazer política. Por que "rejeitar ou ignorar uma coisa que é correta [...] só porque vem dos outros"?[29]

Parte do que há de notável nesses argumentos é o momento em que aparecem. *O caminho mais seguro* foi publicado em 1867, quando Khayr al-Din estava no exilio e parecia que sua carreira política tinha acabado. Além disso, àquela altura, a Constituição tunisiana de 1861, pela qual ele tinha dedicadamente trabalhado e feito lobby, entrara em colapso. No entanto, apesar desses reveses, seu livro transpira esperança e convicção.

Nele, Khayr al-Din e os outros colaboradores insistem em afirmar que os tunisianos, assim como outros povos do mundo muçulmano, podem com proveito colher "da alta árvore da Liberdade" sem sacrifício da sua identidade. "Os árabes", escreve, têm "naturalmente se misturado a outros sem com isso se deixar absorver por eles, ou sem mudar sua própria natureza."[30]

Contribuindo para esse tipo de otimismo e ampliado senso de possibilidade da parte não só de Khayr al-Din e seus colaboradores, mas também de muitos outros reformistas políticos em atividade nos anos 1860 e começo dos anos 1870, havia nessa época um terceiro componente distinto e importantíssimo de conflito armado, a Guerra Civil Americana.

Saindo da Guerra Civil Americana

Sem ser a maior, ou a mais letal, ou nem de longe a mais prolongada das guerras daquele período, a Guerra Civil Americana foi notável e amplamente influente em outros sentidos. Desde o início esteve estreitamente associada a debates sobre Constituições escritas. Esteve também progressivamente ligada à questão premente de saber até que ponto os que não eram brancos poderiam participar de modo ativo dos sistemas constitucionais.

É possível que as próprias origens do conflito estejam nos silêncios da Constituição de 1787. Os homens da Filadélfia não tinham ignorado a escravidão em seus longos debates secretos. Alguns delegados, como Gouverneur Morris, em tudo o mais um conservador, pronunciou-se vigorosa e inteligentemente contra ela. Mas ao redigir de fato o texto da Constituição, as palavras "escravo" e "escravidão" foram cuidadosamente deixadas de lado. Permitiu-se tacitamente que a servidão humana na nova república americana fosse assunto da alçada de cada estado; não era explicitamente um tema para intervenção do governo federal. A escravidão, lamentou John Adams, ex-presidente dos Estados Unidos, no fim da sua longa vida, era como uma "nuvem negra" pairando sobre seu país. Isso, claro, já era uma analogia racialmente modulada. Também trazia a sugestão de que a

A luz, a treva e os longos anos 1860 323

escravidão americana era ao mesmo tempo difícil de reparar e profundamente ameaçadora. "Eu talvez deva dizer", acrescentou Adams na mesma carta de 1821 para Thomas Jefferson, também senhor de escravos sulista, "que vi exércitos de negros em marchas e contramarchas no ar, brilhando em suas armaduras".[31]

Bem antes do início da guerra civil, na verdade, a situação já vinha mudando e se aguçando, embora de maneiras diferentes. Em certo sentido, a demanda global cada vez maior e a disponibilidade crescente de navios a vapor e de ferrovias fizeram do algodão não processado o artigo de exportação dos Estados Unidos de maior valor. Como resultado, a demanda por mão de obra negra cresceu exponencialmente. O primeiro recenseamento americano em 1790 tinha reconhecido a existência de menos de 700 mil escravos. Em 1850, o total oficial era de 3,2 milhões. Dez anos depois, o número aproximava-se dos 4 milhões, com a maioria dessas pessoas escravizadas trabalhando em plantations nos estados sulistas. Com sua matéria-prima vital, o algodão, em demanda em todos os continentes, e seus políticos excessivamente representados em Washington, o Sul dos Estados Unidos não estava adormecido, ou evitando a modernidade. Estava no coração de um dos empreendimentos capitalistas mais bem-sucedidos e exuberantes do mundo.[32]

No entanto, a despeito disso, a "plantocracia" sulista sofria pressões cada vez maiores. Em 1850, o número de estados americanos que proibiam a escravidão em suas Constituições locais (já vimos o exemplo da Califórnia) excedia pela primeira vez o de estados nos quais o escravismo ainda era legal. O ativismo abolicionista entre negros e brancos americanos intensificava-se. Fora dos Estados Unidos, além disso, houve em meados do século XIX uma renovação, ainda insuficientemente explorada, de medidas oficiais contra a escravidão, e não só da parte das grandes potências de sempre.

A Tunísia, como o general Husayn celebrava, aboliu a escravidão em 1846. Durante os anos 1850, também o fizeram o Equador, a Argentina, o Peru, a Venezuela, o Havaí e os líderes dos "rebeldes" Taiping na China. Em alguns países, a emancipação dos escravos foi acompanhada pela concessão aos negros de acesso parcial a direitos políticos. Em 1853, a Constituição da Colômbia foi reformada para eliminar a escravidão e permitir que todos os indivíduos do sexo masculino com mais de 21 anos votassem. Essas mudanças transregionais ajudam a explicar por que Abraham Lincoln passou a considerar a escravidão americana não apenas como um mal, mas como um constrangimento político e nacional. Queixava-se de que a persistência de altos níveis de escravidão em regiões dos Estados Unidos dava fácil munição para os críticos estrangeiros da forma de governo americana, incluindo suas Constituições escritas.[33]

A eleição de Lincoln como presidente em novembro de 1860, levando um conhecido oponente da escravidão a pela primeira vez ocupar a Casa Branca, precipitou, como todos sabem, a secessão de onze estados sulistas da União. Carolina do Sul, Mississippi, Flórida, Alabama, Geórgia, Louisiana e Texas tinham saído até janeiro de 1861. Virgínia, Arkansas, Carolina do Norte e Tennessee saíram em seguida. Bem antes de o último desses estados também decidir apostar na causa da Confederação, seus líderes haviam ordenado a redação de uma nova Constituição, que entrou em vigor no começo de 1862.[34]

Boa parte dessa Constituição sulista repetia cláusulas da redigida na Filadélfia em 1787. O novo e independente sul seria uma república. Títulos de nobreza foram proibidos. Haveria um presidente e um vice-presidente. Candidatos a senador e representantes tinham que respeitar os mesmos limites etários do Norte. Mas esses gestos de reverência ao familiar mal conseguiam esconder a iconoclastia essencial. Os Estados Unidos de antes deixavam de existir. Como um comentarista observou, em tom de aprovação, os Estados Unidos agora seriam "uma dessas muitas coisas falecidas". Em vez disso, seu território seria dividido entre duas repúblicas rivais. Por necessidade, portanto, a antiga, celebrada Constituição americana deixaria de ter aplicação tão vasta. "Vemos uma União rompida", rabiscou um soldado de infantaria da Louisiana chamado William Clegg em seu diário enquanto marchava penosamente para o combate, "e sentimos na prática que afinal de contas nenhuma Constituição ou lei escrita [...] impede a separação." Clegg, que sobreviveu à guerra, era um sulista convicto. Apesar

A luz, a treva e os longos anos 1860

disso, achava difícil aceitar a lógica dos acontecimentos de que participava. Foi obrigado a reconhecer que "o nosso [...], que já foi o melhor de todos os governos humanos, é um fracasso e não passou de um experimento".[35]

Não passou de um experimento: dentro dos Estados Unidos, mas também fora, esse foi um dos aspectos da guerra civil que mais chamou a atenção. Pela última vez na história global, foi possível localizar, nos primeiros estágios desse conflito, previsões feitas em letra de fôrma, discursos e textos privados de que o avanço do constitucionalismo escrito talvez estivesse começando a titubear. Em 1861, a Constituição americana era, fácil, o exemplo mais antigo do gênero ainda em vigor. Devido à limitada vida útil de muitas Constituições sul-americanas e europeias, a perspectiva de que a Carta dos Estados Unidos talvez estivesse à beira da implosão convenceu muitos observadores de que esse método de fazer e inscrever política estava chegando ao fim. Que o jogo talvez tivesse acabado. No entanto, as implicações da Guerra Civil Americana para a escravidão negra é que aos poucos monopolizaram as atenções.

O jeito encontrado pelos doze homens que redigiram a Constituição dos Estados Confederados do Sul em 1862 de se afastar do modelo criado na Filadélfia em 1787 foi dar mais ênfase, em alguns sentidos, aos direitos estaduais. "Nós, o povo dos Estados Unidos" cedeu a vez no preâmbulo a "Nós, o povo dos estados confederados, cada estado agindo em seu caráter soberano e independente". No entanto, haveria um limite crucial aos direitos estaduais. Nenhum estado confederado sozinho, nos termos dessa Constituição, teria permissão para liberalizar sua posição a respeito da escravatura: "Nenhuma *bill of attainder* [sentença de culpa sem instauração de processo e sem direito à defesa], nenhuma lei a partir de fato passado, ou lei negando ou prejudicando o direito de propriedade de escravos negros será aprovada". A secessão bem-sucedida do Sul seria inequivocamente acompanhada pela perpetuação, em toda aquela vasta área, do sistema escravista.[36]

O reconhecimento desse ponto monopolizou as atenções em todas as geografias. Provocou acirrados e conflitantes debates por motivos humanitários ou religiosos, por motivos econômicos, mas também por causa das possíveis repercussões fora dos Estados Unidos. "Todo aquele que se interessa pelo bem-estar da Índia", escreveu um jornalista de mentalidade reformadora de Calcutá no fim de 1861, "precisa, por motivos óbvios, observar com apreensiva atenção a grande luta que avança tão lentamente nos Estados Unidos." Analisando um exemplar do projeto de Constituição confederado (e é extraordinário que uma cópia já tivesse chegado ao norte da Índia), ele se mostrava preocupado pelo que esse texto revelava sobre a arrogância e a opressão dos brancos mais genericamente. "Existe alguma intenção, ou algum desejo, por mais vago que seja, da parte dos governantes [britânicos] da Índia de treinar seu povo para o autogoverno e depois [...] rejeitar seu poder?", perguntou esse homem, em tom aflito. "Existe algum desejo genuíno de elevar os nativos a um nível mais alto?" Seu único consolo estava no que as repúblicas negras da Libéria e do Haiti demonstravam sobre "as capacidades políticas de escravos entregues [...] a seus próprios recursos". Certamente esses dois países, cada qual equipado com uma Constituição própria, sugeriu ele, provavam "a capacidade de autogoverno entre os escravos e aqueles que, na maior parte, 'nasceram' escravos".[37]

No entanto, enquanto o início da Guerra Civil Americana rapidamente era absorvido nos debates mais amplos sobre as reivindicações e aspirações de povos não brancos, a maioria dos americanos que iam à guerra contra a Confederação em 1861 não previa que a vitória pudesse envolver mais direitos políticos para negros, fossem eles libertos ou escravos. O que fez isso mudar foi a natureza da própria guerra. Ela era travada usando-se uma maior concentração de tecnologia mortífera do que a que estava disponível até então em qualquer parte do mundo.

Antes da guerra, tanto sulistas — que dominaram a Secretaria da Guerra durante a maior parte dos anos 1840-50 — como políticos do Norte tinham investido consideráveis volumes de esforços e dólares dos contribuintes para modernizar as Forças Armadas dos Estados Unidos. Fuzis de repetição usando balas de grosso calibre potencialmente letais a 550 metros ou mais de distância substituíram mosquetes antigos e de

A luz, a treva e os longos anos 1860

menor precisão. Reparos de artilharia de ferro fundido foram introduzidos, junto com revólveres Colt de seis tiros, capazes de matar a noventa metros. Inovações industriais transformaram as coisas noutro sentido também. As ferrovias tinham sido usadas na Guerra da Crimeia de 1853-6 e na rebelião indiana de 1857-9. Mas a disponibilidade e o potencial militar das ferrovias nos Estados Unidos eram bem maiores, tanto no Sul como no Norte. É verdade que os estados confederados eram menos industrializados do que seus vizinhos do norte. Mas a necessidade de transportar algodão em estado natural a granel por longas distâncias para cidades portuárias tinha exigido que também no Sul se investisse muito dinheiro na expansão das ferrovias. Em 1861, as redes ferroviárias da região estendiam-se por 16 mil quilômetros.[38]

Nos Estados Unidos, como em outros lugares, a disponibilidade de vastas redes ferroviárias alterou o padrão e o custo humano da guerra. Enquanto se mantinham intactas, as forças atacantes podiam usá-las para fazer rápidas incursões em território inimigo. Inversamente, as ferrovias também permitiam que as forças de defesa enviassem reforços às pressas para áreas vulneráveis. Foi o que os confederados fizeram na batalha de Bull Run, na Virgínia, em julho de 1861. Levaram de trem novos suprimentos de homens, com isso alterando a dinâmica da batalha e vencendo. As ferrovias possibilitaram a concentração rápida de grande número de soldados em zonas vitais de combate e — igualmente crucial — permitiram também que fossem regularmente abastecidos de armas, alimentos, cavalos e buchas de canhão mesmo durante as campanhas prolongadas. Enquanto as linhas de suprimento ferroviárias continuassem funcionando, e houvesse reforços, os exércitos podiam lutar por muito mais tempo. Como resultado, sobretudo se estivessem equipados com armas e canhões de maior precisão e disparo mais rápido, esses exércitos conseguiam matar muito mais gente, a uma velocidade muito maior, e de maneira mais persistente, do que até então tinha sido possível.

Devido em grande parte a essas mudanças tecnológicas, a Guerra Civil Americana consumia homens num ritmo furioso. Antes de sua eclosão, em

1861, o Exército regular tinha menos de 17 mil homens. No fim da guerra, em 1865, os estados confederados haviam sido obrigados a alistar e equipar cerca de 1 milhão de soldados — isso numa população branca de 6 milhões. No Norte, o número de combatentes também cresceu. O total da União já era de 570 mil em janeiro de 1862. Três anos depois, tinha subido para 960 mil.[39] Em relação ao contingente humano, os dois lados dessa guerra enfrentavam, no entanto, desafios bem diferentes. O Sul fazia uso generoso da mão de obra de escravos negros como servos e carregadores do Exército, e para manter suas ferrovias e sua economia agrícola. Mas só nos estágios finais da guerra seus líderes se dispuseram a passar por cima de ideologias raciais e cogitar o recrutamento de combatentes negros.

Para políticos e generais nortistas, os desafios eram outros. Os estados confederados só precisavam sobreviver intactos e dessa maneira ganhar tempo para consolidar sua autonomia. Mas para recuperar a União e — como passou a ser gradualmente o objetivo — extirpar a escravidão, o Norte precisava de muito mais do que apenas sobreviver. Seus soldados tinham que invadir, subjugar e ocupar a imensa região geográfica representada pelos estados secessionistas do Sul. Para tanto, levando em conta o ritmo em que seus soldados eram mortos e feridos, os líderes nortistas foram cada vez mais obrigados a recrutar homens, precisando superar as barreiras raciais.

Esse foi um processo gradual, às vezes relutante. Em julho de 1862, depois de uma série de custosas batalhas na Virgínia e no Tennessee, e antes do que viriam a ser grandes perdas em Maryland e na Virgínia, o Congresso aprovou uma nova lei sobre milícias que permitia a participação militar de negros. Mas não em termos iguais. Um miliciano negro que resolvesse lutar pelo Norte recebia dez dólares por mês; seu homólogo branco recebia treze dólares, mais um abono para roupas.[40] Concessões eram evidentes até mesmo na comovente Proclamação de Emancipação de Lincoln de 1º de janeiro de 1863, inicialmente redigida por ele em quatro pedaços de papel no verão anterior. Esse texto declarava o fim da escravidão nos estados confederados, confiava seu desmantelamento aos exércitos nortistas e convocava negros a se alistar nas Forças Armadas da União:

> Que no primeiro dia de janeiro do ano da Graça de mil e oitocentos e sessenta e três, todas as pessoas mantidas como escravas dentro de qualquer estado, ou parte designada de um estado, cujo povo esteja em rebelião contra os Estados Unidos, serão a partir de então livres para sempre [...]. E declaro também, e faço saber, que essas pessoas nas condições adequadas serão recebidas nas Forças Armadas dos Estados Unidos para guarnecer fortes, posições, postos e outros lugares e para tripular navios de todos os tipos nas referidas forças.[41]

Cauteloso e pragmático como sempre, e precisando manter seus aliados, Lincoln deixou vago o destino dos negros que viviam em regime de escravidão nos quatro estados escravistas que permaneceram leais à União — Delaware, Maryland, Missouri e seu próprio estado natal de Kentucky.

54. Soldados afro-americanos e brancos da União jazem mortos lado a lado no campo de batalha; desenho de 1865.

Só em 1864 o recrutamento substancial de negros foi autorizado nessas regiões. Àquela altura, porém, os negros já estavam aderindo em massa ao Exército e à Marinha da União, tripulando a maquinaria da guerra híbrida. Ao todo, cerca de 200 mil serviram como soldados e marinheiros, dos quais 140 mil talvez tenham sido escravos anteriormente. Números ainda maiores de negros podem ter trabalhado para o Norte na Guerra Civil como mão de obra não qualificada do Exército.[42]

Seria um erro dar ênfase exclusiva a esses altos níveis de participação negra no esforço militar do Norte no tocante às mudanças e liberdades constitucionais que foram asseguradas por um tempo depois da guerra. Bem antes de 1861, ativistas e abolicionistas negros tinham demonstrado interesse crescente pelo uso de linguagem e iniciativas marciais como meio de autodefesa e de autodefinição masculina, e como maneira de reforçar argumentos a favor de cidadania igual para os (homens) negros. Em algumas cidades americanas, negros estabeleciam grupos milicianos extralegais e praticavam exercícios. Outros desenvolviam o culto de heróis patriotas negros, como Crispus Attucks, homem de ascendência africana e indígeno-americana morto por soldados britânicos no "massacre" de Boston em 1770.[43] Quando os negros começaram a aderir a forças da União em grande número, nos anos 1860, um conjunto de línguas e ideias já existia, portanto, para vincular essas ações à demanda por cidadania negra e pelo direito ao voto para os homens negros. Como dizia a inscrição num arco de triunfo para uma procissão de veteranos negros do Exército na Pensilvânia: "Quem defende a liberdade é digno de todas as suas prerrogativas".[44]

Ainda assim, e a despeito de tudo isso, o início da Guerra Civil teve importância crucial. Sem isso, a plantocracia sulista não teria sido destruída com tamanha rapidez. Nem o sistema escravista, apesar da intensificação do radicalismo abolicionista antes da guerra. Além do mais, e como aconteceu nas lutas de independência na América do Sul meio século antes, a necessidade de recorrer amplamente ao serviço militar dos negros fez as pessoas pensarem mais a sério. Obrigou alguns americanos brancos, até

A luz, a treva e os longos anos 1860   331

então tímidos, mas politicamente poderosos, a fazer concessões e alterações que, do contrário, talvez não tivessem pensado em fazer tão cedo. Mas foi só na noite de 11 de abril de 1865, dois dias depois da rendição do general Robert E. Lee ao general Ulysses S. Grant em Appomattox, que Abraham Lincoln anunciou publicamente, de uma sacada da Casa Branca, seu apoio à ideia de o serviço militar dos negros trazer consigo mais acesso aos direitos constitucionais: "Também é insatisfatório para alguns que o direito de votar não seja concedido ao homem de cor. Pessoalmente, eu preferiria que [o voto] fosse concedido agora aos muito inteligentes, *e àqueles que servem a nossa causa como soldados*".[45]

Três dias depois, às 10 da noite de 14 de abril, no Teatro Ford em Washington, DC, um partidário dos confederados de nome John Wilkes Booth, que tinha ouvido o discurso no terreno úmido da Casa Branca, matou Lincoln com um tiro na cabeça.

Essa é uma das sequências clássicas da história americana, e uma das grandes decepções da história em geral. O mesmo é verdade em relação à reconstrução política que veio depois da Guerra Civil. Meses antes do assassinato de Lincoln, em janeiro de 1865, o Congresso tinha aprovado a 13ª Emenda da Constituição americana, abolindo formalmente a escravidão. O silêncio da Carta original foi rompido, e a palavra "escravidão" inserida para deixar claro que essa instituição não deveria "existir dentro dos Estados Unidos". Três anos depois, em julho de 1868, houve uma 14ª Emenda. Ela determinava que todos os americanos desfrutassem dos direitos de cidadania, tanto na esfera federal como em seus respectivos estados, ao mesmo tempo que impedia — pelo menos no papel — que os estados diluíssem ou bloqueassem esses direitos. Nenhum estado americano deveria "negar a qualquer pessoa dentro de sua jurisdição a proteção igual das leis". Em 1870, houve ainda uma 15ª Emenda. O direito ao voto entre os homens, proclamava ela, não deveria "ser negado ou reduzido [...] em virtude de raça, cor ou condição prévia de escravidão".[46]

O efeito dessas sucessivas mudanças foi o de, potencialmente, transformar a Constituição americana numa arma em novos sentidos. De 1800 até o início da Guerra Civil, ela só havia sofrido uma emenda. Agora, em apenas cinco anos, três emendas foram acrescentadas. Além disso, essas emendas não tinham a ver, essencialmente, com o funcionamento da alta política americana. Nem restringiam os poderes do Executivo — muito pelo contrário. A Constituição americana foi substancialmente redesenhada pelos vitoriosos da Guerra Civil tanto para permitir que Washington interviesse mais agressivamente nos estados como para alterar o espaço da cidadania e a natureza dos direitos políticos. Essas ações foram combinadas, além do mais, com a imposição ao Sul derrotado de novas e mais generosas Constituições estaduais. Assim, em 1869, a Virgínia, ainda sob severa ocupação de tropas federais, teve que conceder o direito ao voto a todos os cidadãos do sexo masculino com mais de 21 anos, e oferecer educação pública a todos, negros e brancos, "para impedir que crianças cresçam na ignorância".[47]

Dentro dos Estados Unidos, as consequências dessas medidas de reconstrução acabaram se mostrando fragmentadoras e parciais. No exterior, no entanto, o impacto foi mais abrangente e criativo do que se costuma reconhecer. A combinação do sucesso do Norte na Guerra Civil com a demolição da escravatura e a aparente remoção de algumas das estruturas racistas através de um redesenho drástico da Constituição contribuíram para a sensação já muito forte de mudança acelerada e de possibilidades criadas. As reações em algumas regiões do mundo foram imediatas.

No ano de 1867, durante o qual foi aprovada no Congresso a Lei de Reconstrução que levou diretamente à extensão do direito de voto para os negros no Sul dos Estados Unidos, mudanças constitucionais pioneiras também ocorreram, por exemplo, na Nova Zelândia. Leis aprovadas ali naquele mesmo ano, 1867, deram à população indígena maori o direito de ocupar quatro vagas na Câmara dos Representantes do país. E, enquanto os neozelandeses brancos precisavam comprovar que tinham propriedades, todos os maoris do sexo masculino com mais de 21 anos podiam votar, mesmo não sendo ricos. Certamente, se a representação proporcional em

A luz, a treva e os longos anos 1860

relação à população fosse aplicada, os maoris teriam conquistado quinze vagas no novo Legislativo da Nova Zelândia naquela época, e não quatro. Apesar disso, ali estava outro sinal de mudança contínua. Homens vistos como negros haviam conquistado o direito ao voto. Durante doze anos, na verdade, tiveram direitos de voto superiores aos dos homens de renda modesta tidos como brancos.[48]

Praticamente não há dúvida de que essas medidas estavam ligadas em certo nível ao que se passava nos Estados Unidos. O governador colonial da Nova Zelândia, sir George Grey, era ao mesmo tempo um autocrata e um admirador confesso da Constituição americana. Tinha acompanhado com atenção o desdobramento da Guerra Civil e ficou profundamente impressionado com as ações, as palavras e o assassinato de Abraham Lincoln, dedicando-lhe elogios fúnebres e escrevendo obituários. As reações de Grey nesse sentido exemplificam um fenômeno mais amplo. Embora Lincoln tenha sido morto antes de se iniciar uma séria reconstrução da Constituição americana, o culto que rapidamente se desenvolveu em torno do presidente martirizado ajudou a concentrar a atenção internacional nas transformações políticas que ocorriam nos Estados Unidos depois do assassinato.[49] Talvez o exemplo mais tocante da influência desses acontecimentos sobre mentalidades em diferentes continentes fossem os projetos constitucionais para a África preparados por um homem chamado James Africanus Beale Horton.

Para dentro da África, com esperança

É difícil situar um homem como Horton. Tentar defini-lo com precisão é na verdade perda de tempo, porque, mais do que a maioria das pessoas, ele foi obrigado a escolher uma combinação de identidades diferentes. Nascido em 1835, foi o único filho sobrevivente de pais ibos da região hoje conhecida como o sudeste da Nigéria. O casal tinha sido capturado por negreiros transatlânticos, mas sua travessia marítima para a escravidão foi interrompida por cruzadores antiescravistas britânicos, e eles acabaram sendo levados para uma aldeia nos arredores de Freetown, capital de Serra Leoa. Desde o começo dos anos 1800, esse assentamento servia como quartel-general da campanha naval da Grã-Bretanha contra o comércio de escravos. Funcionava também como base para incursões imprevisíveis da Grã-Bretanha na África ocidental e como fonte de mão de obra negra barata — mas, o que era importantíssimo, não escravizada.[50]

Esses antecedentes explicam um pouco da complexidade de Horton. Num grau que hoje pode ser de difícil compreensão, ele cresceu com um sentimento de dívida para com a Grã-Bretanha, como libertadora e protetora dele e da sua família. O pai parece ter adotado para sua família o sobrenome de um missionário inglês em Serra Leoa. Mas foi o próprio Horton que acrescentou Beale aos seus prenomes, como tributo ao diretor britânico da escola missionária de Freetown onde foi um dos melhores alunos.

Mas quando chegou à Grã-Bretanha para estudar medicina, primeiro no King's College de Londres e depois na Universidade de Edimburgo, Horton imediatamente soube que era africano, adotando outro sobrenome, Africanus. Houve mais ajustes depois de se formar e tornar-se oficial médico do Exército britânico, mais tarde cirurgião-mor, equivalente ao posto de tenente-coronel. Sua foto mais conhecida mostra-o como um homem elegante, em evidente boa forma, com cabelo grisalho e barba rala, de uniforme do Exército rigorosamente abotoado. Às vezes, isso está claro, o uso dessa vestimenta forçava Horton a reprimir parte do que pensava e sentia. "Não devo correr demais em qualquer coisa que eu faça", escreveu para um aliado, mas na verdade para si mesmo, "[nem] ceder aos ditames da paixão, ou tomar medidas precipitadas."[51] Às vezes, porém, era exatamente o que fazia. No entanto, apesar da tensão e do preconceito com que às vezes se deparava, sua carreira médica no Exército britânico teve a grande vantagem de permitir-lhe passar a maior parte da vida adulta trabalhando e viajando no oeste da África, "entre meus compatriotas", como dizia, contando com um salário regular que

55. James Africanus Beale Horton como cirurgião-mor.

também financiava suas pesquisas particulares e seus textos audaciosos e combativos.[52]

Horton, no entanto, não tinha apenas uma dupla consciência africana e britânica. Sempre lendo e sempre escrevendo, ele constantemente ampliava seu universo de referências. Às vezes, pensava em um vasto mundo atlântico que lhe parecia, como a muitos outros, em estado de mudanças aceleradas. Escreveu de modo animado sobre como a Guerra Civil Americana tinha transformado "a posição da população de cor da [...] grande República da América", e seu conhecimento do que ali se passava foi reforçado por visitas à Libéria, que fica logo a leste de Serra Leoa.[53]

A Libéria tinha sido criada em 1822 como refúgio para negros libertos que emigravam dos Estados Unidos pela Sociedade Americana de Colonização. Foi essa entidade que inicialmente recomendou a forma de governo do assentamento, abastecendo-o de Constituições. Mas em 1847 colonos negros e mestiços declararam a Libéria uma república independente e organizaram sua própria convenção constitucional. "O povo da Libéria", insistiu um dos delegados, "não precisa que 'pessoas brancas' o ajudem a fazer uma Constituição para governar a si mesmo." "Todo poder é inerente ao povo", proclamava o documento que esses homens redigiram. "Todo governo livre é instituído por sua autoridade, e para o seu benefício, e tem o direito de alterar e reformar o mesmo quando sua segurança e sua felicidade assim exigirem." Em 1862, lutando com as demandas e distrações da Guerra Civil, Washington finalmente concordou com esses arranjos.[54]

Horton fazia críticas a algumas características da organização e do governo da Libéria. Como ibo nativo, não gostava do fato de os líderes afro-americanos terem excluído os negros africanos nativos (diferenciando-os dos colonos negros) dos termos da Constituição de 1847. Apesar disso, a Libéria foi importante na evolução de suas ideias e dos seus argumentos. Oferecia uma demonstração de que negros de ascendência africana eram "perfeitamente competentes para cuidar do seu próprio governo".[55] Mostrava, ainda, que eles eram capazes de redigir uma Constituição para si mesmos, sem intervenção branca, e sem resvalar — ou pelo menos assim

THE

INDEPENDENT REPUBLIC,

OF

LIBERIA;

ITS CONSTITUTION AND DECLARATION OF INDEPENDENCE;
ADDRESS OF THE COLONISTS TO THE FREE PEOPLE
OF COLOR IN THE UNITED STATES,

WITH OTHER DOCUMENTS:

ISSUED CHIEFLY FOR THE USE OF THE FREE PEOPLE OF COLOR.

PHILADELPHIA:
WILLIAM F. GEDDES, PRINTER, 112 CHESTNUT STREET.

1848.

56. Cópia feita na Filadélfia da Constituição da Libéria
de 1847: "Para uso das pessoas de cor livres".

parecia — no tipo de autoritarismo que costumava caracterizar aquela outra república negra, o Haiti.

Com o tempo, Horton veio a situar suas opiniões sobre a potencialidade negra e africana dentro de um contexto ainda mais amplo que o Atlântico. "A história de um país faz parte da história do mundo", escreveu em 1866.[56] De acordo com sua nova maneira de pensar, quem quisesse compreender e melhorar as condições de vida do povo na África precisava prestar atenção tanto no passado global como no presente global. Foi o que ele procurou fazer nos livros que escreveu e publicou, e em cartas para indivíduos influentes e frequentes artigos de jornal. No mundo antigo, raciocinava Horton, Roma tinha conquistado as "tribos selvagens" da Europa, forçando-as a tomar caminhos de desenvolvimento que "levaram em mil e cem anos às gigantescas descobertas e melhorias que [...] [agora] deixam perplexos os habitantes de climas menos favorecidos". Mas, como o ritmo e a escala das mudanças globais se espalhavam de forma tão impressionante, afirmava ele, o avanço da África para a modernidade e para o pleno desenvolvimento do seu potencial estava destinado a ser muito mais rápido do que o da Europa no passado distante. Como Khayr al-Bin na Tunísia, Horton tirou conclusões extraordinariamente otimistas das transformações tecnológicas e industriais dos longos anos 1860:

> Invenções modernas, como a prensa, a máquina a vapor (tanto nas ferrovias como na navegação) e o telégrafo elétrico, que facilitam a comunicação rápida num grau maravilhoso, não deixam sombra de dúvida em minha cabeça de que, embora a França e a Inglaterra tenham levado mil e cem anos para atingir o alto padrão de civilização de que hoje desfrutam, será preciso muito menos tempo para que uma porção da África ocidental possa rivalizar com a Europa em desenvolvimento progressivo.[57]

Horton levou consigo até o fim da vida parte dessa confiança na força libertadora da modernização. Uma das suas últimas aventuras antes da morte precoce em 1883 foi fundar o Banco Comercial da África Ocidental,

A luz, a treva e os longos anos 1860

com a intenção de estabelecer filiais em Freetown e Lagos, e tornar o crédito mais facilmente disponível para comerciantes e empresários africanos.

Esse interesse por crescimento econômico era perfeitamente compatível com seu reformismo constitucional. Nem os europeus que chegavam nem os chefes de governo da África já existente, pensava Horton, investiriam em sistemas rodoviários, ferrovias, escolas, bancos, casas comerciais e em outras coisas de que a região tanto precisava. Fazia-se necessária uma sistemática reestruturação política. A África Ocidental tinha que ser reconfigurada em países autônomos. De início, ele tornou essas ideias públicas em seu livro de 1868 *Países e povos da África Ocidental* e em artigos para o *African Times*, jornal evangélico impresso em Londres que se vangloriava de circular em "todos os assentamentos da costa africana onde haja africanos instruídos".[58]

O que se fazia necessário, insistia Horton, era o surgimento de "numerosas comunidades políticas" no oeste da África (e potencialmente em outros lugares do continente), "cada qual dirigida por um governo nacional". Sua pátria, Serra Leoa, poderia ser convertida, imaginava ele, numa monarquia eleita com um Legislativo bicameral. Sugeriu que a Gâmbia também deveria ter uma monarquia eleita, e talvez estivesse preparada para um governo autônomo dentro de um quarto de século. A região litorânea da Costa do Ouro, propôs ele, deveria dividir-se num reino fânti e numa república de Acra, onde um presidente eleito servisse no máximo por um mandato de oito anos. Quanto a Lagos e as áreas dominadas por seu próprio povo ibo, também deveriam evoluir formando Estados "independentes, unidos, cristãos e civilizados".[59]

Como muitas vezes acontece com Horton, tudo isso era mais radical do que parecia. Diferente do ativista negro colega seu, o antilhano que virou liberiano Edward Wilmot Blyden, Horton não tentava transformar a África e sua política enviando para lá descendentes de africanos dos Estados Unidos, do Caribe e de outras partes.[60] No que lhe dizia respeito, os africanos negros nativos é que precisavam empreender o renascimento político do seu próprio continente, muito embora, no tocante a funções de liderança, recorrendo a homens das minúsculas elites instruídas e da classe média da África negra. Além disso, embora esses planos exigissem a criação de fortes monarquias africanas ao lado de fortes repúblicas africanas, Horton imaginava que todos aqueles novos Estados viessem a adotar o "sufrágio universal".

O uso do termo "sufrágio universal" como distinto de "sufrágio masculino" é interessante. Horton era um leitor voraz e um homem esperto, quase excessivamente atento, portanto é improvável que se trate de um descuido de linguagem. Ele pode muito bem ter sido influenciado pela leitura de *Considerações sobre o governo representativo*, de John Stuart Mill, publicado em Londres em 1861. Nessa obra, Mill denunciou "o título néscio de sufrágio masculino" argumentando que ele dava aos eleitores homens "um interesse de classe distinto do das mulheres".[61] Intelectual e político anglo-escocês que apoiaria abertamente a extensão do direito do voto às mulheres, Mill preferia um uso cuidadoso do termo "sufrágio universal" e assim também Horton, possivelmente por razões parecidas. Sua visão de uma série de países autônomos no oeste da África, cada um equipado com sua Constituição escrita, parece ter envolvido o voto das mulheres e não só dos homens: "A posição delas na sociedade deve ser bem definida", escreveu ele sobre o aperfeiçoamento da educação feminina na nova África ocidental, "e nenhuma infração arbitrária dos seus direitos deve ser tolerada".[62]

Por que um médico negro que venceu na vida sozinho, sem riqueza herdada ou alta posição social ou política, funcionário do Exército britânico, se sentiu apto nos anos 1860 e começo dos anos 1870 a formular e propor projetos detalhados desse tipo, por escrito e em letra de fôrma? Mais importante ainda, por que alguns indivíduos de posição social mais elevada e mais poder político, tanto africanos como europeus, estudaram os escritos de Horton e, no curto prazo, demonstraram interesse por eles?

Algumas respostas já deveriam estar claras. Incontestavelmente um homem notável, em muitos sentidos James Africanus Beale Horton também era exatamente o que se poderia esperar. Atuou contra o pano de fundo dos longos anos 1860 com seu aguçado senso de mudanças e possibi-

A luz, a treva e os longos anos 1860 341

lidades políticas. Foi mais um numa longa linhagem de militares ambiciosos — de Pasquale Paoli a Russell Elliott e outros, passando por Napoleão
Bonaparte e Simón Bolívar — que se aproveitaram da mobilidade física da
sua atividade e da confiança decorrente do comando sobre outros homens
para propor planos destinados a alterar a ordem constitucional de determinado lugar. E, como é o caso de tantos outros autores de Constituições
ao longo do tempo, os programas de Horton foram impulsionados em
parte pela guerra.

Em 1863-4, ele acompanhou um regimento britânico antilhano envolvido numa campanha inexpressiva contra o poderoso reino axânti onde
hoje é Gana. Testemunhar esse constrangimento imperial parece ter dei-
xado em Horton uma impressão duradoura. "Houve grande dificuldade
de encontrar transporte para canhões, munição e outros aprovisionamen-
tos", escreveu ele sobre esse episódio. As tropas imperiais britânicas foram
engolidas:

> O Exército precisou passar por florestas densamente arborizadas; às vezes os
> homens tinham que mergulhar em ravinas de grande profundidade, onde as
> exalações pestíferas de um solo úmido subiam em forma de vapor em meio
> à fragrância de flores docemente perfumadas, que brilhavam no escuro em
> todas as cores imagináveis. Ali em algumas partes havia vastos alagados
> que tinham de atravessar com água nos joelhos e às vezes no pescoço, com
> grande prejuízo da disciplina e da boa ordem; havia um riacho rápido e
> fundo, sem ponte, que cada um teve que cruzar da melhor maneira possí-
> vel [...]. Acima de suas cabeças macacos tagarelas faziam careta [...] e havia
> répteis medonhos de todos os tipos, formas, matizes, de uma gigantesca boa
> [jiboia] [...] até os jacarés, que se aqueciam preguiçosamente ao sol.[63]

Horton afirmou depois que, durante as manobras militares, que se
estenderam por seis meses, os britânicos não conseguiram sequer avistar
seus adversários axântis, muito mais familiarizados com o cenário e muito
mais resistentes ao calor, à umidade e às doenças da região.

Recorrer à sua formação médica para monitorar e ressaltar as fragilidades de corpos brancos foi uma tática que Horton empregou com frequência para aumentar a própria confiança e rebater teorias sobre a inferioridade inata dos negros. Mas os fracassos imperiais que testemunhou naquela campanha contra os axântis, e o grau em que as unidades do Exército britânico envolvidas "foram derrubadas por doenças climáticas, principalmente disenteria e febre", tinham para ele um significado bem maior. Ajudam a explicar a confiança com que Horton viria a apresentar seus projetos constitucionais. Mais uma vez, ele pensava em termos históricos globais. Em séculos anteriores, lembrou a seus leitores, os europeus tinham invadido as Américas e a Austrália, levando consigo germes e doenças que dizimaram povos indígenas. Mas o continente onde ele mesmo nasceu era diferente. A África matava seus invasores. O recém-chegado europeu tinha, legitimamente, o "melancólico pressentimento de um término rápido de sua existência".[64]

"O que estamos fazendo lá?", teriam lamentado os britânicos no oeste da África, segundo Horton. "Por que não deixamos para lá?" Além disso, não eram apenas soldados sujos e descabelados, cada vez mais perdidos e perplexos num coração das trevas perigoso e debilitante, que reagiam assim. Em 1865, na esteira da fracassada campanha militar contra os axântis e de outros onerosos fiascos e extravagâncias imperiais, a Câmara dos Comuns em Londres tinha resolvido recuar. A política britânica no oeste da África, propôs um comitê parlamentar, deveria ser "incentivar nos nativos o exercício de qualidades que possam possibilitar cada vez mais a transferência para eles da administração e do governo, com vista a uma retirada definitiva".[65] O império parecia estar voltando para casa.

Nessa situação, esboçar projetos constitucionais para futuros governos independentes e dominados por negros no oeste da África talvez parecesse uma empreitada plausível, e não apenas para Horton. Uma das justificativas para as erráticas incursões britânicas na região era que suas forças estavam ali para defender os povos fântis da Costa do Ouro contra possíveis ataques de seus poderosos inimigos axântis. A ausência de êxitos britânicos nas guerras axântis dos anos 1860 parecia pôr em dúvida essa estratégia. Junto com a resolução parlamentar de 1865, amplamente noticiada em partes do oeste da África, esses outros fracassos imperiais britânicos contribuíram três anos depois para o surgimento da Confederação Fânti. Agrupamento mais ou menos informal de chefes fântis, reis locais, burocratas educados no Ocidente e ativistas mercantis, além de representantes de outros povos vizinhos, essa confederação logo entrou em contato com Horton. Seus membros também começaram a redigir Constituições experimentais.[66]

"Na Constituição", declarou um dos manifestos da Confederação Fânti redigidos em 1871,

> observar-se-á que estudamos meios para o aperfeiçoamento social de nossos súditos e povos, o desenvolvimento da educação e de atividades industriais, e, em resumo, todo o bem que a filantropia britânica possa ter imaginado para o bem da Costa do Ouro, mas que achamos impossível alcançar no momento para o país como um todo.[67]

A Confederação tinha, portanto, resolvido preparar seus planos de autogoverno e colocá-los em prática. Haveria funcionários eleitos, propôs. Haveria uma nova assembleia nacional, uma suprema corte e uma política comum de defesa. A Confederação teve o cuidado de prestar tributo a tradições políticas e religiosas locais. Mankessim, onde sua Constituição de 1871 foi redigida, no que hoje é a região central de Gana, era um centro tradicional sagrado de povos de língua fânti.

Mas ativistas da Confederação também aproveitaram ideias de James Africanus Beale Horton, em especial suas propostas para o desenvolvimento econômico da África. Um novo governo fânti independente providenciaria a construção de "estradas boas e substanciais em todos os distritos interioranos", prometia o projeto constitucional. Estabeleceria "escolas para a educação" de todas as crianças. Trabalharia para incentivar a agricultura e a indústria, com o objetivo de introduzir novos tipos de lavoura e desenvolver a exploração de minerais. Além disso, comemorava

344   *Novos mundos*

Horton, esse novo Estado fânti constitucionalmente organizado e governado por negros asseguraria, como "lei fundamental", "para todo cidadão direitos e proteção iguais, e participação direta ou indireta no governo". Descrevendo minuciosamente esses projetos numa animada carta ao secretário de Estado para as Colônias da Grã-Bretanha, ele acrescentou no fim: *"Ce n'est que le premier pas qui coûte"* — só o primeiro passo é difícil.[68]

Perdas e legados

Os começos são importantes, mas não passam de começos. Examinar lado a lado esses diferentes projetos de transformação constitucional foi importante. Mostrou que os longos e belicosos anos 1860 foram diversa e ricamente criativos, do ponto de vista constitucional, em diferentes continentes, e através de barreiras raciais e religiosas. No entanto, por volta dos anos 1880, muitas dessas mudanças — mas não todas — tinham abortado, ou sido canceladas, ou sofriam processo de corrosão.

A Constituição tunisiana naufragou primeiro. Foi removida em abril de 1864, em parte como resultado de revoltas camponesas e resistência clerical internas, mas também em virtude de temores franceses de que a modernização da Tunísia contaminasse a adjacente colônia francesa da Argélia. Embora algumas reformas tenham continuado, os governantes do Estado tunisiano enredaram-se cada vez mais em empréstimos estrangeiros; e, em 1881, os franceses anexaram o país, ocupando-o até os anos 1950.[69] O general Husayn morreu no exílio na Itália, onde tinha fundado publicações em árabe atacando o imperialismo francês no norte da África, e cuidara das duas filhas. Já Khayr al-Din foi se refugiar em Istambul, fazendo planos para a modernização do Império Otomano até o fim.

As transformações nos Estados Unidos depois da Guerra Civil também foram perdendo força, resultando num fracasso substancial. Depois da Lei de Reconstrução de 1867, e da aprovação da 15ª Emenda, os homens afro-

-americanos se tornaram a maioria, ou quase a maioria, dos eleitores nos antigos estados confederados do Sul, e votavam maciçamente. Mas esses avanços foram logo anulados estado por estado. Em 1876, os democratas fizeram um acordo pelo qual aceitavam um presidente republicano na Casa Branca, Rutherford B. Hayes, em troca da retirada das tropas federais do Sul e da concessão de autonomia local — em outras palavras, o retorno à supremacia branca. Os brancos sulistas ficaram livres para recorrer à violência e a táticas como a imposição de duras exigências de nível de alfabetização para restringir o acesso dos negros às urnas e à vida cívica e, dessa maneira, reafirmar sua dominação. Em 1914, o comparecimento dos negros às eleições sulistas tinha caído para menos de 2%.[70]

O destino de James Africanus Beale Horton e de seus planos parece — e em muitos sentidos foi — igualmente triste. A resposta oficial britânica às propostas de Horton e à Confederação Fânti foi inicialmente mista. Mas, em 1874, essa organização acabou sendo fechada. Outra expedição militar britânica, essa bem-sucedida, foi lançada contra os axântis, e a Costa do Ouro anexada formalmente.

Essa nova apropriação de terras pelos britânicos era apenas parte de uma disputa imperial bem mais vasta. Nos longos anos 1860, uma epidemia de guerras deixou múltiplos impérios sob forte pressão. Alguns tinham sido obrigados a recuar; e, no que dizia respeito à África, a escala da penetração imperial até então tinha sido modesta. Quando Horton e a Confederação Fânti iniciaram seus planos constitucionais em 1871, menos de 10% da África estava sob domínio colonial. Em 1900, a situação mudara por completo. Utilizando-se impiedosamente de novas tecnologias, as potências europeias tinham assumido o controle da maior parte da massa continental africana.[71] O próprio Horton se concentrou em projetos econômicos, e não políticos, mais uma vez com pouquíssimo êxito. Até mesmo as 20 mil libras esterlinas que conseguira acumular especulando habilmente na bolsa de valores londrina, na esperança de fundar uma faculdade negra em Serra Leoa (mais de 2 milhões de libras esterlinas, em valores de hoje), foram esbanjadas em ações judiciais por seus descendentes.

No entanto, concentrarmo-nos apenas nesses desfechos tristes, separados, seria um equívoco. A verdade é que os longos anos 1860 testemunharam uma ampliação quântica no âmbito de pessoas que exploravam e potencialmente se beneficiavam de projetos constitucionais. Com mais audácia do que nunca, no norte e no oeste da África, na América do Sul, nos Estados Unidos e em setores do mundo do Pacífico, Constituições foram estendidas a, e utilizadas por, não brancos, e em alguns casos não cristãos. O fato de que muitos desses projetos tenham fracassado não é tão conclusivo como parece. Uma das críticas mais comuns às Constituições escritas, seja onde for, é que elas não costumam durar muito. Isso é verdade. Mas também é verdade que, quando esse dispositivo — a Constituição escrita — é introduzido numa região, mesmo que venha a fracassar, uma vez tendo resultado em algum tipo de documento oficial, seus efeitos tendem a persistir e podem se tornar cumulativos, e às vezes ganhar vida novamente.

A Constituição de 1861 da Tunísia é um bom exemplo. Logo extinta, ela, apesar disso, abriu uma brecha. Seu surgimento indicou mais enfaticamente do que qualquer acontecimento anterior que um Estado islâmico podia fazer experimentos com um texto constitucional escrito e impresso restringindo o Executivo e estendendo direitos. Outros regimes e ativistas muçulmanos imediatamente se deram conta disso. Em determinado nível, o sultão otomano foi convencido a aceitar uma Constituição escrita de vida curta, mas influente, em 1876.[72] Em outro, *O caminho mais seguro*, tratado de Khayr al-Din sobre a importância de as sociedades islâmicas explorarem a nova política, rapidamente atingiu um público fora do seu próprio país. Traduzido para o persa, bem como para o turco otomano, para o francês e para o inglês, o livro foi estudado, por exemplo, por reformadores políticos muçulmanos na Índia.[73]

Na própria Tunísia, o fracasso da Constituição de 1861 também foi convertido numa espécie de êxito. Depois que os franceses ocuparam o país, ativistas tunisianos começaram a cultivar a lenda de que esses europeus recém-chegados — e não o bei local — eram os principais responsáveis

A luz, a treva e os longos anos 1860

pelo fim da Constituição. O constitucionalismo tornou-se, então, um dos artigos do programa político do nacionalismo anticolonial tunisiano. O primeiro partido nacionalista ali fundado em 1920 adotou o nome de *Dustûr*, equivalente persa da palavra "Constituição". Essas tendências ainda hoje repercutem. Pode-se exagerar o relativo sucesso da Tunísia na Primavera Árabe. Mas o fato de que essa recente explosão política resultou numa nova Constituição tunisiana em 2014, ainda em vigor, pode ser visto como mais um legado do que ali ocorreu em 1861. Nos Estados Unidos, também, os deprimentes fracassos da Reconstrução não dizem tudo. Certamente, quando a energia original que impulsionava esse movimento perdeu força, e por muito tempo depois — em alguns sentidos até hoje — os negros americanos não foram tratados como cidadãos plenos e iguais. Apesar disso, a Guerra Civil inquestionavelmente alterou, se é que não destruiu, o molde. As emendas libertadoras aprovadas na esteira da guerra continuaram intactas no texto da Constituição americana. Adaptando o famoso comentário do senador republicano radical Charles Sumner, de Massachusetts, essas emendas lembravam um "gigante adormecido". No futuro, poderiam ser despertadas e se agitar outra vez.[74]

Foi o caso também que, como ocorreu com tanta rapidez na Nova Zelândia, a memória e a lenda de Abraham Lincoln e sua guerra ajudaram a estimular e a influenciar outros projetos de emancipação posteriores. É significativo que B. R. Ambedkar, o principal jurista responsável pelo projeto da Constituição da independência indiana de 1849-50, costumasse referir-se em seus escritos e discursos a Abraham Lincoln, chegando a citá-lo na véspera do dia em que seu país adotou a Constituição.

Ambedkar era sudra, um dos "intocáveis" do sistema de castas indiano. Foi em parte por esse motivo que Lincoln e os efeitos reformistas da Guerra Civil Americana eram para ele irresistíveis pontos de referência, mas não o eram, no mesmo nível, para nacionalistas indianos aristocratas e abastados como Mohandas Gandhi e Jawaharlal Nehru. Ambedkar queria uma Constituição que tornasse a nova Índia mais justa e mais igualitária, não apenas independente e politicamente democrática. Os exemplos de

Lincoln, da Guerra Civil Americana e das subsequentes mudanças constitucionais que por algum tempo prometeram transformar a vida de negros excluídos tinham para ele, portanto, uma força evocativa particular.[75]

E o que dizer dos esforços de James Africanus Beale Horton e da Confederação Fânti? É óbvio que a situação deles era totalmente diferente e muito mais fraca. Não atuavam em Estados e governos existentes e independentes. Com recursos e números muito limitados, buscavam, na verdade, criar essas coisas. Não estavam, portanto, em condição de deixar atrás de si um grande arquivo oficial que nacionalistas africanos posteriores pudessem saquear e reinventar. Só nos dias inebriantes da descolonização africana, nos anos 1960 e 1970, é que ativistas e estudiosos começaram a examinar a sério a vida e a obra de Horton. Depois disso, o interesse por esse homem e sua obra voltou a diminuir. Desconfio que ainda existam recursos inexplorados, e ecos de suas ideias em textos africanos posteriores que podem ser escavados e analisados com mais rigor.[76]

O que já está claro é que a chamada "partilha da África", que eliminou toda possibilidade de êxito imediato dos projetos políticos de Horton, teve consequências mistas e ambíguas para a disseminação das Constituições escritas. Aquela insana disputa europeia por novas colônias, que na maioria dos casos trouxe poucos benefícios econômicos e estratégicos, ocorreu em parte porque a natureza da rivalidade imperial — como tantas outras coisas — tinha mudado, tornando-se mais imprevisível no decorrer dos longos anos 1860.

Por efeito da erupção de conflitos armados nesse período, alguns impérios mais velhos, como o da Espanha, ficaram mais enfraquecidos ainda, enquanto outros — como a monarquia Habsburgo — se expuseram a tensões mais sérias. Ao mesmo tempo, impérios novos e revigorados surgiram. Depois de 1870, a Alemanha unificada passou a denominar-se império, e seus líderes reivindicaram o direito de agir imperialmente, tanto no ultramar como em terra. Os Estados Unidos também se tornaram mais plenamente um império. Não se dividiram em duas repúblicas rivais em consequência da Guerra Civil, como alguns imaginavam. Conseguiram

A luz, a treva e os longos anos 1860   345

-americanos se tornaram a maioria, ou quase a maioria, dos eleitores nos antigos estados confederados do Sul, e votavam maciçamente. Mas esses avanços foram logo anulados estado por estado. Em 1876, os democratas fizeram um acordo pelo qual aceitavam um presidente republicano na Casa Branca, Rutherford B. Hayes, em troca da retirada das tropas federais do Sul e da concessão de autonomia local — em outras palavras, o retorno à supremacia branca. Os brancos sulistas ficaram livres para recorrer à violência e a táticas como a imposição de duras exigências de nível de alfabetização para restringir o acesso dos negros às urnas e à vida cívica e, dessa maneira, reafirmar sua dominação. Em 1914, o comparecimento dos negros às eleições sulistas tinha caído para menos de 2%.[70]

O destino de James Africanus Beale Horton e de seus planos parece — e em muitos sentidos foi — igualmente triste. A resposta oficial britânica às propostas de Horton e à Confederação Fânti foi inicialmente mista. Mas, em 1874, essa organização acabou sendo fechada. Outra expedição militar britânica, essa bem-sucedida, foi lançada contra os axântis, e a Costa do Ouro anexada formalmente.

Essa nova apropriação de terras pelos britânicos era apenas parte de uma disputa imperial bem mais vasta. Nos longos anos 1860, uma epidemia de guerras deixou múltiplos impérios sob forte pressão. Alguns tinham sido obrigados a recuar; e, no que dizia respeito à África, a escala da penetração imperial até então tinha sido modesta. Quando Horton e a Confederação Fânti iniciaram seus planos constitucionais em 1871, menos de 10% da África estava sob domínio colonial. Em 1900, a situação mudara por completo. Utilizando-se impiedosamente de novas tecnologias, as potências europeias tinham assumido o controle da maior parte da massa continental africana.[71] O próprio Horton se concentrou em projetos econômicos, e não políticos, mais uma vez com pouquíssimo êxito. Até mesmo as 20 mil libras esterlinas que conseguira acumular especulando habilmente na bolsa de valores londrina, na esperança de fundar uma faculdade negra em Serra Leoa (mais de 2 milhões de libras esterlinas, em valores de hoje), foram esbanjadas em ações judiciais por seus descendentes.

No entanto, concentrarmo-nos apenas nesses desfechos tristes, separados, seria um equívoco. A verdade é que os longos anos 1860 testemunharam uma ampliação quântica no âmbito de pessoas que exploravam e potencialmente se beneficiavam de projetos constitucionais. Com mais audácia do que nunca, no norte e no oeste da África, na América do Sul, nos Estados Unidos e em setores do mundo do Pacífico, Constituições foram estendidas a, e utilizadas por, não brancos, e em alguns casos não cristãos. O fato de que muitos desses projetos tenham fracassado não é tão conclusivo como parece. Uma das críticas mais comuns às Constituições escritas, seja onde for, é que elas não costumam durar muito. Isso é verdade. Mas também é verdade que, quando esse dispositivo — a Constituição escrita — é introduzido numa região, mesmo que venha a fracassar, uma vez tendo resultado em algum tipo de documento oficial, seus efeitos tendem a persistir e podem se tornar cumulativos, e às vezes ganhar vida novamente.

A Constituição de 1861 da Tunísia é um bom exemplo. Logo extinta, ela, apesar disso, abriu uma brecha. Seu surgimento indicou mais enfaticamente do que qualquer acontecimento anterior que um Estado islâmico podia fazer experimentos com um texto constitucional escrito e impresso restringindo o Executivo e estendendo direitos. Outros regimes e ativistas muçulmanos imediatamente se deram conta disso. Em determinado nível, o sultão otomano foi convencido a aceitar uma Constituição escrita de vida curta, mas influente, em 1876.[72] Em outro, *O caminho mais seguro*, tratado de Khayr al-Din sobre a importância de as sociedades islâmicas explorarem a nova política, rapidamente atingiu um público fora do seu próprio país. Traduzido para o persa, bem como para o turco otomano, para o francês e para o inglês, o livro foi estudado, por exemplo, por reformadores políticos muçulmanos na Índia.[73]

Na própria Tunísia, o fracasso da Constituição de 1861 também foi convertido numa espécie de êxito. Depois que os franceses ocuparam o país, ativistas tunisianos começaram a cultivar a lenda de que esses europeus recém-chegados — e não o bei local — eram os principais responsáveis

A luz, a treva e os longos anos 1860

preservar a integridade e, nos anos 1870, foram se tornando cada vez mais ricos e mais conscientemente imperiais.

Os longos e belicosos anos 1860 também assistiram a outra mudança prodigiosa no grupo dos impérios audaciosos: o surgimento de um Japão reformulado. Depois de 1868 e de mais uma guerra, a elite política do país estava explicitamente empenhada numa versão modernizadora, e no núcleo desse projeto havia a ambição de redigir uma Constituição japonesa. O estabelecimento e a persistência desse documento — e do que viria em seguida — mudariam tudo.

57. Caricatura alemã de uma visita de membros da Missão Iwakura, do Japão, em março de 1873, à fábrica da Krupp em Essen, grande fornecedora de armamentos.

8. Eclosão

Tóquio

Estamos em 11 de fevereiro de 1889, uma segunda-feira. Tradicionalmente, é dia de festa no Japão, para comemorar a subida ao trono de Jinmu, o lendário primeiro imperador do país. Mas a multidão em Tóquio é bem maior do que de costume. Além dos mais de 1 milhão de habitantes, há não só gente das vilas circundantes, mas visitantes que chegaram de trem de outras cidades, muitos trajando suas melhores roupas, e alguns segurando frascos de saquê e vasilhas de arroz para comer durante as comemorações. As estradas perto de Tóquio estão intransitáveis, entupidas de músicos, grupos de gueixas afugentando o frio e ofendendo as regras de bom comportamento com vestidos diferentes, filas ordenadas de alunos e *dashi*, carros alegóricos de madeira puxados por homens e bois, repletos de pagodes dourados em miniatura e figuras mitológicas pintadas, obrigados a abrir caminho através de uma série de arcos do triunfo. Mas os homens e as mulheres dentro do complexo de palácios estão distantes de tudo isso, protegidos por jardins e muros de madeira conectados com muros de pedra, e absortos numa sequência de cerimônias cuidadosamente coreografadas.[1]

Para o imperador Meiji de 36 anos, os rituais do dia começam cedo. Bem antes das nove da manhã, ele já está envolto em seu grosso traje de Corte, de brocado, a caminho do principal santuário no palácio. Ali, jura obedecer à nova Constituição e buscar para ela a aprovação de sua ancestral, a deusa do sol. Depois de mais cortesias, e mais santuários, é hora de trocar de roupa e vestir o uniforme militar com muitas tranças;

58. *Promulgação da Constituição Estatal na Câmara de Estado do Novo Palácio Imperial*, tal como imaginada por Adachi Ginko em 1889.

às dez e meia, ao som do recém-instituído hino nacional, o "Kimigayo", o imperador entra no maior e mais magnífico espaço do palácio, a Sala de Cerimônias de Estado.

Uma xilogravura baseada num desenho de Adachi Ginko apresenta uma versão do que houve naquele momento. Mostra o imperador em pé num estrado, debaixo de um dossel franjado de preto e dourado, com o emblema do crisântemo de sua monarquia aparecendo atrás dele e um tapete vermelho desdobrando-se debaixo dos seus pés e indo até o salão. Em volta e em frente dele há filas de cortesãos, diplomatas e funcionários de uniforme. Braços colados ao corpo, eles observam enquanto o imperador apresenta um rolo com a nova Constituição para seu recurvado primeiro-ministro, Kuroda Kiyotaka. Só a imperatriz Haruko — umas das pouquíssimas mulheres presentes — permanece sentada, embora num trono em nível inferior ao do consorte celestial. Ainda naquele dia, quando o casal imperial avança pelas ruas desobstruídas de Tóquio, um menino curioso tem a cabeça empurrada violentamente para baixo, para não captar o olhar do imperador, e esse breve contato com o divino acaba sendo demasiado para seus jovens olhos mortais. "Vi soldados de cavalaria com estandartes imperiais em riste", escreveria ele, quando adulto, num poema:

> E na carruagem que vinha atrás
> Vi duas pessoas.
> Nesse momento minha cabeça foi empurrada com força para baixo
> Pela mão de alguém.
> Senti cheiro de seixos úmidos de neve.
> "Vai ficar cego".[2]

Saber direito o que aconteceu naquele dia particular em 1889 em Tóquio ainda é um desafio. Ostensivamente, como informou um jornalista estrangeiro na época, a cerimônia no palácio imperial teve a ver, essencialmente, com "uma livre e generosa dádiva do Soberano ao Povo [...] [mas] nada que garanta a este último algum tipo de direito". A promulgação dessa nova Constituição não converteu os habitantes do Japão, formal-

Eclosão 355

mente, em cidadãos. Eles continuaram súditos de uma dinastia arcaica, singularmente poderosa. Nas palavras de um comentário oficial sobre a nova ordem, o imperador japonês era "descendente do Céu, divino e sagrado". Tendo herdado dos seus ancestrais o "poder soberano de reinar sobre o Estado e de governá-lo", "uma linha ininterrupta de uma só dinastia", "todos os diferentes poderes legislativos, bem como executivos do Estado", permaneceram, como sempre, unidos nele.[3] No entanto, apesar da ênfase na continuidade da tradição, as aparências eram enganadoras, e por vezes intencionalmente. Veja-se a brilhante representação de Ginko da promulgação dessa nova Constituição japonesa. Não é o que parece.

Apesar de dez lugares terem sido reservados na cerimônia para jornalistas, nenhum artista, ao que consta, foi admitido no palácio imperial naquele dia. Em consequência, e como outras gravuras japonesas produzidas para comemorar a ocasião, a representação de autoria de Ginko é substancialmente imaginária. A Sala de Cerimônias de Estado foi destruída por bombas em 1945, mas é improvável, por exemplo, que houvesse relógios de parede de cada lado do trono imperial. Ginko os coloca nessa imagem em parte para comemorar a entrada formal do imperador às dez e meia da manhã. Pessoas presentes naquele dia testemunharam que a sala estava escura e decorada quase exclusivamente em vermelho. Portanto, os amarelos, verdes e violetas brilhantes que rugem nessa gravura também não são representações exatas. A rigor, são exemplos de uma das muitas mudanças ocorridas no Japão naquela altura. Os sutis corantes vegetais por muitos anos preferidos dos gravuristas cediam a vez para corantes de anilina, mais baratos e rústicos, importados sobretudo da Alemanha. Como o próprio palácio imperial — concluído apenas no ano anterior —, como a iluminação elétrica da Sala de Cerimônias de Estado e como as roupas de seda armadas em camadas cor-de-rosa, pouca coisa na cena composta por Ginko era totalmente tradicional, ou estava estabelecido havia muito tempo na prática.[4]

Mas o passe de mágica mais significativo é invisível. Mostra o imperador Meiji, supremo em seu estrado, no ato de entregar a Constituição ao primeiro-ministro; uma nova ordem política sendo estabelecida e concedida, literalmente, de cima para baixo. No entanto, pouco antes dessa transmissão, o imperador recebera de outro ministro, Ito Hirobumi, presidente do Conselho Privado, o rolo de pergaminho da Constituição. Nas palavras da historiadora Carol Gluck, "no ritual de fato, o imperador apenas transferiu o documento das mãos de um oligarca para as de outro", detalhe que Ginko — pelo menos em sua gravura — cuidadosamente deixa de mostrar.[5] Nada disso significa que a função do imperador fosse pouco importante. Em todos os sentidos, continuava vital. Mas, em 1889, ele era menos o ator dominante no Japão do que um ator indispensável dirigido por outros. Como seus ministros de vez em quando confidenciavam por escrito, o imperador do Japão lembrava o rei num tabuleiro de xadrez. Sem ele, o jogo acabava. Mas, durante o jogo, estava sujeito aos lances de jogadores mais ativos. Além disso, para ele, como para muitos outros dentro e fora dos seus territórios, essa nova Constituição envolvia e acelerava mudanças significativas.

No que dizia respeito ao próprio Japão, o fato de a Carta ter sido promulgada já representava notável transformação. Como disse um dos políticos liberais do país, levando em conta as circunstâncias existentes, a Constituição de 1889 "jamais seria determinada pelo povo". No entanto, acrescentou ele, "não se deve perder de vista o fato de que o povo japonês agora é um povo que tem uma Constituição".[6] O Japão dera o salto para a posse de um conjunto de leis fundamentais contidas num único documento.

As Constituições escritas tinham se disseminado para regiões fora das Américas e da Europa num ritmo mais acelerado depois dos anos 1830. Mas algumas dessas Constituições não ocidentais haviam fracassado rapidamente e sido eliminadas. Muitas apareceram em localidades pequenas, com pouca ou nenhuma influência global, como a Tunísia, o Havaí e Pitcairn. O caso do Japão era obviamente diferente. Sua Constituição de 1889 foi a primeira a entrar em vigor no leste da Ásia, mais uma confirmação de que esse dispositivo político se tornava um fenômeno mundial. Com quase 379 mil quilômetros quadrados, o Japão também não era um país pequeno. Era maior em extensão do que a recém-unificada Alemanha. Além disso, sua Constituição não seria efêmera. Entrou século XX adentro, só sendo destruída — assim como fora produzida — em virtude da guerra. E o poder econômico, militar, tecnológico e cultural que o Japão rapidamente reunia

Eclosão 357

em 1889 fez com que essa Constituição atraísse ampla atenção em vários continentes. Os acontecimentos em Tóquio ilustram tendências contínuas, portanto, mas também assinalam novos começos. O que se passou ali em 1889 sinalizou e estimulou uma nova ordem mundial.

A violência da mudança

Em alguns aspectos, o surgimento dessa Constituição japonesa ocorreu como era de esperar. Sua elaboração foi influenciada pelo temor e pela realidade da força armada, e estava relacionada tanto a pressões externas quanto a acontecimentos e ideias internos. Desde o início do século XVII, o poder dominante no Japão tinha sido exercido por sucessivos cabeças do clã samurai Tokugawa, que adotavam o título de xogum, enquanto o imperador reinante do momento continuava sendo reverenciado, mas mantido no isolamento do seu palácio em Kyoto. A influência dos xoguns em assuntos internos era, porém, flutuante e circunscrita. Nos anos 1850, o Japão ainda estava dividido em 250 unidades administrativas, cada qual com burocracia, força militar e sistema tributário próprios, e cada qual encabeçada por um *daimyo*, um senhor quase feudal que devia obediência ao xogum mas na prática era substancialmente autônomo. Esse alto nível de descentralização, somado à longa costa insular do país, tornava o Japão progressivamente vulnerável às ambições e ao poderio naval cada vez maior de impérios estrangeiros rivais.[7]

Apesar dos esforços e aspirações de alguns governantes, o Japão Tokugawa nunca ficou totalmente isolado de acontecimentos mais amplos. Estava integrado aos mercados regionais, e tinha antigas ligações com outros continentes através da China e de gerações de mercadores holandeses. Mas, em meados do século XIX, a escala e o perigo potencial de intervenções estrangeiras cresceram. Havia os britânicos que, durante as Guerras do Ópio (1839-42 e 1856-60) atacaram a China costeira, outro império e monarquia do leste da Ásia com o qual o Japão tinha ligações de longa data. Havia os Estados Unidos, cada vez fazendo mais demonstrações de força naval e comercial no Pacífico. Em julho de 1853, o comodoro Matthew

Perry da Marinha dos Estados Unidos, veterano tanto da guerra de 1812 como da Guerra Mexicano-Americana, chegou à entrada da baía de Edo (futura Tóquio) com suas fragatas a vapor, seu canhão, seus marinheiros, seus fuzileiros navais e suas bandas militares, exigindo com ameaças acesso americano a portos e mercados japoneses.

Logo depois chegou outra fragata estrangeira. Dessa vez, foi a *Pallada*, da Marinha Imperial Russa, que àquela altura só perdia para a Marinha Real da Grã-Bretanha em tamanho, e era muito ativa no Pacífico Norte. Com Ivan Gontcharóv, futuro autor do romance *Oblómov*, a bordo, produzindo freneticamente outro best-seller a partir dessa viagem, a *Pallada* ancorou perto de Nagasáki, no oeste do Japão, antes de seguir adiante para investigar outros pontos da costa. Sua missão, como a da flotilha de navios ocidentais de Perry — e que fez outra visita em fevereiro de 1854 — era abrir o Japão às influências e ao comércio do seu império de origem, nesse caso a Rússia. Houve novos predadores, também. Em setembro de 1860, quatro navios de guerra prussianos chegaram à costa do Japão à procura de tratados comerciais, mas também movidos pelo que já era um forte interesse alemão em adquirir colônias e bases navais extraeuropeias.[8]

Embora o Japão tenha fortalecido suas defesas em resposta a essas incursões marítimas, sua ocorrência cada vez mais frequente, e as concessões que elas conseguiram arrancar, solaparam a legitimidade do regime Tokugawa e estimularam a oposição. Em grande parte como resultado disso, do começo de 1868 até o verão de 1869 o Japão foi convulsionado pelo que viria a ser conhecido como Guerra Boshin. Nela, nobres da corte e famílias samurai de pouca importância, na maioria do oeste do país, pegaram em armas contra o xogum Tokugawa e suas forças, mas tudo em nome do imperador e com o objetivo declarado de restaurar a autoridade dele e a autonomia e o prestígio do Japão. Os combates em terra e no mar envolveram 120 mil soldados e os combatentes fizeram amplo uso de armas modernas. Pelo menos oficialmente, a luta terminou com a derrota do regime Tokugawa. O jovem e desajeitado imperador Mutsuhito foi tirado de Kyoto pelos vitoriosos e instalado na antiga sede Tokugawa em Edo,

Eclosão

que passou a chamar-se Tóquio. O nome de um novo reino foi criado para ele, "Meiji", significando "regime iluminado".[9]

Em março de 1869, esse imperador Meiji emprestou seu nome a uma Carta de Juramento de cinco pontos, que outros redigiram para ele. "Assembleias deliberativas", prometia-se ali, seriam "amplamente estabelecidas e todos os assuntos decididos em discussão pública." No futuro, todas as classes no Japão, "altas e baixas", se "uniriam vigorosamente na administração dos negócios de Estado". Todas "as pessoas comuns, não menos do que funcionários civis e militares" seriam livres para seguir sua "própria vocação". Costumes ruins do passado cederiam a vez beneficamente às "justas leis das nações". Finalmente, o conhecimento seria "buscado no mundo inteiro para fortalecer os alicerces do governo imperial".[10]

Como a ambiguidade desses ambiciosos empreendimentos sugere, os protagonistas da nova elite dominante do Japão não se entendiam. Além disso, ainda não estavam certos nem confiantes do seu poder. A dimensão do que, apesar de tudo, conseguiu-se tão rápido continua em parte obscurecida pela relativa indiferença de historiadores do Japão à década seguinte à guerra civil Boshin, os anos 1870. Na época, membros da elite Meiji muitas vezes se preocupavam mais em ressaltar o conservadorismo e a continuidade do que em reconhecer o alcance das mudanças que suas ações provocavam. No começo do século xx, os acontecimentos de 1868-9 e seus efeitos já eram conhecidos oficialmente como *Meiji Ishin*, ou Restauração Meiji. *Ishin*, palavra derivada dos clássicos chineses, tem conotações de renovação e regeneração.[11] Mesmo assim, usar esse termo não era exatamente a mesma coisa que admitir que houve uma revolução. No entanto, pelo menos em três aspectos, o que se passou no Japão entre o fim da guerra Boshin e a promulgação da nova Constituição de 1889 foi ao mesmo tempo radical e transformador.

Para começar, o novo regime Meiji logo trouxe mudanças na ordem governante do Japão e em sua organização econômica, social e tecnológica. A tributação foi centralizada, e parte da arrecadação reinvestida na economia e na infraestrutura do país. Já em 1869, linhas telegráficas começavam a se estender pelo país. Dois anos depois, um novo sistema postal foi introduzido. A construção de ferrovias passou a ter prioridade, e em 1872 Tóquio já estava ligada a Yokohama, o grande porto de comércio exterior. Houve novas iniciativas bancárias e industriais. Nos anos 1880, o Japão tinha mais de vinte fábricas de fiação de algodão, enquanto suas minas de carvão já venciam a concorrência britânica, americana e australiana no enorme e importante mercado de carvão de Xangai.[12]

Uma segunda série substancial de mudanças veio de baixo. Apesar de os governos Meiji se apressarem em fortalecer o controle sobre a população japonesa, substituindo uma soldadesca samurai semiautônoma pelo recrutamento militar e introduzindo a instrução em massa obrigatória, houve um acentuado crescimento depois de 1869 no ativismo político popular e informal e nas discussões sobre direitos. Isso foi ajudado pelo crescimento na disponibilidade e na variedade de material impresso. Material impresso ali não era novidade, claro. Já no século XVIII o Japão tinha centenas de livreiros, além de numerosas bibliotecas que emprestavam livros, e uma tradição de jornais baratos, de página única. O que sofreu alterações na esteira da Guerra Boshin foi a amplitude, o volume e o conteúdo do que se publicava.

Em 1864, havia apenas um jornal comercial em japonês. Nos anos 1880, no entanto, dizia-se que mais títulos de jornais e revistas eram publicados em Tóquio do que em Londres; apesar disso, até o começo dos anos 1900, mesmo os maiores jornais japoneses tinham tiragens menores do que seus equivalentes na Grã-Bretanha, nos Estados Unidos ou na Índia. Os níveis de publicação de livros também dispararam. Em 1914, eram mais altos no Japão do que em qualquer outro lugar do mundo, exceto na Alemanha. As traduções de textos políticos estrangeiros, já em crescimento antes de 1868, também se multiplicaram. O ensaio filosófico *Sobre a liberdade*, de John Stuart Mill, saiu em japonês pela primeira vez em 1872. Dez anos depois, foi a vez de *O contrato social*, de Jean-Jacques Rousseau.[13]

O impacto que esse fermento de material impresso, junto com mudanças mais amplas, podia ter sobre os indivíduos — mesmo os de um nível modesto — na sociedade japonesa é sugerido pelas experiências e pelo despertar de certo Chiba Takusaburo (1852-83). De origem samurai,

Chiba perdeu os pais biológicos quando ainda era muito jovem, e o começo de sua vida foi catastroficamente abalado pela Guerra Boshin. Com apenas dezessete anos, ele "respondeu à convocação para que os homens se alistassem e tornou-se soldado de infantaria", participando de batalhas duas vezes enquanto lutava pelo regime Tokugawa. Emergindo dessa experiência no lado perdedor, tornou-se "um andarilho em busca da verdade", um estudante perpétuo, essencialmente à deriva. Interessou-se por matemática, medicina, budismo e variantes do cristianismo. Então, em 1880, e pela maior parte dos últimos três anos de sua curta vida, Chiba estabeleceu-se como professor em Itsukaichi, cidade mercantil e madeireira a oeste de Tóquio, encontrando ali um pouco de paz e certo grau de sociabilidade e realização.[14]

Apesar de ser essencialmente um centro comercial e agrário, Itsukaichi àquela altura já tinha sua própria Sociedade de Artes e Conferências, um grupo de estudos e debates no qual homens interessados em teorias e modernas práticas políticas podiam se reunir e trocar ideias. Como em muitos outros grupos de estudos e debates que brotavam no Japão daquela época, os trinta e tantos membros dessa sociedade dedicavam seus encontros à discussão de traduções de textos ocidentais, nesse caso obras de Mill, Blackstone, Locke e Montesquieu, e ao exame das lições políticas a ser aprendidas nos episódios da história real e mítica do Japão e nos clássicos confucianos. Participar dessas reuniões regulares parece ter aliviado um pouco a solidão de Chiba, dando um rumo a seus pensamentos. Junto com outros membros da sociedade, ele se pôs a trabalhar num projeto constitucional para seu país. Além disso, produziu um artigo intitulado "O caminho do rei", uma defesa entusiasmada da introdução no Japão de uma monarquia constitucional.

"De que é que precisamos nestes dias de Meiji?", perguntava retoricamente, no começo. "Governo constitucional — sim, é disso que precisamos." Deveria haver uma Constituição escrita e um Parlamento japonês, insistia ele; em especial porque — como a Carta de Juramento de 1868 demonstrara — o imperador era "abertamente" favorável a essas mudanças. Mas o povo japonês também, afirmava Chiba, tinha papel importante a desempenhar.

Também ele tinha direitos, e precisava haver uma colaboração entre o povo e seu imperador. "Não é este o momento", afirmou, inflamado com as aparentes possibilidades de uma nova era, "para nós, o povo, atendendo aos desejos imperiais, estabelecermos um governo constitucional que garanta as liberdades populares?" Esperava que seu artigo "servisse como um navio para transportá-los até a terra firme do entendimento".[15]

Junto com seu autor enfermo, que logo sucumbiu à tuberculose, "O caminho do rei" logo foi esquecido, e o manuscrito só reapareceu quando foi descoberto num telheiro de jardim nos anos 1960. Sua importância está menos no conteúdo específico do que nas circunstâncias em que foi feito, e no que isso demonstra; ou seja, que nos anos 1870 e 1880 formas diversas de ativismo e discussão constitucional desenvolviam-se rapidamente no Japão.

Como a segurança de Chiba ao apresentar seus argumentos sugere, quando baixaram a Carta de Juramento de 1868 — com isso promulgando o que parecia um endosso imperial às assembleias deliberativas, às amplas discussões políticas e ao envolvimento do povo em projetos de governo — os líderes Meiji de alguma forma sancionaram uma gama de ativismo constitucional. Deliberadamente ou não, conferiram certa legitimidade à disseminação subsequente de sociedades políticas e de debates, campanhas de petição, jornais, panfletagens e traduções. Como já tinha ocorrido em outras partes do mundo, houve também uma guinada informal para a redação de Constituições. Sabe-se que mais de noventa textos foram produzidos no Japão de 1867 a 1887, e certamente houve muitos outros que não sobreviveram.[16] Algumas dessas Cartas japonesas informais eram radicais em suas demandas, e foram produzidas por homens muito mais resistentes do que Chiba Takusaburo.

Os escritos de Ueki Emori são um exemplo extremo. De uma família samurai de importância mediana, ele estudou obras de Mill, Bentham, Rousseau e Tocqueville em traduções japonesas, além das Constituições de diferentes países. Seu *Projeto privado de uma Constituição japonesa* foi publicado em 1881. Ueki queria que uma estrutura federal de governo fosse introduzida no Japão, e possivelmente, a longo prazo, a criação de

Eclosão

uma federação global. Defendia o direito de resistência armada a governos injustos e opressivos; e a extensão do direito do voto a todos os contribuintes japoneses, incluindo mulheres. Nesse panfleto, como em outros textos seus, Ueki também deixava claro que o público que ele visava era toda a população:

> Com sua permissão, ilustres agricultores do Japão, e ilustres comerciantes do Japão, e ilustres operários e artesãos do Japão, e além deles, ilustres guerreiros do Japão, e ilustres médicos e barqueiros, cocheiros, caçadores, vendedores ambulantes de doces, e babás e novos plebeus — eu humildemente me dirijo a todos vocês, juntos. Todos vocês, sem exceção, estão de posse de um grande tesouro [...] isso a que chamamos direito à liberdade.[17]

No entanto, apesar da energia e da criatividade do Movimento pela Liberdade e pelos Direitos do Povo, como ficou conhecido, essas aspirações e demandas de baixo para cima foram enfraquecidas na terceira grande mudança revolucionária fomentada pela Guerra Boshin — o surgimento e a consolidação de uma classe governante japonesa substancialmente nova e mais dura.

Indícios dessa mudança já tinham surgido antes de 1868. Uma demonstração disso é uma nota promissória londrina datada de 1864. Traz a assinatura de cinco japoneses de vinte e poucos anos, todos samurais de nível inferior, e todos provenientes do domínio tradicionalmente anti-Tokugawa de Choshu, no extremo sudoeste do país. Em maio de 1863, desafiando o decreto Tokugawa contra as viagens ao exterior, esses cinco homens se infiltraram disfarçados num navio mercante atracado em Yokohama. Enfim, via Xangai e trabalhando para pagar a passagem, conseguiram chegar a Londres, incontestavelmente ainda a metrópole mais rica e mais tentacular do mundo.

Os Cinco de Choshu, como ficaram conhecidos, entraram no University College London para estudar engenharia. Começaram também a explorar fontes locais de poder, riqueza, inovação e alcance ocidentais, uma das quais era o Banco da Inglaterra. Impressionados com o atrevimento dos forasteiros, e muito provavelmente também com o fato de serem os primeiros japoneses que tinham encontrado na vida, os funcionários do banco permitiram que os cinco homens assinassem seus nomes numa nota de mil libras. Vale a pena saber quem foram os signatários e o que aconteceu com eles na esteira da Guerra Boshin.[18]

Um dos cinco, Inoue Masaru, viria a ser o primeiro diretor de ferrovias do Japão em 1871, estabelecendo sua primeira fábrica de locomotivas a vapor. Outro, Endo Kinsuke, se tornaria chefe da nova Casa da Moeda Nacional Japonesa, fundada em 1871, e ajudaria a implantar uma moeda unificada. E havia ainda Yamao Yozo. Depois de 1868, tendo estudado mais em Glasgow, ele logo passou a empregar suas energias na expansão da construção naval e da fundição no Japão, antes de criar a primeira faculdade de engenharia. Havia, também, Inoue Kaoru. Em 1871, era o vice-ministro das Finanças do Japão, e viria a ser o primeiro-ministro de Negócios Exteriores do país. O quinto jovem malvestido, mas confiante, que assinou aquela nota do Banco da Inglaterra em 1864 foi Ito Hirobumi. Viria a ser primeiro-ministro quatro vezes, e o mais destacado mediador da Constituição japonesa.

Aí estão, eternizados em assinaturas numa única nota promissória estrangeira, exemplos extremos do tipo de homem ambicioso, muitas vezes carreirista, que impulsionou a Restauração Meiji depois de 1868, quase sempre beneficiando-se dela pessoalmente, e em alguns casos tentando ao mesmo tempo dirigir e conter seu potencial revolucionário. Os antecedentes dos Cinco de Choshu iluminam outra coisa também. Ajudam a introduzir ressalvas na alegação feita muitas vezes levianamente sobre as transformações implementadas no Japão depois da Guerra Boshin, ou seja, de que elas eram exercícios de absoluta ocidentalização.

Quando iniciaram sua perigosa viagem a Londres em 1863, esses cinco homens de Choshu certamente estavam em busca de conhecimento, progresso e novas experiências, mas não eram movidos por um espírito de generoso cosmopolitismo. Três deles tinham ajudado a reduzir a cinzas uma nova legação britânica em construção nos arredores de Edo, vendo no prédio mais uma prova maligna de sorrateira interferência estrangeira no Japão. Ito Hirobumi, um dos piromaníacos envolvidos, foi mais longe.

Nascido em 1841, filho de um homem que trabalhava como jardineiro antes que a família fosse aceita nos degraus inferiores de um clã de samurais, Ito, como seus companheiros, foi treinado para a violência. Também estava pronto para recorrer a ela fora do campo de batalha, tendo executado o assassinato de um erudito japonês erroneamente acusado de desrespeito ao imperador.[19]

À medida que envelhecia e ia ficando mais poderoso, Ito adotou modos mais corteses e urbanos, usando regularmente o inglês que tinha aprendido em Londres em 1863-4, e aperfeiçoado em cinco visitas subsequentes aos Estados Unidos, para dar suaves entrevistas a repórteres americanos e europeus.[20] Mas é possível que a atitude de Ito para com as sociedades ocidentais não tenha mudado tanto assim com o tempo. Essas regiões do mundo precisavam ser vasculhadas e evisceradas em busca de ideias, sistemas e invenções úteis, claro. Mas tomar emprestado lá fora não significava ter permissão para contaminar indevidamente o Japão, ou diluir suas tradições e características mais importantes.

Assim como no caso de outro constitucionalista-soldado, Khayr al-Din da Tunísia, havia um grau em que frequentes visitas a países ocidentais permitiam a Ito e seus colegas mais próximos não só observar e aprender, mas também desenvolver uma crítica perspicaz a aspectos do mundo euro-americano. Percebe-se esse refinamento de ideias funcionando durante a Missão Iwakura, da qual Ito era membro sênior. Tratava-se de uma épica missão diplomática para coletar informações sobre o Ocidente, suas tecnologias, indústrias, medicina e ciência, bem como suas organizações políticas e suas leis.[21] A embaixada estendeu-se do fim de 1871 ao outono de 1873, e incluiu frequentes paradas entre San Francisco e Washington, DC, nos Estados Unidos, bem como cidades importantes e centros industriais na Grã-Bretanha, na Rússia e na Europa continental.

Poder visitar Washington significava que Ito e outros membros dessa extensa embaixada foram capazes de estudar documentos constitucionais ali arquivados, visitar o Capitólio e a Suprema Corte e ter encontros com políticos e advogados. Mas, como observou o cronista da missão, Kume Kunitake, de trinta anos, percorrer os Estados Unidos e visitar sua capital no meio da Reconstrução também permitiu a esses agentes japoneses de alto nível formar opiniões sobre outras coisas.

Kume anotou com exatidão que — apesar dos preconceitos extremos com que ainda deparavam — alguns negros americanos tinham conseguido se eleger para a Câmara dos Representantes dos Estados Unidos, enquanto "outros, ainda, acumularam grande riqueza". "Obviamente", acrescentou Kume,

> a cor da pele nada tem a ver com inteligência. Pessoas perspicazes reconheceram que a educação é a chave para o aperfeiçoamento e [...] não é absurdo imaginar que, em uma ou duas décadas, negros talentosos ascenderão socialmente *e brancos que não estudarem e trabalharem serão deixados de lado*.[22]

No tocante aos Estados Unidos, o julgamento foi claramente prematuro. Mas essa é também uma das várias meditações contidas no enorme relato de Kume sobre a Missão Iwakura a respeito da possível impermanência das vantagens e do poder "brancos". "O fenômeno contemporâneo de riqueza e população em estados europeus", anotou ele erroneamente, mas com satisfação, quando a embaixada seguiu para Londres, "só se acentuou nos últimos quarenta anos." As coisas podiam mudar. As relações de poder entre diferentes regiões e diferentes povos no mundo podiam se transformar.[23]

Como resultado desse balaio de ideias, impressões e imperativos — arraigada desconfiança de interferência ocidental, ampla exposição a partes dos Estados Unidos e da Europa, sensação de que os sítios de poder no globo eram mutáveis, e o crescente temor de que o Movimento pela Liberdade e pelos Direitos do Povo dentro do próprio Japão pudesse crescer e fugir do controle —, Ito Hirobumi e seus colegas, em se tratando de projeto constitucional, se sentiam mais atraídos do que o normal por uma política de combinação seletiva.[24]

Às vezes, Ito incentivava ocidentais, num nível individual, a acreditar que seu país e seu sistema de governo eram a principal influência sobre ele e sobre o Japão emergente. Assim sendo, um admirador americano orgulhosamente escreveu no fim do século XIX que o grande homem tinha estudado com cuidado tanto a Constituição dos Estados Unidos como *O*

Federalista, o que talvez até fosse verdade. Certamente Ito, que comprava livros com a mesma voracidade com que colecionava espadas, é conhecido por ter lido e discutido com outros uma tradução inglesa de *A democracia na América*, de Alexis de Tocqueville.[25] Mas o valor dos Estados Unidos como modelo constitucional estava sempre limitado, a seus olhos, pela forma republicana de governo; e, para ele, como para outros dinastas Meiji, havia pontos de referência mais importantes no ultramar.

Despachado em outra missão à Europa em 1882, dessa vez especificamente para examinar seus vários sistemas constitucionais, Ito esteve primeiro em Berlim, onde ele e seus colegas passaram seis meses estudando com o maior jurista alemão, Rudolf von Gneist. Depois, ficaram onze semanas em Viena, trabalhando com constitucionalistas, entre os quais Lorenz von Stein, jurista e economista cuja carreira abarcava a Dinamarca e a França, assim como a Alemanha e a Áustria.[26] O impacto sobre a futura Constituição japonesa desses contatos contínuos com sistemas e especialistas centro-europeus seria considerável. Mas, novamente, Ito teve o cuidado de combinar essas influências particulares com outras. Na mesma viagem de 1882, ele também fez uma visita a Londres. Ali, teve vários encontros com um advogado e acadêmico poliglota chamado W. E. Grigsby. Quase esquecido hoje, Grigsby era um especialista nômade em direito comparativo que antes tinha lecionado essa disciplina em Tóquio, onde ajudou a formar Hozumi Nobushige, o homem que redigiria o Código Civil do Japão.[27]

Junto com essas viagens, consultas e leituras transcontinentais, Ito apegava-se a certas práticas e posições japonesas. Esse calculado hibridismo da sua parte reflete-se na indumentária. Historiadores e antropólogos observam que, ao longo do século XIX, indivíduos ambiciosos e empreendedores fora da Euro-América, sobretudo do sexo masculino, se vestiam cada vez mais ao estilo ocidental, preferindo camisas, gravatas, paletós de cores escuras, coletes, calças, cartolas e coisas do gênero, como indicadores de modernidade. No próprio Japão, o uso de roupas ocidentais passou a ser obrigatório para funcionários do governo em 1872.[28] Mas as práticas de Ito, no tocante ao corpo e aos trajes, lembram que ainda era possível preservar

59. Fotografia de Ito Hirobumi, já idoso, em seu quimono.

60. Fotografia de Ito Hirobumi, já idoso, em trajes ocidentais.

e projetar múltiplas identidades tanto em indumentária como em outras coisas. Em sua longa carreira, ele adotou uma grande variedade de roupas e cortes de cabelo civis e militares ocidentais. Mas, como as fotografias revelam, na vida privada e entre amigos Ito retornava com facilidade ao uso do quimono, de cor branca ou creme no verão e de cor preta no inverno, da mesma maneira que combinava a leitura de jornais em inglês com a escrita de poemas em japonês e chinês clássico.

De forma semelhante, enquanto recorria a Estados, textos e especialistas ocidentais em busca de conhecimento e exemplos, Ito combinava isso tudo com a determinação de manter-se fiel a certas instituições, linguagens e crenças japonesas, e não apenas por sentimento patriótico. "Uma Constituição não é um documento jurídico", afirmou Von Gneist; é, acima de tudo e

Eclosão 369

essencialmente, a encarnação do "espírito e das capacidades da nação" — e Ito estava de acordo.[29] Qualquer tentativa de projetar e implementar uma Constituição política japonesa que fosse simplesmente, ou principalmente, imitativa seria inadequada. Estaria, além disso, condenada ao fracasso.

Assim, enquanto trabalhava com afinco ao longo dos anos 1880 numa Constituição oficial japonesa, às vezes viajando ao estrangeiro, Ito fazia questão de ser ajudado em casa por seu principal protegido, Inoue Kowashi. Também ele veterano da Guerra Boshin, Inoue amadurecera, tornando-se um magnífico burocrata estatal, com suas próprias relações e sua própria reserva de fatos, sentimentos e experiências ocidentais. Visitara a Alemanha e a França e traduzira para o japonês tanto a Constituição belga de 1831 como a Constituição prussiana de 1850. Mas além disso tinha um interesse profundo pelo pensamento chinês e confuciano, pela própria tradição jurídica do Japão e pelos vínculos que julgava ter percebido entre as crenças religiosas e as práticas políticas japonesas.[30]

Além do mais, e como seu mentor e mestre Ito, Inoue estava convencido de que uma Constituição oficial precisava ser forjada e implementada depressa, antes que grupos dissidentes e rivais dentro do Japão ganhassem ímpeto e se tornassem imbatíveis. "Se perdermos a oportunidade e vacilarmos", escreveu Inoue,

> em dois ou três anos o povo terá certeza de que pode ser bem-sucedido e por mais oratória que usemos será difícil reconquistá-lo [...]. A opinião pública deixará de lado o projeto de Constituição apresentado pelo governo, e os projetos particulares da Constituição acabarão vencendo.

Uma Carta política posta no papel, e nisso ele e Ito estavam de acordo, era indispensável para a modernização bem-sucedida do Japão. Mas deveria haver limites, e seria preciso usar de cálculo e cautela. "No Japão, a modernização está só começando", comentou Inoue.[31] Para ter êxito — e segurança —, uma Constituição escrita precisava mostrar continuidade com o que acontecera antes.

As novas Constituições dos imperadores

A Constituição japonesa de 1889, portanto, era em grande medida uma combinação, virtude que em parte explica a sua sobrevivência e o seu significado mais amplo. Num determinado nível, era sem dúvida sui generis, o primeiro desses documentos a entrar em vigor no leste da Ásia. Noutro nível, aspectos de sua evolução e redação seguiam padrões estabelecidos anteriormente em outras regiões do mundo.

Como quase todas as Constituições pioneiras, esse texto japonês foi apressado pela guerra e por ameaças contínuas de violência. O crescente ativismo constitucional nessa sociedade também foi ajudado — como em outros lugares — por uma maior disponibilidade e diversidade de material impresso. Como autores de Constituições anteriores, também, os principais responsáveis pela forma dada ao texto japonês tomaram emprestado de outros países e impérios. Na verdade, puderam fazê-lo mais sistematicamente do que outros criadores de Cartas devido à disponibilidade muito maior de navios a vapor transoceânicos e de ligações ferroviárias de longa distância. Ao mesmo tempo, e como entidades políticas não ocidentais que tinham adotado Constituições, como a Tunísia e o Havaí, os homens de Meiji queriam usar seu texto tanto para reafirmar distinções locais como para reivindicar uma cota maior da atenção internacional.

O folheto *Comentários à Constituição do Império do Japão*, lançado oficialmente junto com a Constituição de 1889, destinava-se a divulgar as conquistas particulares do país e seu firme entendimento da modernidade. O prefácio deixava claro que ali estava um "manual de instruções para todos", um guia para mostrar a outros povos e entidades políticas como empreender de maneira proveitosa a construção de um Estado e um projeto constitucional.[32] Com mais de 160 páginas, publicado como de autoria de Ito Hirobumi, e subsequentemente traduzido para o inglês e o francês, era, na verdade, obra de Inoue Kowashi. Fantástico, até mesmo erudito, está repleto de alusões a diferentes entidades políticas do Ocidente e suas práticas constitucionais, e de referências elevadas à história, às leis e aos

Eclosão 371

arquivos do próprio Japão: "Em resumo, assim parece quando se estudam documentos antigos e os costumes da terra".[33]

Desde o início, e deliberadamente, os *Comentários* ressaltam a centralidade do imperador do Japão e o significado do que ele representa: "Uma sucessão linear ininterrupta por eras sem fim". A santidade e a longevidade do Trono do Crisântemo estão no centro do argumento estratégico mais amplo do livro: em outras palavras, essa nova Constituição japonesa encarna essências e durabilidade patrióticas e nacionais, bem como inovação. "A entidade política nacional original não é, de forma alguma, alterada" pela Constituição, insiste o texto, "sendo confirmada com mais vigor do que nunca."[34]

O desejo de ressaltar o significado do imperador do Japão, e de usá-lo para arraigar e legitimar essa nova Constituição, explica em parte a decisão tomada por Ito e seus colegas oligarcas de olhar especialmente para a Alemanha. Não há dúvida de que se basearam muito tanto na Constituição prussiana de 1850, que Inoue tinha traduzido para o japonês, como na Constituição imperial alemã, que entrara em vigor em abril de 1871.[35]

Partes deste último documento tinham dado muita atenção ao poder unificador do imperador, nesse caso o antigo rei da Prússia, Guilherme I, agora promovido ao título e à posição de "imperador alemão". A Constituição de 1871 confirmara o seu direito de representar o Reich alemão internacionalmente, de declarar guerra e firmar a paz, de convocar, abrir e prorrogar o Reichstag, o Parlamento alemão, e — importantíssimo — de ser o comandante-chefe das Forças Armadas da Alemanha, àquela altura em rápida expansão. "A organização e a composição disso é prerrogativa do imperador", declarava essa Constituição de 1871. "Todos os soldados alemães têm obrigação de obedecer às ordens do imperador incondicionalmente. Esse dever deve ser especificado no juramento à bandeira."[36]

Muitas dessas cláusulas também encontraram eco na Constituição japonesa de 1889. Ela também insistia na estreita relação entre o imperador e as Forças Armadas, declarando (incorretamente) que todos os imperadores japoneses tinham "ido à guerra pessoalmente no comando dos seus Exércitos". Essa nova Constituição japonesa confirmava medidas anteriores sobre recrutamento, o que também fazia parte da Constituição prussiana de 1850 e da alemã de 1871. Além disso, inscrever-se para servir na milícia passou a ser obrigatório para todos os homens japoneses com idades entre dezessete e quarenta anos:

> Todo homem adulto do país será obrigado, sem distinção de classe ou família, a cumprir, em conformidade com dispositivos legais, o dever de servir no Exército; que pode ser estimulado ao heroísmo enquanto seu corpo é submetido a treinamento físico; e que, dessa maneira, o espírito marcial do país seja mantido e protegido contra o declínio.[37]

Os mais isolados dos camponeses da zona rural seriam transformados em japoneses modernos mediante a exposição comum ao serviço militar.

Esses e outros empréstimos tomados dos alemães pela elite Meiji foram amplamente reconhecidos na época, o que ajuda a explicar por que alguns comentaristas estrangeiros ligaram Ito Hirobumi a Otto von Bismarck, o formidável político que se tornou chanceler de uma Alemanha unida em 1871, ano da Constituição imperial do país. Na esteira da Segunda Guerra Mundial, na qual os japoneses se aliaram à Alemanha nazista, esses primeiros vínculos políticos e constitucionais entre os dois países foram submetidos, no entanto, a um exame mais crítico. Desenvolveu-se o argumento — cujos vestígios ainda hoje persistem — de que as similaridades constitucionais entre as duas potências, o Japão Meiji de um lado e a Prússia e a Alemanha do outro, comprovam uma inclinação comum ao autoritarismo e à agressão militar.[38] Válida em parte, essa sugestão exige ressalvas.

Para alguns oligarcas Meiji, o maior atrativo da Constituição imperial alemã estava no fato de que a Alemanha unida era um produto político recente, uma entidade política montada a partir de uma coleção de antigos domínios, que agora ostentava altos níveis de inovação e sucesso. Na opinião de homens como Ito, o Japão Meiji, também, era um lugar de tradição

Eclosão 373

e de formas antigas. Mas — como a Alemanha — era ao mesmo tempo um produto refeito e em desenvolvimento, uma novidade em ascensão no mundo. A folha de rosto da tradução oficial inglesa dos *Comentários* à Constituição japonesa traz deliberadamente a data de sua publicação como "22º ano de Meiji", com o ano correspondente no calendário ocidental de 1889 aparecendo entre colchetes. Até certo ponto, como os revolucionários franceses um século antes, os partidários do projeto Meiji queriam reivindicar sua própria e distinta ordenação do tempo. O futuro do Japão deveria começar, triunfalmente, com eles.

Em consequência disso, e ao lado das vênias aos costumes e à importância central do trono imperial, os líderes do Japão tiveram o cuidado de identificar seu país — e eles próprios — com progresso e formas de modernidade. Essa aspiração, também, os atraía poderosamente para uma Alemanha em rápida transformação. Nos anos 1880, a economia alemã crescia em disparada em áreas como produção de aço, construção naval e ferrovias, que tinham sido tema de uma seção especial da Constituição imperial de 1871. A ciência alemã também avançava, na astronomia, na farmacologia, na química, na geologia, na física e assim por diante, enquanto o sistema educacional alemão era em todos os níveis tido como o melhor do mundo. Essa reputação de competência e inovação em setores de ponta ajuda a explicar por que, em 1888, o ano anterior à adoção de sua Constituição, o Japão empregava cerca de setenta consultores especiais alemães, o maior dos contingentes de especialistas estrangeiros.[39]

Assim, embora de fato haja elementos de autoritarismo e de agressividade militar na Constituição japonesa de 1889, essas características não resumem adequadamente o seu conteúdo, nem a sua direção geral, mais do que no caso da Carta imperial alemã de 1871. Ambos os textos demonstram um apetite por mudanças e um compromisso com elas.

Lendo cuidadosamente os *Comentários* à Constituição japonesa, percebem-se de imediato as mensagens mistas. O imperador Meiji e sua sabedoria são aplaudidos do começo ao fim. Mas fica claro que essa Constituição só entrará em vigor com a abertura de uma nova Dieta japonesa bicameral, o que ocorreu em novembro de 1890. O início dos trabalhos desse Parlamento — o primeiro da Ásia — é que ativaria a Constituição japonesa, e não sua promulgação pelo imperador. Sim, esclarecem os *Comentários*, o imperador tem o poder de emendar a nova Constituição, mas a Dieta terá que votar essas emendas. O imperador pode também baixar decretos imperiais. Mas esses — como, em geral, os orçamentos anuais do Japão — serão inválidos sem a aprovação da Dieta; e embora o imperador tenha poder legislativo, "esse poder sempre será exercido com o consentimento da Dieta". O imperador do Japão, em outras palavras, seria soberano e divino, mas só — pelo menos por escrito e publicado em letra de fôrma — "segundo o disposto na presente Constituição".[40]

Além disso, como Ito deixou claro de antemão a seus colegas ministeriais, a Carta de 1889 concederia alguns direitos populares. No que dizia respeito à câmara baixa da Dieta japonesa, haveria eleição por voto secreto, embora apenas com a participação de homens acima de 25 anos, e só daqueles que pagassem um nível restritivo de impostos diretos. Na prática, e a curto prazo, isso representava um eleitorado de cerca de 450 mil numa população de mais de 40 milhões — pouco mais de 1%. A proporção de japoneses aptos a votar aumentou subsequente e lentamente. Mas o sufrágio universal masculino só chegaria ao Japão em 1925, enquanto as mulheres só puderam votar depois de outra guerra, em 1947.[41]

Mas todo mundo no Japão, nos termos da Constituição de 1889, estaria livre de prisão arbitrária e teria acesso a julgamento presidido por juiz, que não poderia ser demitido enquanto demonstrasse bom comportamento. Haveria direito à propriedade, direito a petição, liberdade de movimento e de expressão, e liberdade de escrever e associar-se "dentro dos limites da lei". Haveria também — para os homens — certo grau de meritocracia, coisa pela qual muitos políticos Meiji, por vezes de origem obscura, sentiam certa simpatia. Nem "ordem de nobreza nem grau de hierarquia", declara a Constituição, "terão permissão de militar contra a igualdade de todos os homens no que diz respeito à indicação para cargos". Além disso, confirmava-se que haveria liberdade de crença religiosa: "Um dos mais belos frutos da civilização moderna".[42]

Eclosão 375

O fraseado era calculado, e os criadores dessa Constituição e seus partidários utilizavam linguagem semelhante em público e em letra de fôrma. "Ao adotar uma forma constitucional de governo", escreveu um dos aliados de Ito numa revista americana, "demos a todo o mundo o testemunho mais forte possível de que é nosso desejo verdadeiro seguir de perto as pegadas dos países civilizados."[43] O novo Japão deveria, explicitamente, ser parte integrante do mundo civilizado: a civilização que os ocidentais costumavam invocar como justificativa do seu predomínio no mundo. Essas alegações de "civilização" constituíam apenas uma parte dos desafios e dos atrativos que essa Constituição passou a representar para quem vivia fora do Japão.

O Japão e um mundo mudado

O aparecimento da Carta japonesa ajudou a alterar inexoravelmente ideias e relações de poder, em parte porque havia muitas outras mudanças em andamento. No tocante a Constituições escritas, entre 1889 e o início da Primeira Guerra Mundial em 1914 novas versões foram adotadas em ritmo frenético.

Algumas foram criadas em regiões já caracterizadas por uma tradição desse modo de fazer e escrever política. Na América Central e na América do Sul, que tinham sido locomotivas e arenas de criatividade constitucional desde os anos 1810, novas Constituições brotaram durante essa época no Brasil (1890), Cuba (1895 e 1901), República Dominicana (1896, 1907 e 1908), Equador (1897 e 1906), Honduras (1894 e 1904), Nicarágua (1905) e Panamá (1904). A Venezuela passou por quatro Constituições diferentes de 1889 a 1914.

Aqueles anos foram também movimentados no surgimento de novas Cartas no mundo do Pacífico e na Europa, embora nessas duas regiões novos países tenham aderido às fileiras pela primeira vez, enquanto outros se tornaram visivelmente mais ativos. Montenegro, pequeno Estado na costa do Adriático que havia tempos estava exposto a pressões otomanas, garantiu sua primeira Constituição em 1905. Já a Sérvia, um barril de pólvora de conflitos étnicos e políticos, e sob suserania otomana até os anos 1860, obteve uma nova Constituição, mais radical, em 1888, que concedia o voto à maioria dos habitantes do sexo masculino. Derrubada em 1901, foi restaurada em 1903 e durou no papel até a criação da Iugoslávia em 1918.

O que houve de mais notável nesse período — e o Japão era só um exemplo — foi o grau em que potências asiáticas agora faziam experimentos explícitos com o constitucionalismo escrito. Isso era verdade no caso da Pérsia, que promulgou sua primeira Constituição em 1906. Era verdade no caso do Império Otomano, onde — como já vimos — uma revolução em 1908 resultou no renascimento de sua fugaz Constituição de 1876. Era verdade, também, no caso da Rússia, onde, desde 1820, sucessivos tsares tinham obstruído de modo consistente propostas de reforma constitucional. A revolução de 1905, no entanto, fez surgir no ano seguinte uma nova Lei Fundamental russa e um Parlamento eleito, a Duma. Nada disso foi adiante, mas as duas coisas tiveram impacto duradouro nas ideias, no vocabulário político e nas expectativas.[44]

Um império asiático maior e mais antigo, a China, também mudou de direção, embora não o suficiente. Em 1905, a imperatriz viúva Cixi, figura dominante em Beijing desde os anos 1860, reconheceu a importância dos avanços constitucionais no Japão em dois aspectos vitais. Como a elite Meiji tinha feito nos anos 1870 e nos anos 1880, ela despachou um grupo de comissários para estudar sistemas políticos nos grandes Estados ocidentais. Mas, além disso, e de maneira reveladora, também mandou funcionários chineses investigarem práticas constitucionais no Japão. Dizia-se que essas missões exploratórias seriam o prelúdio da implementação de uma Constituição escrita na própria China; e, em 1906, decretos foram baixados designando formalmente catorze burocratas para cuidar da tarefa. A incapacidade de cumprir essas promessas de reforma estrutural e direitos mais amplos foi uma das razões pelas quais a dinastia Qing acabou derrubada na revolução de 1911.[45]

Eclosão 377

Havia outro gigantesco império asiático em transformação constitucional naquela época — a Índia britânica. Ao contrário dos outros, ele não explodiu em revolução nas décadas imediatamente anteriores a 1914. Mas os níveis de ativismo e resistência aumentaram, assim como a produção de textos constitucionais inovadores. Pressões por mudança e reforma vinham crescendo ali desde a repressão da Revolta Indiana de 1857. Alguns rebeldes militares daquele ano tinham produzido um documento político de doze pontos, o *Dastur-ul Amal*, uma Constituição em estado embrionário.[46] Houve ainda outras tentativas, a partir dos anos 1860, em alguns dos principados indianos, de redigir Constituições locais. Mas a primeira grande tentativa, embora não oficial, de redação de uma Constituição política completa para todo o subcontinente indiano foi o projeto de lei Swaraj (ou Autogoverno) de 1895.

Esse texto parece ter sido obra, sobretudo, de Bal Gangadhar Tilak, educador e jornalista do oeste da Índia, profundamente conservador na questão dos direitos das mulheres, mas influente em seu nacionalismo inicial. Em 1890 ele se tornou membro do Congresso Nacional indiano. O plano de Tilak era que — se o seu projeto de lei Swaraj fosse aprovado — a lei resultante se chamasse "Lei da Constituição da Índia". Além disso, como a introdução do projeto deixava claro, essa lei se aplicaria a "toda a Índia". Seus 110 artigos incluíam dispositivos sobre direitos. Deveria haver liberdade de expressão falada e escrita. Deveria haver direito de petição, igualdade perante a lei e educação gratuita oferecida pelo Estado. E, como na Constituição Meiji, todos os cidadãos (o que na prática significava homens) deveriam ter igual acesso a empregos públicos e obrigação de usar armas, se necessário.[47]

Historiadores indianos ainda não investigaram os reflexos da Constituição Meiji nessas e noutras cláusulas do projeto de lei Swaraj de 1895. Não é de surpreender que fosse assim. O comentário minucioso à Constituição do Japão publicado em 1889 tinha saído em tradução inglesa, enquanto o próprio texto foi amplamente noticiado e teve excertos divulgados na imprensa britânica e indiana. Para um homem altamente instruído como

Tilak seria fácil e, devido a seus interesses e ambições, irresistível, familiarizar-se com um exemplo pioneiro de habilidosa reconfiguração constitucional no leste da Ásia, ao lado de escritos políticos e jurídicos britânicos e americanos.

Reconhecer isso ajuda a explicar por que o projeto de lei Swaraj empenhava-se tão vigorosamente na busca da mescla de modernidade, conservadorismo e tradição que também exercia forte apelo sobre a elite Meiji. O plano de Tilak previa um Parlamento bicameral para a "nação indiana", assim como Ito Hirobumi e seus aliados tinham proposto um Parlamento bicameral que desse expressão a uma nação japonesa reformulada e revigorada. Mas, como no Japão Meiji, o poder soberano formal na Índia reformada de Tilak seria conferido a um monarca, nesse caso a rainha Vitória da Grã-Bretanha. Como o imperador no Japão, ela funcionaria como um ponto fixo num reino em rápido processo de transformação.

Essa marca deixada pelo Japão em ideias políticas e projetos escritos — e no senso do que era possível — pode ser rastreada em toda a Ásia, e mais além. O que houve no Japão na esteira da Restauração Meiji e da Constituição de 1889 contribuiu em diferentes sentidos para a deflagração da revolução de 1905 na Rússia e para a promulgação de uma Constituição naquele país. Também contribuiu para a revolução constitucional persa de 1906, para a revolução dos Jovens Turcos no Império Otomano e para a restauração do constitucionalismo naquela região em 1908. O impacto japonês sobre tentativas e ideias de reformas na China foi ainda maior. Mas o contágio em larga escala da autotransformação japonesa não parou aí. Nem terminou com a Primeira Guerra Mundial.[48] Por quê?

Parte da resposta está nos avanços contínuos nos fluxos de conhecimento e informações. Graças a mudanças em tecnologia, transporte e mídia, cada vez mais aceleradas informações sobre o que acontecia no Japão se espalhavam por longas distâncias rapidamente. Basta pensar no grau em que, no fim do século XIX, as gravuras japonesas exerciam grande influência sobre múltiplos artistas ocidentais, como Vincent van Gogh,

Eclosão 379

Paul Gauguin, o americano James McNeill Whistler e um grupo de figuras menores. A escala de transferência artística era facilitada pelo fato de que imagens fotográficas industrialmente produzidas de obras artísticas do leste da Ásia passaram a circular mais amplamente do que até então tinha sido possível. Além disso, e de importância vital, estrangeiros se interessavam mais por, e prestavam mais atenção em, coisas japonesas.

O mesmo era verdade no caso de informação e de propaganda constitucionais japonesas. A partir do dia da promulgação, notícias da Constituição de 1889 foram publicadas em lugares distantes, por meio do telégrafo elétrico e das gráficas. As autoridades Meiji eram muito proativas na distribuição de informações constitucionais e de outra natureza sobre o novo Japão, para fortalecer o perfil do país em outros continentes e intimidar potências rivais. Em 1907, por exemplo, o governo japonês subsidiava jornais malaios e árabes em Singapura em troca de cobertura favorável e de inserções pertinentes.[49]

Como o projeto de lei Swaraj de Tilak sugeria, a nova política do Japão também atraía atenção no exterior porque podia ser vista como a expressão de uma espécie de terceira via, de mudanças vibrantes radicadas na persistência de certas estabilidades. A Constituição de 1889 combinava um monarca soberano com um Parlamento. Fazia acenos ao sufrágio masculino, mas sem exagero. Tomava emprestados dispositivos e ideias de Estados ocidentais, mas ao mesmo tempo insistia na santidade das tradições nacionais. Oferecia direitos aos japoneses comuns, mas também fortalecia o poder ministerial, ao mesmo tempo que dispunha sobre recrutamento e Forças Armadas mais amplas ligadas à Coroa.

Essas concessões calculadas, e o sucesso emergente do Japão, eram particularmente atraentes para monarcas não ocidentais ansiosos por fazer experimentos com modos de modernização, mantendo, ao mesmo tempo, a hierarquia e sua própria posição. O rei Kalakaua do Havaí, que incluiu o Japão no itinerário de sua viagem pelo mundo em 1881 e pediu conselho e patrocínio ao imperador Meiji, foi um dos primeiros exemplos desse tipo de ardoroso interesse real pelo Japão. O sultão Abu Bakar de Johor, na península Malaia, foi outro. Às voltas com a crescente penetração britânica em sua região do mundo, o sultão teve o cuidado de fazer uma visita de seis meses ao Japão em 1883 antes de finalmente desenvolver planos para uma Constituição própria, a primeira a surgir no sudeste da Ásia.[50]

O apelo exercido pelo Japão sobre monarcas extraeuropeus persistiu depois da Primeira Guerra Mundial. Em julho de 1931, um ano depois de subir ao trono, o imperador Haile Selassie, da Etiópia — reino antigo situado no chifre da África —, implementou uma Constituição explicitamente inspirada, como algumas de suas políticas educacionais e econômicas, em precedentes Meiji. A exemplo do texto original de 1889, o etíope ressaltava que "a pessoa do imperador é sagrada, sua dignidade inviolável e seu poder indiscutível". Também previa um Parlamento bicameral, como seu modelo japonês, e compartilhava alguma coisa do pensamento estratégico implícito neste último. Assim como os criadores da Constituição de 1889 tinham almejado fortalecer a capacidade japonesa tanto de resistir ao Ocidente como de causar admiração e respeito, o texto de Selassie foi projetado na esperança (em parte legítima) de ajudar a reforçar a distinta identidade do seu país diante de uma provável incorporação imperial pela Itália.[51]

A Constituição do Japão e seus efeitos exerceram uma influência mais transgressiva e perturbadora no ultramar. Até certo ponto, na verdade, o que acontecia naquele país depois da Guerra Boshin estava, quase inexoravelmente, fadado a ser subversivo. Um velho clichê comum a muitos comentaristas ocidentais (jamais a todos) afirmava que as sociedades "orientais" eram predispostas a governos despóticos arbitrários. Quando o sultão otomano introduziu uma Constituição escrita em 1876, por exemplo, a resposta de alguns políticos e meios de comunicação ocidentais foi notavelmente desdenhosa. Isso ocorreu, como disse um estudioso, não tanto pela convicção de que a iniciativa otomana fracassaria como pelo temor de que "pudesse ser bem-sucedida".[52] O fato de esse documento ter sido removido em 1878 serviu apenas para fortalecer preconceitos e dar conveniente respaldo a outra série de ideias preconcebidas. O recuo do

Eclosão 381

sultão otomano parecia dar razão aos que diziam que as culturas asiáticas tinham um desinteresse fundamental por mudanças.

As muitas transformações do Japão Meiji desafiavam de modo inexorável essas posições, e o faziam aos poucos. Veja-se o que estava envolvido: uma grande entidade política que não era ocidental, nem cristã, nem habitada por pessoas que se julgavam brancas tinha implementado uma Constituição que criara raízes, que dispunha sobre o direito ao voto com severas restrições, certamente, mas que também incorporara certos direitos populares e estabelecera um Parlamento capaz de funcionar. Além disso, o Japão conseguiu isso ao mesmo tempo que efetuava espetaculares e bem divulgadas mudanças econômicas, industriais, educacionais e tecnológicas. As reações a esses avanços foram rápidas, assumindo formas diferentes em diferentes espaços geográficos.

Entre os comentaristas ocidentais, houve reconhecimento e aplausos, embora às vezes misturados com apreensão e certo desdém. "Até bem recentemente", escreveu um ensaísta britânico em 1894, "os japoneses eram mais conhecidos [...] como fabricantes de bugigangas artísticas. Despertavam uma espécie de interesse sentimental, como uma gente pitoresca." Mas agora, acrescentou, esse "país oriental deu um repentino salto para a frente, e isso é um acontecimento muito notável".[53] "Notável", nesse caso, tem distintas conotações de surpresa. Outros observadores estrangeiros, porém, viam as mudanças no Japão com mais determinação e entusiasmo. Sobretudo entre reformistas e funcionários da China Qing e nacionalistas indianos, havia um sentimento forte e crescente depois de 1889 de que a criatividade política do Japão, assim como seus avanços econômicos, educacionais e industrial, era uma força revolucionária que merecia ser estudada com atenção, para que dela se pudessem tirar lições.

As missões Meiji enviadas ao exterior nos anos 1870 e 1880 para investigar modos de modernidade tecnológica, econômica e política foram quase exclusivamente a localidades do Ocidente. Depois de 1889, no entanto, essas suposições sobre onde no mundo buscar pontos de modernidade começaram a mudar. O governador de Guangdong, no sudeste da China,

61. Xilogravura japonesa comemorando o êxito do Japão na guerra de 1894-5 contra a China. Note-se a mídia ocidental observando.

quando procurava em 1904-5 países estrangeiros onde os estudantes mais brilhantes de sua província pudessem idealmente estudar política e direito, entendeu que as opções disponíveis agora eram bem mais amplas. Despachou 31 estudantes de Guangdong para Estados Unidos, Grã-Bretanha, França e Alemanha. Mas, além disso, também enviou outros 56 ao Japão. Essa iniciativa era parte de uma tendência mais geral. Como observa um historiador, a escala do êxodo de jovens brilhantes da China para o Japão durante a primeira década do século xx — havia 8 mil em 1906 — representou "provavelmente o maior movimento em massa de estudantes para o exterior na história mundial até aquele momento".[54]

A China, claro, em seu ponto mais próximo, fica a apenas 500 milhas do Japão por mar. Para a maioria dos que vivem mais longe, visitar o Japão pessoalmente continuou impossível. Mas limites à exposição direta de estrangeiros ao país acabou não sendo, na prática, obstáculo para a influência cada vez maior exercida pelo Japão no resto do mundo. Incapazes, na maioria, de ver o país com os próprios olhos, muitos reformadores e revolucionários que viviam fora do Ocidente simplesmente preferiram idealizá-lo, projetando nesse império do leste da Ásia qualquer coisa que quisessem ver materializar-se em seus próprios Estados. "Os japoneses conseguiram aceitar a civilização ocidental sem perder sua religião e sua identidade nacional; conseguiram alcançar os níveis dos europeus em todos os sentidos", escreveu um intelectual e reformista turco no começo do século XX, melancólico. "Por que, então, hesitarmos?" E acrescentou: "Será que não podemos aceitar definitivamente a civilização ocidental e continuar sendo turcos e muçulmanos?".[55]

Esse tipo de idealização do Japão — essa percepção do país como modelo de mudança a ser copiado e como resposta e alternativa bem-sucedida ao poderio ocidental — cresceu ainda mais com o espetacular sucesso do país na guerra. Têm havido repetidas conexões entre a disposição dos Estados para promulgar Constituições, de um lado, e seu apetite, de outro, por um aumento no suprimento de homens e armas e em níveis de tributação para financiar guerras, e o Japão não era nenhuma exceção a essa regra geral. Sua Constituição de 1889 confirmava o sistema de recrutamento e tornava o serviço militar obrigatório para os homens entre dezessete e quarenta anos de idade. Além disso, na esteira dessa Constituição, a capacidade extrativa do governo japonês disparou. Ito Hirobumi afirmou que de 1889 a 1899 a carga tributária per capita dobrou.[56]

Parte desses crescentes recursos fiscais servia para financiar as Forças Armadas, em especial a Marinha, em fase de crescimento. Essa acumulação de armas é um bom exemplo. Entre 1868 e 1893, governos Meiji compraram cinco navios de guerra de um grande construtor naval britânico, Armstrong's, e mais cinco de vendedores de armas na França, na Alemanha e nos Estados Unidos. Encomendas japonesas de encouraçados na Armstrong's aumentaram mais ainda de 1894 a 1904. O Japão comprou oito navios ainda maiores da empresa ao longo desses dez anos, encomenda mais substancial do que a de qualquer outra potência nessa época, à exceção da Grã-Bretanha.[57]

O Japão equipava-se para ser um participante de peso em guerras híbridas de longa distância. Os investimentos cada vez maiores em armas, navios e homens ajudaram o país a vencer a guerra de 1894-5 contra a China, que tinha uma Marinha maior, mas menos avançada tecnologicamente, sobretudo do ponto de vista da artilharia. A cara e cada vez maior Marinha do Japão também desempenhou papel substancial em sua vitória na Guerra Russo-Japonesa de 1904-5. No fim desse conflito, duas das três grandes frotas navais da Rússia tinham sido postas fora de combate, e substancialmente destruídas.[58]

Essa sequência de vitórias japonesas teve imediatas consequências constitucionais, e de outro tipo, para os perdedores. O ritmo das mudanças econômicas e militares no Império Qing tinha aumentado depois dos anos 1860. Mas, na esteira da derrota para o Japão, os burocratas, reformistas e intelectuais chineses deram mais atenção a mudanças políticas, jurídicas e institucionais, bem como ao fortalecimento militar. Também na Rússia, a derrota para o Japão teve rápidas repercussões políticas. A severa humilhação envolvida foi fator de crescente descontentamento interno e na decisão do tsar russo, em outubro de 1905, de conceder reformas constitucionais. A guerra ainda lhe criou dificuldades noutro sentido. O fato de tantos soldados russos terem sido despachados para combater forças japonesas longe do centro do Império Románov, e perto de suas regiões mais orientais, tornou mais fácil para os revolucionários garantir sua breve vantagem em São Petersburgo.

As vitórias japonesas também tiveram consequências culturais e ideológicas. Talvez a prova mais contundente disso, no que diz respeito à guerra com a Rússia, é uma prova gráfica, uma gravura shunga datada de 1905. Shunga é uma tradicional forma de arte popular japonesa que se concentra nas inúmeras formas de prazer sensual e sexual humano (e às vezes animal). Mas, nessa xilogravura em particular, que era parte da propaganda de guerra japonesa, a ênfase é menos no prazer do que na dor e na violência. Um soldado de infantaria japonês força um soldado de infantaria russo a ficar de joelhos, baixa suas calças e é visto no ato de estuprá-lo. Em conformidade com a representação estereotípica de ocidentais nas gravuras japonesas, o soldado russo tem cabelo ruivo. A pele das mãos, do rosto

Eclosão

62. Violando e invadindo o outro: gravura shunga
sobre a Guerra Russo-Japonesa, 1904-5.

petrificado e do traseiro exposto é branquíssima. A do agressor japonês obviamente não é. E, ao fundo, há uma fila de mais soldados japoneses, avançando com uma bandeira da pátria.

A violência sexual é característica de todas as guerras. Mas este não é o tema central dessa gravura shunga. Para entender a sua mensagem essencial é preciso situá-la num contexto mais amplo. Estima-se que, até 1914, quase 85% do globo tinha sido colonizado e ocupado por potências predominantemente "brancas", pelos impérios da Europa Central, pelos Estados Unidos e, claro, pela própria Rússia. O desfecho da Guerra Russo-Japonesa inverteu explicitamente essa tendência global. Um império não branco, não ocidental, conquistara uma grande vitória em terra e no mar contra aquilo que, àquela altura, alguns críticos chamavam de "o perigo branco". Daí a gravura shunga. O mundo, nessa imagem em particular, está virado de cabeça para baixo. Um soldado de infantaria do Império russo, uma potência cada vez mais invasiva na Ásia desde antes dos tempos de Catarina, a Grande, é subjugado e degradado por um soldado de outra etnia. Aqui, o homem branco está literal e metaforicamente sendo penetrado e invadido pelo Outro, por um representante da Ásia.

Essas reações à vitória japonesa contra a Rússia em 1905 eram generalizadas, embora quase sempre expressadas de modo mais decoroso. Há uma historieta famosa sobre Alfred Zimmern, classicista, cientista político e sionista nascido na Alemanha, e futuro fundador da Unesco, mudando a introdução de uma palestra que deu na Universidade de Oxford no último minuto, ao receber a notícia do êxito do Japão. Aquele era o "acontecimento mais importante que houve, e que provavelmente haverá, durante a nossa vida", teria anunciado Zimmern ao seu público universitário: "A vitória de um povo não branco contra um povo branco".[59] Mais importante, porém, foi o grau em que homens e mulheres de sociedades expostas à violência e a invasões euro-americanas tiraram partido desse acontecimento: o sucesso do Japão na guerra contra o Império russo.

Na Índia, na esteira da Guerra Russo-Japonesa, há registros de famílias dando a filhos recém-nascidos os nomes de generais e almirantes japoneses bem-sucedidos. "As vitórias japonesas me empolgaram", lembrou-se ou preferiu lembrar-se mais tarde o líder indiano Jawaharlal Nehru: "Fiquei pensando na libertação indiana e na libertação asiática do controle escravizante da Europa".[60] No Império Otomano, cujos territórios tinham sido regularmente descascados pela Rússia desde o século XVII, o sultão Abdulamide II colecionou febrilmente álbuns fotográficos dedicados à Guerra Russo-Japonesa, depositando-os com afeição na biblioteca do seu palácio em Istambul. No Egito, agora sob controle britânico, o advogado e jornalista nacionalista Mustafa Kamil dedicou ampla cobertura jornalística à guerra em andamento. A vitória final do Japão só veio confirmar sua admiração pelo país e pela Constituição Meiji de 1889. "Estamos maravilhados com o Japão", escreveu ele, "porque é o primeiro governo oriental a utilizar a civilização ocidental para resistir ao escudo do imperialismo europeu na Ásia."[61]

Eclosão 387

Para alguns, portanto, o êxito japonês contra a Rússia foi extraordinariamente bem-vindo porque parecia inverter asfixiantes hierarquias raciais. Outros interpretaram esse conflito (de modo seletivo, como veremos) como um golpe contra as forças de agressão imperialista de modo geral. Entre grupos muçulmanos, especialmente, havia a esperança, que agentes políticos Meiji incentivaram, de que o novo Japão surgira como defensor dos oprimidos e colonizados contra o invasor cristão. Mas para alguns observadores, o que parecia não menos significativo era que os inimigos derrotados do Japão — o Império Ding, de um lado, e o Império Románov russo, de outro — podiam ser vistos como regimes decrépitos e arcaicos que haviam resistido a reformas governamentais e políticas completas. Em contraste, o Japão, o vitorioso, era uma entidade política que adotara mudanças e uma Constituição escrita.

"Os japoneses lutam por um país onde sejam livres", escreveu um comentarista turco no fim de 1904. O conflito entre o Japão e a Rússia foi, em essência, uma "guerra da Constituição", concordou um jornalista egípcio na época; e enquanto os combatentes japoneses se sentiam inspirados pelas liberdades que conquistaram, o progresso dos seus oponentes russos era impedido pela tirania.[62]

Em certo sentido, esse era o argumento mais importante a ser extrapolado da experiência do Japão. Suas vitórias contra a China e a Rússia podiam ser interpretadas — e foram — como demonstração de que a reforma constitucional, tanto fora como dentro do Ocidente, era componente indispensável de um Estado moderno eficaz. Um jornalista de um diário popular de São Petersburgo fez um comentário tácito sobre seu próprio país quando ofereceu em 1906 esta análise da Guerra Russo-Japonesa:

Os orientais aprenderam como resultado da Guerra Russo-Japonesa que podem igualar a Europa nos campos da civilização e da prosperidade, assim como sabem que não podem igualar se não substituírem seus governos opressivos, absolutistas, por governos constitucionais. Começaram a atribuir o progresso do Japão num curto período de tempo à assembleia consultiva

388   *Novos mundos*

e à administração constitucional, e, por causa disso, chineses, indianos e filipinos exigem Constituições de seus governos.[63]

Assim também, e cada vez mais, os próprios russos. Opiniões desse tipo representavam um sério ponto de inflexão. Uma Constituição tinha sido estabelecida na Grande Ásia. Dentro daquela vasta região, e em outros espaços não ocidentais, houve intensificação de esforços para fazer experimentos com o mesmo dispositivo político. Mas, além disso, começou a ser apresentado com mais regularidade, em diferentes geografias, o argumento de que só com uma Constituição moderna um Estado poderia competir adequadamente com o resto do mundo. Como disse um diplomata e jornalista chinês: "O fato de outros países serem ricos e fortes deve-se basicamente à adoção de uma Constituição".[64] A ampla aceitação de atitudes como essas é que confirmou a Constituição escrita como fenômeno genuinamente global.

Lições

O fato de os acontecimentos no Japão terem tido um impacto tão amplo e radical em outras partes do mundo pode parecer um paradoxo. Duas décadas depois do estabelecimento da Constituição Meiji em 26 de outubro de 1909, Ito Hirobumi recebeu três tiros no peito a caminho de um encontro secreto com um diplomata russo. Com sua vida interligada a crescentes modernidades até o último momento, o assassinato ocorreu na nova e elegante estação ferroviária de Harbin, no nordeste da China. O assassino foi Ahn Jung-geun, um nacionalista coreano. "Resolvi matar Ito", explicou ele pouco antes de ser executado, "em retaliação contra a opressão do povo coreano." Para esse homem, evidentemente, o Japão não era um farol de esperança, um motivo para entusiasmo e desejo de imitação da parte de não ocidentais. Era apenas mais um império dominador e repressivo.[65]

Eclosão

63. *O Japão é o rei do mundo*: anúncio (hikifuda) divulgado durante a Guerra Russo-Japonesa.

O Japão já tinha assumido o controle de Taiwan em 1895, na esteira de sua bem-sucedida guerra contra a China. Depois da vitória na subsequente Guerra Russo-Japonesa, o país também estabeleceu um protetorado na Coreia. Quando tomou a decisão fatal de tornar-se o primeiro residente-geral japonês daquele país em 1906, Ito começou de imediato a pôr em prática o que considerava uma missão civilizatória. No ano seguinte, a Coreia foi anexada. Nisso, o Japão Meiji não representava uma alternativa segura e satisfatória para o Ocidente imperialista. Estava, na verdade, juntando-se com entusiasmo e sucesso à tarefa de partilhar o mundo. Assim sendo, como explicar o apelo exercido pelas mudanças e reformas desse país, e acima de tudo por sua Constituição, em vários países e continentes por tanto tempo?

Isso acontecia em parte porque, na época, tudo parecia menos paradoxal do que provavelmente parece agora. As potências ocidentais tinham dominado essa questão da expansão terrestre e marítima durante o longo século XIX. Antes disso, porém, impérios temíveis e ágeis tinham sido gerados também por potências de outras regiões, em especial pelas asiáticas. O fato de que, no começo dos anos 1900, o Japão Meiji estabelecia pela força o seu próprio império ultramarino podia, portanto, ser interpretado — e era, em alguns setores — como mais uma prova de que o mundo começava a corrigir a si mesmo satisfatoriamente, e que o Oriente voltava com vigor à cena.

Além disso, muita gente fora de Taiwan e da Coreia parecia não saber, ou não querer tomar conhecimento, das invasões imperiais japonesas desses países. O Japão tinha se estabelecido com tanta eficácia como emblema de modernidades alternativas e de resistência que sua reputação já bastava para que muitos preferissem ignorar verdades desconfortáveis. E havia também, sempre, a Constituição escrita do Japão, respaldada depois de 1889 por mais ativismo e mais experimentos políticos internos, e validada, também, por sua relativa longevidade.

Em 1918, no rescaldo da Primeira Guerra Mundial, um político britânico comentou que, àquela altura, até nacionalistas conservadores indianos se sentiam atraídos pelo exemplo japonês porque "toda tentativa em países do leste de desenvolver um governo parlamentar tinha falhado redondamente, na Turquia, no Egito, na Pérsia, na China e agora na Rússia". Em contraste, acrescentou, porta-vozes indianos "apontavam para o Japão como uma brilhante exceção, e diziam não haver razão para que a Índia também não tivesse êxito".[66] O fascínio continuou funcionado em alguns lugares mesmo depois da Segunda Guerra Mundial. É verdade que campanhas militares do Japão nesse conflito tinham matado milhões. Mas também desestabilizaram os impérios asiáticos da Grã-Bretanha e de outras potências europeias, dando, com isso, um empurrão essencial a futuras campanhas de independência.

Eclosão 391

Além disso, a Constituição Meiji ainda exercia influência, mesmo que indireta. Os custos do conflito da China com o Japão entre 1937 e 1945 foram terríveis. No entanto, o preâmbulo da Constituição adotada pela República da China em dezembro de 1946 pagava tributo ardoroso a Sun Yat-sen. No começo do século xx — como tantos outros jovens reformistas chineses —, Sun tinha sido um visitante regular do Japão Meiji e admirador atento das suas realizações. Repetidamente ligado à violência armada, o experimento Meiji, com sua audácia e suas inovações, continuou a causar impacto mesmo nos lugares mais inesperados.

64. Ióssif Stálin comunica seu projeto constitucional ao Oitavo Congresso Extraordinário dos Sovietes, em 25 de novembro de 1936. Consta que foi o primeiro dos seus discursos a ser gravado.

Epílogo

A Primeira Guerra Mundial, iniciada em julho de 1914, marcou o fim do início da transformação. Como outros grandes conflitos desde meados dos anos 1700, propagou-se de forma imprevisível, perturbando e às vezes destruindo ordens políticas e acelerando a transmissão de ideias explosivas. Ao mesmo tempo, e como muitas outras guerras anteriores, também estimulou o aparecimento de novas Constituições. Mas o fez de maneiras distintas e numa escala inédita.

Foi assim, em parte, porque mais ainda do que nos longos anos 1860 todos os grandes impérios do mundo foram arrastados para dentro da luta. Como resultado, aquele que continua sendo o mais celebrado campo de batalha dessa guerra — a linha de frente ocidental, que se estendia serpenteando através da França, de Luxemburgo e da Bélgica — formava apenas uma porção da sua geografia geral. O envolvimento de Grã-Bretanha, França e Rússia de um lado, e Alemanha, Áustria-Hungria e o Império Otomano do outro, também arrastou para dentro do vendaval as colônias e os respectivos satélites. Na prática, isso significava toda a África (exceto Etiópia e Libéria), o Oriente Médio, o Canadá, a maioria da Europa Central e Oriental e boa parte da Ásia e da Australásia. A intervenção de impérios em outros continentes maximizou o alcance e as repercussões da guerra. A entrada do Japão em agosto de 1914 assegurou a disseminação dos combates até a China; a adesão dos Estados Unidos à guerra em 1917 enredou também seus espaços coloniais formais e informais, Filipinas, Cuba, Havaí e boa parte da América Central. Mesmo antes disso, o conflito tinha atingido a América do Sul e o Pacífico, com grandes batalhas ao largo da costa do Chile e das ilhas Falkland, e uma ocupação neozelandesa da Samoa alemã.[1]

Como acontecera nas Guerras Napoleônicas, o conflito foi ficando cada vez mais transcontinental e forçou os principais protagonistas a elevar de repente, e de maneira mais agressiva do que antes, o número de soldados e a solicitação de efetivos de fora das partes centrais metropolitanas. Mas enquanto Napoleão tinha recrutado soldados estrangeiros quase exclusivamente na Europa, nessa luta a França foi buscar efetivos mais além. Depois de 1914, recrutou meio milhão de soldados de suas colônias no além-mar. O Reino Unido também estendeu o âmbito de recrutamento. De 1914 a 1918, a Índia, sozinha, forneceu 1,4 milhão de soldados e quase meio milhão de trabalhadores. Muitos desses homens serviram fora do seu subcontinente natal, alterando a qualidade e as culturas de guerra num grau que ainda hoje exige pesquisas e uma investigação mais criativa. Europeus de origens diversas chegavam à península Indiana por mar, para ali combater, desde o fim do século xv. Agora, pela primeira vez na história mundial, essa guerra viu grandes levas de soldados do sul da Ásia e servos contratados se envolverem em combates e trabalho de campo dentro da própria Europa continental.[2]

Houve outras alterações notáveis. Como em muitas guerras dos longos anos 1860, neste conflito as mudanças tecnológicas resultaram num salto nas taxas de mortalidade. Mas dessa vez não se tratava apenas de fuzis de repetição, máquinas a vapor e telégrafo. Depois de 1914, os combates passaram a envolver tanques, submarinos, aeronaves, metralhadoras, gases venenosos e o uso do telefone e de rádio bidirecional para sincronizar movimentos de tropas. Junto com doenças relacionadas a guerra, escassez de alimentos, acidentes e massacres de civis, isso resultou na morte de pelo menos 40 milhões de pessoas, além de mutilações, privações e migrações forçadas de outros milhões.

O romancista, ativista político e futurista inglês H. G. Wells, enérgico, fantasticamente inteligente e mais prolífico ainda no ritmo e no número de suas publicações do que nos seus namoros, tinha, de início, defendido a retidão e a decência de uma guerra contra a Alemanha. Mas, mesmo antes do início formal das negociações de paz, Wells já reconhecia que "boa parte do sistema antigo" estava "morta" e que muita coisa precisava, portanto, ser

Epílogo 395

"refeita". Uma tarefa crucial, segundo ele, era encontrar formas para que as "pessoas [pudessem] dar sentido à humanidade depois da guerra mundial".[3] Para ele, como para muitos outros intelectuais e políticos daquela época, um elemento necessário desse trabalho reparador de reconstrução e reavaliação era a criação de uma liga de nações, um novo organismo especializado capaz de monitorar e supervisionar assuntos globais e, dessa maneira, prever, administrar e suprimir futuros conflitos armados.[4]

Em maio de 1918, Wells publicou uma série apressada e influente de artigos intitulada "No quarto ano: Expectativas de uma paz mundial". Dedicou uma seção desse texto ao desafio de escrever uma Constituição para a futura liga das nações. Como exemplo do que poderia ser feito, e para agradar a seus leitores nos Estados Unidos — agora muito mais poderosos por causa da guerra —, Wells invocou as conquistas da Convenção Constitucional da Filadélfia de 1787: "Uma criação real, deliberada, da inteligência de língua inglesa".[5] Hoje, é o chauvinismo cultural desse comentário que provavelmente chama a nossa atenção. Mas há outras coisas nas presunções e na linguagem de Wells que também merecem atenção.

Os níveis de moralidade, e os extremos transtornos econômicos dessa guerra mundial, além da eclosão de uma epidemia — a gripe espanhola — que matou 50 milhões de pessoas entre 1918 e 1921, provocaram mais do que dor e prolongada melancolia. Sem respeitar fronteiras, ela também resultou no senso bem documentado de desorientação, uma convicção persistente, como disse Wells, de que "boa parte do sistema antigo" fora extinta, ou tornara-se supérflua. Mas, como ilustra sua proposta para uma liga das nações, a angústia do pós-guerra e a sensação de compulsório rompimento com o passado não se estenderam ao negócio de escrever Constituições. Pelo contrário: "Na elaboração de Constituições", observou um comentarista sediado na China no começo de 1919, "não existe fim". E acrescentou uma observação significativa: "Na construção de repúblicas, existe, agora, uma grande atividade".[6]

Mais de cem anos antes, invasões militares francesas na península Ibérica tinham acelerado a desintegração dos impérios português e espanhol, preparando o terreno para o surgimento de múltiplos Estados sul-

-americanos já experimentalmente equipados com Constituições escritas. Um padrão similar de gigantescos níveis e escalas de guerra, apressando a dissolução de impérios monárquicos longamente estabelecidos e dando origem, em seu lugar, a novos países, quase sempre republicanos, ocorreu depois de 1914, mas numa escala maior e em diferentes continentes. Nessa fase, na esteira da Primeira Guerra Mundial, ficou mais difícil — mas ainda não impossível — para as monarquias coexistirem confortavelmente com ambiciosas Constituições escritas.

O Império Otomano tinha entrado na guerra do lado da Alemanha em 1914 na esperança de reafirmar sua posição no Oriente Médio e nos Bálcãs. Sair da guerra do lado perdedor trouxe o fim tanto desse império como de sua linhagem de sultões governantes. Bem antes, no verão de 1908, o exilado chinês Kang Youwei tinha visto, em transe, multidões comemorarem em Istambul a restauração da Carta muçulmana. Em 1924, sob a liderança de Mustafa Kemal Atatürk — mais um da longa fila de soldados profissionais convertidos em legisladores — esse documento tinha dado lugar a uma nova Constituição. Seu primeiro artigo era curto e grosso: "O Estado turco é uma república".[7]

A dinastia Hohenzollern e a Constituição do Império alemão de 1871, junto com a dinastia Habsburgo e a Constituição austro-húngara de 1866, também se estilhaçaram na bigorna da derrota militar. Em 1919, tanto a Alemanha severamente reduzida como a muito encolhida Áustria adotaram novas Constituições explicitamente nacionais, abrindo caminho, nos dois casos, para a introdução de repúblicas. As Constituições produzidas por algumas antigas províncias imperiais da Áustria fizeram mais ou menos a mesma coisa. A Tchecoslováquia, por exemplo, proclamou sua independência no fim de 1918, e antes de 1920 tinha implementado uma Constituição republicana.

Mesmo a Grã-Bretanha, um dos principais vitoriosos e uma monarquia sobrevivente, foi substancialmente enfraquecida por essa guerra, com repercussões na disseminação de novas Constituições e novas repúblicas. A agitação nacionalista irlandesa vinha crescendo de modo irregular desde os anos 1860. Mas foi a distração de Londres, obrigada a atender às demandas da guerra mundial, que permitiu que um levante nacionalista irlandês em Dublin, de início pequeno e atrapalhado, crescesse e se tornasse uma revolução violenta e inexorável. Até 1922, todos os condados no norte da Irlanda, menos seis, tinham conseguido separar-se do que enfaticamente já não era um Reino Unido. Um novo Estado Livre Irlandês surgiu equipado com uma Constituição escrita, embora uma nova Carta irlandesa, promulgada em 1937, ainda fosse necessária para tornar essa entidade política independente explicitamente uma república.[8]

Dois anos antes, em 1935, o Parlamento de Westminster tinha aprovado uma Lei do Governo da Índia. Destinada em parte a apaziguar e conter a resistência nacionalista indiana, que se ampliara muito visivelmente depois e por causa da guerra, essa legislação imperial britânica não satisfez a ninguém e logo foi atropelada pelos acontecimentos. Apesar disso, sua aprovação demonstra que até mesmo os impérios europeus que sobreviveram à Primeira Guerra Mundial aparentemente intactos foram submetidos, depois, a pressões mais constantes. Apesar de suas imperfeições, do viés imperial e da linguagem deliberadamente sóbria, a Lei do Governo da Índia é também um exemplo da fecundidade e da iconoclastia dos projetos constitucionais no pós-guerra. Essa lei futuramente moldaria dois terços do conteúdo da Constituição da independência indiana de 1949-50, a Carta pós-colonial mais longeva do mundo, e um documento que mais uma vez preparou terreno para uma república.[9]

Mas foi a destruição imediata pela Primeira Guerra Mundial de outro império monárquico de longa duração, a Rússia, que mais contribuiu para dar a Constituições subsequentes uma aparência distinta.[10] A dinastia Románov sobrevivera à revolução fracassada de 1905 e escapara de uma tentativa de Constituição no ano seguinte. Depois de 1914, a história foi outra. Nem o Império russo, em sua forma costumeira, nem os Románov puderam resistir aos choques de múltiplas derrotas durante a guerra, aos danos infligidos a uma economia que já não ia bem e ao persistente estímulo alemão aos muitos opositores do império.

No caso de Vladimir Ilitch Lênin, que tinha publicado um folheto sobre sistemas constitucionais durante a revolução de 1905, essa subversão alemã, como é sabido, tomou a forma de disponibilizar um trem lacrado, que o surripiou do exílio na Suíça e o levou de volta à Rússia em 1917. Como Lênin comentou, de maneira apropriada, recorrendo a imagens de Karl Marx, a guerra tinha "impulsionado a história, que agora se desloca à velocidade de uma locomotiva".[11] Em fevereiro daquele ano, houve outra revolução russa. No mês seguinte, guarnições do Exército em São Petersburgo aderiram a operários grevistas para expulsar Nicolau II do trono. Em outubro de 1917, os bolcheviques, membros de um partido socialista revolucionário, tomaram o poder pela violência.

De início, o colapso do império dinástico russo permitiu a algumas ex-províncias se agarrar ansiosamente à autonomia e dar expressão a isso em textos. Assim, a Geórgia, território multiétnico localizado entre a Ásia Ocidental e a Europa Oriental, declarou-se república, e em seguida, em fevereiro de 1921, promulgou uma Constituição. Isso abriu espaço para reformas bem-estabelecidas, como sistema parlamentar e liberdade religiosa, e criou condições para medidas mais inovadoras. As mulheres georgianas — pelo menos no papel — conquistaram direitos políticos iguais aos dos homens. A Constituição atendeu, ainda, a demandas do trabalho organizado, reconhecendo o direito de greve e impondo restrições a jornadas de trabalho. A promessa de que não haveria "distinção de classe" na nova Geórgia foi reforçada pela garantia de que crianças vulneráveis deveriam receber roupas subsidiadas pelo Estado.[12]

Como essa iniciativa sugere, o constitucionalismo escrito adquiriu no pós-guerra uma coloração social ativista, e não só em partes da Europa e da Ásia. Mesmo antes do fim da guerra, em 1917, políticos no México, levados ao poder por uma série de revoluções, tinham habilidosamente produzido uma das Constituições mais notáveis e duradouras daquele período. Deixaram de lado a fórmula "Em nome de Deus", característica dos preâmbulos das Cartas mexicanas anteriores e relíquia da Constituição de Cádiz de 1812. Em seu lugar, a Constituição instituída em 1917 dava aos governos mexicanos o direito de dividir os grandes latifúndios do país e lhes impunha a obrigação de ajudar os pequenos proprietários e o campesinato.[13]

Epílogo 399

Uma guinada enfática em direção ao social e ao socialista natural-mente caracterizou também a Lei Fundamental da República Soviética Russa de julho de 1918, que abria com uma "Declaração dos Direitos do Povo Trabalhador e Explorado". Durante todo o período entreguerras, e mesmo depois de 1945, ela serviria de ponto de referência para radi-cais e reformistas de esquerda no Ocidente, e para ativistas anticoloniais fora dele. Uma guinada calculada para o social ficou evidente também na Constituição de Weimar. Produto da Revolução Alemã de 1918-9, que se serviu tanto das privações da guerra como da revolução na Rússia, esse texto insistia do começo ao fim na ideia de "progresso social". Como a Constituição da Geórgia no pós-guerra, dava às mulheres direitos políticos iguais aos dos homens. Também exigia controle estatal da educação, um sistema universal de seguro social e cooperação "em pé de igualdade entre empregados e empregadores".[14] Uma guinada inexorável para o social ficou clara também em algumas Cartas da Europa Oriental do pós-guerra, como a Constituição de Março de 1921 na Polônia. "O trabalho", proclamava o texto, era "a base principal da riqueza da República."[15]

Muitas dessas Constituições radicais e socialistas do pós-guerra não pegaram, e muitas não duraram. A de Weimar, na Alemanha, por exemplo, redigida pelo advogado, acadêmico e político liberal judeu Hugo Preuss, documento cuidadoso e influente apesar dos defeitos, foi incapaz de conter a ascensão de Adolf Hitler, à qual, como era de esperar, não sobreviveu. As repúblicas socialistas autônomas que logo emergiram da Rússia tsarista depois de 1917 também foram baixas fáceis, assim como sua criatividade constitucional. A República Democrática da Geórgia, por exemplo, foi quase imediatamente eliminada por tropas russas.

No entanto, nem esses nem outros fracassos do entreguerras puderam reverter a guinada para o social na elaboração de Constituições, assim como nem essas decepções nem o aumento do número de regimes auto-ritários na Europa, na Ásia e na América do Sul levaram a uma desilusão fundamental com a — ou a um afastamento prolongado da — produção de Constituições escritas. Na verdade, um dos documentos mais notáveis e ambiciosos desse período foi obra de um ditador: a Constituição da União Soviética, promulgada por Ióssif Stálin em dezembro de 1936.

A socialista Beatrice Webb, da Fabian Society, escreveu na época que essa Constituição tinha o potencial de criar "a democracia mais inclusiva e igualitária do mundo", veredicto que hoje nos parece quase absurdamente ingênuo. Mas esse otimismo, que podia ser visto em qualquer país no fim dos anos 1930, era em parte reação ao jeito extraordinário e comovente de redigir a Constituição soviética. O próprio Stálin, certamente, se envolveu muito no projeto. Mas não só ele: durante o segundo semestre de 1936, mais de 40 milhões de homens e mulheres de diferentes partes da União Soviética participaram euforicamente de reuniões e discussões especiais, submetendo propostas por escrito para o rascunho do texto. Ali estava uma Constituição — técnica política cada vez mais difundida desde o fim do século XVIII — ratificada com um grau inédito de envolvimento popular.[16]

Mais uma vez, no entanto, essas inovações e esses esforços deram em nada. Nos anos 1760, no rescaldo da Guerra dos Sete Anos, Catarina, a Grande, se envolveu magnificamente na produção escrita, e foi altamente original ao participar de uma convenção constitucional vinculada ao *Nakaz*. Mas logo deixou de lado todo esse trabalho legislativo e toda essa criatividade organizacional para se concentrar na expansão do Império e na consolidação da própria posição pessoal. Foi mais ou menos o que ocorreu, embora de uma forma infinitamente mais dura, com a Constituição de 1936 de Ióssif Stálin. Pouco mais de dois anos depois de proclamada, essa medida também foi posta rudemente de lado, e seguiam a todo vapor programas de repressão e extermínio em massa daqueles considerados dissidentes ou relutantes.

No entanto, mais uma vez, apesar dos fracassos catastróficos, isso não foi sequer o começo do fim. A crença no valor e nas possibilidades das Constituições escritas sobreviveu a uma nova era de ditadores, com a mesma facilidade com que tinha sobrevivido à carnificina e à alienação da Primeira Guerra Mundial.

Num certo sentido muito importante, a amplitude dessa guerra ajudou a aumentar a resistência e o alcance das Constituições escritas. Num determinado nível, o grau em que algumas potências imperiais foram

Epílogo

obrigadas, depois de 1914, a recorrer a efetivos europeus ajudou a dar poder e a validar os ativistas anticoloniais que pressionavam pela ampliação de direitos superando a barreira racial. "Como homens de cor lutaremos por algo mais, algo inestimável para nós mesmos", escreveu um jornalista negro em 1915 sobre campanhas de recrutamento em Granada, território insular governado pelos britânicos no leste do Caribe: "Lutaremos para provar que já não somos apenas súditos, mas cidadãos".[17] Pelo mesmo motivo, o grau em que as mulheres foram oficialmente utilizadas e recrutadas durante essa guerra global ajudou — embora apenas em certas partes do mundo — a reforçar e ampliar argumentos de que elas também deveriam ser incluídas por lei e por escrito dentro da esfera da cidadania plena e ativa.

Essas afirmações sobre a instrumentalidade da guerra muitas vezes são rejeitadas com o argumento de que reduzem a importância das mudanças de alianças e ideias já em curso antes de 1914. O socialismo e as reformas sindicalistas e previdenciárias de inspiração socialista de fato já avançavam em diferentes países e continentes bem antes da Primeira Guerra Mundial.[18] Assim também acontecia com as campanhas feministas e o ativismo anticolonial. No entanto, as tensões, os choques e as demandas de níveis inéditos ligados à guerra foram, depois de 1914, de importância crucial, pois ajudaram a popularizar, aprofundar e promover essas e outras críticas a sistemas políticos existentes. Os níveis inéditos de conflito, e a necessidade de mais combatentes e trabalhadores de guerra numa variedade maior e mais ampla, podiam também levar personagens influentes que defendiam sistemas de exclusão com base em raça, renda, classe, religião ou gênero a pensarem com mais clareza e moderação.

A amplitude e, crucialmente, o status oficial da participação feminina na guerra — como a participação colonial nesses mesmos esforços de guerra — deram a alguns líderes políticos, depois de 1914, um bom pretexto para admitir que estavam errados e avançar no sentido da validação das mudanças. Durante seu primeiro mandato como presidente, de 1913 a março de 1917, Woodrow Wilson foi, na melhor hipótese, indiferente em sua atitude para com o sufrágio feminino. Em setembro de 1918, no entanto — dezoito meses depois de os Estados Unidos entrarem na guerra —, houve acentuada mudança em sua linguagem e em sua posição, pelo menos no que dizia respeito às mulheres. "Fizemos das mulheres parceiras nesta guerra", disse ele, com firmeza, perante o Senado dos Estados Unidos. Consequentemente, acrescentou, agora seria impensável admitir as mulheres "só como parceiras de sacrifício, sofrimento e labuta, e não como parceiras de privilégio e de direito".[19]

Dessa maneira, apesar do colapso de tantas Constituições pós-1918, e do surgimento subsequente de uma nova onda de líderes autoritários, não se verificou um desencanto duradouro e generalizado pelo projeto mais amplo de criar Estados por escrito e inscrever governo e direitos num só e emotivo texto. Quando a Segunda Guerra Mundial mais uma vez estilhaçou países e destruiu povos no mundo inteiro, acelerando o colapso dos impérios marítimos europeus ainda existentes, a elaboração de Constituições simplesmente prosseguiu num ritmo ainda mais rápido. O término formal dessa guerra em 1945 foi seguido por uma nova disparada na criação de Estados-nação, primeiro na Ásia e, a partir dos anos 1950, na África. Isso levou a novos surtos de Constituições políticas.[20]

Nem de longe a história acabou aí. O custo e o esforço de manter uma Guerra Fria proibitivamente cara com os Estados Unidos e seus aliados desempenharam papel importante na queda do Império Soviético em 1991. Sua dissolução resultou no surgimento ou ressurgimento de quinze países ostensivamente independentes na Europa Oriental, na Ásia Central e na Transcaucásia. Cada uma dessas entidades políticas logo criou sua própria Constituição.

Houve outras guerras em outros lugares. Os conflitos transcontinentais recorrentes que tinham caracterizado o período dos anos 1700 a meados do século XX talvez tivessem terminado — pelo menos temporariamente —, mas o número de guerras civis continuava subindo. Estima-se que em quaisquer momentos desde 1989 havia uma média de vinte guerras intraestatais no mundo, sobretudo em partes do Oriente Médio, da África e da Ásia Central.[21]

A incidência crescente de guerras civis ajudou a elevar o nível de elaboração de Constituições a níveis inéditos. Em 1991, apenas cerca de vinte

Epílogo

das 167 Constituições de documento único existentes tinham mais de quarenta anos, como resultado da aceleração da produção de novos textos desde 1950, assim como do colapso e da substituição de textos mais antigos. Desde então, o ritmo das mudanças e da produção de Constituições só aumentou.[22]

Assim, pode-se indagar: por que tanto esforço repetido? Por que, à luz da longevidade limitada de tantas Constituições escritas através dos séculos, e em muitos casos da eficácia limitada desses textos como garantidores de um governo responsável e de direitos duradouros, múltiplas sociedades e múltiplos povos continuaram investindo tempo, imaginação, pensamento e esperança, com tanta insistência, nesse tipo de dispositivo político e jurídico de papel e pergaminho?

A PREOCUPAÇÃO DESTE LIVRO foi mapear uma transformação extraordinária, ocorrida em poucos séculos, na maneira de Estados, atores políticos e homens e mulheres comuns no mundo inteiro reagirem, pensarem, se comportarem e muitas vezes depositarem sua confiança. Ao discorrer sobre essa alteração — o progresso inexorável no espaço geográfico de Constituições escritas de um documento só —, destaquei o papel desempenhado por períodos sequenciais de guerra e agressão em larga escala. A proliferação de textos desse tipo costuma ser explicada apenas em referência ao avanço da democracia e ao apelo de certas noções (basicamente ocidentais) de constitucionalismo. Concentrarmo-nos na contribuição dada por episódios recorrentes de violência armada permite-nos uma visão mais abrangente e diversificada e introduz uma amplitude maior de territórios e vozes. Além disso, possibilita uma consciência maior de que, desde o início, as Constituições escritas têm sido fenômenos multifacetados. Sempre assumiram formas diferentes e serviram a múltiplos propósitos, e essa tem sido uma razão essencial do seu êxito e da sua persistência.

A partir dos anos 1750, as Constituições anunciaram e ajudaram o surgimento de repúblicas revolucionárias, como a Córsega, os Estados Unidos, a França e o Haiti, entre outras. Apesar disso, antes da Primeira

404   *A letra da lei*

Guerra Mundial, alguns dos textos políticos mais influentes desse tipo foram produto não de regimes republicanos, mas de diferentes tipos de monarquia. Foi o caso da Constituição de Cádiz, na Espanha. Foi também o caso da Carta belga de 1831 e da Constituição japonesa de 1889. De outro lado, Constituições têm sido regularmente produto de revoluções contra impérios. Mas, durante o longo século XIX, e quem sabe, residualmente, até hoje, importantes Constituições escritas têm ajudado também na criação e na manutenção de impérios.

Foi o caso de alguns impérios europeus longamente estabelecidos, como a Áustria dos Habsburgos, que implementou sua *Ausgleich* de 1866 na tentativa de acalmar e conter algumas dissensões internas. Foi o caso de impérios europeus mais recentes e mais efêmeros, como o forjado por Napoleão; e foi o caso, ainda, de alguns impérios fora da Europa. O crescente sistema de Constituições estaduais dos Estados Unidos, junto com sua icônica Carta federal de 1787, oferece um claro exemplo da natureza essencialmente multifacetada desse dispositivo político e jurídico. Num determinado sentido, essas múltiplas Constituições prepararam o terreno para níveis excepcionais de democracia e de oportunidades para brancos do sexo masculino. Noutro sentido, porém, muitos desses mesmos documentos também ajudaram a promover, ordenar e legitimar a apropriação das terras de outros povos por exércitos em marcha de colonos quase exclusivamente brancos, e funcionando, dessa forma, como tijolos da construção de um império americano de amplitude continental.

Ainda hoje Constituições podem servir de ajuda para a expansão territorial. Veja-se a Carta da República Popular da China, adotada em 1982. O resumo histórico cuidadoso e superficial inserido no preâmbulo comemora, ao mesmo tempo que lhe dá tratamento cosmético, a composição multinacional desse imenso território ("O povo das diferentes nacionalidades da China criou conjuntamente uma esplêndida cultura e tem uma gloriosa tradição revolucionária"), minimizando com isso, entre outras coisas, o grau em que muitos habitantes do Tibete, de Xinjiang e de Hong Kong, por exemplo, não querem se considerar chineses. Esse mesmo documento insiste em afirmar que Taiwan, onde a maioria dos eleitores quer a

Epílogo

continuação da independência, "é parte do território sagrado da República Popular da China" e que absorvê-lo e "reunificar a pátria" é um "dever sublime".[23] Como esse documento calculado e poderoso bem demonstra, outra atração persistente das Constituições escritas tem sido dar a regimes políticos um manifesto e uma justificativa exportáveis, e às vezes carismáticos.

Essa é uma das razões pelas quais seu fascínio se disseminou de modo tão acentuado depois de 1750. Crescentes níveis de competição e guerra entre diferentes Estados e impérios tornaram manifestos desse tipo profundamente atraentes tanto para os que já têm poder como para os que buscam poder. Projetando e promulgando uma Constituição, uma entidade política recém-forjada depois de um conflito armado poderia esperar organizar seus habitantes, demarcar suas fronteiras, desenvolver e carimbar sua identidade emergente e proclamar sua chegada como ator moderno no palco mundial. Quanto aos Estados já bem estabelecidos, poderiam — e aos poucos o fizeram — empregar Constituições como meio de fortalecer-se contra ameaças internas e externas, celebrar e ordenar territórios adquiridos pela guerra ou pela expansão imperial, e, inversamente, reconstruir e revalidar-se depois de uma derrota militar.

Constituições escritas têm, portanto, dado a Estados e governantes inestimáveis oportunidades de atuação e apresentação; apesar de, para aproveitar bem essas oportunidades, atores políticos quase sempre precisem ter acesso à máquina de imprimir. Uma boa demonstração disso, e do grau em que as Constituições rapidamente passaram a ser reconhecidas como um patrimônio indispensável, é, ao mesmo tempo, muito perversa.

Como vimos, depois dos anos 1650, o Estado que veio a ser a Grã-Bretanha e depois, por algum tempo, o Reino Unido da Grã-Bretanha e da Irlanda, não teve nada parecido com uma Constituição única e codificada. Um grau inusitado de imunidade contra invasões bem-sucedidas e violentas transições internas significavam que seus governantes em Londres jamais sentiram — e ainda não sentem — uma necessidade urgente de aceitar uma Carta. Mas como as Constituições escritas estavam intimamente ligadas à competição entre Estados, e associadas demasiado progressivamente a alegações de modernidade, e como as Cartas tinham esse inegável valor de propaganda e de manifesto, um ambicioso Estado britânico guerreiro e imperial não poderia se dar ao luxo de permanecer de todo afastado delas.

A solução adotada nessa sociedade foi desenvolver e expandir o gênero da história constitucional, estratégia que tinha a vantagem de também explorar a densa indústria gráfica da Grã-Bretanha com suas redes mundiais. Entre os anos 1820 e 1920, a publicação de novas histórias constitucionais da Grã-Bretanha pelas gráficas de Londres, Oxford e Cambridge aumentou quase vinte vezes. Incapazes de projetar e empregar uma Constituição formal, juristas, polemistas e políticos britânicos recorreram, deliberadamente, a outra forma de publicação: histórias patrióticas amplamente distribuídas e exportadas de sua Constituição política real ou imaginária.

Essa resposta britânica serve para sublinhar alguns pontos gerais e importantes: que as Constituições escritas aos poucos se tornaram norma e hábito difíceis de ignorar da parte de qualquer Estado em qualquer lugar, e que esses dispositivos políticos também estavam muitas vezes associados à palavra impressa. Mas essa mesma relação com a palavra impressa também ajudava a garantir que — embora tenham sempre servido ao poder — as Constituições escritas fossem, apesar disso, criações instáveis e imprevisíveis. Parafraseando o grande cientista político Benedict Anderson, a Constituição escrita "acabou sendo uma invenção impossível de patentear". Como outras obras impressas, como muitos romances dos séculos XVIII e XIX, por exemplo, esse tipo de Constituição "tornou-se disponível à pirataria por mãos muito diferentes e às vezes inesperadas".[24]

Num determinado nível, a implacável reimpressão e a exportação de números cada vez maiores de Constituições significava que mesmo os textos mais declaradamente nacionalistas desse tipo costumavam ser criações híbridas. Os que as redigiam sempre se sentiam atraídos pela arte de selecionar e combinar, pegando ideias e cláusulas de textos análogos oriundos de diferentes partes do mundo. Essa é uma das razões para abordarmos e interpretarmos as Constituições em termos mais do que puramente nacionais. Noutro nível, a publicação, a citação de trechos e a tradução de textos constitucionais especialmente importantes — a Constituição americana

Epílogo 407

de 1787, as Constituições francesas de 1791 e 1793, a Constituição de Cádiz de 1812, a liberiana de 1847, a japonesa de 1889 e outras mais — podiam atuar em variados espaços do mundo para seduzir, perturbar e subverter.

Material impresso desse tipo fornecia ideias, esperança e inspiração para reformadores e radicais em países e regiões que não tinham Constituição, ou precisavam de uma, ou estavam subjugados a outros Estados. A distribuição cada vez mais ampla de Cartas impressas também incentivou números extraordinários de ativistas e entusiastas — quase sempre homens, e com frequência militares — a tentar seus próprios textos não oficiais, em geral dissidentes. Além disso, à medida que textos constitucionais entravam em outros territórios e outras línguas, isso não só ajudava a propagar o modelo em geral, mas os textos em si eram com frequência lidos e interpretados de formas diferentes, por vezes incendiárias.

Uma vez traduzido e reimpresso em Calcutá, o *Plan de Iguala* do general Agustín de Iturbide poderia ser reconfigurado em defesa de direitos mais amplos para os indianos. E embora a Constituição Meiji fosse construída em torno do respeito pelo imperador japonês hereditário, parte daqueles que a liam em tradução no Império Otomano ou no Irã buscava argumentos a favor de uma república. Documentos delineando poder, lei e direitos facilmente se tornavam inflamáveis: e esse foi o destino não só de muitas Constituições políticas formais, mas também de obras publicadas sobre história constitucional britânica. Nos anos 1930, e depois da Segunda Guerra Mundial, ativistas anticoloniais como o trindadense C. L. R. James e Kwame Nkrumah, no que hoje é Gana, garimpariam cuidadosamente esses tomos eruditos e reverenciais à procura de munição contra atos de hipocrisia e violência imperiais britânicas, e de argumentos e aspectos legais que pudessem reforçar a causa da independência que estavam desenvolvendo.[25]

O significado da palavra impressa para a disseminação global das Constituições escritas, e a importância extraordinária de recorrentes surtos de guerra no estímulo dessa disseminação, levantam inevitavelmente questões sobre a efetividade e a ressonância desse ubíquo instrumento político nas primeiras décadas do século XXI. No passado, apesar de sua inexorável reprodução em panfletos, jornais, folhetos, compêndios e livros didáticos, as Constituições jamais foram examinadas pelas massas da maneira que seus mais fervorosos defensores gostariam idealmente.[26] Agora, porém, existem desafios muito mais sistêmicos ao impacto político e ao alcance da palavra impressa.

Hoje, muitos de nós vivemos em sociedades em que mais e mais pessoas obtêm as informações políticas que desejam não na página impressa, mas numa tela. A era digital trouxe consigo uma balcanização das informações políticas. Em regiões mais abastadas, especialmente, não existe mais um mundo de abertura estreita onde a quase totalidade das pessoas recorre a uns poucos canais televisivos, ou a uns poucos grandes jornais — ou a um único, icônico texto constitucional escrito e impresso. Em vez disso, o âmbito de informações e pontos de vista não filtrados sobre política e ideias políticas, como quase tudo o mais, está sempre florescendo em múltiplas mídias.

As formas rápidas e poderosas de evolução das Constituições escritas no passado deveriam nos alertar para outros desafios agora existentes à sua eficácia e à sua renovação contínua e futura. Sobretudo depois de 1750, surtos de guerra repetidamente levaram, em todos os continentes, a períodos de ruptura dramática, que em seguida — muitas vezes — deflagravam a criação de novas e construtivas Constituições políticas. A guerra, e os custos e fardos da guerra, também frequentemente obrigaram Estados e governantes a fazer acenos e concessões no papel a suas respectivas populações.

Não é mais assim. Para aqueles de nós que temos a sorte de viver em sociedades que não são afligidas por guerras civis, esse tipo de estímulo à criação e à emenda de Constituições já não funciona. Desde a Segunda Guerra Mundial, a natureza dos conflitos armados foi substancialmente alterada. A maioria dos Estados importantes de hoje depende de exércitos, marinhas e forças aéreas profissionais, altamente especializadas, e de mortíferas unidades de elite, de tecnologia nuclear, de técnicos em cibernética, entre outras coisas. Consequentemente, a probabilidade de governos agora e no futuro terem que aceitar novas e mais esclarecidas Constituições como meio de assegurar o recrutamento em massa e de recompensar e forjar lealdade constante em tempo de guerra é muito menor.

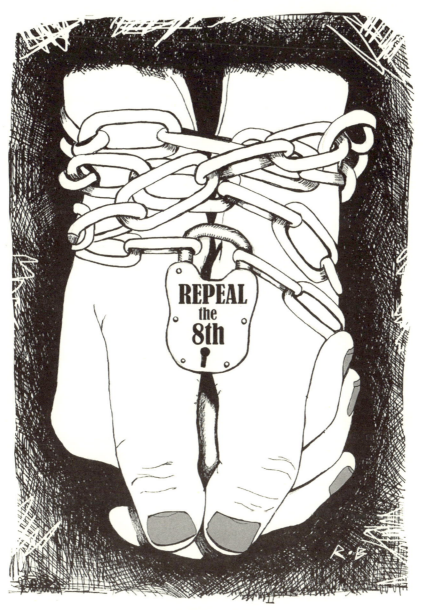

65. O uso das Constituições hoje: contribuição da artista Róisín Blade para a bem-sucedida campanha de 2016 pela rejeição da 8ª cláusula da Constituição irlandesa que havia, efetivamente, proibido o aborto.

A relativa ausência desses estímulos de guerra é menos importante em democracias onde emendar Constituições existentes é mais ou menos fácil. Na República da Irlanda, por exemplo — que pratica a neutralidade —, houve menos de 35 emendas constitucionais desde 1972. Uma delas, de 2018, permitiu ao Legislativo irlandês tomar providências para disponibilizar o aborto. Junto com emendas subsequentes que removeram do texto a blasfêmia como crime e facilitaram o divórcio, essa iniciativa ilustra a capacidade que ainda têm as Constituições codificadas de funcionar como manifesto. Essas emendas serviram para anunciar, e tornar claro, internacional e nacionalmente, que uma moderna República da Irlanda era agora, essencialmente, um Estado secular, não mais dominado, como outrora, pela Igreja católica.

Mas nos Estados Unidos, por exemplo, a questão das emendas é diferente. Ali, a elaboração de Constituições, bem como importantes modificações constitucionais, têm dependido reiteradamente do estímulo da guerra — a Guerra Revolucionária, a Guerra Civil, a Primeira Guerra Mundial, e assim por diante. Essa é também uma entidade política na qual os fundadores tornaram as emendas à Constituição federal uma tarefa difícil. Houve apenas meia dúzia de emendas desde a Segunda Guerra Mundial, e nenhuma desde 1992. Talvez uma das razões da disfuncionalidade política e das divisões inibidoras que caracterizaram os Estados Unidos nas últimas décadas seja o fato de que a icônica Constituição na qual muitos ex-militares trabalharam na Filadélfia, em 1787, esteja simplesmente velha e limitada demais, necessitando, portanto, de contínua e especializada amplificação e revitalização. No entanto, sem as colossais pressões externas de uma grande guerra, como fazer essas alterações e como alcançar um consenso em torno delas? Algum outro tipo colossal de emergência teria força para isso?

Mas o desafio mais amplo e generalizado, pode-se pensar, é que no começo do século XXI — como sempre — as Constituições escritas, sozinhas, não garantem nem podem garantir um bom governo ou a posse segura de direitos básicos. Textos desse tipo agora existem em praticamente todos os Estados do mundo. Mas em sua pesquisa anual em mais de duzentos países nos últimos catorze anos, e com base em provas cuidadosamente reunidas, a ONG Freedom House, sediada nos Estados

Epílogo 411

Unidos, tem relatado um declínio constante de níveis de direitos políticos e liberdades civis. No momento em que escrevo, governos populistas, autoritários, potencialmente autoritários, repressivos e corruptos florescem e multiplicam-se em todos os continentes, a despeito da vasta disponibilidade de Constituições escritas.

No entanto, apesar disso — na verdade por causa disso —, as Constituições escritas continuam sendo importantes. Esses textos importam imensamente, como tentei mostrar, como fenômeno histórico e como meio de investigar o passado global e a evolução de diferentes visões da modernidade. Mas importam também agora. Por mais que habitemos um mundo cada vez mais digital, o gênio intrínseco desse dispositivo político escrito que esclarece e pode inspirar e provocar, que é capaz de infinita reprodução em todas as línguas e que é ao mesmo tempo barato e muito portátil, tem um valor persistente. Isso pode ser visto vividamente, e com frequência, no caso de indivíduos atuando sob pressão extrema.

Voltemos, por exemplo, a um momento crítico na África do Sul em 2017, e a um membro da Combatentes da Liberdade Econômica, organização paramilitar de extrema-esquerda. O homem em questão fazia parte de uma manifestação colossal em Pretória que exigia a renúncia do presidente Jacob Zuma, envolvido em corrupção. Vendo um fotógrafo aproximar-se, esse manifestante — cujo nome não podemos saber, por bons motivos — rapidamente cobriu o rosto com um surrado exemplar da Constituição do seu país.

Tratava-se de um texto famoso, promulgado em dezembro de 1996 por Nelson Mandela e redigido de forma a sinalizar e divulgar uma África do Sul pós apartheid. De maneira reveladora, foi à edição barata da Constituição que o manifestante recorreu em Pretória. Menor do que uma brochura comum, foi fabricada, com preço deliberadamente calculado, para atingir o maior número possível de leitores e caber facilmente no bolso. Mas era grande o suficiente para cobrir o rosto do homem. No entanto, ao ocultar sua identidade dessa forma, usando uma edição barata da Constituição do seu país, esse homem de certa maneira veio a público. Ao agir assim, ele se identificava intimamente com uma África do Sul reformada, proclamando que o país tinha a ver essencialmente com pessoas como ele.

66. Pretória, África do Sul, 2017: usando a Constituição para se esconder e se afirmar.

Num mundo profundamente incerto, sempre em mutação, desigual e violento, esse tipo de texto imperfeito, mas às vezes comovente, diversamente útil e fácil de encontrar talvez seja o melhor que possamos esperar. Como disse Thomas Jefferson em 1802, "embora as Constituições escritas possam ser violadas em momentos de paixão ou desilusão, elas ainda assim fornecem um texto em torno do qual os mais atentos podem novamente se reunir e convocar o povo".[27] Mais de duzentos anos depois, argumento muito parecido foi encenado por outra pessoa sob pressão, uma jovem chamada Olga Misik que protestava nas ruas de Moscou.

Sob o prolongado governo de Vladimir Putin, ex-tenente-general convertido em primeiro-ministro e depois em presidente, a Constituição russa sem a menor dúvida tem sido enfraquecida em suas cláusulas relativas a liberdade de expressão e liberdades fundamentais. Apesar disso, esse texto

Epílogo

às vezes ainda consegue atenuar atos de poder excessivo e — nas palavras de Jefferson — reunir e lembrar. As cláusulas das Constituições sobre liberdade na Rússia, por exemplo, revelaram-se resistentes sob Putin.[28] E por ser uma Constituição escrita, muito barata e fácil de encontrar em letra de fôrma, pode ser usada por indivíduos sob pressão e em estado de necessidade.

Ativista pró-democracia, Misik foi cercada pela polícia de choque, homens com equipamento de proteção brandindo escudos e cassetetes. Sua reação foi sentar-se na rua e ler em voz alta trechos das páginas de uma edição simples da Constituição russa. Misik tinha dezessete anos e ainda estava na escola. Não podia esperar que suas ações alterassem substancialmente os atos e a orientação do governo russo. Nem eles. Mas assim mesmo ela se voltou para a Constituição em busca de apoio e inspiração. Os homens armados que a cercavam nessa ocasião sabiam, claro, que estavam sendo fotografados e que as imagens provavelmente viralizariam. Mas também ouviram as palavras que Misik dizia, e reconheceram o texto que ela estava lendo, e não atacaram.

67. Moscou, Rússia, 2019: Olga Misik e sua Constituição.

Agradecimentos

Qualquer um que se aventure a produzir uma obra de história global fica necessariamente em dívida com muita gente. Ao longo dos dez anos que levei planejando e escrevendo este livro, fui sustentada o tempo todo por colegas da Universidade Princeton. Meus agradecimentos especiais são para David Bell, Michael Blaakman, Fara Dabhoiwala, Jacob Diamini, Yaacob Dweck, Sheldon Garon, Hendrik Hartog, Michael Laffan, Yair Mintzker, Susan Naquin, Philip Nord, Kim Lane Scheppele e Wendy Warren, cada um dos quais respondeu a perguntas sobre diferentes setores do mundo e transmitiu valiosos insights. Além disso, Jeremy Adelman, Matthew Karp, Federico Marcon, M'hamed Oualdi, Ekaterina Pravilova, Daniel Rodgers, Robert Tignor e Sean Wilentz fizeram a gentileza de ler e criticar o manuscrito de partes deste livro. Assim o fez, abundante e generosamente, Eric Foner, da Universidade Columbia. O Centro de Estudos Históricos Shelby Cullom Davis e o programa de Direito e Assuntos Públicos de Princeton foram fonte de inspiração e tesouro de informações.

Assim como muitos praticantes da história global. Fui apresentada a este método diverso de pensar e escrever sobre o passado por Paul Kennedy e Jonathan Spence, da Universidade Yale, e por conversas dos dois lados do Atlântico com sir John Elliott. Desde então, beneficiei-me imensamente de diálogos com David Armitage, James Belich, o falecido Chris Bayly, Sebastian Conrad, John Darwin, Natalie Zemon Davis, Andreas Eckert, Masashi Haneda, Tony Hopkins, Maya Jasanoff, Rana Mitter, Patrick O'Brien, Juërgen Osterhammel, Emma Rothschild e Sanjay Subrahmanyam, e de feedbacks em conferências e seminários numerosos demais para relacionar, e pelos quais sou grata.

Um dos desafios de escrever história dessa maneira é que não se tem outra opção que não seja invadir o campo de especialidade de outras pessoas. Bruce Ackerman, John Allison, Richard Gordon, Dan Hulsebosch, Harshan Kumarasingham e o falecido Anthony Lester me ajudaram a pensar mais sobre direito, Constituições e poder. Quero agradecer também especialmente a Jeremy Black, Michael Broers, Rohit De, Rebecca Earle, Antonio Feros, Kieran Hazzard, Peter Holquist, Carol Gluck, Lorenz Gonschor, Jan Jansen, Svante Lindquist, Aryo Makko, Eduardo Posada-Carbó, Marie-Christine Skunke, o projeto Bentham da Universidade de Londres e as muitas pessoas da Universidade de Tóquio com quem conversei sobre a Constituição Meiji, por sua gentileza e expertise.

Em diferentes fases da redação deste livro, eu me beneficiei de bolsas e estadas na Biblioteca Huntingdon, Pasadena, no Cullman Center for Scholars and Writers na Biblioteca Pública de Nova York, na Universidade de Auckland, da Nova Zelândia, e do convite de Björn Wittrock para passar um ano no maravilhoso Swedish Collegium for Advanced Study em Uppsala. Também me beneficiei imensamente da concessão de uma Guggenheim Fellowship em estudos constitucionais, tornada possível pela generosidade e pelo entusiasmo de Dorothy Goldman.

A lista continua, porque livros passam por muitas fases. Vários estudantes de graduação e pós-graduação me ajudaram a desenvolver e aprimorar minhas ideias ao longo dos anos. Menciono, particularmente, Charlie Argon, Martha Groppo, Jezzica Israelsson, Samuel Lazerwitz, Matthew Mcdonald, Felice Physioc, Tom Toelle e Iain Watts, que em diferentes momentos ajudaram em minhas pesquisas e traduções. A dra. Paris Spies-Gans, da Society of Fellows da Universidade Harvard, mostrou, mais uma vez, que é uma magnífica pesquisadora de imagens visuais; ao passo que Joseph Puechner, Jeremy Teow e Guy Waller corrigiram as provas de impressão com habilidade e rigorosa atenção.

Como sempre, meus agentes literários, Michael Carlisle em Nova York e Natasha Fairweather em Londres, foram sensatos, solidários e certeiros em suas sugestões. Além disso, tive uma sorte imensa com meus editores. Andrew Franklin na Profile e Robert Weil na W. W. Norton/Liveright são perfeitos como editores, sabendo quando intervir e quando não dizer nada. No caso deste livro, ambos demonstraram uma rara e necessária capacidade de ser pacientes. A eles, minha profunda gratidão, e também a Cordelia Calvert, Penny Daniel, Sally Holloway, Gabriel Kachuck, Peter Miller, Valentina Zanca e muitos outros que investiram tempo, trabalho, habilidade e imaginação neste livro.

Por último, mas de forma alguma menos importante, David Cannadine tem sido uma fonte infalível de animação e apoio. Mas ele tem prática.

L. J. C.
Princeton, Nova Jersey, 2020

Notas

Introdução [pp. 9-21]

1. Giray Finda, "The Turk Travelogue: Kang Youwei's Journey to the Ottoman Empire", *Bilig*, v. 76, pp. 227-43, 2016. Para informações sobre o Império Otomano, ver Erik Jan Zürcher, "The Young Turk Revolution: Comparisons and Connections", *Middle Eastern Studies*, v. 55, pp. 481-98, 2019.
2. Aida Yuen Wang, *The Other Kang Youwei: Calligrapher, Art Activist, and Aesthetic Reformer in Modern China*, Leiden, 2016, p. 86.
3. William Blackstone, *The Great Charter and Charter of the Forest*, Oxford, 1759, p. i.
4. Para uma exposição clássica dessa tese, ver R. R. Palmer, *The Age of the Democratic Revolution: A Political History of Europe and America, 1760-1800* (2 v., Princeton, NJ, 1959-64). A duradoura influência dessa obra ainda pode ser verificada na introdução a David Armitage e Sanjay Subrahmanyam (orgs.), *The Age of Revolutions in Global Contexts, c. 1760-1840*, Nova York, 2010.
5. Theda Skocpol, *States and Social Revolutions: A Comparative Analysis of France, Russia, and China*, Cambridge, 1979, p. 186.
6. Max Roser et al., "Global Deaths in Conflicts Since the Year 1400", em Max Roser, "War and Peace", 2020. Publicado on-line em: <OurWorldinData.org>. Recuperado de: <https://ourworldindata.org/waranpeace>, consultado em 2019. Agradeço ao professor Roser por me permitir reproduzir este gráfico.
7. Devo este conceito de "guerra guarda-chuva" ao professor Jeremy Black.
8. Citado do livro dessas palestras: *General Economic History*, trad. de Frank H. Knight, Londres, 1927, p. 325.
9. Jürgen Osterhammel, *The Transformation of the World: A Global History of the Nineteenth Century*, Princeton, NJ, 2014, pp. 118-9. Para a transformação americana em império ultramarino, e seus contextos mais amplos, ver A. G. Hopkins, *American Empire: A Global History*, Princeton, NJ, 2018.
10. Sebastian Conrad, "Enlightenment in Global History: A Historiographical Critique", *American Historical Review*, v. 117, 2012, pp. 999-1027; p. 1027.
11. Ver Wang, *The Other Kang Youwei*.

1. As múltiplas trajetórias da guerra [pp. 25-61]

1. Sobre o culto desenvolvido em torno de Paoli, ver David Bell, *Men on Horseback: The Power of Charisma in the Age of Revolutions*, Nova York, 2020, pp. 19-52; *Independent Chronicle*, 16 out. 1770.

2. Os melhores estudos estão em francês: Antoine-Marie Graziani, *Pascal Paoli: Père de la patrie corse*, Paris, 2002; e Michel Vergé-Franceschi, *Paoli: Un Corse des Lumières*. Paris, 2005; *Correspondance Pascal Paoli: Édition critique établie par Antoine-Marie Graziani*, Ajaccio, 7 v., pp. 2003-18, I, pp. 84-91.

3. *Correspondance Pascal Paoli*, I, pp. 84-91.

4. Uma versão confiável desta Constituição está em *Correspondance Pascal Paoli*, I, pp. 222-47; para um estudo anterior, mas ainda valioso, ver Dorothy Carrington, "The Corsican Constitution of Pasquale Paoli, 1755-1769", *English Historical Review*, v. 88, pp. 481-503, 1973.

5. Carrington, op. cit., pp. 495-6; 500.

6. Ver Vergé-Franceschi, *Paoli*, capítulo 2; Fernand Ettori, "La Formation intellectuelle de Pascal Paoli, 1725-1755", em *Correspondance Pascal Paoli*, I, pp. 11-31.

7. *Correspondance Pascal Paoli*, II, pp. 136-8.

8. Ibid.

9. *Correspondance Pascal Paoli*, I, p. 239.

10. Graziani, op. cit., p. 139.

11. Paoli tentou construir uma força marítima. Ver James Boswell, *An Account of Corsica, the Journal of a Tour to That Island*; James T. Boulton e T. O. McLoughlin (orgs.), *Memoirs of Pascal Paoli*, Oxford, 2006, p. 30.

12. Como parece que ele percebeu. Ver *Correspondance Pascal Paoli*, II, pp. 62-3.

13. Winston Churchill utiliza essa descrição no terceiro volume de sua obra *A History of the English-Speaking Peoples*. A Guerra dos Sete Anos não foi mundial por ter envolvido todas as regiões do globo, mas pelo grau inédito em que sua violência e suas repercussões afetaram múltiplos continentes.

14. Ver Tonio Andrade, *The Gunpowder Age: China, Military Innovation, and the Rise of the West in World History*, Princeton, NJ, 2016, e Kenneth Chase, *Firearms: A Global History to 1700*, Cambridge, 2003; o argumento clássico para o potencial de guerra da construção de Estados está em Charles Tilly, *Coercion, Capital, and European States, AD 990-1990*, Oxford, 1990.

15. Robert Orme, *A History of the Military Transactions of the British Nation in Indostan*. Londres, 1763, p. 345; M. S. Anderson, *War and Society in Europe of the Old Regime 1618-1789*, Montreal, 1998, p. 80.

16. Daniel A. Baugh, *The Global Seven Years' War 1754-1763: Britain and France in a Great Power Contest*, Londres, 2011.

17. Pradeep P. Barua, *The State at War in South Asia*, Lincoln, NE, 2005, v. 47; para uma introdução a Nadir Shah e seus mundos, ver "Nadir Shah and the Ashfarid Legacy", o capítulo de Peter Avery em seu volume *The Cambridge History of Iran*, Cambridge, 1991, v. 7, pp. 1-62.

18. Peter C. Perdue, *China Marches West: The Qing Conquest of Central Eurasia*, Cambridge, MA, 2005.

19. Jogo aqui com o título usado por Kenneth Pomeranz: *The Great Divergence: China, Europe, and the Making of the Modern World Economy*, Princeton, NJ, 2000.

"Commemorating War in Eighteenth-Century China", de Joanna WaleyCohen em *Modern Asian Studies*, v. 30, 1996, pp. 869-99, oferece fascinantes informações adicionais sobre essa convergência de meados do século entre diferentes regiões do mundo e suas guerras. Ela mostra que os conselheiros de Qianlong usaram gravuristas na Paris pós-Guerra dos Sete Anos para comemorar suas vitórias contra os Zunghar.

20. Para definições atuais de guerra híbrida, ver a publicação on-line do Ministério da Defesa britânico *Understanding Hybrid Warfare*, 2017. Disponível em: <https://assets.publishing.service.gov.uk/goverment/uploads/system/uploads/attachment_data/file/647776/dar_mcdc_hybrid_warfare.pdf >. Acesso em: 20 maio 2022.

21. Devo essa informação a uma colega de Princenton, a professora Susan Naquin.

22. Ver Jaap R. Bruijn, "States and Their Navies from the Late Sixteenth to the End of the Eighteenth Centuries", em Philippe Contamine (org.), *War and Competition between States: The Origins of the Modern State in Europe, 13th to 18th Centuries*, Nova York, 2000.

23. Peter Mcphee, "Rethinking the French Revolution and the 'Global Crisis' of the Late Eighteenth Century", *French History and Civilization*, v. 6, 2015, p. 57.

24. Bruijn, op. cit., p. 71.

25. John Brewer, *The Sinews of Power: War, Money and the English State, 1688-1783*, Boston, MA, 1989, pp. 29-63.

26. David Bell, *The First Total War: Napoleon's Europe and the Birth of Warfare as We Know It*, Boston, MA, 2007, p. 17.

27. Ver meu *Captives: Britain, Empire and the World, 1600-1850*, Londres, 2002, pp. 269-307. Para os desafios de outros estados indianos naquela época, ver Tirthankar Roy, "Rethinking the Origins of British India: State Formation and Military-Fiscal Undertakings in an Eighteenth-Century World Region", *Modern Asian Studies*, v. 47, pp. 1125-56, 2013.

28. Beneficiei-me aqui de uma leitura atenta do clássico de C. A. Bayly, *The Birth of the Modern World, 1780-1914: Global Connections and Comparisons*, Londres, 2004, especialmente pp. 86-121. Gostaria de dar mais ênfase, porém, ao grau em que, nos anos 1750, a guerra em larga escala das grandes potências ocidentais envolvia o mar e a terra, e as muitas consequências disso. Nesse sentido, o valioso mapa de Bayly (pp. 84-5) sobre a disseminação de conflitos armados no mundo é estático demais e concentrado demais na parte terrestre. Idealmente, um mapa desse tópico incluiria números crescentes de navios movimentando-se em diferentes mares e oceanos.

29. O melhor estudo recente dessa crise é o de Alan Taylor, *American Revolutions: A Continental History, 1750-1804*, Nova York, 2016.

30. Edward J. Cashin, *Governor Henry Ellis and the Transformation of British North America*, Athens, GA, 1994, p. 211.

31. Ver Eric Hinderaker, *Boston's Massacre*, Cambridge, MA, 2017.

32. Peter D. G. Thomas, "The Cost of the British Army in North America, 1763-1775", *William and Mary Quarterly*, v. 45, pp. 510-6, 1988.

33. Charles Townshend, futuro Chanceler do Tesouro, citado em Taylor, *American Revolutions*, p. 98. A defesa de Townshend acerca de novos impostos sobre as colônias americanas é bem conhecida. Menos conhecido é o fato de que ele tinha servido como Lorde do Almirantado. Sabia exatamente quanto custavam os navios de guerra.

34. O veredicto de John Shy ainda vale: "Forças Armadas, e nada mais, decidiram o desfecho da Revolução Americana [...] sem guerra para sustentá-la, a declaração de independência seria um manifesto esquecido, abortado". Em *A People Numerous and Armed: Reflections on the Military Struggle for American Independence*, Nova York, 1976, p. 165. Sem as tensões impostas pela Guerra dos Sete Anos, essa outra crise transatlântica jamais teria evoluído da maneira e na rapidez com que evoluiu.

35. James C. Riley, *The Seven Years' War and the Old Regime in France: The Economic and Financial Toll*, Princeton, NJ, 1986.

36. Rafe Blaufarb, "Noble Privilege and Absolutist State Building: French Military Administration After the Seven Years' War", *French Historical Studies*, v. 24, 2001, pp. 223-46; e, para outra faceta da revanche da França pós-1763, Emma Rothschild, "A Horrible Tragedy in the French Atlantic", *Past and Present*, v. 192, pp. 67-108, 2006.

37. Lynn Hunt, "The Global Financial Origins of 1789", em Lynn Hunt, Suzanne Desan e William Max Nelson (orgs.), *The French Revolution in Global Perspective*, Ithaca, NY, 2013, v. 32 e passim.

38. Pierre Serna, Antonio de Francesco e Judith Miller (orgs.), *Republics at War, 1776-1840: Revolutions, Conflicts and Geopolitics in Europe and the Atlantic World*, Nova York, 2013, p. 243; para estimativas do tamanho dos principais exércitos europeus em 1789, ver Paul Kennedy, *The Rise and Fall of the Great Powers: Economic Change and Military Conflict from 1500 to 2000*, Nova York, 1987, p. 99.

39. O melhor estudo é o de John Elliott, *Empires of the Atlantic World: Britain and Spain in America 1492-1830*, New Haven, CT, 2006, pp. 292 ss. Para um exemplo regional da renovação do controle imperial espanhol na América do Sul pós-1763, ver Leon G. Campbell, *The Military and Society in Colonial Peru, 1750-1810*, Filadélfia, PA, 1978.

40. Carlos Marichal, *The Bankruptcy of Empire: Mexican Silver and the Wars between Spain, Britain, and France, 1760-1810*, Nova York, 2007.

41. Arjun Appadurai, comentando Stuart Alexander Rockefeller, "Flow", *Current Anthropology*, v. 52, pp. 557-78, 2011, p. 569.

42. A historiografia recente é enorme. Bons estudos, com viés diferente, incluem: Jeremy D. Popkin, *A Concise History of the Haitian Revolution*, Chichester, 2012; David P. Geggus, *The Impact of the Haitian Revolution in the Atlantic World*, Columbia, SC, 2001; Laurent Dubois, *Avengers of the New World: The Story of the Haitian Revolution*, Cambridge, MA, 2004.

43. Tal como noticiado por *Pennsylvania Gazette* em 12 de outubro de 1791. Disponível em: <https://revolution.chnm.org/items/show/317>. Acesso em: 20 maio 2022.

44. Julia Gaffield, "Complexities of Imagining Haiti: A Study of the National Constitutions, 1801-1807", *Journal of Social History*, v. 41, pp. 81-103, 2007. Traduções

Notas

em inglês das constituições haitianas de 1801, 1804, 1805, 1806 e 1811 estão disponíveis on-line.

45. James Stephen, *The Opportunity; Or, Reasons for an Immediate Alliance with St Domingo*, Londres, 1804, pp. 11-2.

46. Para este texto, ver Julia Gaffield (org.), *The Haitian Declaration of Independence*, Charlottesville, VA, 2016; o comentário sobre a autoria negra dos textos constitucionais é do príncipe Saunders, afro-americano que estabeleceu escolas no Haiti, em seu (org.) *Haytian Papers: A Collection of the Very Interesting Proclamations and Other Documents [...] of the Kingdom of Hayti*, Londres, 1816, p. iii.

47. Robert W. Harms, *The Diligent: A Voyage through the Worlds of the Slave Trade*, Nova York, 2002, p. xi.

48. David Richardson, "Slave Exports from West and West-Central Africa, 1700-1810: New Estimates of Volume and Distribution", *Journal of African History*, v. 30, pp. 1-22, 1989.

49. Ver Richard J. Reid, *Warfare in African History*, Cambridge, 2012.

50. John Thornton, "African Soldiers in the Haitian Revolution", *Journal of Caribbean History*, v. 25, pp. 58-80, 1991. Essa tese tem sido questionada.

51. Devo essa informação ao professor David Geggus.

52. Para Toussaint, ver Bell, *Men on Horseback*, pp. 133-70; e para uma seleção de suas cartas, incluindo esse relato dos seus ferimentos de guerra, ver Jean-Bertrand Aristide, *The Haitian Revolution: Toussaint L'Ouverture*, Nova York, 2008, pp. 112--3 e passim. A biografia mais confiável é a feita por Sudhir Hazareesingh, *Black Spartacus: The Epic Life of Toussaint Louverture*, Nova York, 2020.

53. Para uma opinião revisionista e polêmica desse homem, ver Philippe R. Girard, "Jean-Jacques Dessalines and the Atlantic System: A Reappraisal", *William and Mary Quarterly*, v. 69, pp. 549-82, 2012.

54. Mimi Sheller, "Sword Bearing Citizens: Militarism and Manhood in Nineteenth--Century Haiti", em Alyssa Goldstein Sepinwall (org.), *Haitian History: New Perspectives*, Nova York, 2012, pp. 157-79.

55. Saunders (org.), *Haytian Papers*, p. 139.

56. Ibid., pp. 97 ss.; Clive Cheesman (org.), *The Armorial of Haiti: Symbols of Nobility in the Reign of Henry Christophe*, Londres, 2007.

57. Saunders, op. cit., pp. 126-7.

58. Folha de rosto de *The Formation of the New Dynasty of the Kingdom of Hayti*, Filadélfia, 1811.

59. Tenho uma dívida aqui para com um artigo de 2011 lido pela professora Doris L. Garraway, "Picturing Haitian Sovereignty: Portraiture and Self-fashioning in the Kingdom of Henry Christophe" no Shelby Cullom Davis Center for Historical Studies, Universidade Princeton.

60. Laurent Dubois, *Haiti: The Aftershocks of History*, Nova York, 2012, p. 61.

61. Como diz Paul Schroeder, depois de 1750 muitos políticos "temiam a guerra não tanto por acharem que ela pudesse trazer a revolução, mas porque aprenderam

com a dura experiência que guerra era revolução": *The Transformation of European Politics, 1763-1848*, Oxford, 1994, p. 802.

2. Velha Europa, novas ideias [pp. 63-107]

1. William E. Butler e Vladimir A. Tomsinov (orgs.), *The Nakaz of Catherine the Great: Collected Texts*, Clark, NJ, 2010, pp. vii-24.
2. Isabel de Madariaga, "Catherine the Great", em H. M. Scott (org.), *Enlightened Absolutism: Reform and Reformers in Late Eighteenth-century Europe*, Basingstoke, 1990, p. 289.
3. Hannah Arendt, *On Revolution*, Londres, 1963, p. 157.
4. Para esses e outros projetos cartográficos britânicos pós-Guerra dos Sete Anos, ver Max Edelson, *The New Map of Empire: How Britain Imagined America before Independence*, Cambridge, MA, 2017.
5. Esse texto sardo era uma extensão de um código de 1723; Allan J. Kuethe e Kenneth J. Andrien, *The Spanish Atlantic World in the Eighteenth Century: War and the Bourbon Reforms, 1713-1796*, Nova York, 2014, pp. 229-304.
6. Ver meu "Empires of Writing: Britain, America and Constitutions, 1776-1848", *Law and History Review*, v. 32, 2014, 240 n.
7. Victor Kamendrowsky, "Catherine II's *Nakaz*: State Finances and the *Encyclopédie*", *Canadian American Slavic Studies*, v. 13, pp. 545-55, 1979; *The Nakaz of Catherine the Great*, p. 14.
8. Voltaire, *The Age of Louis XIV*, trad. de R. Griffith, Londres, 3 v., 1779, I, p. 220.
9. Jean-Jacques Rousseau, *Of the Social Contract and Other Political Writings*, Christopher Bertram (org.), Londres, 2012, p. 153; ver também Christine Jane Carter, *Rousseau and the Problem of War*, Nova York, 1987.
10. Ver Rousseau, "Constitutional Proposal for Corsica", em *Of the Social Contract and Other Political Writings*, Christopher Bertram (org.), pp. 187-240.
11. Dan Edelstein, *The Enlightenment: A Genealogy*, Chicago, IL, 2010, p. 94.
12. Id., "War and Terror: The Law of Nations from Grotius to the French Revolution", *French Historical Studies*, v. 31, pp. 241 ss., 2008.
13. Citado em Keith Michael Baker, *Inventing the French Revolution: Essays on French Political Culture in the Eighteenth Century*, Cambridge, 1990, pp. 256. Outro homem do Iluminismo, o inglês Samuel Johnson, apresentou argumento parecido mais ou menos no mesmo período. Seu famoso dicionário, publicado em Londres em 1755, define "Constituição" como uma "forma estabelecida de governo", mas só depois de propor uma definição mais dinâmica: "O *ato* de constituir, ordenar [...] estabelecer" (grifo meu). Ver seu *A Dictionary of the English Language*, 2 v., Londres, 1755, I (sem numeração de página).
14. M. De Montesquieu, *The Spirit of Laws*, trad. de Thomas Nugent, Londres, 2 v., 1752, I, pp. 310-1; para Catarina sobre Montesquieu, ver Isabella Forbes, *Catherine*

the Great: Treasures of Imperial Russia from the State Hermitage Museum, Leningrad, Londres, 1993, p. xii.

15. Montesquieu, *The Spirit of Laws, Including D'Alembert's Analysis on the Work*, Londres, 2015, p. xxviii.

16. Jean-Jacques Rousseau, *The Social Contract and Other Later Political Writings*, org. e trad. de Victor Gourevitch, Cambridge, 1997, p. 41.

17. Edelstein, *The Enlightenment*, p. 50. Esse crescente culto do legislador não se limitava à Europa continental. O banco de dados Eighteenth-Century Collections Online (ECCO) indica que quase seis em cada sete das mais de 750 referências a Alfredo, o Grande, o lendário legislador inglês, em livros britânicos e irlandeses no século XVIII ocorreram depois de 1760.

18. Ver a versão em inglês, Louis-Sébastien Mercier, *Memoirs of the Year Two Thousand Five Hundred*, trad. de W. Hooper, Londres, 1772, pp. 214-5; 332-3.

19. Citado em Derek Beales, *Enlightenment and Reform in Eighteenth-Century Europe*, Londres, 2005, p. 48.

20. Isabel de Madariaga, *Catherine the Great: A Short History* (Londres, 2002) e Simon Dixon, *Catherine the Great* (Nova York, p. 200) trazem sumários excelentes e lúcidos da vida e da carreira política da imperatriz.

21. Para o calculado marketing de imagem dessa governante — incluindo tentativas de apresentar-se como legisladora, ver Erin McBurney, *Art and Power in the Reign of Catherine the Great: The State Portraits*, tese de doutorado na Universidade Columbia, 2014.

22. Ver, por exemplo, *Imperial Lovers behind Closed Doors*, aquarela erótica dos anos 1790 reproduzida em Cynthia Hyla Whitaker (org.), *Russia Engages the World, 1453--1825*, Cambridge, MA, 2002, p. 180.

23. Simon Dixon, "The Posthumous Reputation of Catherine II in Russia 1797-1837", *Slavonic and East European Review*, v. 77, pp. 648-9, 1999.

24. Anthony Cross, "Condemned by Correspondence: Horace Walpole and Catherine 'Slay-Czar'", *Journal of European Studies*, v. 27, pp. 129-41, 1997.

25. Madariaga, op. cit, p. 40.

26. Nikolai Nekrasov, citado em Bartolomé Yun-Casalilla e Patrick K. O'Brien (orgs.), *The Rise of Fiscal States: A Global History, 1500-1914*, Cambridge, 2012, p. 210.

27. *The Nakaz of Catherine the Great*, p. 446.

28. Ibid., pp. 446-7 (grifo meu).

29. Ibid., pp. 463 e 518.

30. Ibid., pp. 489, 503-4.

31. Ibid., pp. 482, 484, 513.

32. Citado em John T. Alexander, *Catherine the Great: Life and Legend*, Oxford, 1989, p. 113.

33. "Observations on the Introduction of the Empress of Russia to the Deputies for the Making of the Laws", em John Hope Mason e Robert Wokler (orgs. e trads.), *Denis Diderot: Political Writings*, Cambridge, 1992, p. 81.

34. O relato em língua inglesa mais abrangente ainda é o de Robert Vincent Allen, *The Great Legislative Commission of Catherine II of 1767*, tese de doutorado da Universidade Yale, 1950, e nele me baseei em sucessivos parágrafos.

35. Isabel de Madariaga, "Catherine II and the Serfs: A Reconsideration of Some Problems", *Slavonic and East European Review*, v. 52, pp. 34-62, 1974.

36. Antony Lentin (org. e trad.), *Voltaire and Catherine the Great: Selected Correspondence*, Cambridge, 1974, p. 49.

37. *The Nakaz of Catherine the Great*, p. 22.

38. Ibid., pp. 521-31.

39. *Lloyds Evening Post*, 29/31 out. 1770; Lentin, op. cit., p. III.

40. Para Voulgaris, ver Paschalis M. Kitromilides, *Enlightenment and Revolution: The Making of Modern Greece*, Cambridge, MA, 2013, pp. 39 ss.

41. Michael Tatischeff, *The Grand Instruction to the Commissioners Appointed to Frame a New Code of Laws for the Russian Empire*, Londres, 1768, p. 192. Tenho uma dívida para com minha colega, a professora Ekaterina Pravilova, por informações sobre os usos russos do termo "Constituição" e por seus conselhos neste capítulo.

42. Citado em Martin J. Daunton, *State and Market in Victorian Britain: War, Welfare and Capitalism*, Rochester, NY, 2008, p. 40.

43. Para uma recente e magistral biografia, ver T. C. W. Blanning, *Frederick the Great: King of Prussia*, Londres, 2013.

44. T. C. W. Blanning, *The Pursuit of Glory: Europe 1648-1815*, Londres, 2007, p. 593.

45. *Correspondance de Catherine Alexéievna, Grande-Duchesse de Russie, et de Sir Charles H. Williams, ambassadeur d'Angleterre, 1756 et 1757*, Moscou, 1909, p. 241.

46. Até o título em tradução era ambicioso: *The Frederician Code: Or, a Body of Law for the Dominions of the King of Prussia. Founded on Reason, and the Constitution of the Country*, Edimburgo, 2 v., 1761, I, pp. 29 e 32.

47. A melhor biografia política de Gustavo ainda é a de Erik Lönnroth, *Den stora rollen. Kung Gustaf III spelad av honum själv*, Estocolmo, 1986, e me baseei totalmente nela. Para o contexto, ver Pasi Ihalainen et al. (orgs.), *Scandinavia in the Age of Revolution: Nordic Political Cultures, 1740-1820*, Farnham, 2011

48. Michael Roberts, *The Swedish Imperial Experience, 1560-1718*, Cambridge, 1979.

49. *The Dispute between the King and Senate of Sweden [...] to which is prefixed, A Short Account of the Swedish Constitution*, Londres, 1756, p. 1.

50. Michael F. Metcalf, *The Riksdag: A History of the Swedish Parliament*, Nova York, 1987. ver também Marie-Christine Skuncke, "Press Freedom in the Riksdag" em *Press Freedom 250 years: Freedom of the Press and Public Access to Official Documents in Sweden and Finland — A Living Heritage from 1766*, Estocolmo, 2018. Sou grata à professora Marie-Christine Skuncke por suas sugestões inestimáveis em questões suecas.

51. Gunnar von Proschwitz (org.), *Gustave III, par ses letres*, Estocolmo, 1987, p. 156.

52. Lönnroth, op. cit., pp. 70-82.

53. Patrik Winton, "Sweden and the Seven Years' War, 1757-1762: War, Debt and Politics", *War in History*, v. 19, 2012, pp. 5-31. Em outras palavras, na Suécia, como

Notas 425

em outras partes do mundo, este episódio de guerra híbrida contribuiu para uma reconfiguração notável da ordem política.

54. *State Papers Relating the Change of the Constitution of Sweden*, Londres, 1772, pp. 31 e passim.

55. Ibid., p. 55 (grifo meu). Sobre o uso do termo "cidadão" por Frederico, o Grande, implicitamente referindo-se a ele mesmo, ver seu ensaio não publicado de 1777 "Forms of Government and the Duties of Rulers" [Formas de governo e os deveres dos governantes], disponível on-line.

56. *State Papers Relating the Change of the Constitution*, p. 10. Sobre a difusão desse discurso, ver Marie-Christine Skuncke, "Appropriation of Political Rhetoric in Eighteenth-Century Sweden", em Otto Fischer e Ann Öhrberg (orgs.), *Metamorphoses of Rhetoric: Classical Rhetoric in the Eighteenth Century*, Uppsala, 2011, pp. 133-51.

57. Ibid., pp. 11-2; 15.

58. Jack N. Rakove (org.), *The Annotated U.S. Constitution and Declaration of Independence*, Cambridge, MA, 2009, p. 104.

59. *The Critical Review*, v. 31, Londres, 1771, p. 65. Aqui a autora se utiliza do livro *Do contrato social*, de Rousseau.

60. *Diderot, Political Writings*, p. 111.

61. Para os detalhes deste assassinato, ver: <https://decorativeartstrust.org> em "Sweden's Culture King"; *Form of Government, Enacted by His Majesty the King and the States of Sweden*, Estocolmo, 1772, p. 29.

62. Como Mark Philp assinala, sequer "sabemos o que Paine lia". Ver seu *Reforming Ideas in Britain: Politics and Language in the Shadow of the French Revolution, 1789-1815*, Cambridge, 2014, p. 194.

63. Para um guia especializado do componente americano de sua vida, bem como um reconhecimento do seu lado britânico, ver Eric Foner, *Tom Paine and Revolutionary America*, Oxford, 2004.

64. John Brewer, *The Sinews of Power: War, Money and the English State, 1688-1783*, Londres, 1989, pp. 85-6.

65. Thomas Paine, *Common Sense*, Filadélfia, 1776, p. 22; Brewer, *The Sinews of Power*, p. 178.

66. Thomas Paine, *Rights of Man. Part the Second*. Londres, 1792, p. 165; Thomas Paine, *Rights of Man, Being an Answer to Mr Burke's Attack on the French Revolution*, Londres, 1791, p. 128.

67. Paine, *Common Sense*, p. 15. Ver também a segunda parte do seu *Rights of Man* para argumentos parecidos, como "Todos os governos monárquicos são militares. Seu negócio é a guerra, e seus objetivos a pilhagem e o lucro" (4).

68. Paine, *Rights of Man*, p. 53; *Common Sense*, pp. 41-2.

69. James Delbourgo, *Collecting the World: The Life and Curiosity of Hans Sloane*, Londres, 2017, p. 323.

70. Ver meu "Empires of Writing", pp. 242-5.

71. Sou grata ao professor Wilfrid Prest por esta referência; Daniel J. Hulsebosch, *Constituting Empire: New York and the Transformation of Constitutionalism in the Atlantic World, 1664-1830*, Chapel Hill, NC, 2005, p. 8 (grifo meu).

72. Allan Ramsay, *An Essay on the Constitution of England*, Londres, 2. ed., 1766, pp. xiv e 13.

73. Thomas Paine, *Public Good, Being an Examination into the Claim of Virginia to the Vacant Western Territory, and of the Right of the United States to the Same*, Filadélfia, 1780, p. 24.

74. Paine, *Common Sense*, pp. 31-2; para vendas desta obra, ver Trish Loughran, *The Republic in Print: Print Culture in the Age of U.S. Nation Building, 1770-1870*, Nova York, 2007.

75. Citado em Eric Slauter, *The State as a Work of Art: The Cultural Origins of the Constitution*, Chicago, IL, 2009, p. 39.

76. Robert P. Hay, "George Washington: American Moses", *American Quarterly*, v. 21, pp. 780-91, 1969.

77. Paine, *Common Sense*, p. 18.

3. A força da palavra impressa [pp. 111-53]

1. Adrienne Koch (introdução), *Notes of Debates in the Federal Convention of 1787, Reported by James Madison*, Nova York, 2. ed., 1987. A proibição de divulgar informações foi feita em 29 de maio.

2. Para as flutuações no tratamento deste manuscrito no decorrer do tempo, ver Jill Lepore, "The Commandments: The Constitution and Its Worshippers", *The New Yorker*, 17 jan. 2011.

3. Pauline Maier, *Ratification: The People Debate the Constitution, 1787-1788*, Nova York, 2010, p. 70. Dunlap e Claypoole tinham imprimido quinhentas cópias avulsas do projeto de Constituição para distribuição pessoal dos delegados da Filadélfia. Sou grata ao professor Daniel Hulsebosch por essas informações e por suas sugestões sobre este capítulo.

4. Numa conversa em 1835 registrada por Harriet Martineau. Ver seu *Society in America*, Nova York, 2 v., 1837, 1, p. 1.

5. Bernard Bailyn, *Ideological Origins of the American Revolution*, Cambridge, MA, 1992, p. 193.

6. Gordon S. Wood, "Foreword: State Constitution-making in the American Revolution", *Rutgers Law Journal*, v. 24, p. 911, 1992-3.

7. Ver Alan Taylor, *American Revolutions: A Continental History, 1750-1804*, Nova York, 2016.

8. David Armitage, "The Declaration of Independence and International Law", *William and Mary Quarterly*, v. 59, pp. 39-64, 2002. Textos on-line sobre a declaração são numerosíssimos.

9. Ver: <https://avalon.law.yale.edu/18th_century/ny01.asp>. Acesso em: 23 maio 2022.

Notas

10. Daniel J. Hulsebosch, "The Revolutionary Portfolio: Constitution-Making and the Wider World in the American Revolution", *Suffolk University Law Review*, v. 47, pp. 759-822, 2014.

11. Ver: <https://avalon.law.yale.edu/18th_century/fed01.asp>. Acesso em: 23 maio 2022.

12. Mary Wollstonecraft, *An Historical and Moral View of the Origin and Progress of the French Revolution and the Effect It Has Produced in Europe*, Londres, 1794, p. 14. Aqui Wollstonecraft faz eco a Thomas Jefferson.

13. Alexander Hamilton em *Essay*, p. 24. Todos os ensaios de *O Federalista* podem ser acessados em <https://avalon.law.yale.edu/subject_menus/fed.asp>. Acesso em: 23 maio 2022.

14. Harold C. Syrett (org.), *The Papers of Alexander Hamilton*, Charlottesville, VA, 2011, carta para Francis Childs, 14 mar. 1787.

15. Baseei-me aqui e em parágrafos subsequentes em Michael J. Klarman, *The Framers' Coup: The Making of the United States Constitution*, Nova York, 2016. A famosa descrição de Jefferson dos delegados da Filadélfia foi feita numa carta para John Adams em agosto de 1787.

16. Joanne B. Freeman, "Will the Real Alexander Hamilton Please Stand Up", *Journal of the Early Republic*, v. 37, pp. 255-62, 2017.

17. Citado em Jared Sparks, *The Life of Gouverneur Morris*, Boston, MA, 3 v., 1832, I, p. 106.

18. Ver: <https://avalon.law.yale.edu/18th_century/fed04.asp>. Acesso em: 23 maio 2022.

19. Klarman, *The Framers' Coup*, p. 149.

20. Nos debates de 6 de junho de 1787. Ver: <https://avalon.law.yale.edu/18th_century/debates_606.asp>. Acesso em: 23 maio 2022. Sobre recente revisionismo da Constituição, ver Max M. Edling, "A More Perfect Union: The Framing and Ratification of the Constitution", em Jane Kamensky e Edward G. Gray (orgs.), *The Oxford Handbook of the American Revolution*, Nova York, 2013, pp. 388-406.

21. Para uma análise minuciosa da redação, ver Jack N. Rakove, *Original Meanings: Politics and Ideas in the Making of the Constitution*, Nova York, 1996.

22. Michael Warner, *The Letters of the Republic: Publication and the Public Sphere in Eighteenth-Century America*, Cambridge, MA, 1990; Hugh Amory e David D. Hall (orgs.), *A History of the Book in America: Volume I: The Colonial Book in the Atlantic World*, Cambridge, 2000, p. 361.

23. Ver Franco Moretti (org.), *The Novel*, Princeton, NJ, 2 v., 2006.

24. Pauline Maier, *American Scripture: Making the Declaration of Independence*, Nova York, 1997, p. 156.

25. Maier, *Ratification*, e passim.

26. Hulsebosch, "Revolutionary Portfolio"; ver também seu artigo, em parceria com David M. Golove, "A Civilized Nation: The Early American Constitution, the Law of Nations, and the Pursuit of International Recognition", *New York University Law Review*, v. 85, pp. 932-1066, 2010.

27. Esta carta de Washington atravessou continentes mais uma vez e foi impressa no *Calcutta Journal* em maio de 1822.

28. Leon Fraser, *English Opinion of the American Constitution and Government, 1783-1798*, Nova York, 1915.

29. Essa mudança verbal foi confirmada também pelo ardor com que os revolucionários franceses adotaram Constituições "no papel". Ver, por exemplo, os raivosos e muitas vezes reeditados *Dialogues on the Rights of Britons, Between a Farmer, a Sailor, and a Manufacturer*, de John Bowles, Londres, 1793, p. 11.

30. Esta tabela é baseada num website, "Constitutions of the world from the late 18th century to the middle of the 19th century online: Sources on the rise of modern constitutionalism", organizado por Horst Dippel. No momento, este site, que acessei em 2019, está fora do ar. Mas a série em vários volumes do mesmo título, sobre a qual o site se baseava, está parcialmente disponível em capa dura. Ver *Constitutions of the World from the late 18th Century to the Middle of the 19th Century: Sources on the Rise of Modern Constitutionalism*, org. por Horst Dippel, Munique e Berlim, 2005.

31. Claude Moïse, *Le Projet national de Toussaint Louverture et la Constitution de 1801*, Port-au-Prince, Haiti, 2001. Agradeço ao professor David Bell, meu colega, por essa referência.

32. Julia Gaffield (org.), *The Haitian Declaration of Independence*, Charlottesville, VA, 2016.

33. Conde de Lally-Tollendal, citado em Elise Marienstras e Naomi Wulf, "French Translations and Reception of the Declaration of Independence", *Journal of American History*, v. 85, p. 1309, 1999.

34. Alan Bronfman (org.), *Documentos constitucionales de Chile 1811-1833*, Munique, 2006; a subsequente Constituição chilena de 1823 citava explicitamente os Estados Unidos como modelo.

35. Francisco Isnardi et al., *Interesting Official Documents Relating to the United Provinces of Venezuela* [...] *Together with the Constitution Framed for the Administration of Their Government: In Spanish and English*, Londres, 1812. O prefácio foi escrito por Andrés Bello.

36. Ibid., pp. 89, 141, 151.

37. Ibid., p. 307.

38. David Armitage, *The Declaration of Independence: A Global History*, Cambridge, MA, 2007, pp. 145-55.

39. Em parte por imperativos políticos em sua França natal. Em 1884, e na esteira de uma nova revolução, Tocqueville serviria como delegado no preparo de uma nova Constituição ali. Entre abril e setembro daquele ano, sete diferentes traduções francesas da Constituição dos Estados Unidos foram publicadas. Ver Marienstras e Wulf, "French Translations", 1318 n.

40. Um exemplo pioneiro é o de Jacques Vincent Delacroix, *Constitutions des principaux états de l'Europe et des États-Unis*, Paris, 2 v., 1791. Traduzido para diversos idiomas.

41. *Select Constitutions of the World. Prepared for Presentation to Dáil Eireann by Order of the Irish Provisional Government 1922*, Dublin, 1922.

42. Kåre Tønnesson, "The Norwegian Constitution of 17 May 1814: International Influences and Models", *Parliaments, Estates and Representation*, v. 21, pp. 175-86, 2001.

43. McNeill é citado em Franco Moretti, *Atlas of the European Novel, 1800-1900*, Nova York, 1998, p. 190.

44. Tønnesson, op. cit., p. 179.

45. Ver Karen Gammelgaard e Eirik Holmøyvik (orgs.), *Writing Democracy: The Norwegian Constitution 1814-2014*, Nova York, 2015.

46. Para esta tradução do *Plan de Iguala*, ver: <https://scholarship.rice.edu/handle/1911/20697>. Acesso em: 23 maio 2022 (grifo meu).

47. Como saiu no *Calcutta Journal*, 9 maio 1822.

48. Sobre a cultura da palavra impressa em Calcutá e sua política mista, ver Miles Ogborn, *Indian Ink: Script and Print in the Making of the English East India Company*, Chicago, IL, 2007, e Daniel E. White, *From Little London to Little Bengal: Religion, Print and Modernity in Early British India, 1793-1835*, Baltimore, MD, 2013.

49. James Silk Buckingham, *America, Historical, Statistic, and Descriptive*, Londres, 3 v., 1841, I, p. I. Sobre a carreira e as ideias de Buckingham, ver Kieran Hazzard, *From Conquest to Consent: British Political Thought and India*, tese de doutorado, King's College London, 2017.

50. Duas introduções excelentes ao pensamento de Roy são Bruce Carlisle Robertson (org.), *The Essential Writings of Raja Rammohan Ray*, Delhi, 1999, e C. A. Bayly, "Rammohan Roy and the Advent of Constitutional Liberalism in India, 1800-1830", *Modern Intellectual History*, v. 4, pp. 25-41, 2007.

51. Ver Buckingham, "Sketch of the Life, Writings and Character of Ram Mohun Roy", *The Biographical Reporter*, v. 4, pp. 113-20, 1833. Sou grata ao dr. Kieran Hazzard por esta referência.

52. Buckingham, *America, Historical, Statistic, and Descriptive*, I, p. 261.

53. Ver, por exemplo, Henry John Stephen, *New Commentaries on the Laws of England: (Partly Founded on Blackstone)*, Londres, 3. ed., 4 v., 1853, IV, p. 312.

54. *Calcutta Journal*, 7 set. 1821, 6 abr., 9 maio, 9 nov. 1822, 14 fev. 1823 (grifo meu).

55. Richard Carlisle em *The Republican*, Londres, 1820, pp. 229-30.

56. Para verificar como as redes de contatos e as comunicações de longa distância — incluindo em relação à política — podiam operar sem a prensa, ver James Robert Pickett, *The Persianate Sphere During the Age of Empires: Islamic Scholars and Networks of Exchange in Central Asia, 1747-1917*, tese de doutorado, Universidade Princeton, 2015.

57. Prefácio de B. Shiva Rao (org.), *Select Constitutions of the World*, Madras, 1934.

58. *Canton Miscellany*, 1831, pp. 32-4

59. Philip A. Kuhn, "Ideas behind China's Modern State", *Harvard Journal of Asiatic Studies*, v. 55, pp. 295-337, 1995.

60. William G. McLoughlin, *Cherokee Renascence in the New Republic*, Princeton, NJ, 1986. Sobre Sequoyah e suas origens, ver Robert A. Gross e Mary Kelly (orgs.), *A*

History of the Book in America: Volume 2: An Extensive Republic: Print, Culture, and Society in the New Nation, 1790-1840, Chapel Hill, NC, 2010, pp. 499-513.

61. *Constitution of the Cherokee Nation, Formed by a Convention of Delegates from the Several Districts at New Echota*, New Echota, 1827.

62. Para posteriores Constituições de indígenas americanos, ver David E. Wilkins (org.), *Documents of Native American Political Development: 1500s to 1933*, Oxford, 2009; e James Oberly, *Nation of Statesmen: The Political Culture of the Stockbridge-Munsee Mohicans, 1815-1972*, Norman, OK, 2005.

4. Exércitos de legisladores [pp. 155-99]

1. Melanie Randolph Miller, *Envoy to the Terror: Gouverneur Morris and the French Revolution*, Washington DC, 2006; para o diário de Morris, ver Anne Cary Morris (org.), *The Diary and Letters of Gouverneur Morris*, Nova York, 2 v., 1888, I, p. 136.

2. Cary Morris, *The Diary and Letters of Gouverneur Morris*, I, pp. 16 e 26.

3. Ver Keith M. Baker, *Inventing the French Revolution: Essays on French Political Culture in the Eighteenth Century*, Cambridge, 1990, pp. 252-306.

4. William Howard Adams, *Gouverneur Morris: An Independent Life*, New Haven, CT, 2003, p. 154; para a criatividade e o radicalismo franceses sobre direitos, ver Lynn Hunt, *Inventing Human Rights: A History*, Nova York, 2007, em especial pp. 113-75.

5. Cary Morris, op. cit., I, p. 360. Sobre a criação deste texto, ver Michael P. Fitzsimmons, "The Committee of the Constitution and the Remaking of France, 1789-1791", *French History*, v. 4, pp. 23-47, 1990.

6. Cary Morris, op. cit., I, p. 486; Miller, op. cit., p. 23.

7. Cary Morris, op. cit., I, p. 486.

8. Daniel Schönpflug, *Der Weg in die Terreur: Radikalisierung und Konflikte im Strassburger Jakobinerclub, 1790-1795*, Munique, 2002, p. 62.

9. Miller, op. cit., pp. 9 e 88.

10. Ver Aqil Shah, *The Army and Democracy: Military Politics in Pakistan*, Cambridge, MA, 2014.

11. Ver capítulo 3, nota 30, para informações sobre as fontes usadas nesta tabela.

12. Dusan T. Batakovic, "A Balkanstyle French Revolution: The 1804 Serbian Uprising in European Perspective", *Balcanica*, v. 36, pp. 113-29, 2005. Uma tabela abrangente envolvendo tentativas de Constituição na era 1790-1820 também incluiria os planos de Granville Sharp para escrever uma Carta para Serra Leoa, no oeste da África: ver L. E. C. Evans, "An Early Constitution of Sierra Leone', *Sierra Leone Studies*, v. 11, 1932.

13. Para uma interpretação impressionante desta tese, ver David Bell, *The First Total War: Napoleon's Europe and the Birth of Warfare as We Know It*, Boston, MA, 2007. Para uma crítica competente, ver Michael Broers, "The Concept of 'Total War' in the Revolutionary Napoleonic period", *War in History*, v. 15, pp. 247-68, 2008.

Notas 431

14. Devo essas referências ao paper de um seminário de 2017 na Universidade de Princeton de autoria do professor Thomas Dodman: "When Emile Went to War: Becoming a Citizen-soldier".

15. O melhor relato em inglês é de Dominic Lieven, *Russia against Napoleon: The Battle for Europe, 1807 to 1814*, Londres, 2009.

16. Patrice Gueniffey, *Bonaparte: 1769-1802*, trad. de Steven Rendall, Cambridge, MA, 2015, p. 446.

17. Ibid., p. 55.

18. Philip G. Dwyer, "Napoleon Bonaparte as Hero and Saviour: Image, Rhetoric and Behaviour in the Construction of a Legend", *French History*, v. 18, p. 396, 2004; ver também Juan Cole, *Napoleon's Egypt: Invading the Middle East*, Nova York, 2007.

19. Peter Mcphee, "The French Revolution seen from the *Terres Australes*", em Alan Forrest e Matthias Middell (orgs.), *The Routledge Companion to the French Revolution*, Londres, 2016, pp. 274-5.

20. Philippe R. Girard, *The Slaves Who Defeated Napoleon: Toussaint Louverture and the Haitian War of Independence*, Tuscaloosa, AL, 201; Gueniffey, *Bonaparte*, p. 702.

21. Para o persistente interesse de Napoleão pela região do Caribe, ver Ute Planert (org.), *Napoleon's Empire: European Politics in Global Perspective*, Basingstoke, 2016, 32 n.

22. Para um relato competente (e por vezes celebrativo) da guerra britânica no mar nessa fase, ver N. A. M. Rodger, *The Command of the Ocean: A Naval History of Britain, 1649-1815*, Londres, 2004, em especial pp. 380-525.

23. Edmund Burke, *A Letter from the Right Honourable Edmund Burke to a Noble Lord*, Londres, 1796, p. 26.

24. Burke fez essa comparação num discurso em dezembro de 1782, acusando os revolucionários de querer incluir "todo o mundo na confraria da França": ver William Cobbett, *Cobbett's Parliamentary History of England*, Londres, 36 v., 1806--20, XXX, pp. 71-2.

25. David Bell, *Napoleon: A Concise Biography*, Nova York, 2015, pp. 41-2.

26. Como no caso de outras Constituições francesas dessa época, uma tradução inglesa deste texto de 1804 está disponível em Wikisource: <https://en.wikisource.org/wiki/constitution of_the_year_XII>. Acesso em: 23 maio 2022.

27. Alan Forrest, "Propaganda and the Legitimation of Power in Napoleonic France", *French History*, v. 18, pp. 426-45, 2004.

28. Bell, *First Total War*, p. 212 (grifo meu). Para uma perspectiva egípcia da invasão de Napoleão, ver Robert L. Tignor et al., *Napoleon in Egypt: Al-Jabartî's Chronicle of the French Occupation, 1798*, Nova York, 1993.

29. Philip G. Dwyer, "From Corsican Nationalist to French Revolutionary: Problems of Identity in the Writings of the Young Napoleon, 1785-1793", *French History*, v. 16, p. 132 e passim, 2002.

30. Ibid., pp. 140-4.

31. Bruno Colson (org.), *Napoleon: On War*, trad. de Gregory Elliott, Oxford, 2015, p. 344; Dwyer, "From Corsican Nationalist to French Revolutionary", p. 146.

32. *Constitution des républiques [...] française, cisalpine et ligurienne [...] dans les quatre langues*, Paris, 1798, segunda seção, pp. 1-133.

33. Ibid.

34. Na resenha de uma exposição, "Napoleon: Images of the Legend", Musée des Beaux-arts, Arras, de autoria de Kim Willsher no *Observer* de Londres, 3 set. 2017.

35. Noah Feldman, *What We Owe Iraq: War and the Ethics of Nation Building*, Princeton, NJ, 2004, pp. 7-8. Para uma análise mais abrangente, e muitas vezes crítica, do imperialismo napoleônico, ver Michael Broers, Peter Hicks e Agustín Guimerá (orgs.), *The Napoleonic Empire and the New European Political Culture*, Basingstoke, 2012.

36. Tradução inglesa da Constituição cisalpina em *Constitution des Républiques*, p. 5.

37. Conde de Las Cases, *Mémorial de Sainte-Hélène: Journal of the Private Life and Conversations of the Emperor Napoleon at Saint Helena*, Londres, 4 v., 1823, II, pp. 88.

38. Thierry Lentz et al. (orgs.), *Correspondance générale de Napoléon Bonaparte*, Paris, 15 v., 2004-18, VIII, pp. 620 e 631.

39. Como registrado por um coronel do Exército escocês, sir Neil Campbell: ver Jonathan North (org.), *Napoleon on Elba: Diary of an Eyewitness to Exile*, Welwyn Garden City, 2004, pp. 71 e 96. Napoleão também disse a Campbell que, se tivesse conseguido invadir a Grã-Bretanha, libertaria a Irlanda.

40. Devo esta referência ao dr. Tom Toelle.

41. Ewald Grothe, "Model or Myth? The Constitution of Westphalia of 1807 and Early German Constitutionalism", *German Studies Review*, v. 28, pp. 1-19, 2005.

42. Jaroslaw Czubaty, *The Duchy of Warsaw, 1807-1815: A Napoleonic Outpost in Central Europe*, trad. de Ursula Phillips, Londres, 2016, p. 38.

43. Ibid., e passim.

44. Segundo Las Cases, *Mémorial de Sainte-Hélène*, I, Parte 1, p. 189.

45. Ver, por exemplo, Ambrogio A. Caiani, "Collaborators, Collaboration, and the Problems of Empire in Napoleonic Italy, the Oppizzoni Affair, 1805-1807", *Historical Journal*, v. 60, pp. 385-407, 2017.

46. Para este episódio, ver Antonio Feros, *Speaking of Spain: The Evolution of Race and Nation in the Hispanic World*, Cambridge, MA, 2017, pp. 233 -77.

47. Ignacio Fernández Sarasola, "La primera Constitución española: El Estatuto de Bayona", *Revista de Derecho*, v. 26, pp. 89-109, 2006. O texto (em francês e espanhol) está disponível em António Barbas Homem et al. (orgs.), *Constitutional Documents of Portugal and Spain 1808-1845*, Berlim, 2010, pp. 195-236.

48. Lentz et al. (orgs.), *Correspondance générale de Napoléon Bonaparte*, VIII, pp. 600; 630-1; 675.

49. Ver Jaime E. Rodríguez O., "Hispanic Constitutions, 1812 and 1824", em Silke Hensel et al. (orgs.), *Constitutional Cultures: On the Concept and Representation of Constitutions in the Atlantic World*, Newcastle upon Tyne, 2012.

50. M. C. Mirow, *Latin American Constitutions: The Constitution of Cádiz and Its Legacy in Spanish America*, Cambridge, 2015, p. 276.

Notas 433

51. Ruth de Llobet, "'Chinese Mestizo and Natives' Disputes in Manila and the 1812 Constitution: Old Privileges and New Political Realities 1813-15", *Journal of Southeast Asian Studies*, v. 45, p. 220, 2014.

52. Rodríguez O., op. cit., pp. 77-8.

53. Citado em C. W. Crawley, "French and English Influences in the Cortes of Cadiz, 1810-1814", *Cambridge Historical Journal*, v. 6, p. 196, 1939.

54. Ver David Hook e Graciela Iglesias-Rogers (orgs.), *Translations in Times of Disruption: An Interdisciplinary Study in Transnational Contexts*, Londres, 2017.

55. Zachary Elkins, "Diffusion and the Constitutionalization of Europe", *Comparative Political Studies*, v. 43, p. 992, 2010.

56. Ver carta de Jefferson para o liberal espanhol Luis de Onís, 28 abr. 1814. Disponível em: <https://founders.archives.gov/documents/Jefferson/03-07-02-0238>. Acesso em: 23 maio 2022.

57. Muito embora a defesa clerical não fosse confiável, ver Maurizio Isabella, "Citizens or Faithful? Religion and the Liberal Revolutions of the 1820s in Southern Europe", *Modern Intellectual History*, v. 12, pp. 555-78, 2015.

58. Katrin Dircksen, "Representations of Competing Political Orders: Constitutional Festivities in Mexico City, 1824-1846", in Hensel et al., *Constitutional Cultures*, pp. 129-62.

59. Leslie Bethell (org.), *The Independence of Latin America*, Cambridge, 1987, p. 197.

60. Para a vida, ver Betty T. Bennett, *Mary Wollstonecraft Shelley: An Introduction*, Baltimore, MD, 1998.

61. Mary Shelley, *History of a Six Weeks' Tour Through a Part of France, Switzerland, Germany, and Holland*, Londres, 1817, p. 17.

62. Mary Shelley, *Frankenstein, or the Modern Prometheus: Annotated for Scientists, Engineers, and Creators of All Kinds*, David H. Guston, Ed Finn e Jason Scott Robert (orgs.), Cambridge, MA, 2017, pp. 37; 89; 107; 175 e 185.

63. No volume I, capítulo 10, da edição de *The Last Man*, sem numeração de página, do Projeto Gutenberg e capítulo I do volume II; Shelley, *Frankenstein*, p. xxvii.

64. Markus J. Prutsch, *Making Sense of Constitutional Monarchism in Post-Napoleonic France and Germany*, Basingstoke, 2013.

65. Eugenio F. Biagini, "Liberty, Class and Nation-Building: Ugo Foscolo's 'English' Constitutional Thought, 1816-1827", *European Journal of Political Theory*, v. 5, p. 43, 2006.

66. Rafe Blaufarb, *Bonapartists in the Borderlands: French Exiles and Refugees on the Gulf Coast, 1815-1835*, Tuscaloosa, AL, 2005. Baseei-me também em ensaios lidos em seminários de que participei com o dr. Jan Jansen em Berlim, em 2018: "Exile and Emigration in an Age of War and Revolution".

67. Hook e Iglesias-Rogers (orgs.), *Translations in Times of Disruption*, pp. 45-74.

68. Sobre Muravyov e outros veteranos do Exército russo convertidos em oposicionistas, ver Richard Stites, *The Four Horsemen: Riding to Liberty in Post-Napoleonic Europe*, Nova York, 2014, pp. 240-321.

69. Sophia Raffles, *Memoir of the Life and Public Services of Sir Thomas Stamford Raffles*, Londres, 2 v., 1835, I, pp. 304-6.

70. Ibid., II, pp. 242-4; 304.

5. Exceção e máquina [pp. 201-46]

1. Para esse encontro, ver Eduard Gans, *Rückblicke auf Personen und Zustände*, Berlim, 1836, pp. 200-14. Sou grata ao professor Jürgen Osterhammel por me alertar sobre a existência dessa fonte.

2. David Armitage, "Globalizing Jeremy Bentham", *History of Political Thought*, v. 32, p. 65, 2011; *Codification Proposal, Addressed by Jeremy Bentham to All Nations Professing Liberal Opinions*, Londres, 1822, p. 44 (grifos do original).

3. Gans, *Rückblicke auf Personen und Zustände*, pp. 207-8.

4. Southwood Smith, *A Lecture Delivered over the Remains of Jeremy Bentham, Esq.*, Londres, 1832.

5. Para uma introdução à vida, ver Philip Schofield, *Bentham: A Guide for the Perplexed*, Nova York, 2009. Para alguns dos seus projetos e ideias constitucionais, ver Frederick Rosen, *Jeremy Bentham and Representative Democracy*, Oxford, 1983, e Philip Schofield e Jonathan Harris (orgs.), *The Collected Works of Jeremy Bentham: 'Legislator of the World': Writings on Codification, Law, and Education*, Oxford, 1998. Baseei-me inteiramente nessas fontes.

6. Miriam Williford, *Jeremy Bentham on Spanish America*, Baton Rouge, LA, 1980, p. 4 e passim. *The Federalist: Or the New Constitution*, Nova York, 1802, dado de presente por Burr, está na British Library, ligeiramente anotado por Bentham.

7. Theodora L. McKennan, "Jeremy Bentham and the Colombian Liberators", *The Americas*, v. 34, p. 466, 1978.

8. A correspondência publicada de Bentham, um dos grandes projetos editoriais das últimas décadas, é uma rica fonte desses numerosos e diversos contatos transcontinentais: ver T. L. S. Sprigge et al. (orgs.), *The Correspondence of Jeremy Bentham*, Londres, 12 v., 1968.

9. Ibid., v. XI, pp. 177-8.

10. L. J. Hume, "Preparations for Civil War in Tripoli in the 1820s: Ali Karamanli, Hassuna D'Ghies e Jeremy Bentham", *Journal of African History*, v. 21, pp. 311-22, 1980; e Ian Coller, "African Liberalism in the Age of Empire? Hassuna d'Ghies and Liberal Constitutionalism in North Africa, 1822-1835", *Modern Intellectual History*, v. 12, pp. 529-53, 2015.

11. James Burns, "Bentham, Brissot and the Challenge of Revolution", *History of European Ideas*, v. 35, p. 221, 2009.

12. McKennan, "Bentham and the Colombian Liberators", p. 473; Jennifer Pitts, "Legislator of the World? A Rereading of Bentham on Colonies", *Political Theory*, v. 31, pp. 200-34, 2003.

Notas   435

13. A literatura é vasta, mas para um sumário incisivo, ver Edmund S. Morgan, *Inventing the People: The Rise of Popular Sovereignty in England and America*, Nova York, 1988, pp. 72-4.

14. Como citado em Alan Craig Houston, *Algernon Sidney and the Republican Heritage in England and America*, Princeton, NJ, 2014, pp. 191-2.

15. Vicki Hsueh, *Hybrid Constitutions: Challenging Legacies of Law, Privilege, and Culture in Colonial America*, Durham, NC, 2010, v. 55 ss. Como afirma Hsueh, o constitucionalismo na Grã-Bretanha não tem sido "nada uniforme", tendendo a tornar-se cada vez mais hibridizado em locais ultramarinos.

16. Citado em Bernadette Meyler, "Daniel Defoe and the Written Constitution", *Cornell Law Review*, v. 94, p. 111, 2008.

17. Lois G. Schwoerer, *The Declaration of Rights*, Baltimore, MD, 1981.

18. As histórias indianas dessa força armada estão sendo cada vez mais investigadas, mas seu impacto no próprio Estado britânico nem tanto: ver também Alan G. Guy e Peter B. Boyden, *Soldiers of the Raj: The Indian Army 1600-1947*, Londres, 1997.

19. Saxo, *A Hasty Sketch of the Origins, Nature, and Progress of the British Constitution*, York, 1817, pp. 25-6; Robert Saunders, "Parliament and People: The British Constitution in the Long Nineteenth Century", *Journal of Modern European History*, v. 6, pp. 72-87, 2008.

20. H. J. Hanham, *The Nineteenth Century Constitution, 1815-1914*, Cambridge, 1969, p. 12.

21. *The New Monthly Magazine and Literary Journal*, Londres, 1832, p. 79. A noção de lei fundamental como importante e, de preferência, artigo interno, algo estabelecido no coração, e portanto independente de escrita, era bem antiga.

22. O Ngram Viewer da Google sugere, de fato, que a descrição "Constituição escrita", em relação ao sistema britânico, só se difundiu depois de 1860.

23. Em seu prefácio para Henry Elliot Malden (org.), *Magna Carta Commemoration Essays*, Londres, 1917.

24. Como sugerido pelo caos de discussões sobre a validade constitucional e as implicações parlamentares do referendo Brexit em 2016. Para a teoria, mais do que para crenças de massa, ver Jeffrey Goldsworthy, *Parliamentary Sovereignty: Contemporary Debates*, Cambridge, 2010.

25. Liev Tolstói, *War and Peace*, trad. de Louise e Aylmer Maude, Minneapolis, MN, 2016, p. 884; ver também Daria Olivier, *The Burning of Moscow, 1812*, Londres, 1966.

26. Para um estudo evocativo e ilustrado que dá uma ideia do tamanho e da riqueza da cidade nessa época, ver Celina Fox (org.), *London — World City, 1800-1840*, New Haven, CT, 1992.

27. Rebeca Viguera Ruiz, *El exilio de Ramón Alesón Alonso de Tejada: Experiencia liberal de un emigrado en Londres, 1823-1826*, Lewiston, ID, 2012, pp. 43 e 56.

28. Martin Daunton, "London and the World", em Fox (org.), *London — World City*. Para mais informações sobre investimentos britânicos na nova América do Sul ver P. J. Cain e A. G. Hopkins, *British Imperialism: 1688-2015*, Londres, 3. ed., 2016 e Frank Griffith Dawson, *The First Latin American Debt Crisis: The City of London and*

the *1822-25 Loan Bubble*, Londres, 1990. Os historiadores têm mostrado mais interesse pelas motivações imperiais econômicas e informais por trás dos investimentos britânicos do que nas políticas e ideologias por vezes também envolvidas.

29. *The Times*, Londres, 24 dez. 1824.

30. Como observa John J. McCusker, os jornais londrinos atravessavam o mundo em parte por causa de suas densas reportagens comerciais e financeiras: "The Demise of Distance: The Business Press and the Origins of the Information Revolution in the Early Modern Atlantic World", *American Historical Review*, v. 110, pp. 295-321, 2005. As cifras neste parágrafo se baseiam no arquivo de jornais britânicos <https://www.britishnewspaperarchive.co.uk/>, que ainda está incompleto.

31. Para importantes informações incidentais sobre Jidá, ver Ulrike Freitag, "Helpless Representatives of the Great Powers? Western Consuls in Jeddah, 1830s to 1914", *Journal of Imperial and Commonwealth History*, v. 40, pp. 357-81, 2012.

32. O professor John Darwin realiza um estudo das redes portuárias globais da Grã--Bretanha e seu vasto impacto.

33. Eric Hobsbawm, *The Age of Revolution: Europe 1789-1848*, Londres, 1962.

34. John Lynch, *Simón Bolívar: A Life*, New Haven, CT, 2006, pp. 122-4; para esses homens, ver Malcolm Brown, *Adventuring through Spanish Colonies: Simón Bolívar, Foreign Mercenaries and the Birth of New Nations*, Liverpool, 2008.

35. *The Times*, Londres, 27 out. 1819.

36. Para um exemplo, ver Aileen Fyfe, *Steam-powered Knowledge: William Chambers and the Business of Publishing, 1820-1860*, Chicago, IL, 2012.

37. Karen Racine, "Newsprint Nations: Spanish American Publishing in London, 1808--1827", em Constance Bantman e Ana Cláudia Suriani da Silva (orgs.), *The Foreign Political Press in Nineteenth Century London: Politics from a Distance*, Londres, 2017.

38. Daniel Alves e Paulo Jorge Fernandes, "The Press as a Reflection of the Divisions among Portuguese Political Exiles, 1808-1832", em Bantman e Da Silva, op. cit., pp. 73-90.

39. *Foreign Quarterly Review*, Londres, 1833, p. 174, apresenta uma resenha de um relato do conde Pecchio.

40. Juan Luis Simal, *Emigrados: España y exilio internacional, 1814-1834*, Madri, 2012, em especial pp. 186, 195, 201, 223-7.

41. Karen Racine, "'This England and This Now': British Cultural and Intellectual Influence in the Spanish American Independence Era", *Hispanic American Historical Review*, v. 90, p. 423, 2010.

42. *The Literary Examiner: Consisting of The Indicator, a Review of Books, and Miscellaneous Pieces in Prose and Verse*, Londres, 1823, pp. 351-2.

43. O estudo mais recente foi feito por Antonio Ramos Argüelles, *Agustín Argüelles, 1776-1844: Padre del constitucionalismo español*, Madri, 1990. Merece ser mais conhecido em inglês.

44. Para outro exemplo de um revolucionário estrangeiro em Londres que recorreu à biblioteca do Museu Britânico, ver Robert Henderson, *Vladimir Burtsev and*

Notas 437

the Struggle for a Free Russia: A Revolutionary in the Time of Tsarism and Bolshevism, Londres, 2017.

45. A biografia mais acessível é a de Lynch, *Simón Bolívar*.

46. Para este discurso, ver David Bushnell (org.), *El Libertador: Writings of Simón Bolívar*, Oxford, 2003, pp. 31-53.

47. Ibid., em particular pp. 42-3.

48. Ibid., pp. 43, 45.

49. Ver, por exemplo, as impressões de um agente britânico em 1825 em Harold Temperley, *The Foreign Policy of Canning, 1822-1827*, Londres, 1966, pp. 557-8.

50. *El Libertador*, op. cit., p. 116.

51. Para a *Carta da Jamaica*, ver ibid., pp. 12-30.

52. Lynch, op. cit., p. 181.

53. Para a história, ver Hilda Sábato, *Republics of the New World: The Revolutionary Political Experiment in Nineteenth-Century Latin America*, Princeton, NJ, 2018.

54. *El Libertador*, p. 177; Sábato, *Republics of the New World*.

55. Devo estas informações a Felice M. Physioc da Universidade Princeton.

56. Para uma lista das tentativas de Constituição no México nesse período e nos seguintes, ver Sebastian Dorsch (org.), *Constitutional Documents of Mexico, 1814-1849*, Berlim, 3 v., pp. 2010-3.

57. Richard A. Warren, *Vagrants and Citizens: Politics and the Masses in Mexico City from Colony to Republic*, Lanham, MD, 2007, p. 59.

58. Os textos dessas Constituições provinciais mexicanas estão disponíveis, em espanhol, em Dorsch, *Constitutional Documents*, v. 2-3.

59. *El Libertador*, p. 101.

60. Para o crescente desencanto dos anos 1820, ver Rafael Rojas, *Las repúblicas de aire: Utopía y desencanto en la revolución de Hispanoamérica*, México, DF, 2009; para Bolívar, ibid., p. 19.

61. *El Libertador*, p. 47.

62. Para Rodríguez e sua influência, ver Ronald Briggs, *Tropes of Enlightenment: Simón Rodríguez and the American Essay at Revolution*, Nashville, TN, 2010.

63. *El Libertador*, p 24.

64. Simon Collier, *Ideas and Politics of Chilean Independence 1808-1833*, Cambridge, 1967, pp. 345-6.

65. Annelien de Dijn, "A Pragmatic Conservatism: Montesquieu and the Framing of the Belgian Constitution, 1830-1831", *History of European Ideas*, v. 28, pp. 227-45, 2002; *Morning Post*, Londres, 2 nov. 1830.

66. Paul Stock, "Liberty and Independence: The Shelley-Byron Circle and the State(s) of Europe", *Romanticism*, v. 15, pp. 121-30, 2009. Há uma imagem da competição dos barcos dos dois poetas na Bodleian Library, MS. Shelley adds. C. 12, fol. 26.

67. Dessa maneira, em seu best-seller *American Independence, the Interest and Glory of Great Britain*, 1775, Cartwright tentou conciliar as demandas de reforma imperial e o apaziguamento dos brancos americanos dissidentes com o fornecimento da

proteção necessária para terras indígenas. Ver Jeffers Lennox, "Mapping the End of Empire", 2018, em "Cartography and Empire" (série de artigos), disponível em: <https://earlycanadianhistory.ca/category/cartographyandempireseries>. Acesso em: 20 maio 2022.

68. Ver meu "Empires of Writing: Britain, America and Constitutions, 1776-1848", *Law and History Review*, v. 32, pp. 252-3, 2014.

69. John Cartwright, *Diálogo político entre un italiano, un español, un frances, un aleman, y un inglês*, Londres, 1825.

70. F. D. Cartwright, *The Life and Correspondence of Major Cartwright*, Londres, 2 v., 1826, II, pp. 66; 262-3; 283.

71. Classicamente, em E. P. Thompson, *The Making of the English Working Class*, Londres, 1963, pp. 666-8.

72. *The Chartist Circular*, 21 dez. 1839. A Carta ainda precisa ser integrada, de modo imaginativo, numa história transnacional de textos constitucionais inovadores. Contudo, como Gareth Stedman Jones comentou muito tempo atrás, a pergunta "Por que a Carta era considerada desejável?" é crucial nesse movimento. Ver *Languages of Class: Studies in English Working Class History 1832-1982*, Cambridge, 1984, p. 108.

73. *The Chartist*, 9 jun. 1838, 23 mar. 1839.

74. *Northern Star*, 21 abr. 1838.

6. Os que não devem ganhar, os que não querem perder [pp. 249-99]

1. Estudos recentes sobre os quais me baseei são de Adrian Young, *Mutiny's Bounty: Pitcairn Islanders and the Making of a Natural Laboratory on the Edge of Britain's Pacific Empire*, tese de doutorado, Universidade Princeton, 2016; e de Nigel Erskine, *The Historical Archaeology of Settlement at Pitcairn Island 1790-1856*", tese de doutorado, James Cook University, 2004.

2. O texto está publicado na íntegra em Walter Brodie, *Pitcairn's Island, and the Islanders, in 1850*, Londres, 1851, pp. 84-91. Parte do relatório de Elliott para seus superiores do Almirantado sobre a viagem a Pitcairn e as ações realizadas lá pode ser acessada on-line, via Google, sob o título *Pitcairn Privy Council Record of Proceedings*.

3. Brodie, op. cit., p. 84.

4. Greg Denning, citado em David Armitage e Alison Bashford (orgs.), *Pacific Histories, Ocean, Land, People*, Basingstoke, 2014, p. 8; ver também Alison Bashford, "The Pacific Ocean", em David Armitage, Alison Bashford e Sujit Sivasundaram (orgs.), *Oceanic Histories*, Cambridge, 2018. Ver também o recente *Waves across the South: A New History of Revolution and Empire*, Cambridge, 2020, do professor Sivasundaram, para a importância do mundo do Pacífico na era das revoluções.

5. Twain usa essa descrição em seu conto de 1879 "The Great Revolution in Pitcairn", no qual imagina um ambicioso aventureiro assumindo o controle da ilha.

6. Para essa Constituição corsa, ver National Archives, Kew, PC 1/34/90. Um relato manuscrito de Russell Elliott de sua viagem a Pitcairn, "Facts and Impressions Recorded during a Cruise from the Coast of Chile", foi vendido num leilão da Christie's de Londres em 1998, mas parece ter desaparecido numa coleção particular.

7. Strzelecki reconhece a ajuda de Russell Elliott em seu *Physical Description of New South Wales, and Van Diemen's Land*, Londres, 1845; para seu trabalho na crise de escassez de alimentos, ver Frank Mcnally, "Strzelecki's List", *Irish Times*, 9 maio 2019.

8. N. Reynolds, *Pacific and Indian Oceans: Or, the South Sea Surveying and Exploring Expedition: Its Inception, Progress, and Objects*, Nova York, 1841.

9. Bons estudos sobre esses acontecimentos, nos quais me baseei, são Stuart Banner, *Possessing the Pacific: Land, Settlers, and Indigenous People from Australia to Alaska*, Cambridge, MA, 2007 e James Belich, *Replenishing the Earth: The Settler Revolution and the Rise of the Anglo World, 1783-1939*, Oxford, 2009.

10. Ingrid Lohmann, "Educating the Citizen: Two Case Studies in Inclusion and Exclusion in Prussia in the Early Nineteenth Century", *Paedagogica Historica*, v. 43, p. 17, 2007.

11. *The Constitutions of the Ancient and Honourable Fraternity of Free and Accepted Masons*, Worcester, MA, 1792, p. 275. A canção parece datar dos anos 1750.

12. Ver Margaret C. Jacob, *Living the Enlightenment: Freemasonry and Politics in Eighteenth-Century Europe*, Nova York, 1991.

13. Para o caso britânico, ver meu *Britons: Forging the Nation, 1707-1837*, New Haven, CT, 2009, pp. 237-81.

14. Alyssa Goldstein Sepinwall, "Robespierre, Old Regime Feminist? Gender, the Late Eighteenth Century, and the French Revolution Revisited", *Journal of Modern History*, v. 82, pp. 1-29, 2010.

15. Mary Wollstonecraft, *An Historical and Moral View of the Origin and Progress of the French Revolution*, Londres, 1794, p. 404; Mary Wollstonecraft, *A Vindication of the Rights of Woman*, org. de Miriam Brody, Londres, 2004, p. 5.

16. Jan Ellen Lewis, "What Happened to the Threefifths Clause: The Relationship between Women and Slaves in Constitutional Thought, 1787-1866", *Journal of the Early Republic*, v. 37, pp. 2-3; 15-16 n, 2017.

17. Os textos dessas Constituições estaduais americanas estão disponíveis em Horst Dippel (org.), *Constitutional Documents of the United States of America, 1776-1860*, partes 1-8, Munique e Berlim, 2006-11.

18. Antonio Feros, *Speaking of Spain: The Evolution of Race and Nation in the Hispanic World*, Cambridge, MA, 2017, p. 256.

19. Sally Eagle Merry, *Colonizing Hawai'i: The Cultural Power of the Law*, Princeton, NJ, 2000, p. 95; Robert C. Lydecker, *Roster Legislatures of Hawaii 1841-1918: Constitutions of Monarchy and Republic*, Honolulu, HI, 1918, pp. 23, 32, 35, 44.

20. Mara Patessio, *Women and Public Life in Early Meiji Japan: The Development of the Feminist Movement*, Ann Arbor, MI, 2011, especialmente pp. 45-8. Sou grata ao professor Watanabe Hiroshi da Universidade de Tóquio por informações sobre mulheres e burocracias palacianas pré-Meiji.

21. É importante não romantizar a vida e as oportunidades das mulheres de Pitcairn dentro ou fora de sua ilha natal. Não só havia surtos esporádicos de violência e incesto, como, além disso, embora as mulheres ali tenham precocemente obtido o direito ao voto, nenhuma magistrada jamais foi eleita: *ex informatio* dr. Adrian M. Young.

22. Ver Sally Gregory McMillen, *Seneca Falls and the Origins of the Women's Rights Movement*, Oxford, 2008; e Olympe de Gouges, *The Declaration of the Rights of Woman*, 1791, no website *Liberté, Equalité, Fraternité: Exploring the French Revolution*. Disponível em: <https://revolution.chnm.org/items/show/557>. Acesso em: 24 maio 2022.

23. Virginia Woolf, *A Room of One's Own*, Londres, 1929; 2002, p. 77.

24. *Queen Victoria's Journals*, 3 abr. e 3 maio 1848, xxv, pp. 123-4, 175. Disponível em: <qvj.chadwyck.com>. Acesso em: 24 maio 2022.

25. Catharine Macaulay, *Loose Remarks* [...] *with a Short Sketch of a Democratical Form of Government, in a Letter to Signor Paoli*, Londres, 1767.

26. Esta estimativa foi baseada numa pesquisa por índice de "Constitutions of the world from the late 18th century to the middle of the 19th century online: Sources on the rise of modern constitutionalism", org. de Horst Dippel, acessado em 2019 (como indicado no capítulo 3, nota 30). Essa coleção no momento está off-line, mas, com alguns volumes ainda não lançados, também foi publicada em livro.

27. Ver Hilda Sábato, *Republics of the New World: The Revolutionary Political Experiment in Nineteenth-century Latin America*, Princeton, NJ, 2018, pp. 89-131. Sou grata às professoras Sábato e Rebecca Earle por informações sobre cláusulas de Constituições sul-americanas.

28. Argumento muito repetido na época. John Adams, futuro presidente dos Estados Unidos, por exemplo, comentou em seu *Defence of the Constitutions of Government of the United States of America* (Londres, 3 v., pp. 1787-8), que nas "repúblicas democráticas da Antiguidade" homens que "se recusavam a pegar em armas por seu país, ou que deixavam as fileiras do Exército" eram punidos, obrigados a ficar "expostos por três dias numa praça pública da cidade, vestidos de mulher" (I, p. 350). Mas essas referências ao passado clássico ocidental impediam que se visse uma mudança profunda, recente. Em vez de o serviço militar ser considerado uma obrigação de cidadania masculina preexistente, como em culturas do passado, no fim do século XVIII a ênfase começava a recair mais no serviço militar como pré-requisito necessário para que os homens adquirissem o privilégio da cidadania ativa.

29. Karen Hagemann, Gisela Mettele e Jane Rendall (orgs.), *Gender, War and Politics: Transatlantic Perspectives, 1775-1830*, Basingstoke, 2010.

30. Ver Jonathan Sperber, *The European Revolutions, 1848-1851*, Cambridge, 2005, em especial pp. 4, 167, 172 n., 177, 185-90.

31. Stanley B. Alpern, "On the Origins of the Amazons of Dahomey", *History of Africa*, v. 25, 1998, pp. 9-25. Referir-se a essas soldadas como "amazonas" refletia quanto eram consideradas atípicas e arcaicas.

Notas 441

32. Ver, por exemplo, algumas pinturas de H. B. Willis, na Biblioteca Nacional da Nova Zelândia, e os desenhos de Frederick William Beechey nos anos 1820, na Biblioteca Nacional da Austrália.

33. Sobre o colonialismo de assentamento russo, ver Alexander Morrison, "Metropole, Colony, and Imperial Citizenship in the Russian Empire", *Kritika*, v. 13, pp. 327-61, 2012.

34. Mark McKenna, "Transplanted to Savage Shores: Indigenous Australians and British Birthright in the Mid Nineteenth-Century Australian Colonies", *Journal of Colonialism and Colonial History*, v. 13, p. 10, 2012. Ver também James Belich, *Replenishing the Earth*, em especial pp. 65, 82 e 261; Ann Curthoys e Jessie Mitchell, *Taking Liberty: Indigenous Rights and Settler Self-government in Colonial Australia, 1830-1890*, Cambridge, 2018.

35. Benjamin Madley, *An American Genocide: The United States and the California Indian Catastrophe, 1846-1873*, New Haven, CT, 2016, passim; James Belich, *The Victorian Interpretation of Racial Conflict: The Maori, the British, and the New Zealand Wars*, Kingston, ON, 1989.

36. Sobre o Império britânico e o direito internacional, ver Lauren Benton and Lisa Ford, *Rage for Order: The British Empire and the Origins of International Law, 1800-1850*, Cambridge, MA, 2016.

37. Para o contexto, ver Madley, *An American Genocide*; o texto da Constituição californiana de 1849 está disponível em Dippel, *Constitutional Documents of the United States*, parte 1, pp. 149-86.

38. David John Headon e Elizabeth Perkins, *Our First Republicans: John Dunmore Lang, Charles Harpur, David Henry Deniehy*, Sydney, 1998, p. 19. Para outros exemplos de paralelos e vínculos entre colonos brancos em partes dos Estados Unidos e da Austrália, ver Lisa Ford, *Settler Sovereignty: Jurisdiction and Indigenous People in America and Australia, 1788-1836*, Cambridge, MA, 2010.

39. Baseei-me num artigo de James Belich, "Folk Globalization: 'Crew Culture' and the Mid Nineteenth-Century Gold Rushes", lido na conferência "The Global 1860s", que ajudei a organizar na Universidade Princeton em outubro de 2015.

40. Ver o tenso relato desse homem no *Oxford Dictionary of National Biography*, <https://doi.org.10.1093/ref:odnb/10766>, que evoca algumas de suas contradições e dificuldades.

41. Biblioteca Nacional da Nova Zelândia, Wellington, NZ, qMS0842.

42. Ibid. Defesas americanas do expansionismo terrestre branco também foram produzidas por entusiastas coloniais no Parlamento britânico em Westminster. Ver os discursos sobre o Projeto de Lei de Governo das Colônias Australianas em 19 de abril de 1850 em *Hansard*, v. 110, colunas 554-622.

43. Ver, por exemplo, John Dunmore Lang, *Freedom and Independence for the Golden Lands of Australia*, Sydney, 1857, pp. 392-400. O significado transcontinental de Lang, como distinto do seu significado político australiano, precisa ser mais ex-

plorado. Para uma avaliação favorável de sua importância nacional e radical, ver Benjamin Jones e Paul Pickering, "A New Terror to Death: Public Memory and the Disappearance of John Dunmore Lang", *History Australia*, v. 11, pp. 24-45, 2014.

44. Lang, op. cit., pp. 45, 59.

45. John Dunmore Lang, *Cooksland in North-Eastern Australia* [...] *with a Disquisition on the Origin, Manners, and Customs of the Aborigines*, Londres, 1847, pp. 268-9, 359; *Freedom and Independence for the Golden Lands*, p. 128. Lang quase seguramente leu *Democracy in America* (1835), de Alexis de Tocqueville, que também apresenta a erosão de povos indígenas como inevitável.

46. Malcolm Crook e Tom Crook, "Reforming Voting Practices in a Global Age: The Making and Remaking of the Modern Secret Ballot in Britain, France and the United States, *c.* 1600-*c.* 1950", *Past & Present*, v. 212, pp. 218-9, 2011; as várias Leis de Constituição australianas dos anos 1850 podem ser encontradas em <https://www.foundingdocs.gov.au/item-sdid-17.html#:~:text=At%20the%20time%20the%20Australian,rights%20to%20participation%20in%20government.>. Acesso em: 24 maio 2022.

47. Lang, *Freedom and Independence for the Golden Lands*, p. 218. Uma Constituição para toda a Commonwealth da Austrália, redigida por uma convenção de cinquenta delegados, só entraria em vigor em janeiro de 1901. A Seção 127 excluía "nativos aborígenes" dessa Commonwealth.

48. Jeffrey Sissons, "Heroic History and Chiefly Chapels in 19th Century Tahiti", *Oceania*, v. 78, pp. 320-31, 2008.

49. Ibid., p. 327; William Ellis, *Polynesian Researches during a Residence of Nearly Six Years in the South Sea Islands*, Londres, 2 v., 1829, II, p. 386.

50. Para valioso contexto, ver o terceiro volume de Douglas L. Oliver, *Ancient Tahitian Society*, Honolulu, 3 v., 1974; ver também Niels Gunson, "Pomare II of Tahiti and Polynesian Imperialism", *Journal of Pacific History*, v. 4, pp. 65-82, 1969.

51. Ver, por exemplo, "The Native King and Our New Zealand Constitution", *The Times*, Londres, 16 nov. 1860; S. Cheyne, "Act of Parliament or Royal Prerogative: James Stephen and the First New Zealand Constitution Bill", *New Zealand Journal of History*, v. 21, pp. 182-9, 1990.

52. Agora há um jardim em homenagem a Betsey Stockton na Universidade Princeton.

53. Paul Landau, "Language", em Norman Etherington (org.), *Missions and Empire*, Oxford, 2009, p. 213.

54. Jonathan Y. Okamura, "Aloha Kanaka Me Ke Aloha 'Aina: Local Culture and Society in Hawaii", *Amerasia Journal*, v. 7, pp. 119-37, 1980; Martin Daly, "Another Agency in This Great Work: The Beginnings of Missionary Printing in Tonga", *Journal of Pacific History*, v. 43, pp. 367-74, 2008.

55. Ver D. F. McKenzie, *Bibliography and the Sociology of Texts*, Cambridge, 1999, pp. 77-128.

56. *The United Service Magazine*, Londres, 1842, p. 611.

Notas

57. Ellis, *Polynesian Researches*, II, pp. 10 e 124; Colin Newbury e Adam J. Darling, "Te Hau Pahu Rahi: Pomare II and the Concept of Interisland Government in Eastern Polynesia", *Journal of the Polynesian Society*, v. 76, 1967, pp. 498-9.

58. Ellis, op. cit., II, pp. 178 e 529.

59. Ibid., pp. 393-6; *Select Reviews*, Londres, 1809, p. 417.

60. *The Christian Observer*, v. 19, Londres, p. 134, 1820.

61. Ellis, op. cit., II, p. 386.

62. Ibid., p. 455 (grifo meu).

63. James Montgomery (org.), *Journal of Voyages and Travels by the Rev. Daniel Tyerman and George Bennet, Esq.: Deputed from the London Missionary Society [...] between the Years 1821 and 1829*, Boston, MA, 3 v., 1832; II, p. 215.

64. Robert B. Nicolson, *The Pitcairners*, Honolulu, HI, 1997.

65. John Dunmore Lang, *View of the Origin and Migrations of the Polynesian Nation*, Londres, 1834, p. 100.

66. Para uma estimativa ainda mais alta, ver J. K. Laimana Jr., *The Phenomenal Rise to Literacy in Hawaii: Hawaiian Society in the Early Nineteenth Century*, dissertação de mestrado, Universidade do Havaí, 2011.

67. A história havaiana foi revitalizada nas últimas décadas, em parte porque um ressurgimento do nacionalismo havaiano promoveu a utilização e a exploração de fontes indígenas. Obras que julguei especialmente valiosas incluem: Jonathan K. K. Osorio, *Dismembering Lāhui: A History of the Hawaiian Nation to 1887*, Honolulu, HI, 2002; Noenoe K. Silva, *The Power of the Steel-tipped Pen: Reconstructing Native Hawaiian Intellectual History*, Durham, NC, 2017; e Lorenz Gonschor, *A Power in the World: The Hawaiian Kingdom in Oceania*, Honolulu, HI, 2019.

68. Ver Merry, *Colonizing Hawai'i*; e, para uma mudança, Chandos Culleen, *The Hawaiian Constitution of 1840: Acquiescence to or Defiance of Euroamerican Pacific Colonialism*, dissertação de mestrado, Universidade do Arizona, 2013, que também apresenta relato detalhado da criação dessa Constituição.

69. Ralph Simpson Kuykendall, *The Hawaiian Kingdom*, Honolulu, 3 v., 1938-67, I, pp. 159-61.

70. Sou grata ao dr. Lorenz Gonschor por essa informação.

71. Disponível em: <https://www.hawaii-nation.org/constitution-1840.html>.

72. Lorenz Gonschor, *Law as a Tool of Oppression and Liberation: Institutional Histories and Perspectives on Political Independence*, dissertação de mestrado, Universidade do Havaí em Manoa, 2008, pp. 26-7.

73. Lydecker (org.), *Roster Legislatures of Hawaii*, p. 6.

74. Jason Kapena, "Ke Kumukānāwi o Ka Makahiki 1864: The 1864 Constitution", em *Journal of Hawaiian Language Sources*, v. 2, 2003, pp. 16-51; para penetração branca, basicamente americana, no governo havaiano, ver Banner, *Possessing the Pacific*, p. 139.

75. Para esse desfecho, ver Ralph S. Kuykendall, *The Hawaiian Kingdom, 1874-1893: The Kalākaua Dynasty*, Honolulu, HI, 1967.

76. Gonschor, *A Power in the World*, pp. 88-153.

77. Para informações incidentais sobre os interesses asiáticos do rei, ver Lorenz Gonschor e Louis Bousquet, "A Showdown at Honolulu Harbor: Exploring Late 19th Century Hawaiian Politics Through a Narrative Biography of Celso Cesare Moreno", *Journal of Narrative Politics*, v. 3, pp. 131-51, 2017. Os empreendimentos culturais do rei, que tinham um objetivo político, emergem de Stacy L. Kamehiro, *The Arts of Kingship: Hawaiian Art and National Culture of the Kalākaua Era*, Honolulu, HI, 2009.

78. Kalākaua, como citado em Donald Keene, *Emperor of Japan: Meiji and His World, 1852-1912*, Nova York, 2002, pp. 347-8.

79. A melhor biografia, que também ressalta a dimensão marítima de sua carreira, é Marie-Claire Bergère, *Sun Yat-sen*, trad. de Janet Lloyd, Stanford, CA, 1998.

80. Lorenz Gonschor, "Revisiting the Hawaiian Influence on the Political Thought of Sun Yat-sen", *Journal of Pacific History*, v. 52, pp. 52-67, 2017.

7. A luz, a treva e os longos anos 1860 [pp. 301-49]

1. Para a carreira itinerante e o status complexo de Husayn, ver M'hamed Oualdi, *A Slave between Empires: A Transimperial History of North Africa*, Nova York, 2020.

2. A respeito dessa instituição e da cidade onde ela surgiu, ver Kenneth Perkins, *A History of Modern Tunisia*, Cambridge, 2. ed., 2014, pp. 15-43.

3. Theresa Liane Womble, *Early Constitutionalism in Tunisia, 1857-1864: Reform and Revolt*, tese de doutorado, Universidade Princeton, 1997. Concessões a direitos políticos mais amplos na Tunísia já tinham sido feitas antes através do 'Ahd al-Aman, ou Pacto de Segurança, implementado em 1857.

4. Devo essa informação a Joshua Picard, da Universidade Princeton.

5. Amos Perry, *Carthage and Tunis, Past and Present: In Two Parts*, Providence, RI, 1869, p. 207.

6. Agradeço ao dr. Lorenz Gonschor por essa sugestão.

7. Artigo inédito de autoria de M'hamed Oualdi, "Are We Still Parts of the Same World? North Africans between 1860s Empires". O cuidadoso ritual desse encontro franco-tunisiano foi comemorado num quadro contemporâneo de autoria de Alexandre Debelle, atualmente em Túnis.

8. Para esta e outras imagens politicamente carregadas que surgiram de uma Tunísia mudada, ver o maravilhoso catálogo produzido por Ridha Moumni, *L'Éveil d'une nation: L'art à l'aube de la Tunisie moderne (1837-1881)*, Milão, 2016.

9. Uma tradução inglesa desta carta está disponível em Ra'īf Khūrī, *Modern Arab Thought: Channels of the French Revolution to the Arab East*, Princeton, NJ, 1983, pp. 152-7. Sou grata ao professor M'hamed Oualdi por me indicar este texto, e por suas generosas sugestões para este capítulo.

Notas

10. Amos Perry, op. cit., p. 156. Perry, que entregou uma cópia desta carta ao então secretário de Estado dos Estados Unidos, William Seward, estava pessoalmente convencido da verdade dessa anedota.

11. Ibid., pp. 155, 207.

12. Beneficiei-me em toda esta seção dos ensaios lidos em "The Global 1860s", conferência realizada na Universidade Princeton em outubro de 2015. Para um estudo panorâmico de algumas guerras desse período, ver Michael Geyer e Charles Bright, "Global Violence and Nationalizing Wars in Eurasia and America: The Geopolitics of War in the Midnineteenth Century", *Comparative Studies in Society and History*, v. 38, pp. 619-57, 1996.

13. Thomas L. Whigham, *The Paraguayan War: Causes and Early Conduct*, Calgary, AB, 2. ed., 2018; Geyer e Bright, op. cit., p. 657.

14. Stephen R. Platt, *Autumn in the Heavenly Kingdom: China, the West, and the Epic Story of the Taiping Civil War*, Nova York, 2012.

15. Geoffrey Wawro, *The Franco-Prussian War: The German Conquest of France in 1870--1871*, Cambridge, 2003. Ambições francesas e monárquicas no México talvez tenham chegado mais perto do sucesso do que se pensava: ver Erika Pani, "Dreaming of a Mexican Empire: The Political Projects of the 'Imperialistas'", *Hispanic American Historical Review*, v. 82, pp. 1-31, 2002.

16. Guy Thomson, *The Birth of Modern Politics in Spain: Democracy, Association, and Revolution, 1854-1875*, Nova York, 2010.

17. Giuseppe Mazzini, "Europe: Its Condition and Prospects", reimpresso em Sandi E. Cooper (org.), *Five Views on European Peace*, Nova York, 1972, p. 443.

18. Leon Carl Brown, *The Tunisia of Ahmad Bey, 1837-1855*, Princeton, NJ, 1974, pp. 303-10.

19. Sobre a Constituição sarda, ver Horst Dippel (org.), *Executive and Legislative Powers in the Constitutions of 1848-49*, Berlim, 1999, pp. 129-62. Enrico dal Lago, *The Age of Lincoln and Cavour: Comparative Perspectives on Nineteenth-Century American and Italian Nation-Building*, Nova York, 2015, ilumina algumas ligações entre os múltiplos conflitos dessa época.

20. Para uma exploração recente, ver Natasha Wheatley, *Law, Time, and Sovereignty in Central Europe: Imperial Constitutions, Historical Rights, and the Afterlives of Empire*, tese de doutorado, Universidade Columbia, 2016.

21. Ver Sophie Gordon, *Shadow of War: Roger Fenton's Photographs of the Crimea, 1855*, Londres, 2017. Imagens fotográficas de episódios na Guerra Civil Americana são minuciosamente discutidas em Drew Gilpin Faust, *The Republic of Suffering: Death and the American Civil War*, Nova York, 2008.

22. David Nye, "Shaping Communication Networks: Telegraph, Telephone, Computer", *Social Research*, v. 64, p. 1073, 1997.

23. Ver, por exemplo, Vanessa Ogle, *The Global Transformation of Time: 1870-1950*, Cambridge, MA, 2015.

24. Jay Sexton, "William H. Seward in the World", *Journal of the Civil War Era*, v. 4, pp. 398-430, 2014.

25. Devo esta citação ao professor Matthew Karp, meu colega de Princeton, e agradeço-lhe a preciosa ajuda que me deu neste capítulo.

26. Olive Risley Seward (org.), *William H. Seward's Travels around the World*, Nova York, 1873, pp. 464, 481.

27. Sobre como essa tendência se tornou mais pronunciada em algumas regiões no fim do século XIX, ver Marilyn Lake e Henry Reynolds, *Drawing the Global Colour Line: White Man's Countries and the International Challenge of Racial Equality*, Cambridge, 2008.

28. Khayr al-Din Tunisi, *The Surest Path: The Political Treatise of a Nineteenth-Century Muslim Statesman*, trad. e introdução de Leon Carl Brown, Cambridge, MA, 1967, pp. 72-3; para viajantes muçulmanos dessa época, ver Nile Green, "Spacetime and the Muslim Journey West: Industrial Communications in the Making of the 'Muslim World'", *American Historical Review*, v. 118, pp. 401-29, 2013.

29. Khayr al-Din Tunisi, *The Surest Path*, pp. 94, 110, 162-4.

30. Ibid., p. 110.

31. Lester J. Cappon (org.), *The Adams-Jefferson Letters: The Complete Correspondence Between Thomas Jefferson and Abigail and John Adams*, Chapel Hill, NC, 1988, p. 571; para uma interpretação diferente das implicações originais da Constituição, ver Sean Wilentz, *No Property in Man: Slavery and Antislavery at the Nation's Founding*, Cambridge, MA, 2018.

32. Sven Beckert, *Empire of Cotton: A Global History*, Nova York, 2015, em especial pp. 199-273.

33. Ver, por exemplo, o discurso de Lincoln em 1854 sobre como a escravidão estava privando "nosso exemplo republicano de sua justa influência no mundo": Stig Förster e Jörg Nagler (orgs.), *On the Road to Total War: The American Civil War and the German Wars of Unification, 1861-1871*, Washington, DC, 1997, p. 105.

34. Marshall L. DeRosa, *The Confederate Constitution of 1861: An Inquiry into American Constitutionalism*. Columbia, MI, 1991.

35. Robert E. Bonner, *The Soldier's Pen: Firsthand Impressions of the Civil War*, Nova York, 2006, p. 46.

36. Matthew Karp, *This Vast Southern Empire: Slaveholders at the Helm of American Foreign Policy*, Cambridge, MA, 2016, p. 245.

37. *The Calcutta Review*, v. 37, pp. 161-93, 1861.

38. Sobre o poderio do Sul antes da Guerra Civil e as mudanças, ver Karp, op. cit., passim.

39. Förster and Nagler, *On the Road to Total War*, p. 174; Timothy J. Perri, "The Economics of US Civil War Conscription", *American Law and Economics Review*, v. 10, p. 427, 2008.

40. Ver <https://www.archives.gov/publications/prologue/2017/winter/summer-of-1862>.

41. O texto desta proclamação está disponível no site dos Arquivos Nacionais dos Estados Unidos em <https://prologue.blogs.archives.gov/2010/12/01/lincoln-to-slaves-go-somewhere-else/>. Acesso em: 24 maio 2022.

Notas

42. Steven Hahn, *The Political Worlds of Slavery and Freedom*, Cambridge, MA, 2009, pp. 55-114.

43. Para essas e outras iniciativas negras antes da Guerra Civil, ver o capítulo 5 de Peter Wirzbicki, *Fighting for the Higher Laws: Black and White Transcendentalism and the Fight against Slavery*, Filadélfia, PA, University of Pennsylvania Press, 2021.

44. *The Weekly Anglo-African*, 11 nov. 1865.

45. Eric Foner, *The Fiery Trial: Abraham Lincoln and American Slavery*, Nova York, 2010, pp. 330-1 (grifo meu).

46. O relato clássico é o de Eric Foner, *Reconstruction: America's Unfinished Revolution, 1863-1877*, Nova York, 2014. Ver também seu *The Second Founding: How the Civil War and Reconstruction Remade the Constitution*, Nova York, 2019.

47. Embora o ativismo negro e branco em nível local, e não apenas os ditames de Washington, tenha tido uma grande parte na reorganização dessas Constituições estaduais sulistas.

48. Para a história da Lei de Representação Maori de 1867, ver *Māori and the Vote*. Disponível em: <https://nzhistory.govt.nz/politics/maoriandthevote>. Acesso em: 24 maio 2021. É significativo também o fato de que nos anos 1860 o tratado de Waitangi entre a Coroa britânica e cerca de 540 chefes maoris começou a ser chamado de "Magna Carta Maori", não só de "Magna Carta da Nova Zelândia", como antes. Esse tratado de 1840 continua profundamente controvertido. Mas o notável na mudança de nome é a implicação de que habitantes maoris mereciam e podiam ter um documento de concessão de direitos análogo à Magna Carta. Devo essa informação ao dr. Geoff Kemp.

49. Richard Carwardine e Jay Sexton (orgs.), *The Global Lincoln*, Oxford, 2011.

50. Para uma breve e favorável introdução à vida, ver Christopher Fyfe, "Africanus Horton as a Constitution-maker", *Journal of Commonwealth and Comparative Politics*, v. 26, pp. 173-84, 1988; para o lugar de origem de Horton, ver Padraic Scanlan, *Freedom's Debtors: British Antislavery in Sierra Leone in the Age of Revolution*, Londres, 2017.

51. Citado por E. A. Ayandele em sua introdução a James Africanus Beale Horton, *Letters on the Political Condition of the Gold Coast*, Londres, 1866; 1970, p. 13.

52. Ibid., pp. 5-35.

53. James Africanus B. Horton, *West African Countries and Peoples, British and Native: With the Requirements Necessary for Establishing Self Government* [...] *and a Vindication of the African Race*, Londres, 1868, pp. 271-2.

54. James Ciment, *Another America: The Story of Liberia and the Former Slaves Who Ruled It*, Nova York, 2013. O texto da Constituição liberiana de 1847 está disponível em: <https://crc.gov.lr/doc/CONSTITUTION%20OF%201847%20final.pdf>. Acesso em: 24 maio 2022.

55. Horton, *West African Countries and Peoples*, p. 16.

56. "Circular introduction" em Horton, *Letters on the Political Condition of the Gold Coast*, p. Vii.

57. Ibid., p. Ii.

58. E. A. Ayandele, "James Africanus Beale Horton, 1835-1883: Prophet of Modernization in West Africa", *African Historical Studies*, v. 4, p. 696, 1971.

59. Fyfe, "Africanus Horton as a Constitution-maker", pp. 176-7.

60. Sobre Blyden e Horton como parte de um "renascimento" africano mais amplo nessa época, ver Meghan Vaughan, "Africa and the Birth of the Modern World", *Transactions of the Royal Historical Society*, sixth series, v. 16, 2006, pp. 143-62.

61. John Stuart Mill, *Considerations on Representative Government*, Londres, 1861; Auckland, NZ, 2009, p. 239.

62. Horton, *West African Countries and Peoples*, p. 193.

63. Id., *Letters on the Political Condition of the Gold Coast*, p. 71; Fyfe, "Africanus Horton as a Constitution-maker", p. 179.

64. James Africanus Beale Horton, *Physical and Medical Climate and Meteorology of the West Coast of Africa*, Londres, 1867.

65. Horton, *West African Countries and People*, pp. 19-20; Fyfe, "Africanus Horton as a Constitution-maker", p. 176.

66. Ver Rebecca Shumway, "From Atlantic Creoles to African Nationalists: Reflections on the Historiography of Nineteenth-Century Fanteland", *History in Africa*, v. 42, pp. 139-64, 2015; e para uma dessas Constituições fântis, ver: <https://www.modernghana.com/news/123177/constitution-of-the-new-fante-confederacy.html>. Acesso em: 24 maio 2022.

67. Ver: <https://www.modernghana.com/news/123177/constitution-of-the-new-fante-confederacy.html >. Acesso em: 24 maio 2022.

68. Horton, *Letters on the Political Condition of the Gold Coast*, p. 167; Fyfe, "Africanus Horton as a Constitution-maker", p. 180.

69. Perkins, *A History of Modern Tunisia*, pp. 32-43.

70. Para esses acontecimentos, ver Foner, *Reconstruction*, e Richard M. Valelly, *The Two Reconstructions: The Struggle for Black Enfranchisement*, Chicago, IL, 2004, em especial pp. 121-48.

71. Para um sumário competente, ver Jürgen Osterhammel, *The Transformation of the World: A Global History of the Nineteenth Century*, Princeton, NJ, 2014, pp. 392-468.

72. Sobre esse texto, e o que levou a ele, ver Aylin Koçunyan, *Negotiating the Ottoman Constitution, 1839-1876*, Leuven, 2018.

73. Julia A. Clancy-Smith, "Khayr al-Din al-Tunisi and a Mediterranean Community of Thought", em seu *Mediterraneans: North Africa and Europe in an Age of Migration, c.1800-1900*, Berkeley, CA, 2011, p. 331.

74. Citado em Larry J. Griffin e Don H. Doyle (orgs.), *The South as an American Problem*. Athens, GA, 1995, p. 115.

75. Vinay Lal citado em "Interchange: The Global Lincoln", *Journal of American History*, v. 96, 2009, pp. 472-3.

Notas   449

76. Fontes manuscritas e impressas sobre Horton e de autoria dele são muito dispersas e rarefeitas, mas existem. Para uma reavaliação recente através das lentes da
medicina, ver Jessica Howell, *Exploring Victorian Travel Literature: Disease, Race and
Climate*, Edimburgo, 2014, pp. 83-108.

8. Eclosão [pp. 351-91]

1. Para essa cerimônia e sua organização, ver Hidemasa Kokaze, "The Political Space
of Meiji v. 22, 1889: The Promulgation of the Constitution and the Birth of the
Nation", *Japan Review*, v. 23, pp. 119-41, 2011.
2. Takamura Kōtarō, "Kowtow (promulgation of the Constitution)", citado em
Mikiko Hirayama, "The Emperor's New Clothes: Japanese Visuality and Imperial
Portrait Photography", *History of Photography*, v. 33, p. 165, 2009.
3. *Commentaries on the Constitution of the Empire of Japan*, trad. de Miyoji Itō, Tóquio,
1889, v. 2, pp. 6-7; *The Times*, Londres, 21 fev. 1889.
4. Para essas invenções, ver Kokaze, "The Political Space of Meiji 22 (1889)", passim.
5. Carol Gluck, *Japan's Modern Myths: Ideology in the Late Meiji Period*, Princeton, NJ,
1985, p. 43; numa gravura para a revista satírica *Tonchi kyokai zasshi* (*Journal of the
Society of Ready Wit*), Ginko — libertando-se da sua representação oficial do acontecimento — representou o imperador na cerimônia de promulgação como um
simples esqueleto. Isso lhe custou um ano de prisão.
6. Kokaze, op. cit., p. 129.
7. Para uma excelente investigação do Japão nesse período, ver Andrew Gordon, *A
Modern History of Japan: From Tokugawa Times to the Present*, Oxford, 4. ed., 2020.
8. Edyta M. Bojanowska, *A World of Empires: The Russian Voyage of the Frigate* Pallada,
Cambridge, MA, 2018; para ambições prussianas e alemãs no Japao, ver Erik
Grimmer-Solem, *Learning Empire: Globalization and the German Quest for World
Status, 1875-1919*, Cambridge, 2019, pp. 79-118.
9. Aqui eu me beneficiei de um artigo inédito do professor Federico Marcon, meu colega em Princeton — "The Meiji Restoration of 1868: The Contradictory Nature of
a Global Event" —, e lhe sou grata pelas sugestões relativas a este capítulo inteiro.
10. Gordon, op. cit., pp. 78-9.
11. Federico Marcon, op. cit.
12. Fauziah Fathil, *British Diplomatic Perceptions of Modernisation and Change in Early
Meiji Japan, 1868-90*, tese de doutorado, SOAS, 2006, pp. 133-7.
13. Ver James L. Huffman, *Creating a Public: People and Press in Meiji Japan*, Honolulu,
HI, 1997; e Nathan Shockey, *The Typographic Imagination: Reading and Writing in
Japan's Age of Modern Print Media*, Nova York, 2019.
14. Richard Devine, "The Way of the King: An Early Meiji Essay on Government",
Monumenta Nipponica, v. 34, pp. 49-72, 1979.

15. Ibid., pp. 67 e 70.
16. Alguns dos projetos mais aristocráticos surgidos no Japão nessa época são discutidos em George M. Beckmann, *The Making of the Meiji Constitution: The Oligarchs and the Constitutional Development of Japan, 1868-1891*, Lawrence, KS, 1957.
17. Amin Ghadimi, "The Federalist Papers of Ueki Emori: Liberalism and Empire in the Japanese Enlightenment", *Global Intellectual History*, v. 2, 2017, p. 196 e passim.
18. Jennifer Adam e Chris Shadforth, "Curiosities from the Vaults: a Bank Miscellany", *Bank of England Quarterly Bulletin*, pp. 71-2, 2014; para uma fotografia contemporânea desses cinco homens em seus ternos e cortes de cabelo ocidentais recém-adquiridos, ver Hanako Murata, "'The *Choshu* Five' in Scotland", *History of Photography*, v. 27, 2003, pp. 284-8.
19. Takii Kazuhiro, *Ito Hirobumi: Japan's First Prime Minister and Father of the Meiji Constitution*, trad. de Takechi Manabu, Londres, 2014, p. 8 e passim. Um relato inicial e evocativo de Ito, escrito por um admirador mas ainda assim digno de ser lido, é Kaju Nakamura, *Prince Ito, The Man and Statesman: A Brief History of His Life*, Nova York, 1910.
20. Ver excelente conversa de Ito com um jornalista em Nova York, reproduzida no *Milwaukee Journal* em 4 de junho de 1897, em apoio do ensino superior para mulheres e em defesa da posição delas nos Estados Unidos.
21. Ver o relatório do cônsul britânico, em dezembro de 1871, em Fathil, op. cit., p. 56.
22. Kume Kunitake (org.), *The Iwakura Embassy, 1871-73: A True Account of the Ambassador Extraordinary & Plenipotentiary's Journey of Observation Through the United States of America and Europe*, trad. de Martin Collcutt et al., 5 v., Princeton, NJ, 2002, I, p. 219 (grifo meu).
23. Citado em Marius B. Jansen (org.), *The Cambridge History of Japan Vol. 5: Nineteenth Century*, Cambridge, 1989, p. 464. Da mesma maneira, alguns afro-americanos devem ter se inspirado nessa e em missões japonesas anteriores aos Estados Unidos, e na contestação da segregação racial e do poder branco invariável que elas aparentemente representam: ver Natalia Eoan, "The 1860 Japanese Embassy and the Antebellum African American Press", *Historical Journal*, v. 62, pp. 997-1020, 2019.
24. Beckmann, *The Making of the Meiji Constitution* continua útil como discussão dirigida da evolução dessa Constituição. Ver também Junji Banno, *The Establishment of the Japanese Constitutional System*, trad. de J. A. A. Stockwin, Londres, 1992.
25. Kazuhiro, *Itō Hirobumi*, p. 218.
26. Ibid., pp. 48-51; 71-3.
27. Peter Van den Berg, "Politics of Codification in Meiji Japan (1868-1912): Comparative Perspective of Position of Composition of Customary Law in Japanese Civil Code", *Osaka University Law Review*, v. 65, pp. 69-88, 2018.
28. A respeito dessas mudanças no modo de vestir dos homens da elite no século XIX, ver C. A. Bayly, *The Birth of the Modern World, 1780-1914*, Oxford, 2004, pp. 12-7.
29. Citado em Takii Kazuhiro, *The Meiji Constitution: The Japanese Experience of the West and the Shaping of the Modern State*, trad. de David Noble, Tóquio, 2007, p. 55.

Notas

30. Entre os relatos proveitosos em língua inglesa de Inoue e suas ideias estão Yoshimitsu Khan, "Inoue Kowashi and the Dual Images of the Emperor of Japan", *Pacific Affairs*, v. 71, pp. 215-30, 1998, e Joseph Pittau, "Inoue Kowashi and the Formation of Modern Japan", *Monumenta Nipponica*, v. 20, pp. 253-82, 1965.

31. Devine, "Way of the King", p. 53. Comparar com a reflexão do próprio Ito Hirobumi em 1880: "Se não decidirmos os objetivos do país, o que impedirá os sentimentos populares de se dispersar"; ver Beckmann, *The Making of the Meiji Constitution*, p. 135.

32. *Commentaries on the Constitution*, p. iii.

33. Ibid., p. 36.

34. Ibid., xi, p. 2.

35. Para um dos principais atores alemães em atividade no Japão, ver Johannes Siemes, *Hermann Roesler and the Making of the Meiji State*. Tóquio, 1968.

36. O texto dessa constituição alemã de 1871 está disponível, em inglês, em James Retallack, "Forging an Empire: Bismarckian Germany (1866-1890)". Disponível em: <https://ghdi.ghi-dc.org/section.cfm?section_id=10>. Acesso em: 26 maio 2022.

37. *Commentaries on the Constitution*, v. 24, p. 41.

38. Para uma versão recente dessa afirmação, ver "After 150 Years, Why Does the Meiji Restoration Matter?", *The Economist*, 2 fev. 2018.

39. Grimmer-Solem, *Learning Empire*, pp. 79-118. Sou grata ao professor Grimmer--Solem por suas sugestões fundamentadas sobre conexões germano-japonesas.

40. *Commentaries on the Constitution*, p. 7. Para cláusulas sobre a Dieta, ver ix, pp. 14, 18, 68 e 119.

41. Junji Banno, *Japan's Modern History, 1857-1937*, trad. de J. A. A. Stockwin, Londres, 2016, pp. 106-73; Hidemasa, "The political Space of Meiji v. 22, 1889", p. 128.

42. *Commentaries on the Constitution*, pp. 38-9; 54-5.

43. Kaneko Kentaro, ex-secretário pessoal de Ito e membro da Câmara dos Pares do Japão, escrevendo em *The Century Illustrated Monthly Magazine*, v. 46, p. 486, 1904

44. Para um relato grandioso, ver Abraham Ascher, *The Revolution of 1905*, Stanford, ca, 2 v., pp. 1988-92.

45. Como diz o historiador Murata Yujiro, "as questões centrais no mundo político durante a última década da [Dinastia] Qing eram Constituições e Parlamentos": ver Joshua A. Fogel e Peter G. Zarrow (orgs.), *Imagining the People: Chinese Intellectuals and the Concept of Citizenship, 1890-1920*, Armonk, ny, 1997, p. 131; ver também E-Tu Zen Sun, "The Chinese Constitutional Missions of 1905-1906", *Journal of Modern History*, v. 24, pp. 251-69, 1952.

46. Um comentário recente sobre *Dastur-ul Amal* está disponível em "Constitution: A Tool of Resistance Today as Well as in Colonial Era", Newsd.in, 4 fev. 2020. Disponível em: <https://newsd.in/?s=Constitution%3A+a+Tool+of+Resistance +Today+as+Well+as+in+Colonial+Era>. Acesso em: 24 maio 2022.

47. Sobre o Projeto de Lei Swaraj e seus contextos, ver Rohit de "Constitutional antecedentes", em Sujit Choudhry et al. (orgs.), *The Oxford Handbook of the Indian Constitution*. Oxford, 2016, pp. 17-37.

48. Ver Cemil Aydin, *The Politics of Anti-Westernism in Asia: Visions of World Order in Pan-Islamic and Pan-Asian Thought*, Nova York, 2007.

49. Renée Worringer, *Comparing Perceptions: Japan as Archetype for Ottoman Modernity, 1876-1918*, tese de doutorado, Universidade de Chicago, 2001, p. 99.

50. Sobre essa Constituição Johor, ver Iza Hussin, "Misreading and Mobility in Constitutional Texts: A Nineteenth Century Case", *Indiana Journal of Global Legal Studies*, v. 21, pp. 145-58, 2014.

51. J. Calvitt Clarke III, *Alliance of the Colored Peoples: Ethiopia and Japan before World War II*, Oxford, 2011.

52. Robert Devereux, *The First Ottoman Constitutional Period: A Study of the Midhat Constitution and Parliament*, Baltimore, MD, 1963, p. 90. Apenas dois grandes jornais londrinos se manifestaram a favor da introdução dessa Constituição otomana de 1876.

53. C. B. Roylance-Kent, "The New Japanese Constitution", *MacMillan's Magazine*, v. 10, p. 420, 1894.

54. Denis Twitchett et al. (orgs.), *The Cambridge History of China. Volume 11: Late Ch'ing, 1800-1911, Part Two*, Cambridge, 1980, p. 348. Ver também pp. 339-74 passim.

55. Worringer, "Comparing Perceptions", p. 289.

56. Kazuhiro, *Ito Hirobumi*, p. 88.

57. J. E. C. Hymans, "Why Recognize? Explaining Victorian Britain's Decision to Recognize the Sovereignty of Imperial Japan", *Korean Journal of International Studies*, v. 12, pp. 49-78, 2014.

58. Sobre esse conflito, ver John W. Steinberg et al. (orgs.), *The Russo-Japanese War in Global Perspective: World War Zero*, Leiden, 2 v., 2005-7. A necessidade de competir militarmente com agressores asiáticos e não apenas com ocidentais, e consequentemente elevar seus níveis de tributação, foi um dos fatores da tardia guinada da Dinastia Qing para o constitucionalismo. Ver Stephen R. Halsey, "Money, Power, and the State: The Origins of the Military-Fiscal State in Modern China", *Journal of the Economic and Social History of the Orient*, v. 56, pp. 392-432, 2013.

59. Aydin, *The Politics of Anti-Westernism in Asia*, p. 73.

60. Steinberg et al. (orgs.), op. cit., I, pp. 612-3.

61. Worringer, "Comparing Perceptions", v. 34, 95 n., p. 184.

62. Ibid., pp. 290, 324, 369. Ver também Steinberg et al. (orgs.), op. cit., pp. 368-9.

63. Citado em Worringer, "Comparing Perceptions", p. 37.

64. Tiao Min-Ch'ien, *China's New Constitution and International Problems*, Xangai, 1918, p. 9.

65. Y. S. Kim, "Russian and Japanese Diplomatic Responses on Interrogations Records of Ahn Jung-geun", *Korea Journal*, v. 55, pp. 113-38, 2015.

66. Lorde Selborne para o secretário de Estado, 17 dez. 1918, British Library IOR Q/27/1, fols., pp. 180-2.

Notas 453

Epílogo [pp. 393-413]

1. A literatura sobre esse conflito é enorme, mas para excelentes investigações das dimensões globais, ver Robert Gerwarth e Erez Manela (orgs.), *Empires at War: 1911-1923*, Oxford, 2014; e Hew Strachan, "The First World War as a Global War", *First World War Studies*, I, 2010, pp. 3-14.

2. Ver David Omissi, *Indian Voices of the Great War: Soldiers' Letters, 1914-18*, Nova York, 1999; e Santanu Das, *India, Empire, and First World War Culture*, Cambridge, 2018.

3. Este é o resumo da posição de Wells na época, feito por um estudioso atual: Fupeng Li, "Becoming Policy: Cultural Translation in the Weimar Constitution in China, 1919-1949". *Journal of the Max Planck Institute of European Legal History*, v. 27, p. 211, 2019. Para o significado mais amplo de Wells, figura sujeita a intensa reinterpretação nos dias de hoje, ver Sarah Cole, *Inventing Tomorrow: H.G. Wells and the Twentieth Century*, Nova York, 2019.

4. Sobre o apelo e alguns dos limites desse projeto, ver Susan Pedersen, *The Guardians: The League of Nations and the Crisis of Empire*, Oxford, 2015.

5. Ensaio de H. G. Wells neste volume, "The League of Free Nations: Its Possible Constitution" foi publicado também na *Maclean's Magazine*, do Canadá, em 1º de abril de 1918, e editado por Walter Lippmann em *The New Republic*, nos Estados Unidos.

6. H. B. Morse, "The New Constitution of China", *Journal of Comparative Legislation and International Law*, I, 1919, pp. 183-95.

7. Para um exame recente, ver Yesim Bayar, "Constitution-Writing, Nationalism and the Turkish Experience", *Nations and Nationalism 22*, 2016, pp. 725-43. Apesar da preocupação dos criadores em projetar e proclamar um "jeito de ser turco" novo e moderno, este texto de 1924, como tantas Constituições, era mais ou menos um pastiche, buscando inspiração especialmente na Constituição francesa de 1875 e na Constituição polonesa de março de 1921.

8. Sobre esses acontecimentos, ver Charles Townshend, *Easter 1916: The Irish Rebellion*, Londres, 2015; e, para repercussões e conexões mais amplas, Enrico dal Lago, Róisin Healy e Gearóid Barry (orgs.), *1916 in Global Context: An Anti-Imperial Moment*, Abingdon, 2018; e Donal K. Coffey, *Drafting the Irish Constitution, 1935-37: Transnational Influences in Interwar Europe*, Londres, 2018.

9. Rohit De, "Constitutional antecedents", em Sujit Choudry, Madhav Khosla e Pratap Bhanu Mehta (orgs.), *The Oxford Handbook of the Indian Constitution*, Oxford, 2016. pp. 17-37.

10. Ver a investigação de Rachel G. Hoffman, "The Red Revolutionary Moment: Russia's Revolution and the World", em David Motadel (org.), *Revolutionary World: Global Upheaval in the Modern Age*, Cambridge: Cambridge University Press, 2021.

11. Citado em Geoff Eley, *Forging Democracy: The History of the Left in Europe, 1850-2000*. Nova York, 2002, p. 149. Folheto de Lênin "Three Constitutions or Three Systems of Government", de 1905. Disponível em: <https://www.marxists.org/archive/lenin/works/1905/jul/00b.htm>. Acesso em: maio 2022.

12. George Papuashvili, "The 1921 Constitution of the Democratic Republic of Georgia: Looking Back after Ninety Years", *European Public Law*, v. 18, 2012, pp. 323-50.

13. E. V. Niemeyer, *Revolution at Querétaro: The Mexican Constitutional Convention of 1916-17*, Austin, Texas, 1974.

14. German History in Documents and Images (GHDI) oferece uma boa tradução, para o inglês, da Constituição de Weimar. Disponível em: <https://germanhistorydocs. ghi-dc.org/sub_document.cfm?document_id=3937>. Acesso em: maio 2022.

15. Este texto, junto com outras criações do pós-guerra, está em Howard Lee McBain e Lindsay Rogers, *The New Constitutions of Europe*, Garden City, Nova York, 1922.

16. Samantha Lomb, *Stalin's Constitution: Soviet Participatory Politics and the Discussion of the 1936 Constitution*, Londres, 2018.

17. Grenada *Federalist*, 27 out. 1915.

18. Ver, por exemplo, Daniel T. Rodger, *Atlantic Crossings: Social Politics in a Progressive Age*, Cambridge, MA, 1998.

19. Citado em Neil S. Siegel, "Why the Nineteenth Amendment Matters Today: A Guide for the Centennial", *Duke Journal of Gender Law & Policy* v. 27, p. 10, 2020.

20. Para um gráfico esclarecedor mostrando sucessivos picos na criação de Estados-nação no século XX, ver Andreas Wimmer e Brian Min, "From Empire to Nation State: Explaining Wars in the Modern World, 1816-2001", *American Sociological Review*, v. 71, p. 872, 2006.

21. David Armitage, *Civil Wars: A History in Ideas*, Nova York, 2017, p. 5.

22. Lawrence W. Beer (org.), *Constitutional Systems in Late Twentieth Century Asia*, Seattle, 1992, p. 4.

23. Traduções em inglês do texto dessa Constituição chinesa estão amplamente disponíveis on-line.

24. Benedict Anderson, *Imagined Communities: Reflections on the Origin and Spread of Nationalism*, ed. rev., Londres, 1991, p. 67.

25. Ver, por exemplo, o lamento inicial de Arthur J. Stansbury, *Elementary Catechism on the Constitution of the United States for the Use of Schools*, Boston, MA, 1828.

26. Harshan Kumarasingham, "Written Differently: A Survey of Commonwealth Constitutional History in the Age of Decolonization", *Journal of Imperial and Commonwealth History*, v. 46, pp. 874-908, 2018.

27. Citado em David N. Mayer, *The Constitutional Thought of Thomas Jefferson*, Charlottesville, VA, 1994, p. 128.

28. Sobre Putin e a Constituição russa, ver a introdução de Adam Chilton e Mila Versteeg, *How Constitutional Rights Matter*, Oxford, 2020.

Lista de ilustrações

1. "Global Deaths in Conflicts Since the Year 1400", em Max Roser, "War and Peace", 2020. Publicado on-line em: <OurWorldindata.org>. Recuperado de <https://ourworldindata.org/warandpeace>.

2. *Pasqal Paoli* [sic], gravura de Hendrik Kobell a partir de S. Cruys, 1768. © Trustees of the British Museum.

3. Jean Denis Attiret, *Victory at Heluo Heshi*. Gravura de *Battle Scenes of the Quelling of Rebellions in the Western Regions, with Imperial Poems, c.* 1765-74. John L. Severance Fund, 1998.103.4, cortesia do Cleveland Museum of Art.

4. "The Form of Landing, Our Troops on the Island of Cuba: For the Besieging of the Havana, 1762", gravura em cobre em *London Magazine*, v. 32, 1763, Special Collections, The University of Texas at Arlington Libraries.

5. Artista desconhecido, *Le 1ᵉʳ. Juillet 1801, Toussaint-L'Ouverture, chargés des pouvoirs du peuple d'Haïty et auspices du Tout-puissant, proclame le Gouverneur général, assisté des mandataires légalement convoqués, en présence et sous les Constitution de la république d'Haïty*, litografia, 1801. Prints and Photographs Division, Library of Congress, LCDIGppmsca31021.

6. Richard Evans, *King Henry Christophe*, pintura a óleo, *c.* 1816. Josefina del Toro Fulladosa Collection, Alfred Nemours Collection, University of Puerto Rico, Río Piedras Campus.

7. Artista desconhecido, *The Ghost of Christophe ex-King of Hayti, Appearing to the Un-Holy Alliance!!*, gravura pintada à mão, 1821, publicada por John Fairburn, Londres, 1821. © Trustees of the British Museum.

8. Artista desconhecido, *Catherine II Holding her "Instruction"*, esmalte sobre placa de cobre, terceiro quartel do século XVIII. Museu Estatal Hermitage, São Petersburgo. Fotografia © The State Hermitage Museum/Foto de Vladimir Terebenin, Natalia Antonova, Inna Regentova.

9. William Blake, *Moses Receiving the Law*, caneta e tinta preta com wash cinza, wash preta e grafite, *c.* 1780. Yale Center for British Art.

10. Vigilius Eriksen, *Equestrian Portrait of Catherine the Great*, 1764, pintura a óleo. Museu Estatal Hermitage, São Petersburgo. Fotografia © The State Hermitage Museum/Foto de Vladimir Terebenin, Natalia Antonova, Inna Regentova.

11. Artista desconhecido, *L'Enjambée impériale*, gravura pintada à mão, 1792. Prints and Photographs Division, Library of Congress, LCusZc23547.

12. Richard Newton, *A Dance Round the Poles*, Londres, 1794, gravura pintada à mão. © Trustees of the British Museum.

13. Página de rosto, *Form of Government Enacted by His Majesty the King and the States of Sweden at Stockholm Aug. the 21 1772*, Estocolmo. Impresso pelo impressor do rei, H. Fougt, 1772. Cambridge University Library, pryme.c.387.

14. Charles Peale Wilson, *Thomas Paine*, gravura, Londres, 1791, baseada numa pintura *c.* 1779. Rare Book Division, Special Collections, Princeton University Library.

15. James Watson, imitação de Robert Edge Pine, *Arthur Beardmore, Common-Council Man of the City of London, Teaching His Son Magna Charta*, mezzotinta, 1765. Royal Collection Trust/© Her Majesty Queen Elizabeth II, 2019.

16. Samuel Boyce, imitação de Louis-Philippe Boitard, folha de rosto de *An Account of the Constitution and Present State of Great Britain: Together with a View of Its Trade, Policy, and Interest, Respecting Other Nations, & of the Principal Curiosities of Great Britain and Ireland*, Londres, *c.* 1759. Cotsen Children's Library, Special Collections, Princeton University Library.

17. Projeto de Constituição dos Estados Unidos, impresso na primeira página de *The Pennsylvania Packet, and Daily Advertiser*, 19 set. 1787. Prints and Photographs Division, Library of Congress, LCU sz6258266.

18. John Singleton Copley, *Samuel Adams*, pintura a óleo, *c.* 1772. Museum of Fine Arts, Boston. Depositada pela Cidade de Boston.

19. Antonio Canova, *Modello for George Washington*, modelo preparatório de gesso, 1818. Gypsotheca e Museo Antonio Canova, Possagno, Itália.

20. Página de rosto, *Interesting Official Documents Relating to the United Provinces of Venezuela: Viz. Preliminary Remarks, the Act of Independence, Proclamation, Manifesto to the World of the Causes Which Have Impelled the Said Provinces to Separate from the Mother Country; Together with the Constitution Framed for the Administration of their Government. In Spanish and English*, Londres, 1812. Rare Book Division, Special Collections, Princeton University Library.

21. Oscar Wergeland, *Riksforsamlingen pa Eidsvoll 1814/The National Assembly at Eidsvoll passing the Norwegian Constitution in 1814*, pintura a óleo, 1884-5. Teigens Fotoatelier a/s/Stortinget.

22. Henry William Pickersgill, *James Silk Buckingham and His Wife Elizabeth Jennings in Arab Costume of Baghdad 1816*, pintura a óleo, 1825. Royal Geographical Society via Getty Images.

23. Samuel de Wilde, *The Rajah Rammohan Roy*, desenho, caneta e tintas coloridas e wash, 1826. Foto: © Royal Academy of Arts, Londres.

24. Henry Inman, cópia de Charles Bird King, *Sequoyah*, pintura a óleo, *c.* 1830. National Portrait Gallery, Smithsonian Institution.

25. Cherokee nation, *Constitution of the Cherokee Nation Formed by a Convention of Delegates from the Several Districts at New Echota, July 1827*. Cortesia da Newberry Library, Chicago, VAULT Ayer 251.C211 1828 Special Collections.

26. James Gillray, *The French-Consular-Triumverate Settl'ing the New Constitution: With a Peep at the Constitutional-Pigeon-Holes of the Abbe Seiyes* [sic] *in the Background*, gravura pintada à mão publicada por Hannah Humphrey, Londres, 1800. Cortesia de The Lewis Walpole Library, Universidade Yale.

Lista de ilustrações

27. Jacques-Louis David, *The Emperor Napoleon in his Study at the Tuileries*, pintura a óleo, 1812. National Gallery of Art, Washington, DC.

28. Página de rosto, *Constitucion Politica de La Monarquía Española, promulgada en Cádiz á 19 de Marzo de 1812/grabada y dedicada a las Cortes por Dn. José María de Santiago*, Madri, 1822. Gravada por José María de Santiago. Rare Book Collection, Lillian Goldman Law Library, Yale Law School.

29. Página de rosto, *Proyecto de constitucion política de la Monarquía Española presentado a las Córtes generales y extraordinarias por su Comision de constitucion*, Cádiz e México, 1811. Rare Book Collection, Lillian Goldman Law Library, Yale Law School.

30. Jean-Baptiste Gautier, *Le Promethée de l'Isle Ste. Hélène*, gravura pintada à mão, 1815. © Trustees of the British Museum.

31. Nicholas-Eustache Maurin, *S.M.I. o Senhor D. Pedro restituindo sua Augusta Filha a Senhora D. Maria Segunda e a Carta Constitucional aos Portugueses/H.I.H. Dom Pedro restoring His August Daughter Maria II and the Constitutional Charter to the Portuguese People*, litografia, Paris, 1832. Publicada por Joséphine-Clémence Formentin. Biblioteca Nacional de Portugal.

32. Weld Taylor, imitação de H. H. Pickersgill, *"The Mortal Remains" of Jeremy Bentham, Laid Out for Public Dissection*, litografia, Londres, 1832. Wellcome Collection.

33. George Cruikshank, "This Is the Wealth that Lay in the House that Jack Built", em William Hone, *The Political House that Jack Built*, Londres, 1819. Graphic Arts Collection, Special Collections, Princeton University Library.

34. John Doyle, *The (Modern) Deluge*, litografia, 1848, publicada por Thomas McLean. Yale Center for British Art.

35. John Orlando Parry, *A London Street Scene*, aquarela, 1835. Stephen Crawley para o Alfred Dunhill Museum and Archive.

36. Artista desconhecido, *Simón Bolívar*, pintura a óleo, c. 1823. Cortesia da John Carter Brown Library.

37. Roulin François Désiré, *Simón Bolívar*, desenho de perfil feito em Bogotá em 15 fev. 1828. Colección Bolivariana, Fundación John Boulton.

38. Adam Buck, *Major [John] Cartwright*, gravura, sem data. Cortesia de The Lewis Walpole Library, Universidade Yale.

39. William Lovett, *The People's Charter: An Act to Provide for the Just Representation of the People of Great Britain & Ireland in the Commons' House of Parliament*, Londres, c. 1839. Rare Book Division, Special Collections, Princeton University Library.

40. John Shillibeer, *A View of Pitcairn's Island, South Seas*, aquarela, 1814. Dixson Library, State Library of New South Wales.

41. Robert Batty, "George Young & His Wife (Hannah Adams) of Pitcairns [sic] Island", desenhado e gravado pelo tenente-coronel Batty. De Esboços do tenente Smith do HMS *Blossom*, em Sir John Barrow, *The Eventful History of the Mutiny and Piratical Seizure of HMS Bounty, Its Causes and Consequences*, ilustrado com seis gravuras dos desenhos originais do tenente-coronel Batty, Londres, 1831. Rare Book Division, Special Collections, Princeton University Library.

42. Nanine Vallain, *La Liberté* (*Liberty*), pintura a óleo, 1794, inv. MRF d19864. © Coll. Musée de la Révolution française/Domaine de Vizille/Dépôt du Musée du Louvre.

43. Jonathan Spilsbury, imitação de Katharine Read, *Catharine Macaulay, mezzo-tinto*, 1764. British Prints Collection (GC106); Graphic Arts Collection, Special Collections, Princeton University Library.

44. Francisco de Goya y Lucientes, "Que valor!/Que coragem!", chapa 7 de *Os desastres da guerra*, gravura, água-tinta e ponta-seca, 1810, publicada em 1863. The Metropolitan Museum of Art.

45. Thomas Crawford, *The Indian: The Dying Chief Contemplating the Progress of Civilisation*, mármore branco e madeira, 1856. Fotografia © NewYork Historical Society.

46. Samuel Freeman, *His Majesty Pomarrè, King of Taheite*, gravura stipple, Londres, 1821. © Trustees of the British Museum.

47. Charles Davidson Bell, *Education in the Early Days at The Cape*, aquarela sem data. © National Maritime Museum, Greenwich, Londres.

48. Rev. Lorrin Andrews (mas na verdade produzida por um dos seus alunos havaianos), *Hawaiian Costume*, gravura, impressa no Havaí, *c.* 1837-40. © Trustees of the British Museum.

49. Fotógrafo desconhecido, *King Kalākaua*, negativo de vidro, sem data. Prints and Photographs Division, Library of Congress, LCdiGggbain06548.

50. "Suspendu d'une main entre le wagon de bagages [...]", Jules Verne, *Le tour du monde en quatre-vingts jours*, Paris, sem data, ilustrações de Alphonse-Marie-Adolphe de Neuville e Léon Benett. General Research Division, Biblioteca Pública de Nova York.

51. Louis-Augustin Simil, *"Portrait of his Highness the Mushir Mohammed Essadek, Bey of Tunis* [Sadok Bey], pintura a óleo, 1859. Salas de Recepção Diplomática, Departamento de Estado dos Estados Unidos, Washington, DC.

52. Gilbert Stuart, *George Washington* (*Lansdowne Portrait*), pintura a óleo, 1796. National Portrait Gallery, Smithsonian Institution; adquirida como presente para a nação através da generosidade de Donald W. Reynolds Foundation.

53. Louis-Augustin Simil, *Le Général Khaireddine/Khayr al-Din on Horseback*, pintura a óleo, 1852. Adnan Louhichi, INP Túnis.

54. "The True Defenders of the Constitution", xilogravura de um desenho de James Walker, em *Harper's Weekly*, v. 9, n. 463, 11 nov. 1865. Prints and Photographs Division, Library of Congress, LCusz62138362.

55. Fotógrafo desconhecido, *Surgeon-Major James Africanus Beale Horton*, 1859, reproduzido em James Africanus Beale Horton, *West African Countries and Peoples*, Edimburgo: University Press, 1969, fac-símile da primeira edição de 1868. Reproduzido com permissão do Centre of African Studies, University of Edinburgh.

56. Página de rosto, *The Independent Republic of Liberia: Its Constitution and Declaration of Independence*, Filadélfia, 1848. General Research Division, Biblioteca Pública de Nova York.

Lista de ilustrações

57. "Besuch der Kruppschen Werke [Visita à fábrica da Krupp]", caricatura publicada na revista semanal *Berliner Wespen illustriertes humoristisches Wochenblatt*, Berlim, 21 mar. 1873.

58. Adachi Ginko, *Illustration of the Issuing of the State Constitution in the State Chamber of the New Imperial Palace*/Shin kokyo ni oite seiden kenpo happushiki no zu 新皇居於テ正殿憲法発布式之図, 1889 [Meiji 22], 14 de março, xilogravura (ōban tatee triptych). Allen R. Adler, Class of 1967, Japanese Print Collection, Princeton University Art Museum.

59. Fotógrafo desconhecido, *Ito Hirobumi in traditional attire*, sem data. Biblioteca da Universidade de Nagasáki.

60. Fotógrafo desconhecido, *Ito Hirobumi sitting in a chair*, sem data. Biblioteca da Universidade de Nagasáki.

61. Mizuno Toshikata, *Banzai! Banzai! For the Great Japanese Empire! Great Victory for Our Troops in the Assault on Seonghwan*/dai nihon teikoku banbanzai: Seikan shūgeki waga gun taishō no zu 大日本帝國萬々歳 成歡襲擊和軍大捷之圖, xilogravura colorida, publicada por Akiyama Buemon, tríptico, 1894, Allen R. Adler, Class of 1967, Japanese Print Collection, Princeton University Art Museum.

62. Artista desconhecido, *Shunga, with a Japanese soldier buggering a Russian soldier, more Japanese troops in the distance charging with a Japanese flag*, c. 1904-5, xilogravura colorida, formato koban. © Trustees of the British Museum.

63. Artista desconhecido, *Sekai no o wa Nippon nari/Japan is King of the World*, xilogravura colorida, 1904-5. Anúncio (hikifuda) provavelmente divulgado na época da Guerra Russo-Japonesa. A inscrição na gravura diz o seguinte: "O Japão é o rei do mundo, A rainha das flores é a flor da cerejeira, O rei dos animais é o leão, A rainha do zelo é esta loja". © Trustees of the British Museum.

64. F. A. Modorov, "Stalin's Report on the Project for a Constitution at the Extraordinary Eighth Congress of the Soviets, 25 November, 1936"/Doklad Stalina na Chrezvychainom VIII s"ezde Sovetov o proekte Konstitutsii, SSSR, 1937-8, pintura a óleo. Digital Library of Staliniana, Archives & Special Collections, University of Pittsburgh Library System.

65. Róisín Blade, *Repeal the 8th*, 2016, bico de pena. As mãos acorrentadas representam a luta pelos direitos reprodutivos, o dilema ético enfrentado por nossos médicos e a ameaça de uma pena de catorze anos de prisão. Imagem cortesia de Róisín Blade.

66. Kim Ludbrook, *Mass protests against South Africa President Zuma, Pretoria, 12 April, 2017*, fotografia de Kim Ludbrook/EPA/Shutterstock.

67. Olga Misik lê a Constituição da Rússia para policiais durante manifestação em apoio do registro de candidatos independentes nas eleições para a Duma da cidade de Moscou, na Tverskaya Street, em Moscou. Fotografia de Eugene Odinokov, 27 jul. 2019. Eugene Odinokov/Sputnik via Easypix Brasil.

Todos os esforços foram feitos para reconhecer os direitos autorais das imagens. A editora agradece qualquer informação relativa à autoria, titularidade e/ou outros dados, se comprometendo a incluí-los em edições futuras.

Índice remissivo

As referências às figuras estão em itálico

Abdel-Talut, 163
Abdulamide II, sultão otomano, 9, 386
Abu Bakar, sultão de Johor, 379
Adams, John, 322
Adams, Samuel, *114*
Afeganistão, 148
África, 32-3, 51, 58, 143, *161*, 165, 184, 220, 283, 333, 345, 393; África do Sul, 220, 411; África Ocidental, 53, 89, 128, 269, 301-10, 338-9, 343; guerra na, 53-5; Leste da África, 220; Norte da África, 205, 224, 301-10, 344
Agustina de Aragón, 268, *270*
Ahmad Shah Durrani, 34
Ahn Jung-geun, 389
Alamán, Lucas, 224
Albert, príncipe, 265
Alemanha, 160; Constituição de 1871, 371-3; constituição de 1919, 396; Constituição de Weimar, 399; império, 16, 348; Japão e, 371-3; Missão Iwakura, *350*; Parlamento de Frankfurt, 265, 277; Primeira Guerra Mundial, 393, 396; revolução de 1918-19, 399; Rússia e, 397-8; unificação, 311
Alexandre I, imperador da Rússia, 163, 204
Alfredo, rei, 71
Álvarez Condarco, José Antonio, 225
Ambedkar, B. R., 347
América: cartas coloniais, 113-6; colônias britânicas na, 28, 33, 43-4, 46-7, 61, 181, 210, 233; Thomas Paine e, 104-6, 107
América do Sul: comunidade de exilados em Londres, 222, 224-5, 243; constituição de Cádiz e, 182, 184, 186; constituições, 147, 161, 190, 206, 222-5, 227-39, 243, 267, 375, 398; gráficas e jornais londrinos, 222-3; investimentos britânicos na, 218; lutas de independência, 12, 189-90, 220, 227-39; modelo dos Estados Unidos e, 131-4; política imperial espanhola, 46-7; Primeira Guerra Mundial, 393

Anderson, Benedict, 406
L'An 2440 (Mercier), 71
Antologia das Constituições do mundo, 148
Appadurai, Arjun, 48
Arendt, Hannah, 65
Argentina, 48, 206, 233, 323; Constituição de 1826, 190; Guerra da Tríplice Aliança, 311; títulos governamentais, 218
Argüelles, Agustín, 226, 243, 258
Arrubla, Manuel Antonio, 225
Atatürk, Mustafa Kemal, 396
Atlantic Neptune, The, 65
Attucks, Crispus, 330
Austen, Jane, 158
Austrália, 165, 255, 271-2, 274-9
axânti, 341-2, 345
Aycinena, família, 224

Baudin, Nicolas, 165
Beardmore, Arthur, 102
Beccaria, Cesare, 67, 73
Bélgica, 239-40, 404; constituição de 1831, 239, 369, 404
Belgrano, Manuel, 224
Belich, James, 275
Bello, Andrés, 19, 222-4, 226
Bentham, Jeremy, 85, *200*, 201-7, 218, 221, 240, 362; como ativista transcontinental, 201-7; e Bolívar, 204, 206, 231, 236, 238; e Cartwright, 241; e a constituição britânica, 213; e Shelley, 241
Bíblia e constituições, 71, 79, 107, 213
Bismarck, Otto von, 372
Blackstone, William, 10, 101-2, 144, 361
Blade, Róisín, 409
Blake, William, 72
Blyden, Edward Wilmot, 339
Bolívar, Simón, 196-7, 224, 227-32, *229*, 236-8, *237*, 258; e Bentham, 204, 206, 236, 238; e Byron, 241; sobre escravidão, 232; ideias

constitucionais, 206, 228-39; e Pomare, 280; e Sáenz, 232, 268
Bolívia, 233, 267
Bonaparte, Jérôme, 176
Bonaparte, Joseph, 181-2, 189
Bonaparte, Napoleão *ver* Napoleão
Boswell, James, 25, 31
Bounty, HMS, 249
Boyer, Jean-Pierre, 205
Brasil, 233; constituições, 131, 375; Guerra da Tríplice Aliança, 311; jornais londrinos, 223; títulos governamentais, 218
Bryce, James, 215
Buckingham, James Silk, 143-7, *145*
Burke, Edmund, 169-70, 192
Burr, Aaron, 120, 191, 204
Byron, Lord, 241

Calcutá, 19, 142-7, 186, 220, 326, 407
Calcutta Journal, 142-4
Califórnia, 272, 274-5, 323
Cambacérès, Jean-Jacques-Régis de, 168, 258
"caminho do rei, O" (Chiba Takusaburo), 362
caminho mais seguro para o conhecimento dos países, O, (Khayr al-Din), 319-22, 346
Canova, Antonio, *122*
Carlos Emanuel III, rei da Sardenha, 66
Carlos I, rei da Inglaterra, da Irlanda e da Escócia, 208
Carlos III, rei da Espanha, 46
Carlos IV, rei da Espanha, 181, 189
Carlos Magno, 71
Carlos XII, rei da Suécia, 89
Carta a um nobre senhor (Burke), 169
Carta da Jamaica (Bolívar), 231
Carta do Povo, *244, 245*
cartas, 99-100, Magna Carta, 101-4, 102-3; Thomas Paine e, 99, 104-6
cartismo, *244, 245*
Cartwright, John, 241-6, *242*
casa política que Jack construiu, A (Hone), 211
Castelli, Carlo Luigi, 196
Catarina II (Catarina, a Grande), imperatriz da Rússia, 19, 62, 73-7, *75, 77, 81*, 90, 400; e a Comissão Legislativa, 80-4; e a constituição dos Estados Unidos, 127; e Frederico, o Grande, 87; e a Guerra dos Sete Anos, 163; *Nakaz*, 62, 63-5, 67-8, 74, 78-86, 92, 94, 106, 115, 125, 187, 265

catolicismo romano: constituição de Cádiz, 187-8; México, 189
Cherokees, 150-3
Chiba Takusaburo, 360-2
Chile, 233; constituições, 131, 190, 239, 253; títulos governamentais, 218
China, 16, 282; constituição de 1946, 391; constituição de 1982, 404; dinastia Ming, 36; dinastia Qing, 35, 38, 66-7, 149, 376; guerra híbrida e, 38, 150, 384; Guerras do Ópio, 149, 357; Havaí e, 295, 298; imprensa, 149; Japão e, 376, 378, 382-4; Montesquieu, 70; Primeira Guerra Mundial, 393; Primeira Guerra Sino-Japonesa, 149, *382*, 384, 388; projetos constitucionais depois de 1905, 376; Rebelião Taiping, 149, 312, 323; Segunda Guerra Sino-Japonesa, 391
Christian, Fletcher, 249
Christophe, Henry, 55-60, *59, 61*, 197
Churchill, Winston, 32
cidadania ativa, 16, 171, 185, 268-9; e as mulheres, 173, 185, 256-71, 401; e raça, 51, 146, 184, 202, 205, 234, 236, 330-3, 336, 339, 344-5, 348, 401, 450
Cinco de Choshu, Os, 363-5; *ver também* Ito Hirobumi
Cixi, imperatriz viúva da China, 376
Claypoole, David C., 112, 124, 126
Clegg, William, 324
Cocceji, Samuel von, 87
Cocke, Thomas, 99
Code Napoléon, 178
Código Frederiquiano, 88
Colômbia: constituição, 48; emancipação dos escravos, 324; investimento britânico na, 225; títulos governamentais, 218
Comentários à Constituição do Império do Japão (Inoue Kowashi), 370-1, 373
Comentários à Constituição dos Estados Unidos (Story), 276
Comentários à Lei Americana (Kent), 276
Comentários às Leis da Inglaterra (Blackstone), 144
Companhia das Índias Orientais, 40, 142-4, 147, 212
Confederação Fânti, 343, 345, 348
Confúcio, 71
Congo, 53
Connaught Journal, 141-2

Conrad, Sebastian, 18
Considerações sobre o governo representativo (Mill), 340
Constituição de Cádiz (Espanha), 48, 139, 146, 182-90, *183, 185*, 196-7, 206, 261, 404, 407
Constituição dos Estados Unidos, 44, 67, 94, *110*, 111-26, 161, 403; constituição cherokee e, 151; constituição sulista, 324-5; distribuição interna, 127; emendas, 314, 331, 347, 410; escravidão e, 322, 331; influência, 129-34, 135-6, 139, 183, 366, 406-7; legislatura bicameral, 156; população indígena e, 273-4; ratificação, 127; Tocqueville, 135
constituições, 10-1, 17-8, 20-1, 403-13; antecedentes e historiografia, 10-21; coleções de, 136-7, 148; culturas literárias e, 19, 71, 125, 158, 191-7, 316-7; escritas para outros, 158-99, 204-7; escritores e defensores, 18-9, 157-60, 265; Iluminismos e, 67-73; impérios e, 9-10, 16, 152-3, 168-90, 197-8, 311, 314, 370-90, 396-7, 404; modernidade e, 11, 18, 174, 234, 261, 263, 293-4, 298, 302, 305, 338, 369, 378, 388-9, 406, 410-1; usos e entendimentos do termo, 69, 94, 100-2, 106, 129, 169, 260, 368
Constituições Fundamentais da Carolina (Locke), 209
contrato social, O (Rousseau), 360
Cook, James, 65
Copley, John Singleton, *114*
Coreia, 389-90
Córsega, 253; constituição de 1755, 25-32, 115, 172, 403; Guerra dos Sete Anos, 31-3; Napoleão e, 171-2; Rousseau e, 68
Costa do Ouro, *339, 342, 345*
Costa, Sébastien, 29
Crawford, Thomas, *273*
Cromwell, Oliver, 208
Cuba, 190; constituições, 375; Guerra dos Sete Anos, *37*; lutas de independência, 313; Primeira Guerra Mundial, 393

d'Alambert, Jean-Baptiste le Rond, 70
d'Esménard, Jean-Baptiste, 181
D'Ghies, Hassuna, 205, 302
Daomé, 53
David, Jacques-Louis, 178, *179*, 180
Davie, William Richardson, 120
declaração de independência: América do

Sul, 135; apelo limitado antes de 1914, 135; Estados Unidos, 90, 116, 126-7 132, 135-6, 147; Haiti, 130, 135
Defoe, Daniel, 209
democracia na América, A (Tocqueville), 135, 367
Des Barres, Joseph, 65
desastres da guerra, Os (Goya), 268, *270*
Dessalines, Jean-Jacques, 51, 55-6
Diderot, Denis, 80, 95
Diligent (navio negreiro), 52
dilúvio (moderno), O (Doyle), 213, *214*
Dinamarca, 138, 311
dinastia Qing, 35-6, 66, 149, 376, 384
direito das gentes, O (Vattel), 69
direitos do homem, Os (Paine), 100
Dos delitos e das penas (Beccaria), 67, 73
Doyle, John, 213, *214*
du Pont de Nemours, Pierre Samuel, 88
ducado de Varsóvia, 177-8, 180
Dunlap, John, 112, 124, 126
Dzungar, China, 35

Egaña, Mariano, 224
Egito: Guerra Russo-Japonesa e, 386; Guerras Napoleônicas, 164, 171
Elba, 175
Elliot, Gilbert, 253
Elliott, Russell, 249-51, 253, 255-6, 264, 269, 271, 288
Encyclopédie, 67, 71
Endo Kinsuke, 364
Engels, Friedrich, 245
Epaminondas, 25
Equador, 47, 323, 375
Eriksen, Vigilius, 75
Escócia, 104, 127, 139, 208-10, 213, 215, 250, 254, 277, 340
escravidão, 53, 301, 308-10, 323; Bolívar, 234; Estados Unidos e Guerra Civil, 328, 322-3, 330-2; e a Guerra Revolucionária Americana, 116, 120; Haiti, 49-51, 52-4, 130; navios negreiros e guerra híbrida, 52-3; Serra Leoa, 334; Tunísia, 301-10, 323
Espanha: constituição de Cádiz, 48, 139, 146; Estatuto de Baiona, 181-4; exército, 46; êxodo de liberais, 224, 226; gráficas e jornais londrinos, 222; Guerra dos Sete Anos, 46-8, 61; Guerras Napoleônicas,

175-6, 180, 189-90, 268; império, 46-8, 66,
233, 313, 348; marinha, 39, 46, 47; mulheres, 261; revoluções, 313
espírito das leis, O (Montesquieu), 28, 67, 70,
86, 238, 240
Estados Unidos: Bentham e, 204; Carta de
Direitos, 161; compra da Louisiana, 166;
constituição cherokee, 150-3; Constituições estaduais, 44, 146, 260, 274, 314, 323,
332, 404; Convenção Constitucional, 81,
83, 111-2, 118, 120, 124, 260, 322, 395; declaração de independência, 90, 116, 126-7,
132, 135, 147; elaboração de constituições
para outros, 174-5; exército, 326, 328;
federalismo, 131; Guerra Civil, 311, 314,
316, 322-33, 336; Havaí e, 290, 293-4, 297;
imigração, 254, 271; império, 16, 348, 404;
Iraque e, 160, 174; Iwakura, Missão, 365-6;
Japão e, 357; Libéria e, 336-8; mulheres,
257, 260, 269, 401; Oceano Pacífico e, 254;
população indígena, 150-3, 273-6; Primeira
Guerra Mundial, 393, 395; Reconstrução,
344, 347, 366; Tunísia e, 301, 306-8; *ver
também* América; Guerra Revolucionária
Americana
Estatuto de Baiona, 181-4
Estetino, 73
Etiópia, 380
Evans, Richard, 58-60, *59*
Exército de Novo Tipo, 208

Federalista, O, 118-9, 204, 307, 366-7
Fernando VII, rei da Espanha, 181, 186, 189
ferrovias, 327
Filadélfia, 67, 81, 220; Convenção Constitucional, 81, 111-5, 118-28, 136, 156, 260, 322-5,
395, 410; e Thomas Paine, 105, 107
Filipinas, 16, 393; constituição de Cádiz, 182,
184; Guerra dos Sete Anos, 34
Finlândia, 270
Fly, HMS, 249, 253
formação da classe operária inglesa, A
(Thompson), 216
fotografia, 316
França: Bolívar e, 232; Carta de 1814, 194, 239;
constituição de 1791, 139, 156-7, 162, 183,
261, 407; constituição de 1793, 79, 139, 407;
constituição de 1795, 139, 173; constituição
de 1799, 130, *154*, 169-70; constituição

de 1804, 170; Córsega e, 31-2, 45, 68, 172;
Estados Gerais, 45, 156; exército, 32, 162-4,
170, 180, 191, 196; Gouverneur Morris e, 155-
9; Guerra da Crimeia, 311; Guerra dos Sete
Anos, 31-3, 44-5; guerra híbrida e, 39, 44-6,
49, 54, 155, 161-8; Guerra Revolucionária
Americana, 45, 54, 116-7, 233; Guerras Revolucionárias Francesas, 13, 46, 83, 162, 221;
Iluminismo, 68; lutas de unificação italia-
na, 311-2; marinha, 39, 52, 164-8; mulheres,
261, *262*; *Nakaz* e, 84-5; navios de guerra, 39,
45; navios negreiros, 52-3; Primeira Guerra
Mundial, 393-4; Revolução de 1789, 11, 13,
45, 49, 83, 155-64, 172, 196-7, 221; Revolução
Haitiana, 49-51, 54; Taiti, 287, 289; Terceira
República, 313; Tunísia e, 304-5, 344, 346; *ver
também* Guerras Napoleônicas
Frankenstein (Mary Shelley), 191-4, 196-7
Franklin, Benjamin, 106, 132, 258
Frederico Guilherme I, rei da Prússia, 87
Frederico II (Frederico, o Grande), rei da
Prússia, 86-7, 90, 92, 94, 98
Freedom House, 410
Freetown, Serra Leoa, 334

Gálvez, José de, 66
Gâmbia, 339
Gana, 407
Gans, Eduard, 201-4, 206, 240
García Granados, família, 224
Gauguin, Paul, 379
Genebra, 191
Gênova, 173; Córsega e, 26, 29-31
Geórgia, 398-9
Gillray, James, *154*, 168, 170
Ginko, Adachi, *352-3*, 354-6
Gipps, sir George, 275-7
Gluck, Carol, 356
Gneist, Rudolf von, 367
Godwin, William, 191
Gontcharóv, Ivan, 358
Gouze, Marie (Olympe de Gouges), 264
Goya, Francisco de, 181, 224, 268, *270*
Grã-Bretanha: África Ocidental e, 341,
343, 345; cartas coloniais, 104, 113-5, 209;
constitucionalistas e reformistas, 240-6;
Constituição não codificada, 20, 208-16,
405; e o culto da história constitucional,
406; Declaração de Direitos, 210, 214;

exército, 39, 42, 212; Guerra da Crimeia, 311; Guerra da Sucessão Austríaca, 42; Guerra dos Sete Anos, 33, 42-4; Guerra Revolucionária Americana, 43, 116-7, 233; Guerras do Ópio, 149, 357; Guerras Napoleônicas, 166-7, 216-7; e o Haiti, 58; e a Índia, 212, 220, 312, 316, 318, 326, 377-8, 390, 394, 397; influência de ideias sobre, 227, 229-31, 239-40; investimentos no ultramar, 218-20; e a Irlanda, 42, 128, 141-2, 208, 210, 245, 255, 271, 396, 405; lutas de independência sul-americanas e, 227-39; Magna Carta, 11, 100-4, *102*, *103*; Marinha Real, 39, 42, 44, 167, 212; Primeira Guerra Mundial, 393-4, 396; Thomas Paine, 96-100, 104-7; Tunísia e, 304; *ver também* Londres

Gran Colombia, 131, 145, 206, 233

Grande Guerra do Norte, 73, 89, 92

Great Charter, The (Blackstone), 101-2

Grécia, 10, 204, 218, 241

Grey, sir George, 333

Grigsby, W. E., 367

Guatemala, 48, 206

Guerra Austro-Prussiana, 311

Guerra Boshin, 358-9, 361

Guerra Civil Inglesa, 208, 210

Guerra da Crimeia, 311, 314, 316, 327

Guerra da Sucessão Austríaca, 39, 42, 44, 69, 87

Guerra da Tríplice Aliança, 311

Guerra de Independência dos Estados Unidos *ver* Guerra Revolucionária Americana

Guerra dos Sete Anos, 13, 33, *37*, 310; códigos de leis e, 66, 94, 101; como guerra híbrida, 34, 311; constituição corsa e, 31-2; Espanha e, 46; França e, 44-5; Frederico II, 87; Grã-Bretanha e, 40-4; Paine, 98, 106; Revolução Americana e, 42-4; Rousseau, 68; Suécia e, 91

Guerra e Paz (Tolstói), 216

Guerra Franco-Prussiana, 311

Guerra Fria, 402

guerra híbrida: definição, 35; importância para a inovação constitucional, 13-8

Guerra Revolucionária Americana, 40, 45, 54-5, 88, 96, 116-7, 127, 232; antecipações constitucionais, 81, 94, 114; Grã-Bretanha, 40, 116-7; repercussões constitucionais,

117, 120, 129-36; *ver também* Estados Unidos

Guerra Sino-Francesa, 149

guerras civis, 402; *ver também* Guerra Civil Inglesa; Estados Unidos

Guerras do Ópio, 149, 357

Guerras Napoleônicas, 13, 162, 196-7, 310, 394; Grã-Bretanha, 167, 215; guerra híbrida e, 164-7; império espanhol, 47-8, 180-90, 268; Prússia, 194; Rússia, 163, 216

Guilherme I, imperador alemão, 371

Guilherme III, rei da Inglaterra, da Irlanda e da Escócia, 114-5, 210

Gustavo III, rei da Suécia, 88-95, 115; e a constituição sueca de 1772, 93-4, 100, 115

Haidar Ali, 40

Haiti, 282; Bentham e, 205; Bolívar, 232; constituições, 51, 55-7, 130-1, 161, 166, 403; declaração de independência, 51, 135; Henry Christophe, 55-60; Napoleão, 165; Revolução, 11-2, 49-56

Hamilton, Alexander, 118-20, 204, 232; e guerra, 120; e os ensaios de *O Federalista*, 119

Hamurabi, rei, 10

Haruko, imperatriz do Japão, 354-5

Havaí, 290, 298; constituições, 261, 291-5; emancipação dos escravos, 323; Estados Unidos e, 293-5; missionários, 282, 284, 290; monarquia, 282, 292-3; mulheres e governo, 261; pan-asianismo e, 295-9; Primeira Guerra Mundial, 393; rei Kalakaua e, 295-8, 379; Tunísia e, 305

Hegel, G. W. F., 201

Helvétius, Claude Adrien, 88

Henry Christophe, rei do Haiti, 55-60, *59*, *61*, 197

Herzen, Alexander, 226

Hobsbawm, Eric, 221

Höjer, Nils, 139

Holanda, 16, 139

Honduras, 375

Hone, William, *211*

Hong Kong, 404

Horton, James Africanus Beale, 19, 333-44, *335*, 345, 348; e projetos constitucionais para a África Ocidental, 336-44

Hozumi Nobushige, 367

Hunt, Leigh, 225
Hunt, Lynn, 45
Husayn ibn'Abdallāh, 301-4, 308-10, 319, 344; ideias sobre Islã e mudanças políticas, 302, 308-10

Ilha de Man, 270
Ilha de Norfolk, 264
ilhas do Pacífico, 251, 254, 298, 393; *ver também* Havaí; Pitcairn; Taiti
Iluminismos, 18, 67-73, 86, 88, 95, 116, 119
Império Austro-Húngaro, 313, 396; *Ausgleich* de 1867, 314-5, 396, 404; lutas da unificação italiana, 311, 313; Primeira Guerra Mundial, 393, 396
Império Otomano, 9, 16, 148, 220, 241, 317, 344; constituição de 1876, 9, 346, 376, 380; Guerra da Crimeia, 311, 314; Guerra Russo-Japonesa e, 383, 386; Montesquieu, 70; Primeira Guerra Mundial, 393, 396; revolução dos Jovens Turcos, 9-11, 17, 376, 378; Rússia e, 313; Tunísia e, 301-2, 314
impressão, 112, 117, 124-6, 128, 132, 134, 315, 405-8; América do Sul, 190; antologias de constituições e, 136-7, 148; Calcutá, 142-3; constituição cherokee, 150-2, *153*; destaque recebido nas cláusulas constitucionais, 129-30; Haiti, 130-1; Havaí, 284, 293; ilhas do Pacífico, 283, 286; Japão, 360; limites, 147-53; Londres, 222; México, 234; Napoleão, 171; Noruega, 140; traduções de constituições e, 20, 84, *91*, 125, 127, 139, 187-8, 305, 362; Tunísia, 303; Venezuela, 132, *133*
Índia: *Antologia de Constituições do mundo*, 148; Companhia das Índias Orientais, 40, 212, constituição da independência, 347, 397; *Dastur-ul Amal*, 377; Guerra Civil Americana e, 326; Guerra dos Sete Anos, 34; Guerra Russo-Japonesa e, 386; invasão persa, 34; James Silk Buckingham e Rammohan Roy, 142-7; Japão e, 390; Lei do Governo da Índia, 397; lei Swaraj, 377-8; Montesquieu, 70; *Plan de Iguala* do México e, 407; Primeira Guerra Mundial, 394; Revolta de 1857, 312, 327, 377; *ver também* Calcutta
índio, O (Crawford), *273*
Indonésia, 70

Inoue Kaoru, 364
Inoue Kowashi, 369-70
Inoue Masaru, 364
invasões de colonos, 255, 271-9; e constituições, 152, 272-9
Iraque, 160, 174
Irisarri, Antonio José de, 224
Irlanda, 42; constituições, 137, 397; e o *Plan de Iguala* mexicano, 141-2; emendas constitucionais recentes, 409, 410; Estado Livre Irlandês, 136, 148, 397; Revolta da Páscoa, 210, 397
Isabel II, rainha da Espanha, 313
Islã, 82, 205, 220, 303-10, 319-22, 346, 383
Israel, 20
Itália: constituições, 162, 314; guerras de unificação, 311, 314; República Cisalpina, 173, 175, 180
Ito Hirobumi, 19, 355-6, 364; assassinato, 389; e a constituição japonesa de 1889, 356, 364, 366-75; e a Coreia, 389
Ito Hirobumi, 366-9
Iturbide, Agustín de, 141, 224, 235, 243, 407
Iwakura, Missão, *350*, 365-6

Jaime II, rei da Inglaterra, Irlanda e Escócia, 209-10
James, C. L. R., 407
Japão, 150, 282; Os Cinco de Choshu, 363-5; constituição de 1889, 349, 351-7, *352-3*, 366-75, 390, 404, 407; Guerra Boshin, 358-9, 361; Guerra Russo-Japonesa, *383*, 384-9, *387*; e o Havaí, 293, 296-7; imprensa, 149-50, 360; influência no exterior, 377-83, 385-91; intervenções estrangeiras na, 357-8; Missão Ikawura, *350*, 365-6; Movimento pela Liberdade e Pelos Direitos do Povo, 363, 366; mulheres, 263, Primeira Guerra Mundial, 393; Primeira Guerra Sino-Japonesa, *382*, 384, 388; regime Tokugawa, 357-9; Restauração Meiji, 263, 349, 359-60; Segunda Guerra Mundial, 160; Segunda Guerra Sino-Japonesa, 391
Jay, John, 118, 123
Jefferson, Thomas, 88, 119, 188, 308, 323, 412-3
Jidá, 220
Jinmu, lendário imperador do Japão, 351
João VI, dom, rei de Portugal, 216
João, rei da Inglaterra, 11, 215

Johnson, Andrew, 306
Jones, John Paul, 127
Jorge II, rei da Inglaterra, Irlanda e Escócia, eleitor de Hanover, 100
Jorge III, rei da Inglaterra, Irlanda e Escócia, eleitor de Hanover, 100, 104, 116, 132
José I, rei da Espanha, 181

Kalakaua, rei do Havaí, 295-8, *296*, 379
Kamehameha I, rei do Havaí, 290
Kamehameha III, rei do Havaí, 292-3
Kamehameha V, rei do Havaí, 294
Kamil, Mustafa, 386
Kang Youwei, 9, 11, 17, 19, 396
Kent, James, 276
Khayr al-Din, 302, 304, *320*, 344, 346, 365; ideias constitucionais de, 319-22
King of Prussia (navio corsário), 98
Kume Kunitake, 365-6
Kumu Kanawai, 292-3
Kuroda Kiyotaka, 354

Lang, John Dunmore, 274-5, 277-9, 288; ideias constitucionais de, 277-9, 288
Lawrence, Thomas, 58
Leading Principles of a Constitutional Code for Any State [Grandes princípios de um código constitucional para qualquer Estado] (Bentham), 202
Lebrun, Charles-François, 168
Lei Swaraj (Índia), 377-8
Lênin, Vladimir Ilitch, 397
Libéria, 161, *336*; constituição de 1847, 336-8, *337*
Licurgo, 71
Ligúria, 173
Lili'uokalani, rainha do Havaí, 295
Lincoln, Abraham, 324, 328-9, 331, *333*, 347
Locke, John, 85, 209, 361
Londres, 207, 216-7; ativismo constitucional em, 101, 104, 216-27; como centro de comunicação impressa, 102, 128, 132, 222-4; Os Cinco de Choshu em, 363-5; como lugar de exilados políticos, 226, 243
López Méndez, Luis, 221
Luís XVI, rei da França, 156, 159
Luís XVIII, rei da França, 194

Macaulay, Catharine, 266
Macaulay, Lorde, 213

maçonaria, 257-8
Madison, James, 111, 113, 118, 159
Magna Carta, 11, 100-4, *102-3*, 209, 215; reimaginada como constituição, 104, 113, 209, 215
Maillebois, Marquês de, 32
Man, Ilha de, 270
Mandela, Nelson, 411
Manusmriti (texto jurídico sânscrito), 256
Maomé, 71
maoris, 272, 282, 332
Maria II, rainha da Inglaterra, Irlanda e Escócia, 115, 210
Marx, Karl, 226, 245, 398
Massachusetts, 114, 126, 257
Massacre de Boston, 43, *330*
Mazzini, Giuseppe, 314
McNeill, William, 139
Mehmed Ali, governante do Egito, 197
Meiji imperador e a constituição japonesa de 1889, 351-7, *352-3*, 361, 371, 374
Mercier, Louis-Sébastien, 71
Mesopotâmia, 10
México, 233; ativistas da independência em Londres, 243; constituição de 1824, 188-9; constituição de 1917, 398; constituições provinciais, 235; França e, 312; gráficas, 234; *Plan de Iguala*, 141-2, 145-6, 407; prata, 47; títulos governamentais, 218
Mier, Frei Servando Teresa de, 224, 236
Mill, John Stuart, 340, 360, 362
Miranda, Francisco de, 224
Misik, Olga, 412-3
missionários, 282, *283*, 284, 286, 290
Moisés, 71, 72, 107
monarquia, 12, 59-60, 80, 89, 140, 181, 183, 186, 209, 233, 243, 282, 289, 293-5, 312-3, 339, 361, 396, 404; Bolívar sobre, 229-31; Crítica de Paine à, 98-100
Monteagudo, Bernardo, 224
Montenegro, 375-6
Montesquieu, Charles-Louis de Secondat, Barão de, 70, 86, 98, 361; e Bolívar, 238; e Catarina, a Grande, 67, 70; e a constituição belga, 240; e a constituição corsa, 28; e Gustavo da Suécia, 88; e Paoli, 28
Montilla, Mariano, 224
Montoya, Francisco, 225
Moretti, Franco, 125

Índice remissivo

Morris, Gouverneur, 120-1, 124, 232, 322; na Convenção da Filadélfia, 120-4, 156, 158; na França, 155-9, 162
Moscou, 35, 64, 81-3, 115, 164, 167, 180, 216, 412
Muhammad al-Sadiq da Tunísia, 305-8, *307*
Muhammad Bei da Tunísia, 302
mulheres, 16, 256-71; Bentham e, 205; comissão de Moscou, 82; constitucionalismo e, 260-71, 377; Geórgia, 398; Havaí, 261, 294; Horton, 340; Japão, 263, 374; maçonaria e, 257-8; Mill, 340; Pitcairn, 249, 251, 256, 263-4, 269, 298; Primeira Guerra Mundial, 401-2; Rússia, 399; serviço militar e, 268-9, 401; *ver também* Catarina II
Muravyov, Nikita, 197

Nadir Shah Afshar da Pérsia, 34
Naillebois, Marquês de, 32
Nakaz (Rússia), 62, 63-5, 67, 78-86, 92, 94, 106, 115, 125, 187, 265
Napoleão, 160; ativismo constitucional e ideias, 130, *154*, 162, 168-84, 190, 194, 196-7, 199; catolicismo, 187; *Code Napoléon*, 178; Córsega e, 171-2; Egito e, 171, 196; gravura de Gillray, *154*, 168-70; Henry Christophe e, 57, 60; império espanhol e, 180-90; Khayr al-Din sobre, 321; Mary Shelley e, 191-4; origens, 45, 60, 171-2; península italiana e, 162-74, 180; Polônia e, 177-8; Pomare e, 280; como Prometeu, 192, *193*; Raffles c, 197 9; retrato por David, 178-80, *179*; Saint-Domingue/Haiti e, 130, 165-6; Território da Louisiana, 165-6
Napoleão III da França, 305
Nápoles, 241
Nehru, Jawaharlal, 386
Nehru, Mortlal, 258
Nelson, Horatio, 38
Nicarágua, 375
Nkrumah, Kwame, 407
No Quarto Ano (Wells), 395-6
Noël, Joseph-Louis-Gabriel, 163
Noruega, e a constituição de 1814, 137-40, *138*
Nott, Henry, 286
Nova Espanha, 47, 66, 233
Nova Granada, 47, 184, 206, 228; constituições, 190, 236
Nova Jersey, 260
Nova York (estado), 117

Nova Zelândia, 20, 255; imigração, 271; maoris, 272, 282, 332

O'Higgins, Bernardo, 224, 236
Olmedo, José Joaquín de, 224

Paine, Frances, 99
Paine, Thomas, 96-100, *97*, 104-7, 210, 214; antecedentes, 96-7; Guerra dos Sete Anos e, 98; ideias, constituição e políticas, 98-106; Revolução Americana e, 105-7; *Senso comum*, 105-6
Pallada (navio russo), 358
Panamá, 375
Paoli, Giacinto, 26, 29, 32
Paoli, Pasquale, *24*, 25-32, 45, 115, 172, 258, 266; ideias constitucionais, 26-32
Paquistão, 160
Paraguai, 233, 311, 314
Parry, John Orlando, *223*
Pedro III, imperador da Rússia, 74
Pedro, dom, imperador do Brasil, *195*
Pedro, o Grande, imperador da Rússia, 63, 78
Penn, William, 113
Pennsylvania Packet, 110, 112, 124, 128
Perdue, Peter, 35
Perry, Amos, 301, 304, 308-9
Perry, comodoro Matthew, 357-8
Pérsia, 34, 148, 376
Peru, 47, 233, 323; constituições, 145, 190, 267; títulos governamentais, 218
Pétion, Alexandre, 232
Pinckney, Charles Cotesworth, 120
Pitcairn, 249-56, 269, 271, 284, 288; constituição de 1838 e as mulheres, 249, 251, 263-4, 298
Plan de Iguala (México), 141-2, 145, 147, 407
Pollilur, batalha de, 40
Polônia: constituição de 1791, 139; Constituição de Março, 399; Ducado de Varsóvia, 177-8, 180; partição, 80, *81*; e a Rússia, 313
Pomare II, rei do Taiti, 19, 197, 279, *281*, 282, 295, 298; código jurídico, 280, 287-90; formação e ideias, 280, 285-90
Porto Rico, 190
Portugal, 180; constituições, *195*, 206
povos indígenas, 18, 271-4; América do Norte, 34, 42, 116, 150-2, 166, 272-4; América do Sul, 184; Austrália, 274-9; Filipinas, 184; Major Cartwright e, 242; México, 141, 145-6, 234; Nova Zelândia, 272, 282, 332; Oceano Pacífico, 255-6, 271-99

Preuss, Hugo, 399
Primavera Árabe, 347
Primeira Guerra Mundial, 11, 13, 393-7, 401
Primeira Guerra Sino-Japonesa, 149, *382*,
384, 388
Prometeu, 192, *193*
protestantismo, 73, 86, 187
Províncias Unidas da América Central, 233
Prússia: e a Áustria, 313; Código Frederiquiano, 88; constituição de 1850, 371-2;
Estetino, 73; Frederico II, 86-7; Guerra
dos Sete Anos, 33; guerras, 311; Guerras
Napoleônicas, 176, 194; e o Japão, 358
Putin, Vladimir, 412

qânûn al-Dawla al-tunisyya, 303-5
Qianlong, imperador Qing, 35, *36*, 66
Quebec, 42
Quito, revolta de, 47

Racine, Karen, 224
Raffles, Thomas Stamford, 197-9
Rainha Vitória, 265, 378
Rao, Benegal Shiva, 148
Reino Unido *ver* Grã-Bretanha
Reivindicação dos direitos das mulheres
(Wollstonecraft), 259
República Cisalpina, 173, 175, 180
República Dominicana, 375
Revolta dos Comuneros, 47
Revolução Americana, 11-2, 43-4, 90, 94
revolução dos Jovens Turcos, 9-11, 17, 376, 378
Richards, William, 290
Riego, Rafael del, 243
Riva Agüero, José de la, 224
Rivadavia, Bernardino, 206, 224
Robespierre, Maximilien de, 259
Robinson Crusoé (Defoe), 209
Rocafuerte, Vicente, 224
Rodríguez, Simón, 238
Roscio, Juan Germán, 224
Roser, Max, 13, 14
Rousseau, Jean-Jacques, 68, 71, 88, 172, 191,
360, 362
Roy, Rammohan, 19, 143-7, *146*, 186
Rush, Benjamin, 105
Rússia: Catarina, a Grande, 63-86; constituição de 1993, 413; exército, 76-7, 163;
Geórgia e, 399; Guerra da Crimeia, 311;

Guerra Russo-Japonesa, *383*, 384-9, *387*;
Guerras Napoleônicas, 163, 216; Havaí
e, 293; Império Otomano e, 313; Japão
e, 358; Lei Fundamental, 399; *Nakaz*, *62*,
63-5, 67, 78-86, 92, 94, 106, 115, 125, 187, 265;
Polônia e, 313; Primeira Guerra Mundial,
393, 397-8; revolução de 1905, 376, 378, 385;
revolução de 1917, 398; Suécia e, 92; *ver
também* União Soviética

Sábato, Hilda, 234
Sadiq Bei da Tunísia, 306-7, *307*
Sáenz, Manuela, 232, 268
Saint-Domingue, 49-51, 53-4, 130, 166; *ver
também* Haiti
Samoa, 295
San Martin, José de, 224, 258
Santa Helena, 175, *193*
Santander, Francisco de Paula, 206, 224
São Petersburgo, 92
Sardenha, 66, 314
Scheffer, Carl Fredrik, 88, 90
Secondat, Charles-Louis de, Barão de Montesquieu *ver* Montesquieu
"Securities Against Misrule" [Proteções
contra o mau governo] (Bentham), 205
Segunda Guerra Mundial, 11, 160, 390, 402
Segunda Guerra Sino-Japonesa, 391
Selassie, Haile, imperador da Etiópia, 380
Senegal, 34
Senso comum (Paine), 105-6
Sequoyah, 150, *151*
Serra Leoa, 334, 339
Sérvia, 161, 376
Seward, William, 317-9
Shelley, Mary, 191, 196-7
Shelley, Percy, 191, 241
Sherman, Roger, 120
Shillibeer, John, *248*
Sião, 282
Sidi Muhammad, 127
Sieyès, Emmanuel, *154*, 168-9, 172
Silésia, 87
Simil, Louis-Augustin, 306-7, *307*, *320*
Singapura, 198
soberania parlamentar, 215
Sobre a liberdade (Mill), 360
Solano López, Francisco, 311
Stálin, Ióssif, *392*, 399-400
Stanton, Elizabeth Cady, 264
Statuto Albertino, 314

Stein, Lorenz von, 367
Stockton, Betsey, 282
Story, Joseph, 276
Strzelecki, Pawel, 253
Stuart, Gilbert, 306, 307
Suécia, 11; constituição de 1809, 139; forma
   de Governo, 90-4, 91, 95, 115; Gustavo III,
   80-95, 115; e a Noruega, 138-9
sufrágio universal, 245, 340
Suíça, 191
Sumner, Charles, 347
Sun Yat-sem, 226, 298, 391

Taiping, Rebelião, 149, 312, 323
Taiti, 279-82, 284-90, 295, 298
Taiwan, 298, 389-90, 404
Talat, Mehmet, 258
Tatischeff, Michael, 84-5
Tchecoslováquia, 396
tecnologia digital e constituições, 408
Tejada, Ramón Alesón Alonso de, 217
telégrafo, 316-7
Território da Louisiana, 165-6
Thompson, E. P., 216
Thorne, James, 232
Thornton, John, 54
Tibete, 404
Tilak, Bal Gangadhar, 377, 379
Tilly, Charles, 33
Tipu Sultan, 40
Tocqueville, Alexis de, 135, 362, 367
Tolstói, Liev, 216
Tonga, 282-3, 295
Toussaint Louverture, 50, 55-6, 130, 280, 286;
   e a guerra híbrida, 55; e iniciativas consti-
   tucionais, 50, 56, 130
Townshend, Charles, 44
Trafalgar, batalha de, 47, 166
Tratados Abrangentes da Nossa Augusta Dinas-
   tia, 66-7
Trípoli, 205
triunvirato consular francês estabelecendo
   a nova constituição, O (Gillray), 154, 168, 170
Tunísia, 301-10, 314, 321, 323, 344, 346; consti-
   tuição de 1861, 303-6, 310, 321, 344, 346
Túpac Amaru, insurreição de, 47
Turquia, 282, 396
Twain, Mark, 253

Ueki Emori, 362

último homem, O (Mary Shelley), 193
União Soviética: constituição, 400; dissolu-
   ção, 402; ver também Rússia
Uruguai, 190, 233, 311

Vallain, Nanine, 262
Valle, José del, 206
van Gogh, Vincent, 378
Vattel, Emer de, 69, 98
Venezuela, 236, 375; constituição de 1811,
   132, 133, 134, 222; constituição de 1819, 267;
   constituição de 1830, 190; emancipação
   dos escravos, 323; lutas de independência,
   228-31
Verne, Jules, 300, 316-7
Vestfália, 176, 180
Viagens ao redor do mundo (Seward), 317-9
Victory, HMS, 38
visão histórica e moral das origens e do progresso da Revolução Francesa, Uma (Wollstonecraft), 259
Vítor Emanuel II, rei da Sardenha, 314
volta ao mundo em 80 dias, A (Verne), 300,
   316-7
Voltaire (François-Marie Arouet), 68, 84
Voulgaris, Eugenios, 85

Washington, George, 69, 107, 120, 122, 127,
   258; retrato, 306-8, 307
Waterloo, Batalha de, 162, 191, 233, 240
Webb, Beatrice, 400
Weber, Max, 15
Wellesley, Arthur, duque de Wellington, 186
Wells, H. G., 394-6
Wergeland, Oscar, 138
Whistler, James McNeill, 379
Wilson, James, 260
Wilson, Woodrow, 401
Wolff, Christian, 256-7
Wollstonecraft, Mary, 119, 191, 259
Wood, Gordon S., 115
Woolf, Virginia, 265

Xinjiang, 404

Yamao Yozo, 364

Zimmern, Alfred, 386
Zuma, Jacob, 411

ESTA OBRA FOI COMPOSTA POR MARI TABOADA EM DANTE PRO E
IMPRESSA EM OFSETE PELA GRÁFICA BARTIRA SOBRE PAPEL PÓLEN SOFT
DA SUZANO S.A. PARA A EDITORA SCHWARCZ EM AGOSTO DE 2022

A marca FSC® é a garantia de que a madeira utilizada na fabricação do papel deste livro provém de florestas que foram gerenciadas de maneira ambientalmente correta, socialmente justa e economicamente viável, além de outras fontes de origem controlada.